Dra. Manuelita Muñoz Rivera
Catedrática Facultad de Derecho
Universidad Interamericana de Puerto Rico

Ley de Corporaciones de Puerto Rico:
Análisis y Comentarios

Colaboradores

José Julián Álvarez Maldonado
Profesor Adjunto Facultad de Derecho
Universidad Interamericana de Puerto Rico

Omar J. Marrero Díaz
Profesor Adjunto Facultad de Derecho
Universidad Interamericana de Puerto Rico

Ediciones SITUM
2015

Primera Edición. Junio 2015. Rev. 01

Autora:
Manuelita Muñoz Rivera

Edición:
Dra. Marimar Benítez

Diseño y Diagramación:
Tatiana Rosado Vidal
BiblioGraficas

Diseño de Portada:
Tatiana Rosado Vidal

ISBN: 978-1-61887-662-1
Ediciones SITUM, Inc.
Biblio Services, Inc.

Case Number: 1-2242320041

Impreso en Puerto Rico

BiblioGráficas
399 Ave. Muñoz Rivera Ste. 105
San Juan, PR 00918
Tel. 787-753-1231 Fax 787- 753-1222
Info@bibliograficas.com

Para Carlos Enrique

"God, demon, servant, master, parasite or provider – what is the corporation?" Bruce Brown, The Identity of the Corporation – Vol. I

Agradecimientos

La culminación de todo gran proyecto es el resultado de la unión de muchos esfuerzos. Este texto no es la excepción.

Comienzo agradeciendo a un destacado grupo de estudiantes, futuros abogados y abogadas, que me acompañaron con entusiasmo y dedicación. Fueron ellos Maribel González, Liliana Carrión, Oscar Taboas, Milton Segarra, Walter Lebrón, Eduardo Hilera y Sylvia Saldaña. Especial agradecimiento debo a quienes comenzaron como estudiantes y asistentes de investigación durante varios años, hoy destacados compañeros abogados, Waldemar Pérez Lebrón y José Vázquez Diago. Comenzaron siendo estudiantes y colaboradores y se convirtieron en amigos entrañables. Espero a todos haber contagiado ese especial apego que siento hacia el Derecho Corporativo.

Muy especial es el agradecimiento a mis dos colaboradores José Julián Álvarez Maldonado y a Omar Marrero Díaz. La amistad, cariño y respeto que he desarrollado hacia ellos han sido de las experiencias más significativas en toda esta labor. Su aportación trasciende la colaboración para convertirse en apoyo y fuentes de enseñanzas.

En este texto queda plasmado esta unión de esfuerzos, apoyo y sobre todo de gran profesionalismo.

A todos, gracias mil.

- Manuelita Muñoz Rivera

Prefacio

José Julián Alvarez-Maldonado

Escribir un libro sobre cualquier tema de interés no es tarea fácil, pero escribir un libro sobre un tema jurídico, como lo es el Derecho Corporativo, no solo es un trabajo difícil sino que además requiere de un esfuerzo monumental, tanto físico como mental. Solo cuando ese esfuerzo se realiza con la pasión de un enamorado del tema, el deseo genuino de contribuir al desarrollo del derecho y con el objetivo de compartir con los demás el conocimiento y las experiencias que solo los años de estudio y trabajo nos pueden regalar, es que el mismo deja de ser una carga pesada para convertirse en la bujía impulsora con la cual los sueños se hacen realidad.

El Derecho Corporativo es de por sí un mundo de conocimiento y experiencias muy interesante pero del cual no muchos conocen. Las corporaciones son personas jurídicas que conviven día a día con las personas naturales y como nosotros, nacen, crecen, se asocian, se separan, tienen entidades hermanas o afiliadas, tienen descendencia o ascendencia, contratan, pagan sus contribuciones y llegado el momento, también mueren y sus pertenencias pasan a manos de terceros. A veces trabajamos para ellas y en otras ellas trabajan para nosotros. En otras palabras las corporaciones y otras entidades jurídicas similares conviven entre nosotros y querámoslo o no, son parte importante de nuestras vidas.

Dada la importancia del Derecho Corporativo en nuestro diario vivir es sorprendente lo poco que se ha escrito sobre el tema en Puerto Rico. La escases de libros, textos, artículos y escritos sobre este tema, no solo afecta al estudiante de derecho o al abogado practicante que tiene que realizar una transacción corporativa o asesorar a una junta de directores, también afecta particularmente las decisiones que toman los miembros de la rama judicial y que luego se convierten en parte integral de nuestro Derecho Corporativo. Entender el marco jurídico-legal en el que se desenvuelven las corporaciones entre el resto de la ciudadanía es imprescindible para poder comprender su importancia en nuestras vidas, asegurar su espacio en nuestra sociedad civil e impartir justicia sin alterar, modificar o menoscabar los derechos y obligaciones que les otorga o impone la Ley de Corporaciones a estos entes jurídicos.

Es precisamente por las razones antes expresadas, que este libro titulado "*Ley de Corporaciones de Puerto Rico, Análisis y Comentarios*" adquiere una relevancia extraordinaria en nuestro quehacer jurídico pues no solo actualiza el derecho corporativo puertorriqueño sino que también añade una voz importante al análisis de este tema para beneficio de todos los que componen la práctica del derecho, la enseñanza y la administración de la justicia en Puerto Rico.

Nuestro agradecimiento y respeto profesional va muy merecidamente a la Dra. Manuelita Muñoz Rivera, Catedrática de la Facultad de Derecho de la Universidad Interamericana de Puerto Rico por su iniciativa, esfuerzo, pasión y dedicación a la redacción de este importante libro.

Prólogo

Hemos desarrollado este libro principalmente para servir de texto en el curso de Derecho Corporativo, así como para el uso de éste como referencia, por abogados en la práctica de esta área del derecho. Se incluyen temas centrales y recurrentes en el estudio y práctica del derecho corporativo. Contiene muchos de los elementos de un libro de texto, como leyes, reglas y principios aplicables al derecho corporativo, así como decisiones judiciales y estatutos.

Es difícil imaginar una práctica legal en la cual no surjan asuntos que requieran conocimiento del derecho corporativo. Tanto en el área de contratos, asuntos civiles, asuntos de familia, daños, propiedad, problemas constitucionales, como en el área penal, surgen situaciones que envuelven aspectos regidos por el derecho corporativo. La figura de la corporación domina el mundo comercial a la vez que impacta aspectos sociales, económicos, políticos, personales, familiares; en resumen, es capaz de organizar todo tipo de actividad humana.

La estructura corporativa se asemeja al estado de gobierno republicano: los accionistas como los ciudadanos, la Junta de Directores como el poder legislativo y los oficiales como la burocracia existente en la rama ejecutiva.

La corporación es un vehículo de inversión que agrupa el capital monetario proveniente de los accionistas y el capital humano de los directores y oficiales, ambos en espera de producir y recibir su correspondiente beneficio. Las leyes corporativas crean estructuras de poder y de responsabilidad para el ente corporativo.

El estudio del Derecho Corporativo cubre la gobernanza y el manejo colectivo de la corporación; cómo la ley y los acuerdos privados interactúan para proteger las expectativas de estos grupos. Por medio del ente corporativo se organizan estas relaciones y se armonizan los intereses en conflicto.

Es función del Derecho Corporativo proveer una estructura que permita a esa gerencia experta ejercer la discreción a beneficio de los accionistas y a la vez establecer salvaguardas que lleven a un ejercicio juicioso de esa discreción que se les confiere.

Algunas reglas corporativas son de carácter mandatorio; sirven el propósito de proteger a alguna parte o evitar una situación que pueda causar impacto social. Otras reglas son de carácter opcional, operan como especie de "default rule" y son las que permiten la autonomía contractual de las partes. Como toda área de derecho, el principio es conocer esas reglas y el uso permitido, así como su función en el contexto de la sociedad en el momento en que se interpretan y aplican.

Los principales atributos de la corporación son:

1. Personalidad jurídica propia

2. Responsabilidad limitada de los accionistas

3. Existencia perpetua

4. Gobierno centralizado delegado

5. Estructura de capital flexible

A su vez, existen importantes desventajas en operar bajo el formato corporativo:

1. Requisitos y costos en la formación y en el mantenimiento de la franquicia corporativa

2. Cumplimiento con las formalidades iniciales y continuas

3. Tratamiento contributivo: doble tributación

El desarrollo de estos atributos y desventajas servirá de guía al estudio del contenido sustantivo del Derecho Corporativo. Podríamos definir el "Derecho Corporativo" como todas las leyes que aplican y/o afectan las operaciones corporativas. En ese sentido, una gran gama de leyes caerán bajo esta definición: ambientales, quiebras, anti-monopolísticas, etc. Nos limitamos en este libro al estudio de esa área del derecho que atiende la creación y desarrollo de la estructura corporativa manteniéndonos en estrecha relación con la ley que directamente lo regula, la Ley General de Corporaciones. Esta ley, los Artículos de Incorporación, el Reglamento y la jurisprudencia aplicable son las fuentes principales de reglamentación del Derecho Corporativo.

Mas las corporaciones sufren cambios dependiendo del negocio y el ambiente regulatorio en el cual operan. Por ello el Derecho Corporativo permite esta adaptación dejando muchas avenidas dentro de sus estructuras abiertas a las necesidades de las partes.

TABLA DE CONTENIDO

Manuelita Muñoz Rivera

Introducción al Derecho Corporativo

A. Historia

Los atributos básicos se fueron desarrollando durante diferentes épocas. El concepto de un grupo de personas, organizado en forma específica, para un propósito determinado se remonta a Mesopotamia para el año 3000 A.C. La evolución del concepto corporativo como tal, ocurrió durante el Imperio Romano, donde el estado concedía "permiso" a grupos o "corpus" a organizarse para dedicarse a ciertas actividades comerciales y políticas.

De ahí surge el origen de la palabra "corporación". Estas entidades poseían identidad legal separada de sus dueños y se les concedían ciertos privilegios y derechos por el emperador, según la actividad que llevasen a cabo.

El Derecho Canónico influyó en el desarrollo del concepto de la corporación. Sus monasterios y otros grupos eclesiásticos operaban bajo conceptos afines a las corporaciones, especialmente en su estructura de gobierno. Se reconoce como la más antigua de estas órdenes eclesiásticas la de los Benedictinos, fundada en los años 500 D.C.

El propósito era que estas entidades tuvieran un término de existencia mayor que la de los miembros individuales.

1. Inglaterra

En su origen, las leyes inglesas sobre corporaciones se basan en el Derecho Romano y estaban relacionadas con actividades eclesiásticas, de gobierno o caritativas. El principio que regía era que la existencia corporativa ("charter") se confería como una concesión o gracia del soberano (religioso o del gobierno). Las primeras asociaciones comerciales fueron las de los mercaderes que formaban sus gremios o fraternidades según sus oficios para administrar sus asuntos internos, como establecer precios y calidad de productos. Entre los años 1600 a 1650 estos gremios emitían unos certificados que representaban la participación de su tenedor en las operaciones del gremio.

Se trataba pues de asociaciones, algunas con atributos de incorporaciones y otras no, que comenzaron a representar el interés particular de los socios con unos certificados. Estos certificados se fueron convirtiendo en representaciones transferibles.

No fue hasta después del 1650 que surgió la limitación de responsabilidad del tenedor del certificado por las operaciones del gremio hasta el valor de los certificados, surgiendo así el concepto de responsabilidad limitada.

La autorización para el establecimiento de estos entes sólo surgía por concesión del soberano, particularmente si envolvían negocios con las colonias y con extranjeros.

En los comienzos del Siglo XVII, se expandieron las rutas al comercio exterior y su desarrollo requería recursos que no podían ser cubiertos por operaciones individuales o las sociedades tradicionales. Para atender este nuevo mercado surgen compañías con aportaciones de capital divididas en partes alícuotas representadas por acciones, naciendo así las sociedades por acciones o "Joint Stock Company" precursoras de las corporaciones comerciales.

En 1600 se otorga un "Royal Charter" a la compañía British East Indies Trading Company, otorgándoles todos los intercambios mercantiles con las Indias, creando así una unión política privada con fines económicos y políticos. Esta compañía simbolizó el inmenso potencial de riqueza que una corporación podía desarrollar mediante la venta de certificados transferibles que ofrecían responsabilidad limitada a la inversión que ellos representaban.

En 1711 se otorga un "Royal Charter" a la South Sea Company, concediéndole el monopolio para el comercio con las colonias españolas en Sur América. Esta compañía atrajo tantas inversiones que llegó a adquirir casi toda la deuda emitida por el gobierno de Inglaterra y logró un descontrolado aumento en el valor de sus acciones.

Como consecuencia del fuerte cabildeo que esta empresa realizó, se aprueba por el Parlamento Inglés en 1720 lo que se conoce como el "Bubble Act" (An Act to Restrain the Extravagant and Unwarranted Practice of Raising Money by Voluntary Subscription for Carrying on Projects Dangerous to the Trade and Subjects of this Kingdom). Esta ley prohibía el establecimiento de una compañía si no era mediante el otorgamiento de un "Royal Charter". Fue revocada en 1825. La South Sea Company colapsó dando paso a una gran crisis en el mercado mundial, devastando a los que habían invertido en dicha compañía.

El Joint Stock Company Act de 1844 permitió la incorporación de empresas mediante un proceso de registro. El Limited Liability Act de 1855 estableció la responsabilidad limitada de los accionistas: en caso de fracaso de la entidad, sólo responderán por la cantidad de inversión en la misma. Como resultado, en 1856 se legisló el Joint Stock Companies Act que recogió las aportaciones mayores de las dos leyes anteriores: un procedimiento uniforme de registro y el beneficio de la responsabilidad limitada.

2. Estados Unidos

En Estados Unidos, el Derecho Corporativo se desarrolla partiendo de los preceptos establecidos para dicho derecho en Inglaterra. Así prevaleció el requisito del otorgamiento de las franquicias corporativas por las legislaturas estatales.

Es a principios del Siglo XVIII que el concepto moderno de la corporación comienza su desarrollo en Estados Unidos. En este comienzo se contaba con entidades religiosas, educativas, caritativas y de carácter político, como ciudades y condados, así como con propósito público especial como ferrocarriles, carreteras, compañías navieras, bancos y compañías de seguros.

Las leyes estatales que las autorizaron les concedían ciertas protecciones de exclusividad lo cual, unido al crecimiento económico de los Estados Unidos, hizo que las franquicias corporativas se hicieran muy valiosas. La característica de las corporaciones como criaturas producto de leyes estatales fue vital para ir definiendo el régimen regulatorio que se iba desarrollando. Estaba claramente entendido que la creación de la franquicia era un privilegio concedido por el estado en el ejercicio de su discreción; una "gracia" del estado. El principal interés de este acto legislativo fue la protección del interés público y no el de los accionistas.

Según el concepto de "propiedad privada" fue adentrándose en la sociedad y la jurisprudencia de los Estados Unidos, se fue dejando atrás la naturaleza pública de la corporación, el concepto de la corporación como un simple instrumento del estado. [1]

Con el desarrollo de la industrialización, las legislaturas estatales se enfrentaron a un gran número de solicitudes para obtener status corporativo. Vieron en ello una fuente de ingreso proveniente de los cargos relacionados a la radicación y mantenimiento de las franquicias corporativas. Esto llevó a la creación por las legislaturas estatales de leyes generales corporativas que liberaron la organización en forma corporativa sujeta al cumplimiento de unos requisitos legales uniformes. Aún persistía un temor a la concentración de capital de las grandes corporaciones y al poder que esto les concedía, por lo que se impusieron restricciones, particularmente en cuanto a la duración y al capital autorizado, así como el propósito para el cual se incorporaban.

Así en 1811, el estado de Nueva York legisló la primera Ley General de Corporaciones, que las autorizaba a dedicarse a la manufactura de ciertos productos, con un término de existencia limitado a 20 años y capital autorizado máximo de cien mil dólares ($100,000).

En 1875 el estado de Nueva Jersey aprobó su Ley General de Corporaciones, más liberal y eliminando las limitaciones de duración y capitalización. En 1888, la legislatura de Nueva Jersey aprobó legislación autorizando a las corporaciones organizadas en ese estado a adquirir acciones de otras corporaciones haciendo posible la creación de corporaciones tenedoras ("holding companies"), compañía matriz con numerosas subsidiarias, mecanismo favorito de las grandes corporaciones multinacionales existentes hoy en día, tenedoras de grandes concentraciones de poder económico.

En 1899 el estado de Delaware adoptó una Ley General Corporativa de naturaleza liberal que ha servido desde entonces como modelo para otras jurisdicciones, incluyendo a Puerto Rico. La motivación principal fue allegar fondos provenientes de los derechos de registro de las corporaciones.

---

[1] En el caso de *Trustees of Dartmouth College v. Woodward,* 17 U.S. 518 (1819), el Tribunal Supremo de los Estados Unidos sostuvo que la cláusula constitucional que rige los contratos prohíbe a las legislaturas alterar derechos de propiedad incorporados en la relación entre la corporación y sus accionistas.

Con el propósito de combatir la concentración del poder económico corporativo, el Congreso de los Estados Unidos estableció la Comisión de Comercio Interestatal, para reglamentar el monopolio ferroviario, adoptando leyes antimonopolísticas en 1890 y 1916 (Sherman and Clayton Acts).

En 1935, el estado de Delaware se convirtió en la jurisdicción líder con la aprobación de una ley de vanguardia concediendo a las corporaciones amplios poderes, flexibilidad organizacional y operacional, y mayor control interno de las relaciones entre accionistas, directores y oficiales.[2] Esto manteniendo la obligatoriedad de incluir ciertas cláusulas en su documento de incorporación según requeridas bajo el estatuto: cláusulas mandatorias. Delaware ha desarrollado una estructura corporativa de gran experiencia y eficiencia. Sus tribunales especializados en Derecho Corporativo, con la riqueza de sus interpretaciones y precedentes legales establecidos en este campo, ofrecen certeza y rapidez en la interpretación de la ley.

3. Puerto Rico

En Puerto Rico, la primera Ley General de Corporaciones surge en 1902, Ley del 1 de marzo de 1902, seguido por la de 1911[3], que tuvo como modelo la de Nueva Jersey. Esta ley sufrió numerosas enmiendas hasta que en 1956 se aprobó la Ley General de Corporaciones de 1956, tomando como modelo la Ley de Delaware de 1953, con algunas disposiciones tomadas de la Ley de Nueva York. El Tribunal Supremo de Puerto Rico en un caso resuelto en 1993, expresó que las decisiones del estado de Delaware tendrán valor ilustrativo y persuasivo en nuestra jurisdicción.[4]

Esta ley estuvo vigente hasta el 1995, cuando fue aprobada la Ley Número 144 de 10 de agosto de 1995,[5] siguiendo de cerca el modelo de Delaware y con el fin de atraer inversionistas y empresas norteamericanas directamente a Puerto Rico. El Informe del Proyecto del Senado 1122 establece la intención legislativa de que las normas y preceptos

[2] Del. Code §101 *et seq.* (LexisNexis 2015)
[3] Ley de Corporaciones Privadas, Ley Núm. 30 de 9 de marzo de 1911
[4] *D.A.C.O. v. Alturas de Florida Development Corp.*, 132 D.P.R. 905 (1993)
[5] Ley General de Corporaciones de 1995, Ley Núm. 144 de 10 de Agosto de 1995

desarrollados por la jurisprudencia de Delaware guíen la interpretación de la ley. [6]

En diciembre de 2009 se aprueba la Ley Número 164, Ley General de Corporaciones, efectiva el 1ro de enero de 2010, que sigue casi literalmente la ley de Delaware, estado líder en derecho corporativo. Se trata de una ley innovadora que ofrece la ventaja de las experiencias y decisiones interpretativas de los tribunales de Delaware.

En la exposición de motivos de la ley se establecen sus propósitos:

1. Promover el desarrollo económico;
2. Agilizar la gestión corporativa;
3. Simplificar los trámites;
4. Expandir el uso de la tecnología;
5. Brindar flexibilidad en las operaciones.

Esta ley aspira a brindar a las corporaciones flexibilidad en sus operaciones, actividades permisibles y forma de efectuar sus transacciones.

B. Atributos Básicos de la Corporación

¿Por qué los individuos organizan su actividad económica en forma corporativa?

La corporación es un conjunto de contratos voluntarios, explícitos e implícitos que, en conjunción con las leyes corporativas, permiten a los participantes diseñar el arreglo óptimo de sus relaciones a la luz de los riesgos y oportunidades que la economía les ofrece. Es por ello que no existe un conjunto de términos que constituyan los mejores y más adecuados para todos los participantes. Es ahí que se necesita el conocimiento experto del abogado corporativo, atendiendo las particularidades de las partes.

---

[6] Informe de la Comisión de Reformas Gubernamentales, 12ma Asamblea Legislativa, 5ta Sesión Ordinaria (1995)

Los que están interesados en entrar en este conjunto de contratos generalmente se hacen unas preguntas básicas antes de hacer la inversión:

1. duración de la empresa
2. quién administrará
3. qué recibirán a cambio
4. cómo puedo salirme
5. en qué responsabilidades incurro

Los atributos básicos de la corporación ofrecen contestaciones a estas interrogantes y constituyen las ventajas o incentivos de operar bajo el manto corporativo.

1. Personalidad jurídica propia;
2. Responsabilidad limitada de los accionistas;
3. Existencia perpetua;
4. Gobierno centralizado delegado;
5. Estructura de capital flexible.

1. Personalidad jurídica separada de la de sus accionistas, directores u oficiales. [7]

La corporación es una criatura de la ley con su propia personalidad jurídica y todos los atributos y responsabilidades que esto conlleva.[8]

2. Responsabilidad limitada de los accionistas.

La corporación responde con sus activos por sus obligaciones; los accionistas sólo exponen el monto de su inversión. A la vez, los acreedores del accionista en su carácter personal no pueden ir contra los activos de la corporación.

[7] En Puerto Rico, esta condición de la corporación como persona aparece resumida en los Artículos 27, 29 y 30 del Código Civil.
[8] *Santiago Aponte et al. v. Rodríguez et al,* 181 D.P.R. 204 (2011)

El principio de la responsabilidad limitada tuvo como propósito el promover la formación de capital para el desarrollo económico. En síntesis, lo que logra este principio es transferir el riesgo del negocio a los acreedores. Los accionistas invertirán sabiendo que sólo estarán arriesgando el monto que deciden invertir.

Esta responsabilidad limitada constituye una excepción al principio general que establece que el deudor responde de sus deudas con todo su patrimonio, presente y futuro. [9] Su creación es el resultado del reconocimiento de una personalidad jurídica separada de la de los accionistas que invierten en la corporación.

> "Persona jurídica es pues la colectividad de personas o conjunto de bienes que, organizado para la realización de un fin permanente, obtiene el reconocimiento del estado como sujeto de derecho."[10]

Es pues, de esa personalidad jurídica propia que surge la protección para los accionistas. El Tribunal Supremo de Puerto Rico ha reconocido que el principio de la responsabilidad limitada es "consustancial" con la ficción corporativa. [11]

3. Existencia perpetua o hasta donde se determine en su Certificado de Incorporación.

Cambios en la constitución de sus accionistas no afectan la existencia legal de la corporación. De no establecerse término de duración en el Certificado de Incorporación, se entenderá que la corporación tendrá existencia perpetua.

4. Gobierno centralizado delegado.

Los accionistas eligen directores idóneos, quienes dirigen la corporación, establecen sus políticas y designan los oficiales que manejarán las operaciones del día a día siguiendo las políticas establecidas por la Junta de Directores. Esta separación entre los poderes de los

---

[9] Código Civil de Puerto Rico, Artículo 1811

[10] *Rivera Maldonado v. E.L.A.*, 119 D.P.R. 74, 81 (1987)

[11] *Fleming v. Toa Alta Development Corp.*, 96 D.P.R. 240 (1968); *Anderson v. Abbott*, 321 U.S. 349, 362 (1944); "Limited liability is the rule, not the exception, and on that assumption large undertakings are rested, vast enterprises are launched, and huge sums of capital attracted…"

accionistas titulares y el control gerencial corporativo es una de las distinciones principales en el mundo corporativo. La garantía de que este poder será ejercido correctamente la establece la correspondiente responsabilidad fiduciaria que se exige de los directores y oficiales en el desempeño de sus funciones. Por violaciones a esta responsabilidad los directivos responderán en su capacidad personal ilimitadamente, esto es con todo su patrimonio. Las leyes corporativas sólo otorgan responsabilidad limitada a los accionistas en su carácter como tal.

5. Interés propietario evidenciado por certificado de acciones transferible.

Se puede restringir o regular la transferencia de los certificados de acciones, pero no prohibir su transferibilidad. Esta característica provee mayor liquidez a los accionistas. Los accionistas recibirán el beneficio que esta inversión les represente en forma de dividendos según la disponibilidad de sobrante que la corporación acumule de sus operaciones.

6. Desventajas de Operar en Forma Coporativa

Acompañan estos atributos varias desventajas por operar en forma corporativa que deben ser consideradas. Estas son básicamente tres:

1. Requisitos y costos en la formación de una corporación;
2. Cumplimiento inicial y continuo con las formalidades que la ley establece;
3. Tratamiento contributivo: la doble tributación.

Para establecer la corporación, se requiere un análisis previo de las proyecciones y necesidades que se busca sean atendidas bajo esta forma de hacer gestiones. Es en esta etapa donde el asesoramiento legal es más crítico para entender las ventajas, desventajas y requisitos de las diferentes alternativas para organizarse.

Las leyes corporativas requieren cumplimiento con formalidades, tanto al inicio como en las etapas del desarrollo corporativo, desde su origen o constitución, hasta su final o disolución. La violación de estos requisitos puede resultar en serias penalidades y pérdidas, inclusive la pérdida de la franquicia corporativa con todo lo que en términos de responsabilidad personal esto implica para los accionistas. Se trata pues de un monitoreo y cumplimiento continuo.

Existen consideraciones de costo en el establecimiento y mantenimiento de la corporación. Se requiere la redacción de varios documentos, entre ellos el Certificado de Incorporación, Reglamento, Minutas, Resoluciones e Informes Anuales. Para aquellos que requieren radicación ante el Departamento de Estado, la Ley de Corporaciones establece los derechos pagaderos por su radicación y registro.

La desventaja mayor de organizarse como corporación lo constituye la doble tributación que la acompaña. La corporación tributará por los ingresos netos sujetos a contribución, resultante de sus operaciones. Cuando la corporación distribuya a sus accionistas dividendos, estos a su vez tributarán por este ingreso en su carácter personal.

Se entiende que es el contrapeso a la ventaja de la responsabilidad limitada que la ley provee a los accionistas. El ingreso producto de las operaciones corporativas, por el cual la corporación tributó, tributará a su vez cuando el mismo ingreso es distribuido en forma de dividendo a los accionistas como ingreso personal de ellos.

C. Reconocimiento de la Personalidad Jurídica de la Corporación

La condición como persona jurídica de la corporación está reconocida en el Código Civil de Puerto Rico, en los Artículos 27, 28, 29 y 30

El Artículo 27 dispone lo siguiente:

> "Son personas jurídicas:
>
> 1. Las corporaciones y asociaciones de interés público, con personalidad jurídica reconocida por la ley. Su personalidad empieza desde el instante mismo, en que con arreglo a derecho, hubieran quedado válidamente constituidas.
>
> 2. Las corporaciones, compañías o asociaciones de interés particular, sean civiles, mercantiles o industriales, a las que la ley conceda personalidad jurídica."

A su vez, el Artículo 28 dispone que "Las corporaciones, compañías o asociaciones a que se refiere el número (2) de la sección anterior, se regirán por las disposiciones legales que les sean aplicables, por sus cláusulas de incorporación y por su reglamento, según la naturaleza de cada una de ellas."

El Artículo 29 establece que: "La capacidad civil de las corporaciones, compañías y asociaciones, se regulará por las leyes que las hayan creado o reconocido."

En el Artículo 30 se dispone que las personas jurídicas pueden adquirir y poseer bienes de todas clases, contraer obligaciones y ejercitar acciones civiles o criminales según establecen las leyes y reglas que las constituyan.

Así pues, el Código Civil nos refiere a las disposiciones legales aplicables a las corporaciones, o sea, la Ley General de Corporaciones. Esta ley dispone, en su Artículo 2.02 respecto a los poderes específicos de toda corporación creada al amparo de dicha ley que tendrá facultad para "subsistir jurídicamente", así como "demandar y ser demandada".

La jurisprudencia del Tribunal Supremo de Puerto Rico es cónsona con la visión de la corporación como ente con personalidad jurídica. Así lo manifestó en *D.A.C.O. v. Alturas de Florida Development Corp.*,[12] al señalar que las corporaciones privadas son personas jurídicas que existen por virtud de ley.

"Persona jurídica" fue definida por el Tribunal Supremo como:

> "...la colectividad de personas o conjunto de bienes que, organizado para la realización de un fin permanente obtiene el reconocimiento del Estado como sujeto de derecho."[13]

Esta personalidad jurídica propia de la corporación fue reiterada en el caso *Santiago et al. v. Rodríguez et al,* donde el Tribunal Supremo expresó a los efectos de que la corporación, sea regular o profesional, se le reconoce una personalidad distinta a la de sus dueños o miembros, quienes por lo general, no responderán con sus bienes personales por los actos de la corporación.[14]

Así pues, como persona jurídica, la corporación será tenedora de derechos y obligaciones; entre ellos ser la única responsable ante sus acreedores. Es esta responsabilidad corporativa de sus obligaciones la que

---

[12] *D.A.C.O. v. Alturas de Florida Development Corp.*, supra
[13] *Rivera Maldonado v. E.L.A,* supra
[14] *Santiago Aponte et al. v. Rodríguez et al*, supra

da lugar al atributo básico corporativo de la Responsabilidad Limitada de los accionistas.

D. Doctrina de los Asuntos Internos

Un elemento a considerar cuando se contempla organizar una corporación es bajo qué jurisdicción radicarla; cómo seleccionar la ley que le será aplicable.

La Doctrina de los Asuntos Internos establece que la ley del estado de incorporación regirá los asuntos internos de la corporación.[15] Aquí se incluyen los asuntos referentes a la relación entre la corporación y sus oficiales, directores y accionistas. Cubre los aspectos de gobernanza y de dividendos y obligaciones de los accionistas, hacia la corporación y entre sí, los deberes y obligaciones de los directores y oficiales, el manejo interno de la corporación, los mecanismos mediante los cuales los accionistas pueden ejercer control sobre la gerencia. Igualmente los requisitos para la incorporación y la eventual terminación de su existencia, voluntaria o involuntaria.

No se requiere que la corporación lleve a cabo operaciones en esa jurisdicción para estar sujeta a las leyes corporativas de la misma en sus asuntos internos. De existir conflicto entre la ley del estado de incorporación y la ley del lugar donde lleva a cabo sus operaciones en asuntos de naturaleza interna de la corporación, prevalecerá la ley del estado de incorporación.

En cuanto a los asuntos externos, la corporación estará sujeta a las leyes que regulan los mismos en la jurisdicción donde lleva a cabo las actividades. Esto incluye las leyes tributarias, laborales y las que regulan los contratos. La selección de la jurisdicción donde incorporarse es consideración básica, así como las cláusulas mandatorias y los oficiales que regirán la corporación.

E. Derechos Constitucionales Aplicables a la Corporación

Aunque se reconoce la personalidad jurídica de las corporaciones, desde el punto de vista constitucional las mismas no disfrutan de todos los derechos que cobijan a una persona natural. Es reconocido que algunos de

[15] *McDermott, Inc. v. Lewis*, 531 A. 2d 206 (Del. 1987)

estos derechos constitucionales fueron diseñados para proteger individuos, personas naturales. Los tribunales han extendido varias de estas protecciones a las corporaciones.

En Puerto Rico, tenemos jurisprudencia que atiende este tema; específicamente en cuanto a la protección que aplica a las corporaciones contra registros, allanamientos e incautaciones irrazonables [16], igual protección de las leyes y debido proceso de ley.[17]

En el caso de *RDT Construction Corp. V. Colón Carlo,* [18] resuelto en 1996, el Tribunal Supremo de Puerto Rico reafirma la expectativa razonable de intimidad que cobija tanto a los accionistas como a la corporación, aunque bajo circunstancias específicas del caso entendieron razonable el *subpoena* emitido por la Contralora.

El Tribunal determinará si la razonabilidad de la expectativa de intimidad lleva a concluir que la intrusión "viola un valor personal, reconocido socialmente y protegido por la Cuarta Enmienda."[19]

En el caso de *RDT Construction Corp.v. Colón Carlo,*[20] el Tribunal Supremo reconoce que aunque en el caso de las corporaciones la expectativa de intimidad es menor que cuando se trata de una persona natural, las corporaciones están cubiertas por la protección contra intervenciones irrazonables y arbitrarias incoadas por el Estado.

También están protegidas las corporaciones contra la doble exposición[21]. No cubren a las corporaciones las siguientes garantías constitucionales: derecho a la no autoincriminación; [22] derecho a la intimidad, que sólo se entiende en relación a personas naturales;[23] y la cláusula de privilegios e inmunidades.[24]

---

[16] *E.L.A. v. Coca Cola Bottle Co.*, 115 D.P.R. 197 (1984)
[17] *International General Electric v. Secretario de Hacienda*, 107 D.P.R. 467 (1978)
[18] *RDT Construction Corp. v. Colón Carlo*, 141 D.P.R. 424 (1996)
[19] *Oliver v. United States*, 466 U.S. 170(1984)
[20] *RDT Construction Corp. v. Colón Carlo*, supra
[21] *United States v. Martin Linen Supply Co.*, 430 U.S. 564 (1977)
[22] *Wilson v. United States*, 221 U.S. 361 (1911); *Bellis v. United States*, 417 U.S. 85 (1974)
[23] *United States v. Morton Salt Co.*, 338 U.S. 632 (1950)
[24] *Paul v. Virginia*, 75 U.S. 168 (1868)

En el ámbito federal, el Tribunal Supremo decidió en el caso de *Federal Communications Commission, et al. v. AT&T, Inc., et al.,*[25] que la protección de la privacidad personal no se extiende a las corporaciones.

Argumentando consideraciones de política pública, el Tribunal Supremo de Puerto Rico dictaminó que las corporaciones no pueden comparecer por derecho propio ante los tribunales de justicia.[26] En cuanto a la libertad de expresión, el mismo cobija a las corporaciones según fue reconocido en *Colegio de Abogados de P.R. v. Schneider.*[27]

En el ámbito federal, el Tribunal Supremo de los Estados Unidos sostuvo que la Primera Enmienda cubre el derecho de una corporación a expresarse sobre asuntos políticos y que las mismas pueden auspiciar comunicaciones a esos efectos. El discurso político no perderá la protección que le concede la Primera Enmienda de la Constitución de los Estados Unidos simplemente porque su fuente proviene de una personalidad jurídica, en este caso una corporación sin fines de lucro.[28]

Sobre el privilegio abogado-cliente en el contexto corporativo, el Tribunal Supremo delimitó su alcance en el caso *Pagán et al v. First Hospital Panamericano.*[29] En el mismo se analizó si una conversación sostenida entre un empleado de una corporación y los abogados de la misma constituía materia privilegiada y confidencial por motivo del privilegio abogado- cliente. Se trataba de un caso instado al amparo de varias leyes laborales. El demandante alegaba que no era un "cliente" pues al emitir sus expresiones no representaba en forma autorizada al patrono corporativo, amparándose en la doctrina del caso *Upjohn Co. v. U.S.*[30]

El Tribunal Supremo analiza los conceptos "clientes", "representante autorizado" y "comunicación confidencial" dentro del ámbito corporativo. Por tratarse de una persona jurídica, se requieren consideraciones específicas para precisar quién es el representante autorizado legitimado a ofrecer comunicaciones en representación de la entidad jurídica.

---

[25] *Federal Communications Commission, et al. v. AT&T, Inc., et al.,*562 U.S. 397 (2011)
[26] *Benito Muñoz, Inc. v. Productora Puertorriqueña,* 109 D.P.R. 825 (1980)
[27] *Colegio de Abogados v. Schneider,* 112 D.P.R. 540 (1980)
[28] *Citizens United v. Federal Elections Commission,* 558 U.S. 310 (2010); *First National Bank of Boston v. Belloti,* 435 U.S. 765 (1978)
[29] *Pagán et al. v. First Hospital Panamericano et al.,* 189 D.P.R. 509 (2013)
[30] *Upjohn Co. v. U.S.,* 449 U.S. 383 (1981)

> "Contrario a una persona natural, quien constituye una sola entidad en comunicación directa o representativa con su abogado, la persona jurídica debe descansar en sus oficiales y empleados para comunicar a su representante legal aquellos elementos necesarios para una asesoría jurídica competente."[31]

El Tribunal Supremo descarta el estándar del grupo control ("Control Group Test") y adopta el estándar sugerido en el caso de *Upjohn* que se asemeja a la prueba del asunto ("Subject Matter Test").

> "Así, un empleado será representante autorizado del cliente (la corporación), siempre y cuando: (1) sus comunicaciones fueron ofrecidas al abogado corporativo para el propósito expreso de asegurar asesoría legal para la corporación; (2) las comunicaciones estaban relacionadas con las funciones y tareas corporativas específicas del empleado y éste era consciente que estaba siendo consultado por el abogado para que la corporación pudiese ser asesorada legalmente; y (3) sus comunicaciones fueron tratadas de forma confidencial por la corporación, por instrucciones de los gerentes de la empresa."[32]

Sin embargo, cuando un agente o representante autorizado, en una situación donde ese agente interesa vindicar sus derechos frente al cliente, en un caso que únicamente involucre a estas partes, el cliente y su agente, no aplicará el privilegio abogado-cliente: "entre ellos no hay confidencialidad que proteger."[33]En otras palabras, frente a un tercero sí existe la confidencialidad protegida, más no cuando se trata de ese agente protegiendo sus derechos frente al cliente corporativo.

F. <u>Responsabilidad Penal de la Corporación</u>

La ley le reconoce a las corporaciones personalidad jurídica, con los derechos y obligaciones que este reconocimiento conlleva. Una de las obligaciones es el cumplimiento con leyes penales que le sean aplicables.[34]

---

[31] *Pagán et a.l v. First hospital Panamericano et al.*, supra

[32] *Id.* 531

[33] *Id.* 536

[34] *New York Central & Hudson River Railroad Co. v. United States*, 212 U.S. 481 (1909)

Se ha desarrollado el concepto de que los directores al exponer la corporación a una actividad ilegal incurren en una violación al deber fiduciario en su modalidad de violación al deber de lealtad. Esos directores reclamarán que su actuación fue motivada por el deber de maximizar ganancias y reclamar para sí la defensa que provee la Regla del Juicio Comercial como eximente de responsabilidad ante un reclamo de violación fiduciaria: su única motivación fue cumplir con el deber de maximizar ganancias corporativas, no devengaron ellos beneficio conflictivo alguno.

Los tribunales han atendido este reclamo confirmando que la aprobación de actividades ilegales, no importa el razonamiento detrás de ello, constituye violación de los deberes fiduciarios: las corporaciones y sus directores deben actuar dentro de las normas básicas de la sociedad en que se desempeñan, tanto legales como morales. Actuaciones en violación a estas normas son consideradas *ultra vires*; actuaciones ilegales constituirán siempre actos *ultra vires* pues las leyes corporativas especifican como mandatorio el que las corporaciones solo pueden tener entre sus propósitos actividades legales, aquellas que no vayan contra la ley, la moral o el orden público. El permitir una actividad ilegal constituirá una deslealtad al sistema moral donde se desarrolla la actividad corporativa.

En *Guttman v. Huang,*[35] se menciona como responsabilidad fiduciaria la de "fidelidad legal" definida como aquella que puede ser invocada cuando un director corporativo causa que la corporación viole una ley positiva que está obligada a obedecer, indicando que la misma está comprendida dentro del deber fundamental de lealtad.

Igualmente en otra situación que envolvía el pago de un soborno para obtener una licencia gubernamental, se resolvió que bajo la ley de Delaware, un funcionario no puede elegir actuar en violación de la ley aunque entienda que esta violación generará ganancias para la entidad. [36]

En el caso de *Stone v. Ritter,*[37] el Tribunal Supremo de Delaware señaló el deber de lealtad como la máxima expresión del deber fiduciario

---

[35] *Guttman v. Huang*, 823 A. 2d. 492 (Del. Ch. 2003)

[36] *Metro Communications Corp. v. Advanced Mobilecomm Techs, Inc.*, 854 A. 2d. 121 (Del. Ch. 2004)

[37] *Stone v. Ritter*, 911 A. 2d. 362 (Del. 2006)

debido por los directores a la corporación y sus accionistas. En una decisión posterior, enfatizó como "obvio" el que es inconsistente con el deber de lealtad el causar que la corporación actúe en forma ilegal. [38] Esa violación de su deber fiduciario de lealtad expondrá a los directores a satisfacer en su carácter personal la penalidad monetaria que se imponga a la corporación por su actuación ilegal sin tomar en consideración el posible beneficio que esta actividad ilegal significó para la corporación.

En cuanto a este tema debemos señalar la opinión concurrente en parte y disidente en parte del Juez Stevens del Tribunal Supremo de los Estados Unidos en el caso *Citizens United v. Federal Election Commission.*[39] En esta opinión el Juez Stevens señala que las corporaciones "...have no conscience, no beliefs, no feelings, no thoughts, no desires..." [40] Señala el Juez Stevens la dificultad de determinar a quien se debe adjudicar, a que constituyente corporativo corresponden, las acciones que la corporación refleja. ¿Tendrán las corporaciones, como entes económicos, sociales, políticos y legales, la capacidad de cometer crímenes? Las acciones son llevadas a cabo o autorizadas por sus agentes, todos personas naturales. El resultado de estas acciones afectará a muchas personas que no participaron en la toma de esas decisiones.

Al incluir las corporaciones dentro de la definición de "personas" lleva al Juez Stevens a concluir que bajo la opinión del Tribunal Supremo, las corporaciones tendrán el mismo trato que una persona natural bajo la Primera Enmienda, lo cual para la opinión de cuatro jueces de dicho Tribunal Supremo es incorrecto e inadecuado para sostener la decisión del caso.

G. La Corporación en la Sociedad: Responsabilidad Social de la Corporación

Las corporaciones llegan a ejercer poderes económicos, sociales y políticos sustanciales. ¿Responden estos poderes a las necesidades de la sociedad? ¿Están estos poderes legitimados? ¿Tienen las corporaciones una función social además de la de maximizar ganancias para sus accionistas?

---

[38] *Desimone v. Barows*, 924 A.2d. 908 (Del. Ch. 2007)

[39] *Citizens United v. Federal Election Commission*, supra

[40] Id. 972

Este ha sido un debate entre aquellos que conciben la corporación como un conjunto de contratos privados regulando intereses propietarios y aquellos que ven la corporación como una entidad de carácter social con responsabilidad hacia sus varios constituyentes.

La concepción de la corporación como propiedad privada de sus accionistas propietarios, le atribuye el propósito de adelantar los intereses y riqueza de sus accionistas dueños y a los directores como agentes encargados de promover ese interés económico. Sostiene que los asuntos de carácter social corresponden al gobierno, para los cuales las corporaciones aportan por medio de la imposición de contribuciones y el cumplimiento con las reglamentaciones que le sean aplicables. (Property Conception or Shareholder Primacy View)

Esta es la posición sostenida en el caso *Dodge v. Ford*:

> "A business corporation is organized and carried on primarily for the profit of the stockholders. The powers of the directors are to be employed for that end. The discretion of directors is to be exercised in the choice of means to attain that end, and does not extend to a change in the end itself, to the reduction of profits or to the nondistribution of profits among stockholders in order to devote them to other purposes."[41]

El Tribunal en este caso expresó que gastos incidentales con propósito humanitario de fondos corporativos podrían ser aceptables. Debemos señalar que el caso *Dodge v. Ford*[42], no ha sido revocado.

Se ha desarrollado otra concepción sobre el rol de la corporación como entidad con carácter social. Esta teoría inserta la corporación en la sociedad de la cual forma parte y le impone responsabilidades, legales y morales ante sus varios constituyentes. Estos constituyentes serán todas aquellas partes cuyos intereses podrían verse afectados, positiva o negativamente, por las actuaciones corporativas, desarrollando así teorías de protección hacia estas partes con interés ("stakeholders").

Define la corporación como una serie de contratos, expresos e implícitos, que establecen nexos entre todas estas partes y ve la

---

[41] *Dodge v. Ford*, 204 Mich. 459(1919)

[42] *Id.*

corporación como una institución social que ostenta un propósito público. Es una criatura del gobierno, que es quien le otorga rango de persona legal. Así pues uno de sus propósitos será el desarrollo del bienestar general.

¿Quiénes son estos constituyentes cuyo interés debe ser protegido? En primer lugar, tenemos los accionistas que proveen el capital a la corporación. Le siguen aquellos encargados de su gerencia, directores y oficiales. Luego les siguen:

1. empleados;
2. suplidores;
3. bonistas y acreedores;
4. clientes;
5. la comunidad local; y
6. todos aquellos que se puedan ver afectados por las actuaciones corporativas.

Hay quienes incluyen al gobierno bajo la teoría de que el gobierno es socio silente en toda transacción.

La tendencia actual es a considerar que las corporaciones, además de producir lo suficiente para atraer inversiones, deben producir satisfacción a los clientes, crear oportunidades de empleo y desarrollo para sus empleados, y contribuir a mantener un nivel de vida adecuado, inclusive en términos de salud, en las comunidades donde llevan a cabo sus operaciones. Esto es, cumplir sus deberes de entidad con impacto social. [43] Se entiende que estas inversiones redundarán a la larga en un desarrollo positivo de los intereses corporativos. [44]

Bajo esta teoría, la estructura de gobierno corporativo provee un orden mediante el cual se canalizan y resuelven las disputas que puedan surgir entre estos constituyentes. Esta unión de intereses tan diversos sólo se puede coordinar bajo el manto corporativo.

---

[43] *A.P. Smith Mfg. v. Barlow*, 13 N.J. 145 (1953)
[44] *Paramount Communications, Inc. v. Time, Inc.*, 571 A. 2d. 1140 (Del. 1989)

H. Rol del Abogado Corporativo

1. ¿Quién es el cliente?

El abogado corporativo desempeña un rol fundamental, creativo a la vez que práctico, en la sociedad legal. Su función como asesor incluye fases de planificación así como de protector de todo lo que afecte el ámbito corporativo. Desde sugerir la estructura organizacional que mejor satisfaga las necesidades del cliente, planificar para evitar el surgimiento de conflictos y de surgir, la forma más efectiva de resolverlos, la distribución de responsabilidades para asegurar que ese ente funcione en forma óptima, hasta la protección de la corporación de ataques internos y externos.

El estudio del Derecho Corporativo difiere del de otros cursos de Derecho cuyo enfoque es la litigación derivada de hechos sucedidos y la solución de disputas suscitadas por estos hechos. El Derecho Corporativo tiene un significativo componente de planificación y redacción de documentos con miras a evitar el surgimiento de conflictos que lleven a la litigación.

El rol de planificador del abogado corporativo consiste en estructurar transacciones y acuerdos que maximizan beneficios y minimizan costos legales y de negocio. Sus clientes esperan que pueda llevarlos, dentro de los límites legales y éticos, a alcanzar su propósito.

Dado que la mayoría de las disposiciones en las leyes corporativas son de naturaleza habilitadora, que operarán en caso de omisión en el Certificado de Incorporación de otra alternativa, será el abogado en su función de redactor el que asegurará que la entidad funcione según los intereses de sus clientes.

Desempeña pues un rol dual en el surgimiento de la corporación: evaluador de lo que el cliente propone y a la vez agente creativo de la estructura más adecuada.

El rol del abogado corporativo conlleva responsabilidades no tan solo legales, sino también éticas y morales sobre las transacciones de sus clientes. Este rol sufrió ataques debido a los escándalos financieros en los años 1990. Llevó al Juez Stanley Sporkin a preguntarse dónde estaban los abogados, porque no actuaron para prevenir esta crisis.[45]

¿Qué significa ser un abogado corporativo? ¿Cuáles son sus posibles roles? Podemos ver su desempeño en función de dos posibles roles: el de asesor y el de evaluar lo que el cliente propone, aconsejar sobre mejores alternativas, definir los hechos y las posibles soluciones, y recomendar la más adecuada según su mejor criterio.

En el desempeño de este rol, el abogado buscará definir los hechos para prevenir litigios, servirá como escudo protector, tendrá su rol de evaluador a la vez que de creador.

Su rol principal será evitar riesgos legales, evitar que su cliente se exponga. Para ello debe definir los hechos para ir estableciendo el récord histórico, que servirá de protección a su cliente en caso de un litigio posterior. Este es el momento de separar lo incierto de lo ilegal: determinar el objetivo que el cliente desea alcanzar y llevarlo a lograrlo sin exponerse a riesgos legales.

En el rol de defensor, ya los hechos sucedieron y se enfrenta su cliente a un posible litigio. Debe pues el abogado defender agresivamente los intereses del cliente con miras a ganar el caso. Tendrá que descansar en la historia y los hechos que definió el abogado asesor.

Mas, ¿quién es ese cliente a quien el abogado representa, a quien le debe lealtad y quien podrá invocar el privilegio abogado-cliente o reclamarle negligencia profesional?

Durante el proceso de incorporación surgirán áreas donde se pueden crear conflictos, como: organización, gobierno, finanzas, control, distribución de las ganancias. El abogado en su rol de asesor debe atender estas situaciones y ofrecer posibles soluciones.

Para permitir al abogado representar el mejor interés de la corporación sin someterlo a un potencial conflicto por representar a la vez a los constituyentes de la corporación, se ha desarrollado la Regla de la Representación de la Entidad Jurídica ("Entity Rule"). La aplicación de esta regla evita la posibilidad de una representación múltiple que resultaría

[45] *Lincoln Savings & Loan Association v. Wall*, 743 F. Supp. 901 (D.D.C. 1990)

en que el abogado no podrá representar a ninguna parte. Su propósito es proteger a los abogados corporativos de posibles conflictos en la representación de un cliente.

El caso de *Jesse v. Danforth*[46] establece que bajo el "entity rule", cuando un abogado representa a una corporación, el cliente es la corporación y no sus constituyentes. Esta regla fue diseñada precisamente para proteger abogados corporativos de la aplicación automática de la doble representación que le impediría representar a cualquiera de las partes. La corporación es una entidad jurídica separada y su representación por el abogado tiene efecto retroactivo, cubre la etapa previa a la incorporación, cuando aún no existe esta entidad separada.

El Tribunal establece en este caso las guías para la aplicación de la regla. En caso de que:

a. se contrata un abogado para la organización de una entidad corporativa;

b. la relación con el abogado está directamente relacionada con el proceso de incorporación; y

c. eventualmente se logra la incorporación, la Regla de la Representación de la Entidad Jurídica aplica retroactivamente y el abogado se considera representante legal de la entidad desde la etapa pre-incorporación y no de las otras personas que se considerarán meros constituyentes y no clientes. Esto así aun cuando esas otras personas fueron las que trajeron el asunto ante el abogado.

Toda comunicación realizada durante la relación, incluyendo la pre-incorporación, se considerará privilegiada y el privilegio pertenecerá a la corporación. El abogado corporativo se considera por lo tanto agente de la entidad.

En Puerto Rico, la representación legal a clientes corporativos se ha analizado en varios casos. En 1999, en el caso *In Re César Andreu*

---

[46] *Jesse v. Danforth*, 485 N.W. 2d. 63 (Wis. 1992)

Ramírez de Arellano y Carlos Rivera Vicente,[47] el Tribunal Supremo analizó el alcance del Canon 28 del Código de Ética Profesional en el contexto de un pleito en el cual una de las partes era una corporación, para determinar si los directores y oficiales de la corporación están incluidos en el término "partes" en el contexto del referido canon que impide al abogado comunicarse con una parte representada por abogado en ausencia de éste. El Tribunal reconoce la personalidad jurídica independiente de la corporación, no obstante, reconoce que las mismas actúan por conducto de directores y oficiales por lo que los mismos constituyen una extensión de ella. Por lo tanto, concluye que los directores y oficiales están considerados como "partes" para efectos del Canon 28 del Código de Ética Profesional.

En el caso de *Eliane Exportadora Ltd. v. Maderas Alfa, Inc.*,[48] el Tribunal Supremo examina el alcance del Canon 21 del Código de Ética Profesional sobre representación sucesiva adversa. Analiza los requisitos que bajo este Canon 21 constituirán conflicto de intereses y su aplicación en el contenido de una corporación íntima. Reitera la norma de representación del ente jurídico, sin embargo, en el caso de una corporación íntima la línea se diluye por la informalidad que caracteriza la estructura organizacional de la misma. Habría que precisar si por la naturaleza de la relación entre abogado-cliente el abogado llegó a conocer tan íntimamente el *modus operandi* del accionista que se pueda concluir razonablemente que el deber de lealtad trascendió el ente corporativo. Se requiere pues un análisis detallado de los hechos caso a caso. Bajo circunstancias particulares al caso en cuestión y ante planteamientos de índole ético, el tribunal debe superar la ficción del ente corporativo.

En el caso *In Re José A. Axtmayer Balzac,*[49] se aclara el alcance del Canon 28 del Código de Ética Profesional en caso del envío a varias partes de una comunicación escrita. Reitera el Tribunal su determinación de que para efectos del Canon 28, los directores, empleados u oficiales de una corporación pueden ser propiamente considerados como partes en una acción judicial instada en contra de la corporación, ya que ésta actúa por conducto de dichos directores, oficiales y empleados.

---

[47] *In Re César Andreu Ramírez de Arellano y Carlos Rivera Vicente*, 149 D.P.R. 820 (1999)
[48] *Eliane Exportadora Ltd. v. Maderas Alfa, Inc.*, 156 D.P.R. 532 (2002)
[49] *In Re José A. Axtmayer Balzac*, 179 D.P.R. 151 (2010)

I. Alternativas a la Corporación

1. Estructuras para Hacer Negocios

Existen varias figuras y mecanismos para llevar a cabo actividades de negocio en Puerto Rico. Entre ellas están las corporaciones privadas, con o sin fines de lucro, que están cubiertas por la Ley General de Corporaciones y que son objeto de estudio en este libro.

Además de la corporación privada, existen corporaciones públicas que pertenecen al estado y se rigen por sus propias leyes habilitadoras. Igualmente, corporaciones público-privadas que se organizan bajo la Ley General de Corporaciones y su accionista es el Estado.

Entre las alternativas para organizar una empresa están:

a. Gestión propia – "Haciendo Negocio Como"

b. Sociedad Civil

c. Sociedad Mercantil

a. Gestión Propia (H/N/C o D/B/A)

Es la forma más sencilla de establecer un negocio, pues no existen formalidades para su organización. Puede operar bajo su propio nombre o bajo un nombre que lo distinga. Por ejemplo: Juan Pérez o Colmado Pérez.

La Ley de Nombres Comerciales, Ley Núm. 75 de 23 de septiembre de 1992, permite que se registre el nombre bajo el cual opera el negocio en el Registro de Nombres Comerciales, bajo el Departamento de Estado. Así tendrá protección del nombre.

Esta es una forma utilizada particularmente por negocios pequeños atendidos por su propio dueño. Además de la ventaja de no requerir formalidades para su organización, tiene la ventaja de que sólo tributará por las ganancias que el negocio genere al dueño en su carácter personal.

La principal desventaja de esta forma de llevar a cabo negocios es que al no considerarse el negocio como una entidad jurídica separada del propietario, éste responderá en su carácter personal con todos sus bienes por todas las deudas y reclamaciones del negocio.

b. Sociedad Civil

Cuando se trata de una empresa propiedad de dos o más personas, surge la figura de la sociedad. El Código Civil la define como un contrato entre dos o más personas que pondrán en común bienes, dinero o industria con el fin de distribuir entre sí las ganancias.[50]

Para su constitución no se requiere forma específica, salvo que se aporten a ella bienes inmuebles. Los dueños responderán por las deudas y obligaciones de la sociedad, subsidiaria y mancomunadamente, con todo su patrimonio.[51]

c. Sociedad Mercantil

La sociedad mercantil está regida por el Código de Comercio.[52] Su constitución requiere el otorgamiento de escritura pública donde consten los pactos y condiciones. Dicha escritura deberá ser inscrita en el Registro Mercantil. Se le reconoce personalidad jurídica en todos sus actos y contratos.

Las sociedades mercantiles pueden adoptar cualquiera de las siguientes formas:

i. Sociedad Regular Colectiva: [53]

Todos los socios se comprometen a participar en la proporción de su interés de los derechos y obligaciones, y estarán obligados personal y solidariamente, con todos sus bienes por las obligaciones de la sociedad. Los bienes particulares de los socios responderán por las obligaciones de la sociedad sólo después de haberse hecho exclusión del haber social. Se requiere el consentimiento de los demás socios para la transmisión de interés de un socio. Salvo pacto en contrario, la muerte de un socio colectivo ocasionará la disolución de la sociedad.

ii. Sociedad Comanditaria o En Comandita:

---

[50] Código Civil de Puerto Rico, Artículo 1556, et seq.
[51] *Asociación de Propietarios v. Santa Bárbara Co.*, 112 D.P.R. 33 (1982)
[52] Código de Comercio, Artículo 95, et seq.
[53] Código de Comercio, Artículo 104

> La misma contará con dos tipos de socios: comanditarios, que aportan capital, y colectivos que dirigirán las operaciones en nombre colectivo.[54] Los socios comanditarios sólo responderán de las obligaciones de la sociedad con los fondos que hubiesen aportado, mientras que los socios colectivos responderán personal y solidariamente. Se requiere la aprobación de los demás socios para transmitir un socio su interés.

Ambas sociedades, tanto civil como mercantil, deberán tributar sus ingresos a la vez que los socios en su carácter personal tributarán por las distribuciones recibidas, o sea, adolecen de la doble tributación.

Vemos pues que la selección de la figura bajo la cual establecer un negocio dependerá de muchos factores y será rol del abogado en esta etapa, el orientar sobre las diferentes alternativas, sus ventajas y desventajas. Algunos de estos factores pueden ser:

a. Naturaleza de la actividad contemplada;

b. Grado de responsabilidad a asumirse;

c. Flexibilidad en el manejo;

d. Duración;

e. Requisitos burocráticos;

f. Consideraciones contributivas;

g. Flexibilidad en la disposición del interés.

Se requiere pues una cuidadosa ponderación de estos factores y de las diferentes alternativas disponibles para determinar cual servirá mejor a los intereses de las partes.

---

[54] Código de Comercio, Artículo 9

CARACTERISTICAS DE ESTRUCTURAS PARA HACER NEGOCIOS EN PUERTO RICO [55]

	Individuos	**Sociedad Civil** [56]	**Sociedad Mercantil**[57]	**Corporaciones**[58]	**LLPs**[59]	**CRL**[60]	**Fideicomisos**[61]
Transferibilidad de intereses		Solo si la persona consiente	Depende del contrato social; si el contrato es silente, solo con el consentimiento de todos los demás socios	Igual.	Libre transferencia sujeto a restricciones impuestas.	Depende del contrato social; si el contrato es silente, solo con el consentimiento de todos los demás socios	Ver escritura
Responsabilidad del Dueño	Responde con todo su patrimonio	Subsidiaria y mancomunada	Resp. limitada para los comanditarios; los otros responden ilimitadamente	Limitada hasta monto de inversión	Limitada hasta monto de inversión excepto responsabilidad impuesta por práctica de profesiones	Limitada depende del contrato	Fiduciario responde personalmente

55 "Sociedades Especiales" (SE) y "Corporación de Individuos" son entidades tributarias.
56 Código Civil de Puerto Rico, Artículo 1556, et seq
57 Código de Comercio de Puerto Rico, Artículo 95, et seq
58 Ley General de Corporaciones de Puerto Rico, Artículo 1.01, et seq
59 Código de Comercio de Puerto Rico, Artículo 2, et seq
60 Ley General de Corporaciones de Puerto Rico, Artículo 19.01, et seq
61 Ley de Fideicomisos de Puerto Rico, Ley Núm. 219 de 31 de agosto de 2012

	Individuos	**Sociedad Civil** [56]	**Sociedad Mercantil**[57]	**Corporaciones**[58]	**LLPs**[59]	**CRL**[60]	**Fideicomisos**[61]
Perpetuidad	Termina con la muerte de la persona	Depende del contrato pero si silente termina con la muerte de uno de los socios.	Igual	Puede ser perpetua	Puede ser perpetua	Puede ser perpetua	Termina cuando muere o desaparece el beneficiario (75 o 90 años)
Gerencia	Único	Socio administrador o todos	Socios regulares no comanditarios	Separada de los accionistas: Junta de Directores	Socio administrador o los socios	Igual	Fiduciario (y Consultor)
Constitución y Registro	Ninguno	Contrato o escritura si hay inmuebles	Escritura con registro mercantil	Certificado de Incorporación con el Departamento de Estado	Escritura con Departamento de Estado (fianza si es servicios profesionales)	Certificado de Organización (Contrato Privado) con el Departamento de Estado	Escritura y Registro
Tributación	Individual	Entidad Separada	Entidad Separada	Entidad Separada	Entidad Separada	Entidad Separada	Entidad Separada (Grantor Trust)
Obligaciones de radicación	Ninguno	Ninguno	Ninguno	Informe Anual	Ninguno	Ninguno	Ninguno (Planillas Informativas)

J. La Promoción de la Corporación

1. Gestiones con Anterioridad a la Incorporación: la Figura del Promotor

La LGC establece la responsabilidad en que incurren aquellos que realicen gestiones a nombre de una corporación que aún no existe:

Artículo 1.05 (c):

> "Todas las personas que actúen como corporación sin autoridad para ello, serán responsables solidariamente de todas las deudas y obligaciones incurridas o asumidas como resultado de esta actuación."

No se hace referencia en la ley a quién o quiénes serán esas personas. Jurisprudencialmente, los tribunales se refieren a ellas como "promotores". Se puede decir que son aquellos que convierten una idea en una empresa, realizan gestiones en pro de la futura corporación; a nombre y para beneficio de una entidad que aún no existe.

El citado Artículo 1.05 (c), claramente les impone responsabilidad personal por toda reclamación o daño que pueda surgir por motivo de esas gestiones que han llevado a acabo. Estas podrán incluir arrendamientos, contratos de empleo y adquisición de muebles, entre otras.

La jurisprudencia sobre la responsabilidad en que incurre el promotor es extensa y muchas veces confusa.

¿Se le puede considerar agente de la corporación? No puede darse la figura de agente de un principal que no existe, pues la corporación no ha sido formada. Por ello, el promotor no puede obligar como agente a una corporación inexistente. En la mayoría de los casos no surge controversia pues la corporación se llega a formar y como tal cumple con las obligaciones establecidas en el contrato suscrito por el promotor, por lo que la otra parte quedará satisfecha.

Pero, ¿qué sucede cuando se incumple con este acuerdo pre-incorporación? ¿A quién podrá el acreedor reclamarle? Debemos comenzar por distinguir entre un incumplimiento de acuerdo pre-incorporación y el incumplimiento de un acuerdo suscrito por una corporación que con posterioridad a la firma del contrato, su proceso de incorporación resulta ser defectuoso. En este último caso, ambas partes del acuerdo actuaron bajo la creencia de que se había formado y existía una corporación. No sabían que hubo un error en el proceso de incorporación. Él o los que firmaron a nombre de la corporación lo hicieron como supuestos oficiales o directores, no surge pues en este caso la figura del promotor.

El promotor sabe que no existe una corporación, la otra parte usualmente sabe que la misma aún no está formada. Se trata pues de un contrato privado consensual y al juzgador le tocará determinar la intención de las partes al entrar en el contrato; el problema es que muchas veces esa intención no está absolutamente clara. Por lo que es posible que, el determinar si, quién y hasta qué punto será responsable el promotor o la corporación cuando ésta esté formada, no le será tarea fácil.

Generalmente el promotor consultará un abogado para la preparación del acuerdo que cubrirá gestiones pre-incorporación. En ese caso el abogado le aconsejará que el primer paso debe ser establecer la corporación, radicar el Certificado de Incorporación ante el Departamento de Estado y así la corporación comenzará su vida jurídica desde esa fecha de radicación. Basta que ese certificado contenga las cláusulas mandatorias que la Ley General de Corporaciones requiere. Cualquier cambio o añadidura podrá efectuarse luego pero ya tendrá una personalidad jurídica como parte contratante y no será el firmante responsable por actuar como corporación sin serlo. Ya habrá surgido la responsabilidad limitada que la corporación le ofrece de protección. Desde esa fecha de radicación, todo contrato u obligación deberá establecerse en nombre de la corporación.

En aquellos casos en que no se ha dado este proceso de incorporación, los tribunales han desarrollado varias teorías para identificar la intención de las partes y qué cláusulas específicas debe contener el contrato para llevar a un tribunal a identificar claramente esas intenciones de las partes contratantes. Así podrá el tribunal imponer responsabilidad bajo el contrato, ya sea al promotor, a la corporación o a ambos.

Se requiere pues un proceso de redacción minucioso, con lenguaje preciso que cubra todas las posibles situaciones donde debe asignarse responsabilidad por algún incumplimiento, a quién se hará responsable.

Algunas de estas situaciones que podrán resultar en la imposición de responsabilidad para el promotor son:

1. Firmar en su carácter personal sin hacer referencia a una futura corporación;
2. Firmar a nombre de una corporación cuando la otra parte desconoce que la misma no existe;
3. Firmar a nombre de una corporación a ser formada, la otra parte conoce que la misma aún no existe;
4. Firmar a nombre de una corporación que nunca llega a formarse;
5. No establecer en el contrato que está sujeto a que la corporación adopte el mismo una vez sea firmada;
6. Pactar la sustitución del promotor por la corporación, una vez sea formada sin la liberación del promotor;
7. Pactar la sustitución del promotor por la corporación una vez sea formada y acepte el contrato, con la liberación del promotor al ocurrir la novación.

Los posibles resultados de estas situaciones pueden ser que:

1. El promotor responderá en su carácter personal por todas las obligaciones hasta el total cumplimiento del mismo;
2. La corporación adoptante del contrato será responsable de su cumplimiento junto con el promotor, podrá reclamarse daños por incumplimiento a ambos;
3. El promotor será responsable hasta tanto se forme la corporación, la misma adopte el contrato y la otra parte acuerde la sustitución del promotor y su liberación;
4. El contrato estará sujeto a que se forme la corporación y la otra parte lo adopte, de lo contrario se considerará inexistente (nulo *ab initio*).

Los tribunales han ido atendiendo estos posibles resultados. Así vemos que en *Mc Arthur v. Times Printing Co.*,[55] el tribunal resolvió que hubo una aceptación tácita del acuerdo por la corporación; igualmente en *Goodman v. Darden,*[56] y en *Wolfe v. Warfield.*[57]

En Puerto Rico, en el caso de *Villar & Co. Inc. v. Conde,*[58] el Tribunal Supremo atendió el asunto de la adopción del contrato por la corporación así como el efecto de la novación realizada por la corporación y la tercera persona, resultando en que la corporación quedaba obligada por el contrato.

En cuanto a los efectos de la adopción tácita por la corporación, véase *Berrizbeitía v. Times Publishing Co.*[59], donde se resolvió que los actos de la corporación demostraron aceptación del contrato.

La importancia en la redacción del contrato pre-incorporación para la determinación de la intención de las partes sobre quién será la parte responsable del cumplimiento bajo el mismo fue atendida en el caso de *Quaker Hill, Inc. v. Parr.*[60] El contrato suscrito entre las partes señalaba que el mismo se firmaba por el demandado en nombre de una corporación a ser organizada y así lo reconocía la otra parte. Otro hecho señalado fue la insistencia por la firma del contrato en ese momento que ejerció la ahora parte demandante. Una vez formada la corporación, ésta suscribe un nuevo contrato y pagaré y se le envía al demandante. Quaker Hill demanda alegando que la corporación no existía al momento de firmar el acuerdo por lo que los demandados como promotores, responderían personalmente. El Tribunal determina que el demandante conocía que la corporación no existía y fue a su insistencia y sugerencia que el contrato se firmó por Parr como Presidente de una corporación que no existía. Esto lleva al Tribunal a concluir que la intención del demandante era contratar con una corporación que en aquel momento no existía y posteriormente aceptó a otra corporación al ser ésta establecida como responsable bajo el contrato. Bajo el contrato, los demandados se obligaban a organizar la corporación, no a responder bajo el mismo en su carácter personal.

---

[55] *McArthur v. Times Printing Co.*, 48 Minn. 319 (1892)
[56] *Goodman v. Darden*, 100 Wn. 2d 476 (1983)
[57] *Wolfe v. Warfield*, 266 Md. 621 (1972)
[58] *Villan & Co. Inc. v. Conde*, 37 D.P.R. 706 (1928)
[59] *Berrizbeitía v. Times Publishing Co.*, 42 D.P.R. 799 (1931)
[60] *Quaker Hill, Inc. v. Parr*, 148 Colo. 45 (1961)

El Tribunal cita la regla general de responsabilidad personal de aquel que contrata como corporación sin serlo. Reconoce como excepción a esta regla el que cuando el contrato establece que la otra parte reconoce que sólo le responderá la corporación a ser formada y no el promotor, éste no incurre en responsabilidad personal. De los hechos el Tribunal concluye que no fue nunca la intención del demandante el responsabilizar al demandado-promotor por cumplimiento bajo el acuerdo. Así también fue resuelto en el caso de *Sherwood & Roberts-Oregon, Inc. v. Alexander.*[61]

En el caso de *RKO-Stanley Warner Theatres, Inc. v. Graziano,*[62] se analiza la responsabilidad del promotor cuando se intenta evitar dicha responsabilidad. El contrato suscrito entre las partes contenía la siguiente cláusula:

> "It is understood by the parties hereto that it is the intention of the Purchaser to incorporate. Upon condition that such incorporation be completed by closing, all agreements, covenants, and warranties contained herein shall be construed to have been made between Seller and the resultant corporation and all documents shall reflect same."

Los Artículos de Incorporación fueron debidamente radicados previo a la fecha de cierre del acuerdo por lo que los demandados alegan que quedaron relevados de cualquier responsabilidad personal. El tribunal determina que su responsabilidad continuará salvo que se dé una novación o un acuerdo donde específicamente se releve al promotor, lo cual no está expresamente contenido en la citada cláusula que el tribunal llama ambigua y susceptible de varias interpretaciones. Por ello el tribunal concluye que el promotor seguirá siendo responsable hasta tanto la nueva corporación adopte el acuerdo, expresa o implícitamente, y se acuerde el relevo del promotor. Véase también *How & Associates, Inc. v Boss*[63] e *Illinois Controls, Inc. v. Langham.*[64]

Vemos pues que la redacción del acuerdo pre-incorporación debe de manifestar en forma clara e inequívoca la intención de las partes. A esos efectos y atendiendo las posibles alternativas que puedan resultar en

---

[61] *Sherwood & Roberts-Oregon, Inc. v. Alexander*, 269 Ore. 389 (1974)
[62] *RKO-Stanley Warner Theatres, Inc. v. Graziano*, 467 Pa. 220, 223 (1976)
[63] *How & Associates, Inc. v Boss*, 222 F. Supp. 936 (Iowa 1963)
[64] *Illinois Controls, Inc. v. Langham*, 70 Ohio St. 3rd 512 (1994)

imposición de responsabilidad al promotor, sugerimos que el acuerdo pre-incorporación disponga específicamente lo siguiente:

1. comparece a nombre de una corporación que va a ser formada;
2. la otra parte acepta que así es;
3. si la corporación no llega a formarse, este acuerdo se considerará nulo o inexistente;
4. cuando se forme la corporación, la otra parte acepta sustituir al promotor por la corporación y relevar al promotor; y
5. si la corporación no adopta el acuerdo, el mismo se considerará nulo *ab initio*.

Como señalamos anteriormente, la mejor alternativa es incorporar antes de entrar en acuerdo alguno.

El promotor en el desempeño de sus gestiones realiza actos para beneficio de la corporación a ser formada. En ese desempeño tiene la obligación de velar de buena fe por los mejores intereses de esa persona, ya que tiene hacia ella el deber fiduciario de lealtad y de actuar con diligencia. No podrá pues apropiarse de oportunidades que corresponden a la corporación que está representando.

Ley General de Corporaciones

Ley número 164, de 2009, efectiva 1ro de enero de 2010

(en adelante "LGC").

Exposición de Motivos

En la exposición de motivos se reconoce que las leyes corporativas constituyen un instrumento para promover desarrollo económico. Se hace reconocimiento a la ley del Estado de Delaware en esta materia por ser una liberal y de visión expansiva, por la cual se utiliza como modelo para esta ley.

Se busca atemperar la Ley General de Corporaciones a las nuevas realidades corporativas a la vez que flexibilizar las operaciones, actividades permisibles y estructura de transacciones corporativas. Entre los desarrollos comerciales que se desean incorporar están aquellos avances en el área de tecnología, informática y comunicaciones, expandiendo el uso que las corporaciones puedan dar a los mismos.

Así vemos que el propósito de esta ley va más allá que el propósito principal que motivó la ley de Delaware que se basó en el deseo de allegar fondos al estado producto de los derechos pagaderos por la radicación y registro de los documentos corporativos y por los informes requeridos.

Capítulo I.
Organización de la Corporación

El proceso de establecer una corporación crea un record público de la incorporación. Se sujeta a las partes a la LGC en todo lo que ésta establece como mandatorio y a lo establecido por las partes por medio de las clausulas opcionales contenidas en el Certificado de Incorporación.

Artículo 1.01 – Propósitos; Incorporadores

Inciso A

Esta ley se conocerá como Ley General de Corporaciones.

Inciso B

Una corporación podrá organizarse para cualquier negocio o propósito lícito, excepto los prohibidos por la Constitución o las leyes de Puerto Rico. Así pues, se podrá incorporar una entidad para cualquier propósito o actividad lícita a la cual se pudiese dedicar una persona natural. Solamente se les restringe aquellas que específicamente prohíben la ley o la Constitución.

La Constitución en su Artículo VI, Sección 14 impone dos prohibiciones: dedicarse a la compra y venta de bienes raíces, excepto aquellas necesarias para adelantar sus propósitos, y a las corporaciones dedicadas a la agricultura poseer más de quinientos acres. Estas limitaciones surgieron como protección por la situación histórica de principios de siglo que llevó a corporaciones mayormente extranjeras a acaparar terrenos y dedicarse a la especulación con bienes inmuebles utilizando su capacidad de acumular capital.

El citado Artículo VI permite la adquisición de bienes raíces como resultado de la ejecución de garantía para el cobro de préstamos, pero la corporación tendrá un término de cinco años desde recibir el título para disponer de dichos bienes.

No cubre la prohibición aquellas corporaciones que adquieren terrenos para desarrollarlos y vender las viviendas o edificaciones para generar sus ganancias. Lo que pretende evitar la prohibición es el acaparar bienes raíces en ánimo puramente especulativo.

Estas prohibiciones aplicarán a todo tipo de corporaciones, con o sin fines de lucro. Igualmente aplican a corporaciones que no se hayan organizado en Puerto Rico pero que hagan negocios en Puerto Rico. A esos efectos véanse las opiniones del Secretario de Justicia, núm. 1956-70, 13 de noviembre de 1956 y núm. 1996-15 del 11 de febrero de 1996.

Inciso C

Este artículo recoge la función del incorporador en la etapa de la organización y registro de la corporación. Este será aquella persona, natural o jurídica encargada de incorporar u organizar la corporación. Vemos pues que otra corporación o cualquier entidad con personalidad jurídica propia puede ser incorporador de una corporación. El incorporador puede actuar solo o en unión de otras personas, se permite sea un solo incorporador. Se le requerirá capacidad legal necesaria y poseer dirección física y postal. No se requiere que esté domiciliado o sea residente de Puerto Rico.

Será el incorporador el encargado de darle vida jurídica a la corporación. Esto se hará mediante la radicación en el Departamento de Estado de un Certificado de Incorporación debidamente otorgado, certificado, radicado y que llegue a ser inscrito, todo conforme a lo dispuesto en el Artículo 1.03 de la LGC.

En su función como incorporador éste no incurre en responsabilidad alguna salvo que ofrezca información falsa en el Certificado de Incorporación. Como incorporador su función termina con la inscripción del Certificado de Incorporación pero nada le impide continuar formando parte de la corporación en otra función.

Artículo 1.02 – Certificado de Incorporación

El Certificado de Incorporación es el documento que la LGC requiere se radique en el Departamento de Estado solicitando la inscripción o registro de esa corporación. Es por ello importante que la persona encargada de su redacción conozca cuales son las cláusulas que la ley requiere se establezcan en el certificado, cláusulas mandatorias, y aquellas que la ley permita se incluyan atendiendo las necesidades particulares de las partes, cláusulas opcionales.

Es en este proceso inicial que el abogado corporativo cumple su función de asesor y planificador con miras a evitar un conflicto o ataque futuro al ente corporativo. Debe atender al menos cuatro interrogantes:

1. ¿En qué jurisdicción debe registrarse la corporación?
2. ¿Qué cláusulas la ley requiere que estén contenidas en el certificado?
3. (mandatorias)
4. ¿Qué asuntos particulares las partes desean se incluyan en el certificado? (opcionales)
5. La legalidad y deseabilidad de esas cláusulas opcionales.

En cuanto a la jurisdicción seleccionada para el registro, la ley de ese estado regirá todo lo referente a los asuntos internos de la corporación.

Ya que el propósito de este libro es atender lo concerniente a la LGC, nos atenemos a los procesos y requisitos bajo esta ley. Recordemos que en la exposición de motivos se expresa que esta LGC utilizó como modelo la ley Corporativa de Delaware y en muchas instancias estamos ante una traducción casi literal de la misma.

La existencia de la corporación y de los atributos corporativos que acompañan esta figura, comienzan con la radicación del Certificado de Incorporación ante el Departamento de Estado. Debemos señalar que los términos Certificado de Incorporación y Artículos de Incorporación se utilizan en la ley y en la práctica como sinónimos. No debemos confundirlos con el Certificado de Existencia que emitirá el Departamento de Estado como evidencia de la existencia de esta entidad jurídica. (Certificate of Good Standing)

El Artículo 1.02 de la LGC establece aquella información sobre la corporación y su incorporador que el Certificado de Incorporación deberá consignar. De omitirse una de estas cláusulas mandatorias, el certificado será nulo. [65]

---

[65] Op. Sec. Just. Núm. 14 (1985)

Inciso A – Cláusulas Mandatorias

El nombre de la corporación que deberá contener uno de los siguientes términos: "corporación, "Corp.", "CRL", "SRL", "Incorporado", "Inc." o palabras o abreviaturas de significados análogos en otros idiomas, siempre que se escriban en letras o caracteres romanos y que incluyan "Corporación", "Corp.", "Incorporado" o "Inc." al final. El propósito de esto es indicar claramente que se trata de una corporación.

Se establece el requisito de que el nombre deberá ser distinguible de los registrados o reservados en los registros del Departamento de Estado para corporaciones domésticas o foráneas.

El propósito de este requisito es evitar que en el público y/o en los registros del Departamento de Estado se pueda causar confusión sobre el ente corporativo en cuestión. La determinación de si el nombre de la corporación a registrarse es distinguible o no corresponde al Secretario de Estado según su criterio.[66] La determinación del Secretario de Estado será únicamente para los efectos de registrar o no el Certificado de Incorporación y no adjudica el derecho que sobre el uso de su nombre pueda tener otra corporación. Esto será objeto de una acción entre ellas. Si se presentan dos certificados con el mismo nombre, el que primero en fecha se presente, será el que se registre.

Mediante la radicación en el Departamento de Estado de una Solicitud de Reserva de Nombre se podrá reservar el derecho exclusivo a usar ese nombre corporativo, ya sea porque se proponga establecer una corporación nueva bajo esta ley, o se proponga efectuar un cambio de nombre de una ya registrada. Igualmente podrá reservar un nombre una corporación foránea que se proponga solicitar autorización para hacer negocios en Puerto Rico, o una ya autorizada que se proponga cambiar su nombre.

La solicitud de reserva de nombre contendrá el nombre y dirección del solicitante así como el nombre corporativo que se desea reservar. Si el nombre está disponible, se reservará por un período improrrogable de ciento veinte (120) días para uso exclusivo del solicitante. Este derecho a uso exclusivo podrá transferirse mediante la radicación ante el Departamento de Estado de una notificación a esos efectos suscrita por el solicitante que efectuó dicha reserva e indicando el nombre y dirección del

---

[66] Op. Sec. Just. Núm. 11 (1980)

cesionario quien tendrá dicho derecho por el término que resta de los ciento veinte días originales.

¿Por qué reservar nombre en vez de radicar un Certificado de Incorporación sencillo siguiendo formatos existentes? Posiblemente se trata de una situación que envuelva clausulas opcionales y estructuras complejas que requieran negociaciones y acuerdos. Si se radica un Certificado de Incorporación comienza a correr el/los término(s) para la radicación de informes, lo cual no sucede si solo se radica la solicitud de reserva de nombre.

Establece el requisito a la corporación de tener una **oficina designada** en el Estado Libre Asociado de Puerto Rico, indicando su dirección postal y física (calle, número y municipio) así como el **nombre del agente residente en dicha oficina.**

Esta oficina designada no tiene que ser el lugar donde se llevan a cabo los negocios corporativos. La importancia de esta oficina es que en ella se encontrará el agente residente de la corporación. Así del mismo Certificado de Incorporación se podrá determinar la dirección y persona natural o jurídica que se ha designado como agente residente de esa corporación. El rol del agente residente es recibir todo diligenciamiento y/o notificación relacionada con la corporación. Esto incluye emplazamientos y citaciones a la corporación. Anteriormente el agente residente podía tener una dirección distinta que debía ser incluida en el Certificado de Incorporación. Así pues existían entidades jurídicas, otras corporaciones, que se dedicaban a actuar como agentes residentes de múltiples corporaciones. Igualmente el abogado que intervenía en la redacción y otorgamiento de los documentos corporativos era nombrado agente residente operando como tal desde su oficina profesional.

La situación actual es que la LGC requiere que el Agente Residente designado esté en la oficina designada.

El propósito de esta cláusula mandatoria es que toda persona que tenga la necesidad de emplazar o citar la corporación sólo tiene que buscar en los registros del Departamento de Estado el Certificado de Incorporación para saber el nombre y dirección a quien entregar dicho documento y/o citación. La entrega a dicha persona designada es evidencia de la corrección del emplazamiento o citación. El Agente Residente puede ser una persona natural o jurídica.

El Capítulo III de esta LGC, Oficina Designada y Agente Residente, ofrece más detalles sobre el rol del Agente Residente. Sólo lo cubrimos en esta etapa por ser requisito como clausula mandatoria que se informe la dirección de la oficina designada y el nombre del agente residente en dicha oficina.

Naturaleza de los negocios o propósitos de la Corporación así como si la corporación se organiza con o sin fines de lucro.

En el relato que hiciésemos sobre el trasfondo histórico de las corporaciones señalamos cómo siendo las corporaciones concesiones del soberano y ante el temor de la posibilidad de acumular grandes capitales las primeras leyes corporativas imponían restricciones a las mismas, como duración, capital permisible y tipo de actividades a las que podrían dedicarse.

Más el uso de la figura corporativa ha ido evolucionando y en la actualidad la ley permite que se especifique uno o varios negocios o propósitos (fin particular), que además del fin particular se exprese que se pueda dedicar a cualesquiera actos o negocios lícitos (fin general), o que meramente se exponga un pronunciamiento de carácter general: dedicarse a cualesquiera actos o negocios lícitos para los cuales las corporaciones puedan organizarse conforme a la Ley General de Corporaciones (fin general).

El resultado de incluir la cláusula de carácter general (general purpose clause) es que virtualmente elimina la invocación de la Doctrina de los Actos Ultravires, en cuanto a las actividades que puede llevar a cabo la Corporación, ya que todo acto o negocio lícito estará incluido como autorizado, exceptuando aquellos que aunque lícitos, la Constitución de Puerto Rico o la misma LGC no permite.[67]

Esta sección de la LGC establece como clausula mandatoria que se exprese en el Certificado de Incorporación, si la corporación se organiza con o sin fines de lucro. Esta distinción afecta la utilización que se le dará a las ganancias que acumule la corporación. No es que se crean corporaciones con el propósito de no generar ganancias, poca duración tendría la misma, sino que se dispone con relación al uso de esas

[67] Art. 2.04(A), emitir letras de cambio, pagarés u otros títulos para circulación en calidad de moneda.

ganancias generadas: con fines de lucro beneficiará a los accionistas - dueños; sin fines de lucro al propósito para el cual se organiza pues no tiene accionistas. Éste se ampliará en capítulos posteriores.

Estructura de Capital

En el Certificado de Incorporación se detallarán las características de las acciones que la corporación estará autorizada a emitir. La corporación solo podrá emitir aquellas acciones que su Certificado de Incorporación le autorice. Entre esas posibles características están: las clases, número de acciones por clase, facultad, preferencias y derechos, condiciones, limitaciones y restricciones.

Es la confección de esta cláusula lo que requiere que el abogado que la redacte conozca el interés económico y de control que se desea estructurar en la corporación.

Las dos clases más comunes de acciones son acciones comunes y acciones preferidas. La característica principal que las distingue es que las acciones comunes tendrán derecho al voto mientras que las acciones preferidas generalmente no lo tienen. Utilizamos el término "generalmente" porque puede establecerse que lo adquieran bajo determinadas circunstancias. Este y otros conceptos relacionados con las acciones y la estructura de capital se especifican en el Capítulo V de la LGC que ampliaremos más adelante.

La estructura de capital impactará los derechos sobre las ganancias que la corporación genere. Los tenedores de las acciones comunes tienen derecho al voto, a dividendos y derecho al residual de la corporación (lo que queda después de satisfacer todas las obligaciones corporativas).

En el Certificado de Incorporación se podrá delegar en la Junta de Directores la facultad de fijar por resolución cualquiera de los asuntos referentes a la estructura de capital requeridos bajo este artículo. Esta resolución se recogerá en un certificado que será registrado en el Departamento de Estado siguiendo el proceso establecido en el Artículo 1.03 de la LGC.

La Corporación no puede operar en ausencia de una clase de acciones con derecho al voto y a la liquidación final o residual, por lo menos tiene que haber una acción común emitida y en circulación, o sea, en poder de un accionista que podrá ejercer derecho al voto y al residual en caso de liquidación.

Esta sección establece que las disposiciones referentes a acciones no aplicarán a las corporaciones que no tengan autoridad para emitir acciones de capital, por lo que es requisito el consignar este hecho en el Certificado de Incorporación. Sí se podrán consignar en su Certificado de Incorporación las condiciones requeridas a los miembros de estas corporaciones o estipular que dichas condiciones se figurarán en los estatutos de la corporación.

La LGC no establece como requisito una cuantía mínima de capital como ocurría bajo leyes anteriores. Cuando estudiemos la Doctrina de Descorrer el Velo Corporativo, discutiremos el efecto de una capitalización insuficiente bajo esta doctrina.

Incorporadores

El Certificado de Incorporación incluirá el nombre de cada incorporador así como su dirección postal y física, incluyendo calle, número y municipio. La LGC no requiere que los incorporadores estén domiciliados o sean residentes del Estado Libre Asociado de Puerto Rico.

Facultades del Incorporador

La función principal del incorporador es la preparación y radicación ante el Departamento de Estado del Certificado de Incorporación para su inscripción. Sí hasta aquí llegarán sus facultades, la LGC requiere que en el Certificado de Incorporación se indique los nombres y direcciones de la persona o personas que se desempeñarán como directores y que ocuparán ese cargo hasta la primera reunión anual de accionistas que la LGC exige, o hasta que sus sucesores los reemplacen. Si ya se conoce quien o quienes se desempeñarán como directores, deben ser designados en el Certificado de Incorporación, por lo que la función del incorporador termina con la obtención del registro de la corporación. De no designar en el certificado el o los directores, el incorporador tendrá a su cargo el manejo inicial de los asuntos de la corporación hasta la elección de los directores.

Nada impide que sea el o los mismos incorporadores los que se desempeñen como directores, y así termina su función de incorporador.

Inciso B – Cláusulas Opcionales

Además de lo requerido en el inciso (A) antes discutido, la LGC permite la inclusión en el certificado de cláusulas adicionales a las que nos referiremos como Cláusulas Opcionales. Una vez estas se incluyan tendrán el mismo efecto legal que las mandatorias para la Corporación, sus componentes y aquellos que tengan alguna relación o vínculo con la corporación. Algunas de estas cláusulas, a pesar de su carácter opcional, para que surtan efecto tienen que estar expresamente incluidas en el Certificado de Incorporación y formar parte del mismo. Nos referimos a ellas como "clausulas opcionales mandatorias". Otras cláusulas opcionales pueden ser ubicadas en el reglamento interno de la corporación que no forma parte del certificado, ni que se requiere sea radicado en el Departamento de Estado. En ese caso se debe determinar la importancia que se le adscribe a estas cláusulas para determinar donde serán incluidas. La consideración principal en cuanto a la ubicación, si hacerlas formar parte del certificado o de los estatutos, radica en el proceso a seguirse para efectuar una enmienda posterior a dicha disposición. Si se hace formar parte del certificado, para enmendar alguna disposición del mismo se requiere aprobación por la Junta de Directores y por los accionistas, mientras que las enmiendas al Reglamento solo requieren aprobación por la Junta de Directores. En los capítulos correspondientes a Enmiendas al Certificado de Incorporación y a Directores se describirán ambos procesos.

La Ley General de Corporaciones enumera algunas de estas cláusulas opcionales, mas no limita que estas sean las únicas. Recordemos que todo aquello que no vaya contra la ley, la moral o el orden público puede hacerse formar parte del Certificado de Incorporación o del Reglamento. Algunas de estas cláusulas se refieren al manejo interno de la corporación, otras afectan directamente la estructura de capital y la responsabilidad de los accionistas y directores.

El inciso B (1) se refiere a la proporción de votos requeridos para cualquier acto corporativo. De no disponerse algo en contrario, la LGC dispone que se aprobarán por mayoría simple. Como clausula opcional esta puede variar y exigir una proporción mayor de acciones, clases o serie de acciones o valores con derecho al voto, o de una proporción mayor de votos de directores para la aprobación de la acción contemplada. Obviamente no es aconsejable requerir unanimidad pues estaríamos concediendo un poder de veto que llevaría a tranques posiblemente no previstos en la toma de decisiones.

El inciso B (2) permite la inclusión en el Certificado de Incorporación de disposiciones para regular la administración del negocio o la dirección de la corporación. Así pues la corporación podrá establecer normas propias para su funcionamiento interno, normas que impactarán sus órganos directivos, accionistas y supervisores. Entre otras podrá escalonarse los términos de los directores, autorizarlos a establecer comités, y establecer requisitos para ser director.

Se permite a la Junta de Directores el otorgamiento de un Contrato de Administración para los asuntos de la corporación por un término que no excederá de tres (3) años. Mediante estos contratos se delega la facultad que sobre los asuntos corporativos normalmente pertenece a la Junta de Directores. Estos contratos pueden renovarse a su vez por un término de tres (3) años.

Bajo este inciso se autoriza a que cualquier disposición cuya inclusión se requiera o permita en los estatutos corporativos pueda ser incluida en el Certificado de Incorporación. Sobre esto se debe tener en cuenta lo anteriormente expuesto sobre la diferencia entre el proceso de enmienda del Certificado de Incorporación y el Reglamento. Esta diferencia posiblemente será la que determine la inclusión de la disposición contemplada en uno u otro documento.

El inciso B (3) requiere que para que se pueda conceder a los tenedores de acciones el derecho preferente de suscripción respecto a emisiones adicionales de acciones o valores convertibles en acciones, este derecho deberá estar consignado en el Certificado de Incorporación. Constituye pues una clausula opcional de carácter mandatorio. De no consignarse la misma en el Certificado de Incorporación no podrá reclamarse este derecho preferente. Este tema del derecho preferente se analizará más adelante bajo el Capítulo V – Acciones de Capital.

Por ahora señalaremos que el control o participación de un accionista en los asuntos corporativos dependerá del número de acciones que posea. Este grado de control podrá verse afectado por emisiones posteriores de acciones, lo cual puede disminuir o diluir la proporción de participación que el accionista posea. Por ello es importante que esa proporción pueda, a su opción, ser mantenida ante nuevas emisiones. Esto se logrará mediante el establecimiento en el Certificado de Incorporación del derecho preferente de suscripción. Este derecho se hará formar parte de la estructura de capital de la corporación. Se trata de un derecho que le permitirá adquisición preferente de las nuevas emisiones de acciones.

Constituye ello un derecho que podrá reclamar, más no una obligación de adquirir acciones.

Para proteger que se mantenga la misma proporción de control que existía al momento de la nueva emisión, es importante que el derecho preferente de suscripción que se concede establezca que será en la misma proporción que tenían anteriormente. O sea que si antes de la emisión contemplada ese accionista era tenedor de un diez (10) por ciento de las acciones, tendrá derecho preferente de suscripción de un diez (10) porciento de la nueva emisión y así sucesivamente los otros accionistas. Si el o los accionistas renuncian a este derecho, la corporación estará en libertad de vender esas acciones a otras personas interesadas, dentro o fuera de la corporación.

Este derecho preferente de suscripción se extiende no solo a emisiones subsiguientes de acciones, sino que cubrirá además emisiones subsiguientes de cualquiera de los valores de la corporación convertibles en o canjeables por acciones con derecho al voto de la corporación. El propósito al establecer el derecho será proteger el interés proporcional de los accionistas de la corporación.

Además de proteger el interés proporcional del derecho al voto, el derecho preferente de suscripción puede extenderse a cubrir el interés de los accionistas en los activos de la corporación. Por lo que si la corporación contempla emitir acciones preferidas que no tienen derecho al voto, pero que como preferencia tendrán derecho a participar en caso de liquidación o disolución de manera preferente en los activos de la corporación, se puede conceder al tenedor de acciones con derecho preferente de suscripción el poder reclamar sobre esa emisión de acciones preferidas el derecho preferente de adquirir una proporción de esa emisión correspondiente a la que poseía en aquellas acciones con derecho al voto acompañadas del derecho preferente de suscripción. Recordemos que se trata de un derecho preferente, no de una obligación, de compra.

El inciso B (4) permite que se limite en el Certificado de Incorporación la existencia de la corporación. Se puede así determinar el momento en que la corporación dejará de existir. De no disponerse en el Certificado de Incorporación referencia alguna a su término, se entenderá que tendrá existencia perpetua.

En el inciso B (5) recordamos que la responsabilidad limitada de los accionistas por las deudas y obligaciones de la corporación, es uno de los atributos básicos de la corporación.[68] En virtud de este inciso B (5) de la LGC, mediante la inclusión de una clausula opcional en el Certificado de Incorporación se puede establecer el imponer responsabilidad sobre las deudas de las corporación a accionistas o miembros, en el caso de corporaciones sin fines de lucro, hasta determinado límite y bajo circunstancias específicas. De no contener el Certificado de Incorporación, disposición alguna de esta naturaleza, prevalece el principio de responsabilidad limitada y los accionistas o miembros no responderán personalmente de las deudas de la corporación, excepto por razón de sus propios actos.

La razón comúnmente ofrecida para la inclusión de esta cláusula es facilitar la obtención de crédito a la corporación. De ser este el caso, existen otros mecanismos de garantía que no requieren la renuncia a lo que consideramos el principal atributo de la corporación, el motivo principal por el que se acepta la imposición de la doble tributación.

El accionista o miembro está en la libertad de aceptar una responsabilidad personal para acomodo de la corporación sin que sea necesaria la renuncia que este inciso contempla, bajo aquellos términos y condiciones que en ese momento en particular apliquen y se justifiquen a criterio de dicho accionista o miembro. El determinar a priori límites y circunstancias específicas nos parece muy especulativo y riesgoso, difícil de contemplar. Porqué establecer de antemano el obligar a unos accionistas o miembros cuando el conceder estas garantías son normalmente producto de una negociación entre las partes dependiendo de la situación de la corporación y de sus negocios en ese momento en particular.

A pesar de que la Ley General de Corporaciones especifica que de no contener el certificado disposición al efecto, no responderán personalmente los accionistas o miembros por las deudas de la corporación, nos parece que la redacción que de esta renuncia se incluye, además de innecesaria, puede prestarse a interpretaciones futuras que no fueron las contempladas al momento de su inclusión. La Ley General de Corporaciones lo permite, no lo aconsejamos.

En cuanto a la referencia a la responsabilidad por las deudas corporativas producto de los actos de los accionistas o miembros,

---

[68] *Fleming v. Toa Alta Development Corp.*, supra

abundaremos sobre ello en el capítulo sobre Descorrer el Velo Corporativo.

El Inciso B(6) permite eliminar o limitar o la responsabilidad personal de los directores o accionistas por reclamaciones monetarias por daños derivadas del incumplimiento de las obligaciones fiduciarias como director, excepto aquellas que surjan por varios actos según se desglosan en el mismo inciso, los cuales no permiten se pueda eliminar o limitar la responsabilidad resultante de los mismos.

Este inciso sirve como protección para el director al eliminar o limitar su responsabilidad personal por violación de su deber de debida diligencia. Este deber forma parte de la responsabilidad fiduciaria que obliga a los directores que incluye, además de la de ejercer su cargo con la debida diligencia, el deber de lealtad.

De incluirse la cláusula de limitar o eliminar la responsabilidad del director, solo se cubre aquella que se exige bajo la del debido cuidado, de manera que por violación a ésta, aun cuando sea el resultado de una negligencia crasa, ese director estará exento de responsabilidad personal.

En cuanto a su obligación de lealtad, esta continuará inalterada y si la violenta, deberá responder fiduciariamente por dicha violación, con todo su patrimonio personal, por los daños causados.

La responsabilidad por violación al deber de lealtad está debidamente cubierta en la disposición de este inciso al establecer que no se podrá limitar o eliminar la responsabilidad por concepto de:

1. cualquier incumplimiento de la obligación de lealtad del director para con la corporación o sus accionistas;

2. por actos u omisiones que no sean de buena fe o que consistan de conducta impropia intencional o de violaciones de ley con conocimiento de ello;

3. bajo el artículo 5.22 de la Ley (pagos ilícitos de dividendo); o

4. por cualquier transacción donde el director obtenga un beneficio personal indebido.

Actos u omisiones incurridos con anterioridad a la fecha de efectividad de esta Ley General de Corporaciones (1 de enero de 2010) no estarán cubiertas por esta disposición.

Esta disposición aplica igualmente a los miembros del organismo rector de una corporación no autorizada a emitir acciones de capital así como a cualquier persona o personas que están designadas en el Certificado de Incorporación de una corporación para ejercer o desempeñar funciones que de otra manera correspondería a la junta de directores.

Inciso C

Incorpora un nuevo inciso a los efectos de que cualquier disposición requerida en el Certificado de Incorporación podrá hacerse depender de hechos corroborables fuera del certificado siempre que la manera en que estos hechos tengan inherencia surja clara y determinablemente del certificado.

Como "hechos" se incluye una determinación o acción por una persona o cuerpo, incluyendo la propia corporación. Este inciso no se aplicará a la información requerida bajo las clausulas mandatorios.

En adición a las clausulas mandatorias y opcionales que se mencionan en la ley, el incorporador puede incluir en el certificado otras cláusulas que desee con el único requisito de que las mismas no sean contrarias a la ley, la moral, o el orden público. Es importante señalar que las clausulas mandatorias tienen que estar cubiertas en el Certificado de Incorporación, su no inclusión en el mismo lo haría nulo, y no se corregirá por la inclusión de la cláusula mandatoria omitida en el reglamento.

Inciso D

Define el término "Certificado de Incorporación" según utilizado en la Ley. El mismo incluye el Certificado de Incorporación original, acuerdos de fusión o consolidación, planes de reorganización u otros documentos radicados en el Departamento de Estado requeridos bajo la ley, y que tengan el efecto de enmendar o suplementar de alguna forma el Certificado de Incorporación original. O sea, todo documento que la ley requiera sea radicado ante el Departamento de Estado, sea originado por requisito de ley o por voluntad de los directores corporativos (como por ejemplo un cambio de nombre), exceptuando los Informes Anuales.

Artículo 1.03 – Otorgamiento, Certificación, Radicación y Registro del Certificado de Incorporación; fecha de Vigencia y Excepciones

Este Artículo establece el procedimiento a seguirse para la radicación y registro ante el Departamento de Estado del Certificado de Incorporación así como de los documentos corporativos que requieran ser allí radicados, a excepción del Informe Anual.

Este procedimiento tiene cuatro etapas:

1. Otorgamiento
2. Certificación
3. Radicación
4. Registro o Inscripción

Una vez se completan estas cuatro etapas tenderemos una corporación válidamente inscrita, en otras palabras una corporación que ha cumplido con todos los requisitos para constituirse en una Corporación de Jure, con todos los efectos jurídicos que esto conlleva.

Los requisitos para cumplimentar cada etapa están contenidos en este artículo de la ley. Nos estaremos refiriendo al Certificado de Incorporación más los mismos aplican a todo documento que requiera su registro en el Departamento de Estado.

Inciso A - Otorgamiento

Consiste en la redacción y suscripción del documento que se presentará ante el Departamento de Estado. El Certificado de Incorporación así como cualquier otro documento que haya de radicarse antes de la elección o constitución de la junta de directores será otorgado por el o los incorporadores. Si se designaron directores en el Certificado de Incorporación todo documento posterior que requiera radicarse será otorgado por dicha junta de directores o por persona por ella autorizada.

La Ley General de Corporaciones añadió una disposición a los efectos de que si no hubiera incorporador disponible o este se negare a actuar, el documento posterior podrá ser suscrito por cualquier persona para quienes dicho incorporador estuviere actuando al momento de otorgar el Certificado de Incorporación. El documento deberá establecer:

1. que el incorporador no está disponible

2. las razones para su ausencia

3. que el incorporador al otorgar el Certificado de Incorporación actuaba, directa o indirectamente como empleado o agente o en representación de dicha persona

4. que la firma de la persona en el documento es permitida y no inválida.[69]

Todos los demás documentos que requieren radicación bajo la Ley General de Corporaciones serán firmadas:

1. por cualquier oficial autorizado de la corporación

2. si en el documento no consta que hay tales oficiales, entonces por una mayoría de los directores de o de aquellos directores que designe la junta, o

3. si en el documento no consta que hay tales directores, entonces por los tenedores inscritos de una mayoría de todas las acciones en circulación con derecho al voto o por aquellos que fueron designados por los tenedores inscritos, o

4. por los tenedores inscritos de todas las acciones en circulación con derecho al voto.[70]

Inciso B – Certificación

La ley requiere que la o las personas que firmaron el documento juramenten el mismo a los efectos de que fue otorgado por ellos y que los hechos consignados en el mismo son verdaderos.

La ley contempla dos formas para efectuar la certificación:

1. la certificación formal – Esta consiste en la juramentación ante un funcionario facultado para ello por las leyes del lugar del

[69] Ley General de Corporaciones de 2009, Artículo 1.03 (A) (1)
[70] Ley General de Corporaciones de 2009, Artículo 1.03 (A) (2).

otorgamiento quien, si lo tuviese, estampará en el documento su sello final.

2. la firma por sí sola de la persona que suscribe el documento, sujeto a la pena de perjurio, a los efectos de que el documento fue otorgado por ella y que los hechos consignados son verdaderos.

La ley permite que el incorporador sea una entidad con personalidad jurídica. De ser este el caso, será la persona natural que está autorizada por esa personalidad jurídica para firmar a su nombre el documento. En este caso la persona que suscribe el documento deberá indicar que actúa en representación y autorizado por dicha personalidad jurídica y no en su carácter personal.

Inciso C – Radicación

La radicación consiste en el acto de someter al Departamento de Estado los documentos a ser registrados acompañados de los derechos que la ley impone en relación con dicha radicación. Más adelante bajo el Capítulo XVII veremos cuanto son estos derechos los cuales varían según el tipo de corporación y el capital autorizado.

El documento radicado deberá ser el documento original suscrito, o si se trata de escrituras o documentos otorgados ante notario público copia certificada del mismo.

Los Incisos 3,4 y 5 que siguen regulan el proceso que seguirá el Departamento de Estado una vez radicado el documento.

En ellos la nueva ley incorpora cambios que pasaremos a analizar pues entendemos que adolecen de inconsistencias y pueden dar margen a diferentes interpretaciones.

El Inciso 3 establece que el Departamento de Estado deberá registrar la fecha y hora de radicación y mantener un registro de los documentos presentados que contenga esta información. Una vez, así registrado, el Departamento de Estado certificará, estampando sobre el original la palabra "Radicado" así como la fecha y la hora de radicación. Esta fecha y hora de radicación será prueba concluyente de la radicación del certificado, excepto en caso de fraude. Es por ello que recomendamos se incluya copia de los documentos a ser radicados y se solicite al

Departamento de Estado que esta copia sea igualmente estampada, señalando la fecha y hora de la radicación del documento ya que dicha fecha y hora determinará su vigencia y efectividad.

El Secretario de Estado inscribirá y archivará el documento. Esto no significa que el Secretario de Estado está obligado a registrar el documento tal como radicado. El Secretario de Estado lo examinará para determinar si cumple con los requisitos de ley.

El Inciso 4 dispone que en o antes del momento de la radicación se puede solicitar al Secretario de Estado que registre el documento con fecha y hora posterior, quien en la medida que sea práctica, podrá así hacerlo. La forma en que se hará esta solicitud y sus efectos no forman parte de este Inciso 4 sino que constituyen el contenido del Artículo 1.03 (D).[71]

En el resto del Inciso 4 se establecen los motivos por los cuales el Secretario de Estado puede rehusarse a aceptar el documento y el proceso a seguirse de surgir este rechazo. A sus efectos provee el Inciso 4:

> "Si el Secretario de Estado rehúsa aceptar un documento por error, omisión o imperfección en su contenido podrá retener el documento y mantenerlo en suspenso hasta que se radique, dentro de cinco (5) días, luego de notificada la suspensión, un nuevo documento corregido, en cuyo caso el Secretario utilizará la fecha y hora de radicación del documento original como la "fecha de radicación". El Departamento de Estado no emitirá un Certificado de Cumplimiento mientras una corporación tenga un documento en suspenso".[72]

Este inciso se presta a algunos cuestionamientos. En primer lugar, ¿que constituye un "error" en este contexto?[73] ¿Podemos entender que

[71] Este es solo un ejemplo de errores de orden y de redacción que son parte de la ley. Por ello entendemos que la misma debe ser objeto de revisión y enmiendas.

[72] Ley General de Corporaciones de 2009, Artículo 1.03 (B)(4)

[73] Recordemos que la Ley General de Corporaciones establece que no se puede registrar un documento que vaya contra la ley o el orden público. ¿Constituirá este criterio la base para reclamar error? El Secretario de Justicia de Puerto Rico en su opinión Núm. 1973-21 del 27 de junio de 1973 expresó que el Secretario de Estado al calificar un Certificado de Incorporación deberá asegurarse que el mismo cumpla con otras leyes que le sean aplicables.

"omisión" o "imperfección" se refiera a la inclusión y redacción de una clausula mandatoria?

Se autoriza al Secretario de Estado a mantener el documento en suspenso hasta que se radique dentro de cinco (5) días de la notificación de suspenso un "nuevo documento corregido". ¿Se requiere la radicación de un nuevo Certificado de Incorporación o basta con una enmienda al certificado radicado? No se indica que sucede si pasan los cinco (5) días sin que el proponente tome acción, ¿se deniega la inscripción? ¿Qué efectos tendrá esta denegación, se considerará que nunca fue radicado? ¿Se puede solicitar extensión a este término de cinco (5) días o es improrrogable?

Entendemos que estas y otras aclaraciones que la ley requiere serán objeto de aclaración ya sea por virtud del reglamento que la misma ley exige se emita o por medio de enmiendas a la ley, de ser necesario.

El Inciso 5 autoriza al Departamento de Estado a entrar en un sistema de información, aquella información que entienda apropiada, y dicha información así como copia del documento se considerarán documentos públicos y se mantendrán por el término que el Secretario de Estado establezca.

Inciso D – Solicitud de fecha posterior

Hicimos referencia en el inciso 4 del Artículo 1.03(C) a los efectos de la solicitud que puede hacerse al Secretario de Estado para que se posponga el registro del documento presentado para una fecha y hora posterior.

Este inciso D establece el procedimiento para solicitar esta posposición. A esos efectos dispone:

1. Cualquier documentos radicado bajo el inciso (C) de este artículo, tendrá vigencia en la fecha de su radicación.

2. Sin embargo, en o antes del momento de radicación se puede disponer que la vigencia del documento será en una fecha posterior a la radicación, que no podrá exceder de noventa (90) días. Para poder cancelar o enmendar esta solicitud de fecha de efectividad posterior, será necesario radicar, antes de la fecha y hora posterior solicitada, un documento nuevo o enmendado de

aquella solicitud. En este documento nuevo o enmendado puede solicitarse que la fecha de radicación sea la fecha en que originalmente se presentó el certificado en el Departamento de Estado. No se permitirá solicitar enmienda que resulte en que se exceda el plazo de noventa (90) días a partir de la fecha de radicación para solicitar su vigencia.

Inciso E

Establece que si en algún otro artículo de la LGC se dispone específicamente otro modo de otorgar, certificar, radicar o inscribir un documento en particular o una fecha para que entre en vigor que difiera de este Artículo 1.03, prevalecerá esa otra disposición.

Inciso F - Certificado de Corrección

Este inciso atiende la forma de corregir el registro de un documento inexacto, erróneo o defectuoso. Ya sea que se trate de un informe inexacto de la acción corporativa o que el documento haya sido otorgado, sellado o certificado en forma defectuosa, el mismo podrá corregirse mediante un Certificado de Corrección que será otorgado, certificado, radicado e inscrito en el Departamento de Estado. En dicho certificado se deberá especificar cuáles fueron las inexactitudes o defectos que se solicitan corregir y se consignará esa parte del documento en su forma correcta.

La LGC añade otra manera de efectuar la corrección deseada: mediante la radicación de un documento corregido, identificado como tal en su título y donde se identificará la inexactitud o defecto que se corrige y exponer el documento corregido en su totalidad.

Ambos, el Certificado de Corrección como el Documento Corregido, serán otorgados, certificados, radicados, e inscritos y tendrán vigencia a partir de la fecha de radicación del documento original que se desea corregir. O sea, que sus efectos se retrotraerán a la fecha de redacción del documento original, excepto para personas que puedan verse afectadas por dicha corrección en forma sustancial y adversa, para quienes se tendrá como no efectuadas. Vemos pues, que no significa que no se pueda efectuar dicha enmienda con carácter retroactivo a la fecha de radicación del documento original sino que esa enmienda surtirá efecto desde esa fecha original para todos excepto para aquellos que se vean afectados por la misma en forma sustancial y adversa, a los cuales la enmienda no les aplicará. Aplicará pues a todos los que ya estaban cubiertos por la disposición original y que no se verán afectados en forma sustancial y adversa por la enmienda así como para todos los futuros participantes.

De manera que la LGC provee dos formas de efectuar correcciones a documentos ya radicados, mediante un certificado de corrección donde solo se incluyen las inexactitudes o defectos y su forma correcta, o mediante la radicación de un documento corregido, identificado como tal, que señalara la inexactitud y defectos y expondrá el documento como quede corregido, en su totalidad.

Inciso G - Excepción a la fecha de presentación

La LGC incorpora un nuevo inciso que permite, a manera de excepción, una alternativa a la determinación de la fecha de radicación.

Antes de pasar a analizar esta nueva disposición, señalamos que el efecto principal de determinar la fecha y hora exacta de la radicación es crucial pues es desde esta fecha y hora que surge el ente jurídico corporativo con todos sus atributos. Es esta fecha y hora donde comenzará, una vez el documento sea inscrito, la vigencia y efectividad del documento y a la que se retrotraerán los documentos corporativos radicados con posterioridad que permiten ese efecto retroactivo.

Dispone este inciso como sigue:

> "A manera de excepción, el Secretario podrá establecer dicha fecha y hora como la fecha de presentación, si:
>
> 1. Al momento de radicar un documento en el Departamento de Estado, el mismo se acompaña con una afirmación bajo pena de perjurio donde, basado en el conocimiento personal del declarante o de una fuente confiable de conocimiento mencionada en la afirmación bajo pena de perjurio, se establece que anteriormente se llevó a cabo un esfuerzo de buena fe para radicar el documento, se detallen la naturaleza, fecha y hora de dicho esfuerzo y se solicita que el Secretario de Estado establezca, como la "fecha de radicación", la fecha y hora de dicho esfuerzo; o
>
> 2. Al momento de radicar un documento, el Secretario de Estado, a su discreción, provee una renuncia escrita al requisito de acompañar el documento con una afirmación bajo pena de perjurio y afirma, que a su

> juicio, aparenta ser que anteriormente un esfuerzo de buena fe para radicar el documento fue realizado y establece la fecha y hora de dicho esfuerzo; y
>
> 3. El Secretario de Estado determina que una situación extraordinaria existió en la fecha y hora del esfuerzo, que dicho esfuerzo fue infructuoso debido a la situación extraordinaria y que posteriormente la radicación se hizo dentro de un período razonable que no excedió de dos (2) días desde que cesó la situación extraordinaria. El Secretario de Estado podrá establecer dicha fecha y hora como la fecha de radicación. El Secretario podrá solicitar la prueba que entienda necesaria para hacer las determinaciones requeridas bajo este sub-inciso y, ausente de fraude, la determinación será final y firme. Si el Secretario de Estado establece la "fecha de radicación", según lo dispuesto en este sub-inciso, la afirmación bajo pena de perjurio o la renuncia escrita, según sea el caso, deberán ser endosadas con la fecha y hora en que se radicó o se emitió, respectivamente, y se deberá adjuntar al documento radicado. El documento radicado, conforme a este inciso (G), tendrá vigencia a partir de la fecha determinada por el Secretario de Estado y de acuerdo con lo aquí provisto, excepto para las personas afectadas de forma sustancial y adversa por dicha determinación, para las cuales el documento regirá a partir de la fecha del endoso contenido en la afirmación bajo pena de perjurio o renuncia escrita, según sea el caso."

Comenzamos por señalar que "presentado" y "radicado" tienen significados y efectos distintos en la LGC. "Presentado" corresponde al acto de entregar el documento en la oficina correspondiente en el Departamento de Estado. A ello le sigue la corroboración por el Secretario o las personas por él designadas de que el documento está suscrito (firmado) y certificado (juramentado) y acompañado del pago correspondiente de derechos.

"Registrado" es el acto que lleva a cabo el Secretario de Estado o personas por él designadas, de reconocer la fecha y hora que lo recibió estampando en el mismo la palabra "Radicado" con la fecha y hora que se presentó.

Puede pues darse el caso de que un documento sea presentado pero no cumple con los requisitos que permitan al Secretario considerar el mismo como "registrado".

Pasemos a analizar el Inciso G antes reseñado el cual comienza señalando que se trata de una excepción a la fecha de presentación. Por el lenguaje que sigue bajo este inciso, debemos entender que la excepción será la determinación de la fecha de radicación si se cumplen los requisitos allí establecidos.

Bajo el Inciso G (1) se establecen los siguientes requisitos: Si

1. al radicar el documento se acompaña con una afirmación
    a. bajo pena de perjurio
    b. basado en el conocimiento personal del declarante o de una fuente confiable de conocimiento mencionada en la afirmación.
    c. se establece que anteriormente se llevó a cabo un esfuerzo de buena fe para radicar el documento.
    d. se detallan la naturaleza, fecha y hora de dicho esfuerzo.
2. se solicita al Secretario de Estado que establezca como la fecha de radicación la fecha y hora de dicho esfuerzo.

Este lenguaje nos presenta algunas interrogantes:

1. no se indica en que capacidad deberá comparecer la persona que ofrezca la declaración jurada.

2. se deja al declarante la determinación de "fuente confiable de conocimiento" y de establecer en que consiste el esfuerzo de buena fe. Como alternativa se incluye, que

3. al momento de radicar el documento el Secretario de Estado

    a. a su discreción

b. provee una renuncia escrita al requisito de acompañar el documento con una afirmación bajo pena de perjurio y

c. afirma que a su juicio

i. aparenta ser que anteriormente un esfuerzo de buena fe para radicar el documento fue realizado

d. establece la fecha y hora de dicho esfuerzo.

Esta alternativa no requiere que alguien lleve una solicitud al Secretario de Estado para que determine la fecha de radicación. A su discreción el Secretario proveerá una renuncia escrita al requisito de la afirmación bajo pena de perjurio que requiere el párrafo anterior.

¿Quién renuncia? ¿El Secretario de Estado? Debemos entender, será que el Secretario exime del cumplimiento con este requisito. De ser así, ¿qué información tendrá ante sí el Secretario para determinar ese "aparente" esfuerzo de buena fe para radicar el documento y más aún la fecha y hora de dicho aparente esfuerzo?

En la continuación de este inciso, bajo el G (3), se establece un requisito adicional a las situaciones contempladas bajo las mismas G (1) y G (2).

El Secretario de Estado determinará que existió una situación extraordinaria en la fecha y hora del esfuerzo que lo hizo infructuoso y que la radicación debe hacerse dentro de un período que no exceda dos (2) días desde que cesó la situación extraordinaria. El Secretario podrá solicitar las pruebas que entienda necesarias para moverle a ejercitar su discreción.

Entendemos que se encuentra en proceso la emisión por el Secretario de Estado del Reglamento que la ley exige y que estas y otras interrogantes quedarán atendidas en el mismo. En particular el Reglamento deberá contener una definición de "situación extraordinaria" que da base a las excepciones que este inciso G establece.

Artículo 1.04 – Certificado de Incorporación; prueba

Una copia certificada por el Secretario de Estado del certificado de una corporación o de cualquier otro certificado radicado, haciendo constar su inscripción, será evidencia prima facie del cumplimiento con todos los requisitos necesarios para que el documento sea efectivo así como de los hechos requeridos o permitidos en el documento. La efectividad del mismo se retrotraerá al momento de la radicación inicial del documento en el Departamento de Estado, excepto, como hemos señalado anteriormente, que no será aplicable a aquellos que pueden verse afectados en forma sustancial adversa por el contenido del mismo.

Artículo 1.05 – Comienzo de la personalidad jurídica y responsabilidad por transacciones efectuadas con anterioridad a la incorporación

Incisos A y B

Los incisos (A) y (B) de este artículo confirman los requisitos que deben cumplirse para que se establezca una entidad corporativa "de jure", esto es, en ley:

1. otorgado y radicado el Certificado de Incorporación y pagados los derechos, y

2. emitido el Certificado de Incorporación por el Secretario de Estado que prueba el cumplimiento con todas las condiciones requeridas por la LGC

Así estarán configurados los atributos básicos de la entidad corporativa entre ellos el de la responsabilidad limitada para sus accionistas.

Únicamente como resultado de procedimientos iniciados por el Estado Libre Asociado de Puerto Rico se podrá cancelar o revocar dicho Certificado de Incorporación u ordenar la disolución de la corporación. En caso de que se solicite la disolución voluntaria, la LGC establece el procedimiento a seguirse en el Capítulo IX que discutiremos más adelante.

El Certificado de Incorporación emitido por el Secretario de Estado constituirá prueba concluyente de la existencia de una corporación "de jure".

Inciso C

Este inciso es de gran importancia: solo se reconoce la existencia de una corporación de jure. La LGC impone responsabilidad solidaria de todas las deudas y obligaciones incurridas o asumidas por aquellos que actúen como una corporación sin serlo, o sea, sin que exista una corporación de jure que les permita reclamar el beneficio de una responsabilidad limitada. No será hasta que el Secretario de Estado así lo certifique que existirá una corporación legalmente constituida, o sea, de jure. [74]

En la discusión de la responsabilidad en que puede incurrir un promotor hicimos referencia a la responsabilidad personal que este inciso le impone.

Debido a las dificultades para obtener una franquicia corporativa bajo las leyes anteriores considerándose que la franquicia corporativa es un privilegio que el Estado concede, en ocasiones no se completaba el proceso o surgía un defecto del mismo.

Esto exponía a aquellos que, pensando de buena fe que existía una corporación válidamente constituida realizaban gestiones a nombre de la misma, a responder personal e ilimitadamente por cualquier daño o incumplimiento resultante de dicha gestión.

Los tribunales entendieron que estas personas merecían algún tipo de protección y en ejercicio de su discreción bajo la doctrina de equidad, desarrollarán los conceptos de corporación de facto y de corporación por estoppel como eximente de responsabilidad personal.

Debemos aclarar que bajo la aplicación de estos conceptos los tribunales no han creado dos clases de corporaciones en adición a la corporación de jure. La única forma corporativa reconocida bajo la LGC es la corporación de jure. Los tribunales lo que han permitido es el reclamo por una parte demandada de dos tipos de defensas para no

---

[74] Algunos autores entienden que el cumplimiento con todos los requisitos legales para crearse una corporación de jure no es necesario, que es suficiente un cumplimiento sustancial con dichos requisitos. Lo que constituirá cumplimento sustancial dependerá de los hechos del caso en particular. Véase: Melvin Eisenberg and James Cox, *Corporations and Other Business Organizations – Cases and material* (10th ed., Foundation Press, 2011).

responder en forma personal ilimitada. Estas defensas permiten alegar que se les debe conceder responsabilidad limitada por darse unos hechos que justificarán su reclamo de amparo bajo una de estas doctrinas.

Como defensas que al tribunal podrá reconocer, corresponde a la parte demandada reclamarlas y cumplir con los requisitos jurisprudenciales para su aplicación a los hechos del caso.

El resultado de la concesión por el tribunal de alguna de estas defensas a los hechos en particular del caso será que la parte demandada no responderá en forma personal ilimitada, por lo que el efecto será "como si se tratara" de una corporación legal.

El tribunal concederá la aplicación del atributo corporativo de la responsabilidad limitada cuando bajo los hechos ante su consideración entienda que las partes, al entrar en el acuerdo cuya violación se imputa en la demanda, lo hicieron bajo el entendimiento de que la parte contratante era una corporación y solo se miraría a esta para el cumplimiento bajo el contrato.

Para poder reclamar la defensa de corporación de facto se requiere el cumplimiento con ciertos requisitos:

1. que existiese una ley bajo la cual la entidad pudo haberse incorporado

2. intento de buena fe de incorporarse

3. haber actuado como si se tratase de una corporación legítima

En cuanto al segundo requerimiento se entiende que consiste en la radicación del Certificado de Incorporación ante el Departamento de Estado.

La doctrina de la corporación por estoppel persigue el mismo fin que la de corporación de facto: evitar la imposición de responsabilidad personal ilimitada. Para invocar la protección bajo esta doctrina no se requiere la existencia de un Certificado de Incorporación. Es suficiente que en la mente de ambos contratantes se piense de buena fe que se está haciendo negocios con una corporación. Es por ello que a diferencia de la doctrina corporativa de facto, donde generalmente se analiza la conducta del demandado en su intento de organizar una corporación, en el caso de la doctrina de la corporación por estoppel se analiza la conducta e intención del demandante al entrar en la relación en cuestión. Entendió ese demandante en el momento de entrar en la transacción o negocio que lo hacía con un ente corporativo, por lo cual solo le responderían los bienes de ese ente contratante como corporativo. De ser así el Tribunal entenderá que estará pues impedido de negar la existencia de la corporación.

Por requerir la doctrina de corporación por estoppel la existencia de un acuerdo o negociación entre las partes, la misma no es de aplicación en situaciones extracontractuales.

Ninguna de estas dos doctrinas, la corporación de facto ni la corporación por estoppel, son oponibles al Estado.

La LGC, Ley 144 del 10 de agosto de 1995 había sido enmendada por la ley 295 de 21 de agosto de 1999 en el Artículo 1.06 (C) a los efectos de requerir que la persona sujeta a responsabilidad personal por haber actuado como corporación sin autoridad para ello, tenía que haber conocido de dicha situación para poder imponérsele responsabilidad. Por ello bajo esta enmienda aquellas que no tuvieran conocimiento y que actuaron de buena fe no estaban sujetos a responsabilidad. Este requisito de conocimiento no fue incluido en la actual LGC por lo que, independiente de si conocía o no la inexistencia de la corporación como una de jure, será responsable solidariamente por las deudas y obligaciones incurridas o asumidas por haber actuado como una corporación sin serlo.

Según se fueron simplificando los procesos de incorporación algunos tribunales empiezan a descartar las doctrinas de corporación de facto y por estoppel. En el caso de *Robertson v. Levy*[75] se había sometido el Certificado de Incorporación pero el mismo fue rechazado. Aunque con posterioridad se obtiene el registro del Certificado de Incorporación ya se había suscrito el acuerdo de compra, a la corporación incumplir su obligación bajo el acuerdo, Robertson demanda a Levy, quien había suscrito el acuerdo de compra, alegando que éste había firmado por una corporación que en ese momento no existía.

El tribunal pasa a analizar los conceptos de corporación de facto y de estoppel y concluye que las leyes corporativas modernas, entre ellas la del Distrito de Colombia, han eliminado las ambigüedades creadas bajo estas

---

[75] *Robertson v. Levy,* 197 A. 2d.443 (D.C.1964)

doctrinas. La ley aplicable establece que la corporación comenzará su existencia cuando se emita el Certificado de Incorporación por el Secretario de Estado por lo que aquellos que actúen como corporación sin serlo responderán solidariamente por las deudas y obligaciones incurridas.

Sin embargo, en casos posteriores algunas cortes continuaron descansando en las doctrinas judiciales sobre responsabilidad limitada imputada bajo los conceptos de corporación de facto o corporación por estoppel.

Este fue el caso de *Cranson v. International Business Machines Corp.*[76] En este caso, por error del abogado, no se radicó el Certificado de Incorporación por lo que no procedía la defensa de corporación de facto.

El tribunal decide que procedía la defensa de corporación por estoppel ya que el demandante negoció con la corporación y descansó su decisión en el crédito de la corporación.

En cuanto a la aplicación por los tribunales del concepto de corporación de facto, se decidió el caso de *Cantor v. Sunshine Greenery. Inc.* [77], donde el tribunal, bajo circunstancias similares al caso de Robertson aplicó la doctrina de corporación de facto al determinar que hubo un intento de buena fe de incorporarse y que sería "unjust and inequitable" imponer responsabilidad personal al demandado.

Quizás un factor que distingue estos casos es que aunque en ambos la ley corporativa aplicable establecía que solo se reconocerá la corporación de jure que surge con la emisión por el oficial designado de un Certificado de Incorporación, la ley de Nueva Jersey nada disponía en cuanto a imponer responsabilidad a aquellos que actuaban como corporación sin serlo, mientras que la del Distrito de Colombia contenía una disposición a esos efectos.

En 1973 se decide el caso de *Timberline Equipment Co. V. Davenport,*[78] a los efectos de que la ley de corporaciones del estado establecía que la existencia corporativa comenzaba tras la emisión del Certificado de Incorporación y que cualquier esfuerzo que no culminase

---

[76] *Cranson v. International Business Machines Corp.*, 234 Md. 477(1964)
[77] *Cantor v. Sunshine Greenery, Inc.*, 165 N.J. Super 411 (1979)
[78] *Timberline Equipment Co. v. Davenport,* 267 Or. 64 (1973)

en la obtención de dicho certificado no constituye cumplimiento, por lo que el principio de la corporación de facto no existe en Oregon.

La ley de Oregon establecía que aquel que actuara como una corporación sin serlo será responsable solidariamente por las deudas y obligaciones resultantes. En cuanto al concepto de Corporación por estoppel, aunque reconocido por ese tribunal, lo considera un concepto difícil de manejar. Cita a *Ballantine*[79] a los efectos de que:

> "...that one who has recognized the organization as a corporation in business dealings should not be allowed to quibble or raise immaterial issues on matters which do not concern him in the slightest degree or affect his substantial rights."

Para aplicar la doctrina correctamente se debe examinar contra quien se levanta:

1. si contra un demandante por un demandado que busca evitar responsabilidad, se aplicará la doctrina

2. si los demandados buscan evadir responsabilidad alegando que el deudor, es una corporación y no un individuo que pretendió actuar como una corporación, los tribunales están menos dispuestos a impedir que el demandante ataque la legalidad de esa supuesta corporación

La determinación más importante para la concesión de la defensa se basará en la intención de las partes al momento de la contratación, sobre quién será responsable de las obligaciones bajo el contrato.

El tribunal entendió que la evidencia en Timberline sobre este punto era contradictoria para poder aplicar el concepto de estoppel. Acoge la decisión del tribunal inferior de imponer responsabilidad a la parte demandada basándose en los hechos del caso. Concluye que la frase "personas que actúan como una corporación sin serlo" no incluirá a aquellos que sean meros inversionistas pasivos que no participan activamente en la administración de la misma.

---

[79] Ballantine, *Manual of Corporation Law and Practice*, Section 28-30 (1930)

En Puerto Rico este tema de la corporación de facto fue discutido por el Tribunal Supremo en el caso de *Cordero v. Supermercado San Juan, Inc.* [80] En el contrato suscrito entre las partes se acordó que los comparecientes adquirirían para una corporación y las partes aceptaron que la compradora había venido actuando como una corporación de facto en vías de organizarse.

El tribunal cita a Timberline y a Robertson y llama a la corporación de facto una ficción jurídica que ha sido fuertemente criticada. No basta una mera expresión de que tiene el propósito de organizarse como una corporación. El tribunal hace responsables a los compradores comparecientes en carácter personal.

En el caso de *Asociación de Residentes Estancias de Cidra v. Future Developers,* [81] la Asociación reclamó se le reconociera capacidad interventora reclamando la defensa de corporación de facto. Se radicó el Certificado de Incorporación y se había comportado como una corporación. Posteriormente se enteran que no se había cumplido con todos los trámites para incorporarla.

El Tribunal Supremo recoge las definiciones de las doctrinas de corporación de facto y corporación por estoppel. Indica su propósito es evitar un ataque colateral a la falta de existencia corporativa.

El Tribunal Supremo señala que la Ley General de Corporaciones de 1995 eliminó estas doctrinas pero que en su Artículo 12.08,[82] la LGC conserva ciertos aspectos de la doctrina de estoppel. Para que se active lo prescrito en este Artículo 12.08 es menester que al momento de iniciarse la acción, la corporación ya esté debidamente organizada aun cuando no lo hubiere así estado cuando ocurrió la acción que da base al procedimiento. De no ser así, aplicaría entonces al Artículo 1.06 (C). Aclara que la

---

[80] *Cordero v. Supermercado San Juan, Inc.*, 103 D.P.R. 783 (1975)

[81] *Asociación de Residentes Estancias de Cidra v. Future Developers and Contractors, Inc.*, 152 D.P.R. 54 (2000)

[82] Artículo 12.08 Ley General de Corporaciones de 1995 establece que "...a ninguna corporación organizada con arreglo a este subtítulo o creada al amparo de las leyes del Estado Libre Asociado, se le permite alegar o mantener como defensa en cualquier pleito contra la corporación la falta de organización conforme a derecho. A ninguna persona que se demande por la corporación se le permitirá alegar como una defensa tal falta de organización conforme a derecho". El artículo 12.08 de la ley General de Corporaciones actual lee igual.

doctrina de la corporación de facto fue eliminada de Puerto Rico; en cuanto a la doctrina por estoppel lo que indica es que no aplica en este caso. Reitera que la única corporación conocida como tal es la corporación de jure.

El Tribunal señala que pueden hacer uso del remedio de corrección, mecanismo para corregir defectos o errores en el certificado radicado, cuyo efecto de corrección se retrotrae a la fecha original de radicación, quedando debidamente registrada la corporación desde esa fecha.

En cuanto a la doctrina de los actos propios y la defensa de estoppel, el Tribunal Supremo se ha expresado sobre ello en casos que atañen al derecho corporativo.

Así en el caso de *Santiago et al. v. Rodríguez et al,* [83] donde se trataba de un acuerdo sobre suscripción de acciones, el Tribunal expresó que la doctrina de los actos propios impide a los suscriptores, accionistas y corporaciones negar la validez de una suscripción que aceptaron. Reitera que la raíz de la doctrina de actos propios se encuentra en el principio general de derecho que exige el proceder de buena fe por lo que no se puede asumir una conducta contradictoria a una actuación previa que generó expectativas: no es lícito obrar contra sus actos.

En un caso más reciente, *Domenech v. Integration Corporate Services, PSC.,*[84] el Tribunal se expresó a los efectos de que ya había aplicado la doctrina de los actos propios al contexto corporativo citando el caso *Santiago et al. v. Rodríguez et al.*, así como a *International General Electric v. Concrete Builders.*[85]

Artículo 1.06 – Facultades de los incorporadores

Recordemos que como clausula opcional en el Certificado de Incorporación se podrá hacer la designación de los directores que desempeñarán dicha función hasta la primera reunión anual de accionistas.

---

[83] *Santiago Aponte et al. v. Rodríguez et al.*, supra
[84] *Domenech v. Integration Corporate Services, PSC.*, 187 D.P.R. 595 (2013)
[85] *International General Electric v. Concrete Builders*, 104 D.P.R. 871 (1976)

De ser así, la función del incorporador terminará con la radicación del Certificado de Incorporación y la eventual emisión del certificado por el cual el Secretario de Hacienda valida el registro de la corporación.

De no ser así, corresponde al incorporador dirigir los asuntos y la organización de la corporación hasta la elección de esos primeros directores. Esto podrá incluir el perfeccionar la organización de la corporación, obtener la subscripción de acciones, adoptar los estatutos y la elección de los directores.

Artículo 1.07 – Primera reunión de incorporadores o directores

Sea por los incorporadores o por los directores designados en el Certificado de Incorporación, procede citar la primera reunión que será más bien de carácter organizacional para realizar los actos necesarios para perfeccionar la organización de la corporación.

Si no hay directores designados serán los incorporadores los encargados de dirigir estos asuntos organizacionales hasta que se elijan los directores. Una vez se eligen los directores, los incorporadores terminan su función como tales. Eso no significa que no puedan ejercer otras funciones como directores, oficiales o accionistas.

Inciso A

A esos efectos se emitirá una convocatoria firmada por la mayoría de los incorporadores o de los directores si estos fueron designados, en la cual se fijará la fecha y hora de la reunión. Esta reunión puede celebrarse dentro o fuera de Puerto Rico.

El propósito de esta primera reunión será adoptar los estatutos, elegir los directores, si la reunión es de los incorporadores, quienes ejercerán su cargo hasta la primera reunión de accionistas, o si se habían designado los directores en el Certificado de Incorporación, en esa primera reunión se elegirán los oficiales. Recordemos que a tenor con el atributo corporativo de gobierno centralizado delegado, corresponde a los directores elegir a los oficiales. Se podrán atender otros asuntos presentados, más el propósito de esta primera reunión es realizar aquellos actos necesarios para perfeccionar la organización, para que la misma pueda comenzar sus operaciones.

De celebrarse esta, o cualquiera otra reunión, mediante consulta individual o colectiva por cualquier otro medio de comunicación, se hará constar este hecho en el acta o minuta que recogerá todo lo acontecido.

Cuando desarrollemos el Capítulo VII sobre reuniones explicaremos el orden que deba llevarse en las mismas y los requisitos para que se le considere debidamente convocada y celebrada.

Inciso B

La notificación por escrito de la convocatoria así como de la agenda podrá hacerse por cualquier método usual de comunicación por lo menos dos (2) días antes de la fecha señalada para la reunión. Cónsono con el motivo de la LGC de expandir el uso por las corporaciones de la nueva tecnología, la notificación puede enviarse por fax además de por mensajero o correo. En el acta dela reunión se consignará el método utilizado.

La LGC permite la renuncia a la notificación, tanto de esta convocatoria como de la requerida bajo otros artículos de la LGC. La renuncia a la notificación puede darse de dos maneras:

1. mediante su asistencia a la reunión, salvo que exprese que su presencia es para meramente impugnar la celebración de la reunión por no ser válidamente notificada, o

2. mediante renuncia por escrito a la notificación antes o después de celebrada la reunión; firmada por la persona que tuviese tal derecho.

Un mecanismo práctico para cumplir con este inciso es que en el documento de la convocatoria se incluya también la renuncia a la notificación, en este caso el documento deberá ser firmado por todos los incorporadores o directores, según sea el caso.

Inciso C

En sustitución de una reunión, la LGC permite que cualquier acto que pueda ser llevado a cabo en esta primera reunión pueda ser realizado sin necesidad de la celebración de la misma mediante el otorgamiento de un instrumento en el que se consigne y valide el acto o decisión que se desea sea realizado. Este acuerdo o consentimiento por escrito será otorgado por el o todos los incorporadores, o por el o todos los directores y en el mismo se harán constar los asuntos acordados, tal y como su aprobación se hubiera dado en una reunión. Este documento así suscrito, al que nos referimos como Consentimiento por Escrito, tendrá el mismo valor que si hubiese sido producto de acuerdos tomados en una reunión.

En el caso en que solamente exista un solo incorporador o un solo accionista, el Consentimiento por Escrito será el mecanismo a ser utilizado para la consignación de cualquier acto que requiera la aprobación de alguno de ellos en particular.

Artículo 1.08 – Estatutos

Incisos A y B

Los estatutos establecen las normas internas que regirán la corporación como: los deberes y funciones de los directores y oficiales, la forma de llevar a cabo reuniones, los requisitos de quórum. Pueden incluir cualquier disposición referente a los negocios de la corporación, la marcha de sus asuntos, así como los derechos o poderes de la corporación y sus accionistas, directores, oficiales o empleados. Los estatutos no forman parte del Certificado de Incorporación, no se requiere que sean radicados en el Departamento de Estado. Constituyen un documento que no está sujeto al escrutinio público.

Los estatutos no pueden establecer algo que vaya en contra de lo consignado en el Certificado de Incorporación. Además aquello que no puede establecerse por el Certificado de Incorporación, no podrá hacerse por los estatutos. No pueden incluir disposiciones que vayan contra la ley o el interés público.[86]

Igualmente aquello que sea mandatorio incluir en el Certificado de Incorporación no podrá hacerse efectivo por medio de los estatutos.

Por otro lado, todo lo que se desee incluir en los estatutos puede hacerse formar parte del Certificado de Incorporación, pero esta no es una alternativa práctica.

[86] Artículo 1.08(B)

Los estatutos iniciales, pueden ser adoptados, enmendados o derogados por los incorporadores o los directores designados en el Certificado de Incorporación o por la junta de directores si la corporación no ha recibido aún pago por sus acciones. Después que se reciba pago por cualesquiera acciones con derecho al voto, la facultad para adoptar, alterar o derogar los estatutos, pertenece a los accionistas con derecho al voto. Si se trata de una corporación sin acciones, esta facultad pertenecerá a los socios o miembros con derecho al voto.

En el Certificado de Incorporación se puede incluir como clausula opcional, una disposición a los efectos de conferir a la junta de directores o al organismo directivo en el caso de corporaciones sin acciones, el poder para adoptar, enmendar o derogar los estatutos. Mas esta delegación no despoja ni limita el poder de los accionistas o de los socios de adoptar, enmendar o derogar los estatutos, estos siempre conservarán dicho poder. Esta delegación simplifica el proceso al no requerir convocar a los accionistas para cualquier enmienda a los estatutos.

En el caso de *CA, Inc. v. AFSCME Employees Pension Plan,*[87] el tribunal decidió que un reglamento no puede ordenar como la junta debe decidir asuntos específicos del negocio, lo que si puede es definir el proceso a seguirse para la toma de decisiones (por ejemplo el número de votos requeridos). La decisión en sí estará sujeta a la responsabilidad fiduciaria de cada director.

[87] *CA, Inc. v. AFSCME Employees Pension Plan,* 953 A. 2d 227 (Del. 2008).

Capítulo II.
Poderes

Artículo 2.01 – Poderes generales

Este artículo establece que toda corporación, sus oficiales, directores y accionistas o miembros, poseerán todos los poderes necesarios o convenientes para la realización o promoción de los negocios o propósitos descritos en el Certificado de Incorporación. En adición podrán ejercer todas las facultades y privilegios concedidos por la LGC, por otras leyes o por el Certificado de Incorporación incluyendo aquellas facultades que sean incidentales a las mismas.

La corporación como persona jurídica posee la capacidad para actuar con poderes similares a los que posee una persona natural. Mas esta capacidad para actuar está limitada por el contenido del Artículo 2.01 en el sentido de que solo está autorizada a utilizar dichos poderes siempre y cuando sean necesarios o convenientes para la realización o promoción de los negocios o propósitos que su franquicia establezca y en cumplimiento con las leyes corporativas.

En el Certificado de Incorporación, bajo la cláusula mandatoria de consignar la naturaleza de los negocios o propósitos de la corporación, se puede utilizar un lenguaje general, o sea, que podrá dedicarse a cualquiera actos o negocios lícitos a los cuales una corporación puede dedicarse.

De incluirse este leguaje en el Certificado de Incorporación, el reclamo por una acción bajo la Doctrina de Ultra Vires está seriamente limitado.

La LGC establece tres clases de poderes corporativos:

1. Poderes expresos que están especificados en el Certificado de Incorporación bajo la cláusula mandatoria de consignar la naturaleza de los negocios o propósitos de la corporación, y aquellos contenidos en los estatutos.

2. Poderes incidentales que serán aquellas acciones requeridas para el efectivo desarrollo de los poderes expresos

3. Poderes específicos según los mismos se enumeran en el Artículo 2.02, a manera de ilustración.

Artículo 2.02 – Poderes específicos

A. Subsistir jurídicamente a perpetuidad o como se limite en su Certificado de Incorporación, atributo básico de las corporaciones

B. Demandar y ser demandada, consecuencia de la personalidad jurídica que la ley reconoce a las corporaciones.[88]

C. Poseer sello corporativo, si así lo desea; de desearlo el diseño del mismo no está regulado por la LGC.

D. Comprar, vender, recibir, poseer, arrendar, adquirir y permutar o vender bienes muebles o inmuebles donde quiera que estén sitos. (sujeto a los límites que establece el Artículo VI de la Constitución de Puerto Rico mencionado bajo temas anteriores)

E.Nombrar los oficiales y agentes que requiere el negocio de la corporación y asignarles la remuneración apropiada. Estos oficiales serán los encargados de manejar los asuntos relacionados a las operaciones del día a día.

F.Adoptar, enmendar y derogar estatutos corporativos que regularán los asuntos internos de la corporación.

G. Disolverse en la forma prescrita por la LGC. Las normas aplicables a una disolución, voluntaria o involuntaria, están contenidas en el Capítulo IX de la LGC.

H. Llevar a cabo sus negocios, tener oficinas y ejercer sus poderes dentro y fuera del Estado Libre Asociado de Puerto Rico, cumpliendo con los requisitos que la jurisdicción correspondiente le imponga.

I. Hacer y recibir donaciones – La LGC añadió el poder de recibir donaciones, bajo la ley anterior sólo se señalaba efectuar donaciones. No se establece restricción en cuanto al monto de la donación a efectuarse ni

---

[88] En *Pueblo de Puerto Rico v. South Puerto Rico Sugar Co.*, 58 D.P.R. 797 (1941) el Tribunal Supremo resolvió que los accionistas de una corporación demandada no son partes necesarias.

el beneficiario estaría sujeto a la obligación bajo los deberes de diligencia y lealtad que obliga a los directores y los requisitos legales aplicables. Debe también analizarse el ejercicio de este poder bajo el principio de que los poderes deben ejercerse para beneficio de los accionistas y el cumplimiento de los propósitos corporativos.

J. Crear, promover o administrar cualquier otra clase de corporación. Así se permite la creación de una corporación subsidiaria. Igualmente puede una corporación servir de incorporadora de otra o administrar los negocios de otra corporación. Una corporación subsidiaria es aquella cuyas acciones pertenecen a otra corporación (corporación matriz) generalmente en un cien por ciento (100%) (conocida como "wholly owner subsidiary").

K. Comprar, recibir, suscribir, poseer, votar, utilizar, vender, hipotecar o gravar o disponer de acciones u otros valores de cualquier corporación, asociación, sociedad o empresa doméstica o extranjera, o de obligaciones de Estados Unidos o cualquier otro gobierno, estado, municipio o agencia. Esta sección vista con la anterior proveen la autorización para la posesión por una corporación matriz de acciones de una subsidiaria, así como el ejercicio de los derechos y poderes que esa titularidad concede. Autoriza la inversión en valores de empresas y gobiernos extranjeros.

L.Otorgar contratos y garantías, tomar préstamos, emitir obligaciones aseguradas por gravámenes sobre sus propiedades. La nueva LGC añadió el otorgar contratos de garantía y fianza para garantizar obligaciones de cualquier compañía matriz, subsidiaria o afiliada. Entendemos se refiere a la corporación matriz, subsidiaria o afiliada de la corporación que otorga dichas garantías.

M. Prestar dinero, utilizar su crédito, emitir o reinvertir sus fondos y aceptar bienes muebles e inmuebles como garantía. La prohibición constitucional a las corporaciones de dedicarse a la compra venta de bienes raíces no aplica a aquellos bienes inmuebles que la corporación recibe al ejecutarlos como garantía de un préstamo otorgado, de los cuales debe disponer en un término de cinco años.

N. Autoriza el reembolso de los gastos necesarios incurridos por un director u oficial, actual o anterior, de la corporación o de otra corporación de la cual sea accionista o acreedora, en la defensa de una acción en que se les incluya por razón de haber sido director u oficial. El Artículo 4.08 de la

LGC establece los términos para que se de este desembolso, lo discutiremos más adelante bajo el Capítulo IV.

O. Autorizar a las corporaciones a establecer y promover planes de retiro y de beneficios para directores, oficiales y empleados de la corporación o sus suplidores, así como aportar a dichos planes.

P. Obtener seguros de vida o incapacidad sobre sus directores, oficiales o empleados con la corporación como beneficiaria. Estos son los seguros conocidos como "key-man insurance". Igualmente la corporación podrá adquirir seguro de vida sobre cualquier accionista con el propósito de adquirir a su muerte sus acciones por la corporación. Se establece pues, un interés asegurable a favor de la corporación para la obtención de estos seguros.

Q. Le permite a la corporación participar con otras entidades, incluyendo empresas en común, en cualquier transacción o negocio para los cuales esté facultada, incluyendo compartir o delegar al control corporativo.[89]

R. Autoriza a la corporación a realizar cualquier negocio que la junta de directores estime sea de ayuda a una autoridad gubernamental. Esto aunque no produzca un beneficio en términos económicos para la corporación y sus accionistas. Se enmarca en el concepto de la corporación como ciudadana.

S. Este es un inciso que se añade en la LGC. Su efecto es permitir a una corporación, por medio de su Certificado de Incorporación o por resolución de su junta de directores, renunciar por adelantado a cualquier interés o expectativa que tenga, o en la cual se le ofrezca participar, ya sea presentada a la corporación o a alguno de sus oficiales, directores o accionistas, relacionada con oportunidades o categorías específicas de negocio.[90] Busca evitar imputación de violación del deber de lealtad por apropiarse de una oportunidad corporativa.

---

[89] Ver caso *Planned Credit of P.R. Inc. v Page,* 103 D.P.R. 245 (1975) sobre "empresa común".

[90] Este artículo incorpora en la Ley General de Corporaciones la enmienda que efectuó Delaware a su ley de Corporaciones atendiendo la situación presentada en el caso de *Siegman v. Tri-star Pictures, Inc*., 15 Del. J. Corp. Law 218 (1989) que analizaremos más adelante bajo el Capítulo IV.

Artículo 2.03 – Ejercicio de la gerencia en beneficio de la corporación

Este artículo establece el deber de diligencia que se impone a directores y oficiales en el desempeño de sus funciones. El atributo básico de las corporaciones del gobierno centralizado, se sostiene sobre el deber de diligencia que se impone en la LGC; es la justificación y medida para esa delegación de poder.

La LGC establece que los poderes conferidos a la corporación o a los directores y oficiales, por ley y por el Certificado de Incorporación o instrumento de igual fuerza, o por los Estatutos, deberán ejercerse por la corporación o directores u oficiales, según el caso, en beneficio de los accionistas y para la gestión prudente de sus negocios así como para la promoción de sus objetivos y propósitos.

Por este artículo se les impone a los directores y oficiales:

1. actuar dentro de los poderes delegados
2. en una gestión prudente y diligente
3. para la promoción de los objetivos y propósitos
4. en beneficio de los accionistas y no los intereses propios, o sea, cumpliendo con el deber de lealtad.

En el análisis del Capítulo IV de la LGC abundaremos sobre estas obligaciones y los requisitos para su cumplimiento.

Artículo 2.04 – Poderes bancarios

Inciso A

Por este artículo se prohíbe a las corporaciones emitir letras de cambio, pagarés u otros títulos con el propósito de que los mismos circulen como moneda. Tampoco podrán traficar en el recibo de depósitos de dinero de moneda extranjera. Para ejercer funciones bancarias, las corporaciones deberán cumplir con la legislación bancaria y leyes especiales que regulan esta actividad.

Inciso B

Aclara que no se considerará que una corporación se dedicada a negocios bancarios si fue creada bajo esta ley o bajo ley anterior de corporaciones, con el propósito de comprar, vender o traficar con pagarés, créditos en cuentas corrientes u otros títulos similares, o con el propósito de prestar dinero aceptando como garantía pagarés, créditos en cuentas corrientes u otros títulos.

Artículo 2.05 – Ausencia de poderes corporativos

Según señaláramos en el análisis del desarrollo histórico de la corporación, los inicios del derecho corporativo estaban marcados por un gran temor al poder económico que podían acumular estas corporaciones. Por ello se limitaba su duración, el monto de capital que se les autorizaba y la restricción a sus propósitos y poderes.

El ámbito de estos propósitos y poderes se interpretaba restrictivamente. Todo acto por la corporación que estuviere más allá de sus poderes y facultades según establecido en su Certificado de Incorporación o que no estuviere contemplado como autorizado bajo dicho certificado se consideraba nulo bajo la doctrina de ultra vires.

Esta impugnación de la legitimidad de una actuación corporativa bajo la doctrina ultra vires se ha visto limitada por el desarrollo del derecho corporativo. A esos efectos la validez de la acción corporativa basándose en que excede los poderes corporativos será impugnable únicamente en casos donde se trate de:

1. acción por los accionistas reclamando a la corporación que cese de incurrir en el acto ultra vires

2. acción directa o derivativa a nombre de la corporación contra las personas que realizaron la acción ultra vires

Recordemos que en el caso de actos ilegales no se impugna su validez bajo la doctrina de actos ultra vires sino bajo la prohibición contenida en la LGC a las corporaciones de incurrir en actos ilegales.

El artículo 2.05 incorpora este desarrollo de la doctrina ultra vires al establecer que ningún acto de una corporación y ninguna transferencia de propiedad hecha por o a favor de la corporación será invalidada por razón de que la corporación no tuviese la facultad para realizar el acto de hacer o recibir dicha transferencia.

Esta prohibición no es absoluta pues en el mismo artículo se reconocen tres excepciones que permiten invocar la ausencia de facultad en los siguientes casos:

Inciso A

En un proceso comenzado por un accionista en procedimiento para prohibir cualquier acción o la transferencia de propiedad por o para la corporación. Si los actos no autorizados están siendo o van a ser realizados debido a un contrato del cual la corporación es parte, el Tribunal podrá, si todas las partes del contrato son parte del procedimiento y si el tribunal determina que sea justo y razonable, ordenar la recisión del contrato con la correspondiente compensación por daños, que no incluirá concesión por ganancias anticipadas.

Inciso B

En un procedimiento por la corporación, actuando por sí misma, a través de representante legal o de los accionistas en una demanda contra un oficial o director, actual o pasado, por daños resultantes de la acción no autorizada.

Inciso C

En un procedimiento por el Estado Libre Asociado para disolver la corporación o prohibir la realización de cualquier negocio no autorizado.

Recordemos que el Artículo 1.02 (A) (3) de la LGC permite expresar como propósito cualquier acto o negocio lícito. Esta disposición hace muy difícil la invocación de la Doctrina de los Actos Ultra Vires pues no habría actos no autorizados reclamables bajo esta doctrina.

Capítulo III.
Oficina Designada y Agente Residente

Artículo 3.01 – Oficina designada

El Artículo 1.02 de la LGC requiere mandatoriamente que en el Certificado de Incorporación se incluya la dirección de la oficina designada en el Estado Libre Asociado, así como el nombre del agente residente en dicha oficina.

Inciso A

El artículo 3.01 reitera este requisito a la vez que establece que, en cuanto a la ubicación de la oficina designada, esta podrá estar ubicada en el local de negocio o en cualquier otro lugar del Estado Libre Asociado.

Inciso B

Para propósitos de la LGC la oficina designada será la oficina inscrita en el Departamento de Estado donde se encuentra el agente residente y cuando en el Certificado de Incorporación o cualquier otro documento o estatuto corporativo se usan los términos "oficina principal" o "lugar principal de negocio" se entenderá que dicho término significa y se refiere a la oficina designada requerida, a menos que se exprese lo contrario.

La oficina designada tiene que estar en el lugar donde estará ubicado el agente residente para efectos de notificaciones a la corporación y diligenciar emplazamientos.

El propósito principal de este requerimiento es hacer conocer el local del negocio; puede estar en cualquier otro lugar dentro del Estado Libre Asociado de Puerto Rico que designe la corporación en su Certificado de Incorporación.

Artículo 3.02 – Agente residente

Inciso A

Este artículo reitera la obligación de toda corporación de mantener en el Estado Libre Asociado un agente residente. Su función será recibir cualquier documento o notificación dirigida a la corporación y sobre todo, la función principal será el recibir emplazamientos dirigidos a la corporación. Esta información constituye un requisito mandatorio del Certificado de Incorporación, que al ser un documento abierto a inscripción del público, dará notificación del lugar y nombre del agente autorizado a recibir estas notificaciones y sobre todo emplazar a la corporación adquiriéndose así jurisdicción sobre la misma.[91]

A esos efectos el agente residente podrá ser:

1. la propia corporación
2. un individuo residente en el Estado Libre Asociado de Puerto Rico
3. una persona jurídica doméstica o foránea que esté autorizada a hacer negocios en el Estado Libre Asociado de Puerto Rico. La LGC añadió una oración a este inciso a los efectos que, en este caso la oficina de negocios deberá coincidir con la oficina designada de la corporación la cual, de ordinario, estará abierta durante horas laborables para recibir emplazamientos y llevar a cabo las funciones propias de un agente residente.

Inciso B

Cuando sean utilizados los términos "agente residente" y "agente residente a cargo de la oficina designada" o términos similares en cualquier documento para referirse al agente de la corporación que se

[91] Opinión Número 1957-3 del Secretario de Justicia señala que el fin primordial de requerir que se tenga un agente residente en el Estado Libre Asociado es facilitar el emplazar judicialmente a la corporación; véase, *Hach v. Pure Water Systems, Inc.*, 114 D.P.R. 58 (1983) a los efectos de que la Ley General de Corporaciones de 1956 requiere que toda corporación tenga un agente residente para recibir emplazamientos, cuyo nombre y dirección deben constar en el Departamento de Estado.

requiere estar documentado en el E.L.A., se entenderá que se refiere al agente residente requerido por el Artículo 3.02 de la LGC.

En caso del que el agente residente designado sea una persona jurídica, la regla 4.4 (e) de las de Procedimiento Civil dispone que se emplazará esta persona jurídica entregando copia del emplazamiento y de la demanda a un oficial, gerente administrativo, agente general, o a cualquier otro agente autorizado por nombramiento o designado por ley para recibir emplazamientos.

En *Quiñones Román v. Compañía ABC h/n/c Supermercados Pueblo,* analizando el alcance de la regla 4.4 (e) antes mencionada al emplazamiento de una corporación foránea autorizada a hacer negocios en Puerto Rico, el Tribunal Supremo expresó que lo verdaderamente importante para que una persona cualifique como agente administrativo a través de quien él pueda realizar un emplazamiento válido a una corporación, es que este se encuentre en una posición de suficiente responsabilidad como para que se pueda razonablemente concluir que remitirá a sus superiores el emplazamiento y la demanda. [92]

En el caso de *Hach Co. v. Pure Water Systems, Inc.* antes citado el Tribunal Supremo expresó que para determinar si una persona es administradora o agente general de una corporación a los efectos de emplazar válidamente a dicha corporación, se debe atender a los deberes , funciones y autoridad de la persona y no a su título.[93]

Más adelante ampliaremos sobre el emplazamiento a corporaciones bajo el Capítulo XII, Artículo 12.01, Emplazamiento a corporaciones.

Artículo 3.03 – Traslado de la oficina designada y cambio de agente residente

La corporación puede trasladar su oficina a otro lugar designado en Puerto Rico. También puede sustituir al agente residente por otro que cumpla con los requisitos establecidos en la LGC. Ello se efectuará mediante resolución de su junta de directores, indicando la nueva

[92] *Quiñones Román v. Compañía ABC h/n/c Supermercados Pueblo,* 152 D.P.R. 367 (2000)

[93] Sobre los poderes de un gerente general, véase *Reece Corp. v Ariela Inc.*, 122 D.P.R. 270 (1988)

dirección, calle, número y municipio y el nombre del nuevo agente residente.[94]

Copia certificada de esta resolución deberá radicarse en el Departamento de Estado.

Artículo 3.04 – Cambio de dirección del agente residente

Inciso A

El agente residente puede cambiar la dirección de la oficina designada de la corporación de la cual es agente residente. Esta otra dirección debe ser dentro del E.L.A. A esos efectos deberá radicar un documento certificado por dicho agente residente ante el Departamento de Estado donde conste el nombre de la corporación y dirección de la oficina u oficinas designadas para las cuales es agente residente, así como la nueva dirección de dicha oficina designada donde estará localizado.

Vemos pues, que la LGC contempla que una persona o entidad puede ser agente residente de varias corporaciones cuyas oficinas designadas estarán localizadas en la dirección donde se encuentra el agente residente.

El documento certificado se radicará e inscribirá en el Departamento de Estado y hasta nuevo cambio, la oficina designada radicará en la nueva dirección.

Inciso B

En caso de que el agente residente designado cambie de nombre, deberá éste radicar ante del Departamento de Estado un certificado suscrito y reconocido por dicho agente indicando.

1. su nuevo nombre
2. su nombre anterior
3. los nombres de las corporaciones para las cuales sirve el agente residente, y

[94] Artículo 1.02 (A) (2)

4. la dirección donde mantiene la oficina designada de dichas corporaciones

Vemos que no se trata de un nuevo agente residente sino solo de cambio de nombre de dicho agente residente

La LGC añadió una oración a este inciso (B) del Artículo 3.03 a los efectos de que en el caso de que ocurra una fusión o consolidación en la que sea parte la persona que actúa como agente residente y sobrevive (en caso de fusión) la otra corporación o surge una nueva entidad (en caso de una consolidación) esta se convertirá en sucesor del agente residente por operación de ley, y se entenderá que se efectuó un cambio de nombre para propósito de este Artículo 3.04.

Artículo 3.05 – Renuncia del agente residente y nombramiento de su sucesor

El agente residente puede renunciar a su cargo radicando ante el Departamento de estado un certificado de renuncia donde indique el nombre y dirección del agente residente que lo sustituirá. Este certificado irá acompañado con una declaración de oficiales autorizados de la corporación ratificando y aprobando el cambio. Ambas declaraciones deberán cumplir con los requisitos del Artículo 1.03 de la LGC. Una vez radicados el sucesor nombrado será el nuevo agente residente.

Artículo 3.06 – Renuncia del agente residente sin designación de sucesor

Inciso A

El agente residente puede renunciar a su cargo sin designarse un sucesor, mediante la radicación ante el Departamento de Estado de una certificación que cumpla con los requisitos del artículo 1.03.

Esta renuncia no tendrá efecto hasta los treinta (30) días siguientes a su radicación ante el Departamento de Estado. En este certificado el agente renunciante declarará que:

1. notificó su renuncia a cada corporación afectada por lo menos treinta (30) días antes de la radicación del certificado.

2. que la notificación fue enviada por correo certificado o diligenciado a la corporación a la última dirección conocida por el agente.

3. la fecha en que efectuó tal notificación.

El requisito de que dicha declaración sea jurada, que existía bajo la ley de corporaciones anterior, no está contenido en la LGC, pues solo menciona "declaración".

Inciso B

Una vez recibido el aviso de renuncia por la corporación, esta designará un nuevo agente residente cumpliendo así con lo dispuesto en el Artículo 3.02.

Si la corporación no designa un nuevo agente residente, dentro del plazo de treinta (30) días siguientes a la radicación del Certificado de Renuncia, el Secretario de Estado anulará la autoridad de la corporación para hacer negocios en el Estado Libre Asociado de Puerto Rico y cancelará el Certificado de Incorporación.

Vemos que la anulación de la autoridad así como la cancelación del Certificado de Incorporación está mandado por la LGC, no lo deja a discreción del Secretario de Estado: "procederá" a anular y "anulará" el certificado.

Inciso C

Luego de convertirse en efectiva la renuncia y sin que la corporación designe un nuevo agente, los emplazamientos a la corporación se efectuarán conforme a lo establecido en las Reglas de Procedimiento Civil de Puerto Rico.

Capítulo IV.
Directores y Oficiales

La figura del director y el oficial en el ámbito del derecho corporativo es instrumental para entender la esencia que caracteriza la existencia misma de la corporación. En general, esa esencia se caracteriza por la separación que existe entre los dueños de la corporación, o sea sus accionistas, y aquellas personas naturales designadas, escogidas o electas como directores y oficiales para administrarla. En otras palabras, por lo general los accionistas no administran la corporación de la cual son dueños sino que delegan esa función en los directores y oficiales. A raíz de esa separación, se crea una gama de principios de gobierno corporativo que nacen de los deberes de fiducia que tanto la Ley de Corporaciones, como otras leyes aplicables y la jurisprudencia imponen a dichos directores y oficiales. Estos principios de gobierno corporativo, algunos de los cuales se recogen en este Capítulo IV, pretenden garantizar que los directores y oficiales ejerzan sus funciones en beneficio de los accionistas de la corporación, para la gestión prudente de sus negocios y asuntos así como para la promoción de sus objetivos y propósitos. En este sentido, el Capítulo IV de la Ley de Corporaciones intenta definir los derechos, deberes y responsabilidades de los directores y oficiales en el desempeño de sus funciones corporativas.

Artículo 4.01. – Junta de directores; poderes; número; requisitos; términos y quórum; comités; clases de directores; corporaciones sin fines de lucro; actuaciones en que se confíe en los libros, etc.

El Artículo 4.01 de la LGC proviene de la Sección 141 de la Ley de Delaware, 8 Del. C. sec. 141.

Inciso A

El inciso A del Artículo 4.01 establece la norma general de que los negocios y asuntos de toda corporación organizada con arreglo a las disposiciones de la LGC serán dirigidos por la junta de directores, a menos que otra cosa se disponga en la LGC o en su Certificado de Incorporación. El inciso también provee que cuando el Certificado de Incorporación contenga tal disposición, las facultades y obligaciones que la LGC confiere o impone a la junta de directores serán ejercidas o desempeñadas por la persona o personas designadas en el Certificado de Incorporación.

La responsabilidad principal de la Junta de Directores puede cambiar de corporación en corporación dependiendo de los que se establezca en sus artículos de incorporación o estatutos. No obstante, "puede decirse que su responsabilidad principal consiste en formular la política corporativa y gerencial de la empresa" [95] que incluye, entre otras funciones, la distribución de dividendos, el diseño de proyectos a largo plazo, establecer estrategias financieras y de mercadeo, supervisión y evaluación del desempeño de los oficiales y los resultados de operaciones, etc. La Junta de Directores usualmente ejerce sus funciones sin la intervención de los accionistas, excepto en aquellos casos extraordinarios donde la LGC establezca lo contrario, los artículos de incorporación o los estatutos disponen lo contrario como en el caso de ventas de sustancialmente todos los activos, fusiones, consolidaciones y disolución de la corporación.[96]

Siguiendo el ejemplo de Delaware que enmendó en el año 2002 la Sección 141(b) de su LGC, el inciso B del Artículo 4.01 provee que la junta de directores debe consistir de uno o más miembros, los cuales deberán ser personas naturales. El número de directores que constituirán la junta se fijará en los estatutos de la corporación, o según la forma prescrita en los estatutos de la corporación, a menos que el Certificado de Incorporación fije el número de directores, en cuyo caso un cambio en el número de directores sólo podrá llevarse a cabo mediante enmienda al Certificado de Incorporación. Los directores no tendrán que ser accionistas de la corporación, a menos que el Certificado de Incorporación o los estatutos así lo requieran. El Certificado de Incorporación, o los estatutos,

---

[95] Comentario al Artículo 5.01(a) del Proyecto de Nueva Ley de Corporaciones del Comité de Corporaciones de la Academia Puertorriqueña de Jurisprudencia y Legislación, p. 56 (1989)

[96] Como caso curioso, véase *Phillips Petroleum Corp. v. Rock Creek Mining Co.*, 449 F.2d 664 (1971) donde el tribunal decidió aplicando las leyes del Estado de idaho que la aprobación de una enmienda a un contrato de alquiler con opción de compra de una propiedad minera por dos de tres directores que a su vez poseían dos terceras partes de las acciones emitidas y en circulación de la corporación era válida contra la corporación a pesar de no haber sido aprobada en una reunión separada de accionistas ni haber tenido la aprobación del accionista minoritario. Algo similar ocurrió en *Gerard et al v. Empire Square Realty, Co., et al*, 187 N.Y.S.306 (1921) donde en el contexto de una corporación intima el Tribunal de Nueva York reconoció la validez de un contrato de empleo que había sido aprobado separadamente por cada director-accionista sin que mediara una reunión sobre el particular.

podrán establecer cualesquiera otras condiciones para ser director. Los directores continuarán en el desempeño de sus cargos hasta que sus sucesores sean electos y calificados o hasta que renuncien o sean destituidos, lo que ocurra primero.

Inciso B

La Ley de Corporaciones de 1956 establecía que el número de personas en la junta de directores no podía ser menos de tres (3). La Ley de Corporaciones de 1995 estableció la regla actual al disponer que la junta podrá consistir de una persona o más de una. Por otro lado, la Ley de Corporaciones de 1995 no contenía una disposición con respecto a la forma en que podía renunciar un director. Este inciso aclara que los directores podrán renunciar en cualquier momento siempre y cuando le informen la renuncia a la corporación mediante notificación por escrito o comunicación electrónica. Este inciso dispone que una mayoría del número total de directores constituirá quórum para la consideración de los asuntos, a menos que el Certificado de Incorporación o los estatutos requieran un número más alto. A menos que el Certificado de Incorporación disponga lo contrario, los estatutos pueden disponer que un número menor a una mayoría constituirá quórum, pero dicho número no será nunca menor de la tercera parte del total de directores, excepto en los casos en que se autorice una junta de directores constituida por un solo director, en cuyo caso la comparecencia de un solo director constituirá quórum. Finalmente, este inciso dispone que el voto de la mayoría de los directores presentes en la reunión en que haya quórum será suficiente para aprobar las decisiones de la junta de directores a menos que el Certificado de Incorporación o los estatutos requieran una proporción mayor.

Las versiones anteriores de la Ley de Corporaciones proveen que las corporaciones podrán crear comités para encargarse de determinados asuntos de la corporación. El propósito de estas disposiciones es el de proveer la facultad a la Junta de Directores para que pueda delegar los poderes que le fueron conferidos a dichos comités. Sin embargo, la Ley de Corporaciones de 1995 contenía una extensa lista de facultades que dichos comités no podrán tener, limitando así el poder de delegación de la junta de directores.

Inciso C

En 1996, Delaware enmendó la Sección 141 (c) para expandir los poderes que la junta de directores puede delegar en un comité y posteriormente, en el 2003 se volvió a enmendar la referida sección para añadirle la facultad a los comités para crear subcomités. Con el propósito de ampliar el poder de delegación de la junta de directores, la LGC enmendó prospectivamente el Artículo 4.01 (C) a tenor con los cambios adoptados en Delaware, para evitar que las corporaciones organizadas con anterioridad a la fecha de vigencia de la LGC sufran cambios en su modo de operaciones.

El Artículo 4.01 C provee que todas las corporaciones incorporadas antes de la fecha de vigencia de la LGC, estarán sujetas a las disposiciones del inciso (1) siguiente, mientras que toda corporación incorporada en o después de la fecha de vigencia de dicha LGC, estarán sujetas al inciso (2):

> "1. La junta de directores podrá, por resolución aprobada por una mayoría de toda la junta, designar uno o más comités, cada uno de los cuales se compondrá de uno o más directores de la corporación. La junta podrá designar uno o más directores como miembros alternos de cualquier comité, quienes podrán reemplazar cualquier miembro ausente o descalificado en cualquier reunión del comité. Los estatutos podrán disponer que en la ausencia o descalificación de un miembro del comité, el miembro o miembros presentes en cualquier reunión y no descalificados para votar, sin importar si dichos miembros constituyen quórum, podrán por unanimidad nombrar a otro miembro de la junta de directores a actuar en la reunión en lugar de dicho miembro ausente o descalificado. Hasta donde lo autorice la resolución de la junta de directores, o los estatutos de la corporación, tales comités tendrán y podrán ejercer las facultades de la junta de directores en la dirección de los negocios y asuntos de la corporación, incluyendo la facultad para ordenar la impresión del sello corporativo en los documentos que lo requieran así. No obstante lo anterior, tales comités no tendrán la facultad para: destituir o elegir oficiales; enmendar el Certificado de Incorporación (excepto que un comité podrá, hasta donde sea autorizado por una resolución de la junta disponiendo para la emisión de acciones según lo dispuesto en el Artículo 5.01 de esta Ley, fijar las designaciones y cualesquiera de las preferencias o derechos de tales acciones relacionadas a dividendos, redención, disolución, cualquier distribución de los activos de la corporación o la conversión o permuta de

dichas acciones por acciones de cualquier clase o clases o cualquier otra serie de la misma u otra clase de acciones de la corporación o fijar el número de acciones de cualquier serie o autorizar el aumentar o disminuir el número de acciones de cualquier serie); aprobar un acuerdo de fusión o consolidación bajo los Artículos 10.01 y 10.02 de esta Ley; hacer recomendaciones a los accionistas sobre la venta, alquiler o permuta de toda o de una porción substancial de la propiedad o activos de la corporación; aprobar resoluciones para recomendar una disolución o para recomendar una revocación de una disolución, o que enmienden los estatutos de la corporación; y a menos que así lo disponga la resolución para crear el comité, los estatutos o el Certificado de Incorporación, dicho comité no tendrá el poder para declarar dividendos, autorizar la emisión de acciones de capital o adoptar un acuerdo de fusión bajo el Artículo 10.03 de esta Ley. Tales comités tendrán el nombre o nombres que se consignen en los estatutos de la corporación, o el nombre o nombres que de tiempo en tiempo determinen por resolución la junta de directores.

2. La junta de directores podrá designar uno o más comités, cada uno de los cuales estará compuesto por uno o más directores de la corporación. La junta podrá designar uno o más directores como miembros alternos de cualquier comité, quienes podrán sustituir cualquier miembro ausente o descalificado en cualquier reunión del comité. Los estatutos podrán disponer que en ausencia o de ser descalificado un miembro del comité, el miembro o miembros presentes en cualquier reunión y no descalificados para votar, sin importar si dichos miembros constituyen quórum o no, podrán por voto unánime nombrar a otro miembro de la junta de directores a actuar en la reunión en lugar de dicho miembro ausente o descalificado. Hasta donde lo autorice la resolución de la junta de directores o los estatutos de la corporación, tales comités tendrán y podrán ejercer las facultades de la junta de directores en la dirección de los negocios y asuntos de la corporación, incluyendo la facultad para ordenar la impresión del sello corporativo en los documentos que así lo requieran. No obstante lo anterior, dichos comités no tendrán la facultad para: (i) aprobar, adoptar, o recomendar a los accionistas asuntos o acciones (no relacionadas a la

> elección o destitución de los directores) que requieran ser sometidas para la aprobación de los accionistas según las disposiciones de este Capítulo, o (ii) adoptar, enmendar o derogar los estatutos de la corporación. Dichos comités tendrán el nombre o nombres que se consignen en los estatutos de la corporación, o el nombre o nombres que de tiempo en tiempo se determine por resolución de la junta de directores. Salvo que el Certificado de Incorporación, los estatutos o la resolución de la junta de directores designando a los directores dispongan otra cosa, el comité podrá crear uno o más subcomités y podrá delegar al subcomité cualquiera de o todos los poderes y autoridad del comité. Cada subcomité consistirá de uno o más miembros del comité."

Como podemos apreciar al comparar el inciso 1 con el 2, este último elimina las restricciones a las facultades de los comités para destituir o elegir oficiales y limita sus facultades a aquellas que requieran ser sometidas a los accionistas para su aprobación. También les da la facultad de crear sub-comités y de delegar sus funciones en ellos a menos que el Certificado de Incorporación, los estatutos o la resolución de la junta de directores designando a los directores dispongan otra cosa. Esta disposición busca establecer un balance entre la creación de comités y subcomités y la delegación de facultades a estos de manera que se logren eficiencias en el funcionamiento de la junta sin desembocar en una abdicación de las facultades y obligaciones de la junta. Por tal razón se establecen límites que impiden la delegación de facultades a comités en asuntos tales como (i) la aprobación, adopción, o recomendación a los accionistas asuntos o acciones (que requieran ser sometidas para la aprobación de los accionistas como las enmiendas a los artículos de incorporación, la venta de activos fuera del curso ordinario de los negocios, fusión, consolidación o disolución de la corporación, o (ii) la adopción, enmienda o derogación los estatutos de la corporación.

Al igual que la Ley de Delaware, la Ley de Corporaciones de 1995 estaba silente en cuanto a los poderes de votación que se pueden otorgar a los directores que no hayan sido elegidos por los tenedores de ciertas clases o series de acciones. Posteriormente, en el año 2005 la Ley de Delaware se enmendó para especificar que el Certificado de Incorporación puede conferir mayores o menores poderes a los directores independientemente de quién haya elegido a esos directores. El Artículo 4.01 (D) de la LGC recoge ese cambio y dispone lo siguiente:

Inciso D

Según se disponga en el Certificado de Incorporación, o en los estatutos originales, o en un estatuto adoptado mediante un voto de los accionistas, los directores de la corporación organizada con arreglo a la LGC podrán ser clasificados en uno, dos o tres grupos. El plazo del cargo de los directores del primer grupo expirará en la próxima reunión anual; el del segundo grupo, un año después de la reunión anual citada; y el tercer grupo, dos años después de dicha reunión. En cada elección anual posterior a esta clasificación y elección, se elegirán los directores por plazos completos, según sea el caso, para sustituir a aquellos cuyos términos expiren. El Certificado de Incorporación podrá conferir a los tenedores de cualquier clase o serie de acciones el derecho a elegir uno o más directores que ejercerán por el término y con, los poderes de voto que sean consignados en el Certificado de Incorporación. Las condiciones del cargo y los poderes de voto de los directores electos por separado por los tenedores de cualquier clase o series de acciones podrán ser mayores o menores que los de cualquier otro director o clase de director. El Certificado de Incorporación también podrá conferirle a uno o más directores, hayan o no hayan sido electos por separado por los tenedores de alguna clase o serie de acciones, poderes de votación mayores o menores que los de otros directores. Si el Certificado de Incorporación dispone que directores que sean electos por los tenedores de una clase o serie de acciones tendrán más de un voto por director en cualquier asunto, toda referencia en la LGC a una mayoría u otra proporción de directores se referirá a una mayoría u otra proporción de los votos de tales directores.

Inciso E

Este inciso provee que salvo que el Certificado de Incorporación o los estatutos de la corporación lo prohíban o lo restrinjan, cualquier acción necesaria o permitida en cualquier reunión de la junta de directores o de cualquier comité por ella designado, conforme a las facultades que le confiere este inciso, puede ser autorizada sin que medie una reunión, siempre y cuando todos los miembros de la junta de directores o de los comités, según sea el caso, den su consentimiento por escrito o mediante comunicación electrónica a dicha acción. En tal caso, el documento escrito o la comunicación electrónica escrita, constará en las actas de la junta de directores o del comité, según sea el caso.[97]

El inciso E requiere el consentimiento unánime de los directores de manera que la falta de la firma de un director, o la oposición de un director a firmar el consentimiento, obligaría a la junta a la celebración de una reunión para aprobar el acto corporativo. Es de notar que la LGC introduce el concepto de la comunicación electrónica. De esta forma, con el propósito de modernizar la LGC tomando en consideración los cambios en tecnología, Puerto Rico le sigue los pasos al Estado de Delaware para permitir el uso de la comunicación electrónica para la toma de decisiones cuando no medie una reunión y proveyendo una mayor eficiencia y rapidez en el proceso de toma de decisiones.

Inciso F

Permite que la junta de directores pueda celebrar reuniones en y fuera del Estado Libre Asociado a menos que el Certificado de Incorporación o los estatutos dispongan otra cosa. Las reuniones de la Junta de Directores deben ser notificadas a los directores conforme a lo dispuesto en los estatutos corporativos. [98]Este inciso concede a las corporaciones mayor flexibilidad en el manejo de sus operaciones.

---

[97] El hecho de que los directores firmen un contrato en su carácter individual no hace del documento un consentimiento escrito de la Junta de Directores. Véase como ejemplo el caso de *Baldwin v. Canfield*, 26 Minn. 43 (1879) donde el Tribunal Supremo del Estado de Minnesota determinó que la acción individual de los directores al suscribir una escritura de compraventa de un inmueble sin mediar una reunión no constituye una acción realizada por la Junta de Directores como unidad por lo que declaró nula dicha transacción.

[98] Véase, *Fogel v. U.S. Energy Systems Inc.*, 2008 WL 151857 (Del. Ch. Dec. 13, 2007) donde el Tribunal de Instancia del Estado de Delaware determine que una confrontación entre el Principal Oficial Ejecutivo y Director de una corporación y los restantes directores no constituía una reunión para propósitos de la sección 141 de la Ley General de Corporaciones. Esa reunión no había sido debidamente convocada y por tanto era inválida. Cuando un director es engañado sobre el verdadero propósito de una reunión y dicho director no participa de dicha reunión, cualquier acción tomada en la misma es inválida y nula.

Inciso G

Permite que la junta de directores pueda fijar la remuneración de los directores a menos que el Certificado de Incorporación o los estatutos dispongan otra cosa.

Este inciso G se introdujo inicialmente con la Ley de Corporaciones de 1995 para disipar cualquier duda que pudiese existir en cuanto a la potestad de la junta de directores para fijarse una compensación por sus servicios y descartando estatutariamente el principio establecido en *Lofland v. Cahall*, 13 Del CA. 384, 118 A. 1 (1922) de que los directores no tienen derecho a compensación por servicios prestados a menos que se firme un contrato en donde expresamente se pacte dicha compensación.[99] Si los accionistas no desean que la junta tenga esa facultad, así lo deben establecer en los artículos de incorporación o los estatutos de la corporación.

Inciso H

Faculta a los miembros de la junta de directores o de cualquier comité designado por esta a participar en cualquier reunión o comité mediante conferencia telefónica, u otro medio de comunicación, a través del cual todas las personas participantes en la reunión puedan escucharse simultáneamente a menos que el Certificado de Incorporación o los estatutos provean otra cosa. El artículo provee que la participación de la junta o el comité en la forma antes descrita constituirá asistencia a dicha reunión.

Inciso I

En términos de los elementos que constituyen el concepto de gobierno corporativo, el Inciso I es uno de los más importantes porque trata sobre el tema de la debida diligencia o "due diligence" que todo director debe ejercer en el cumplimiento de su función como tal. En este sentido el Artículo 4.01 I provee que un miembro de la junta de directores, o de cualquier comité designado por esta, estará, en el desempeño de sus funciones, completamente protegido y exento de responsabilidad al

---

[99] Comentario al Artículo 5.01(g) del Proyecto de Nueva Ley de Corporaciones del Comité de Corporaciones de la Academia Puertorriqueña de Jurisprudencia y Legislación, Pág. 65 (1989)

confiar de buena fe en los récords de la corporación y en la información, opiniones, informes o ponencias presentados a la corporación por cualquiera de los oficiales o empleados de la corporación, o comités de la junta de directores, o por cualesquiera otra persona sobre asuntos que el miembro razonablemente cree están dentro del ámbito de la competencia profesional o experta de dicha persona que fue seleccionada con cuidado razonable por o para la corporación. En otras palabras, para estar protegidos y exentos de responsabilidad, la LGC les exige tanto a los directores como a los miembros de los comités que estos designen, el cumplimiento de su obligación de mantenerse informados o de informarse antes de tomar una acción o determinación a nombre de la corporación.

Inciso J

Está dirigido a dar mayor flexibilidad a las corporaciones organizadas bajo la LGC que no están autorizadas a emitir acciones de capital al permitirles que menos de una tercera parte (*1/3*) de los miembros de su cuerpo gobernante constituyan quórum. También permite que los negocios y asuntos de dichas corporaciones puedan ser manejados de una manera distinta a la dispuesta por este artículo. En vista de lo anterior, toda referencia a la junta de directores, a los miembros de la misma, y a los accionistas en el Artículo 4.01 será interpretada como referencia al cuerpo gobernante de la corporación, los miembros de la misma y los miembros de la corporación, respectivamente.

Inciso K

Trata el tema de la destitución con o sin causa de cualquier director. A esto efectos, este artículo provee que cualquier director o la junta de directores en su totalidad podrá ser destituido con o sin justa causa, por los tenedores de una mayoría de las acciones con derecho a votar para elegir los directores, excepto en los siguientes casos:

1. En el caso de una corporación cuya junta de directores esté clasificada en grupos, conforme al inciso (D) del Artículo 4.01, en cuyo caso los accionistas podrán destituir al director o los directores sólo por justa causa, salvo que el Certificado de Incorporación disponga otra cosa, o

2. En el caso de una corporación cuyo Certificado de Incorporación autorice el voto acumulativo, si menos de la junta de directores completa ha de ser constituida, ningún director podrá ser destituido sin justa causa

cuando los votos en contra de la destitución sean suficientes para elegirlo, de haberse votado acumulativamente para elegir la totalidad de los directores o, si hubiese clases o grupos de directores, para elegirlo a la clase o grupo de directores al que pertenece.

El Inciso K dispone que en aquellos casos en que el Certificado de Incorporación otorgue a los tenedores de cualquier clase o serie de acciones la facultad de elegir a un director o más, las disposiciones de este inciso K aplicarán, en relación con la destitución sin justa causa de un director o directores así electos, al voto de los tenedores de acciones en circulación de esa clase o serie y no al voto del total de las acciones en circulación.

El texto del Artículo 4.01K proviene de la Sección 141(k) de la Ley de Delaware. Este inciso reconoce como norma general la facultad de los accionistas de destituir a los directores con o sin causa excepto en los casos que se describen en el propio inciso. Ambas excepciones impiden que los accionistas puedan menoscabar, burlar o restarle efectividad al escalonamiento de la junta de directores y el voto acumulativo.

Artículo 4.02.- Oficiales, selección, término y deberes, omisión de la elección; vacantes, organizaciones sin fines de lucro

El Artículo 4.02 de la LGC proviene de la Sección 142(b) de la Ley de Delaware. Este artículo no sufrió enmiendas mayores excepto la que dispone la forma en que los oficiales podrán renunciar a la corporación y que aclara que se necesitará una comunicación escrita para efectuar dicha renuncia.

Inciso A

Dispone que toda corporación organizada con arreglo a la LGC deberá tener los oficiales según los títulos y deberes que se disponga en los estatutos de la corporación o en una resolución de la junta de directores que no sea inconsistente con dichos estatutos y según sea necesario para permitirle a la corporación el firmar instrumentos y certificados de acciones en cumplimiento del párrafo (2) del inciso (A) del Artículo 1.03 y el Artículo 5.11 de la LGC. La LGC permite que mediante los estatutos o una resolución de la junta de directores se designen a los oficiales con el título que estos prefieran. Es por ello que el artículo provee para que uno de los oficiales sea designado como presidente, principal oficial ejecutivo u otro título análogo. También provee para que uno de los oficiales, sin llamarle necesariamente secretario, consigne en un libro que se mantendrá para esos propósitos, todas las actas de todas las reuniones de los accionistas de la corporación y de la junta de directores. Contrario a la prohibición antigua que impedía que el presidente ocupara también la posición de secretario, este artículo permite que un oficial pueda simultáneamente ocupar uno o más de los cargos establecidos a menos que el Certificado de Incorporación o los estatutos de la corporación dispongan lo contrario. Esta facultad es especialmente importante cuando la corporación la conforma una sola persona. Finalmente este artículo provee que la junta de directores puede exigir a cualquier oficial la prestación de una fianza por la cuantía y con la garantía o garantías que esta disponga con el propósito de garantizar el cumplimiento de sus deberes.[100]

Inciso B

Dispone que los oficiales serán elegidos en la forma y por el término que dispongan los estatutos, o la junta de directores u otro cuerpo directivo o gubernativo. Dispone además que cada oficial continuará desempeñando su cargo hasta tanto su sucesor lo sustituya, o hasta que renuncie o sea destituido, lo que ocurra primero. Permite también que cualquier oficial pueda renunciar en cualquier momento mediante notificación escrita o comunicación electrónica a la corporación.[101]

Inciso C

Aclara que el hecho de omitirse la elección anual de los oficiales no causará la disolución de la corporación ni se afectará de otra manera.

Inciso D

Dispone que cualquier vacante que surja en la corporación por la muerte, renuncia, destitución u otra causa de un oficial, deberá llenarse según el modo dispuesto en los estatutos de la corporación. Si no existe tal

---

[100] La experiencia ha demostrado que resulta de poca utilidad el que estatutariamente se requiera la designación de oficiales. Comentario al Artículo 5.02(a) del Proyecto de Nueva Ley de Corporaciones del Comité de Corporaciones de la Academia Puertorriqueña de Jurisprudencia y Legislación, p. 69 (1989)

[101] Este inciso no requiere que los oficiales sean electos por los directores. Tampoco se prohíbe que sean los accionistas quienes hagan la designación. Comentario al Artículo 5.02 (b) del Proyecto de Nueva Ley de Corporaciones del Comité de Corporaciones de la Academia Puertorriqueña de Jurisprudencia y Legislación, p. 71 (1989)

disposición, la junta de directores u otro organismo directivo podrá llenar la vacante.

Artículo 4.03.- Obligación de directores y oficiales en el desempeño de sus funciones

El Artículo 4.03 de la LGC provee que los directores y oficiales estarán obligados a dedicar a los asuntos de la corporación y al desempeño de sus funciones, la atención y el cuidado que en una posición similar y ante circunstancias análogas desempeñaría un director u oficial responsable y competente al ejercer de buena fe su juicio comercial, o su mejor juicio en el caso de las corporaciones sin fines de lucro.[102]

El Artículo 4.03 no está codificado en la Ley de Delaware. El mismo está inspirado en la Sección 8.30 del *Model Business Corporation Act* y de la sección 4.01 del proyecto de la *American Law Institute*. Este artículo codifica en nuestra jurisdicción la regla del buen juicio comercial o "Business Judgment Rule" para las corporaciones con fines de lucro y el concepto de "su mejor juicio" para el caso de las corporaciones sin fines de lucro. De esta forma nuestra jurisdicción se beneficia de la extensa jurisprudencia que interpreta el deber de cuidado y la defensa que provee la regla del buen juicio comercial a los directores, aunque sea de manera persuasiva. En este inciso se presta atención a la manera en que los

[102] Las decisiones de la Junta de Directores gozan de la presunción de que son tomadas de buena fe para promover los mejores intereses de la corporación a la que sirven. Los tribunales no son expertos en materia comercial por lo que no intervendrán en las decisiones de la junta a menos que medie fraude, ilegalidad o conflicto de intereses. *Shlensky v. Wrigley*, 95 Ill. App. 2d. 173 (1968). Dicha presunción asume que al tomar una decisión, los directores actuaron de manera informada, de buena fe y en la creencia honesta de que su decisión responde a los mejores intereses de la corporación. Dicha presunción puede ser rebatida si se demuestra que la mayoría de los directores tenían potenciales conflictos de intereses que los llevaron a actuar de manera desleal al poner sus intereses personales por encima de los intereses de los accionistas. Por ejemplo, en *Gantler v. Stephens*, 965 A. 2d 695 (Del. 2009), el tribunal determinó que los hechos demostraron que un director pudo haber estado motivado personalmente a "sabotear" el proceso de venta de la corporación al no cumplir con los requerimientos de debida diligencia ("due diligence") solicitados por un potencial comprador y que otros dos directores pudieron haber actuado de manera desleal por su asociación con compañías que tenían una substancial relación comercial con la corporación. Véase sin embargo *Brehm v. Eisner*, 746 A. 2d. 244 (2000) y la acción derivativa *In Re Walt Disney Company*, 906 A. 2d. 27 (2006), donde el tribunal sostiene las decisiones de la junta de directores bajo el principio del buen juicio comercial.

directores y oficiales desempeñan sus responsabilidades y no a la corrección o sabiduría de sus decisiones.[103]

Este Artículo 4.03, por ser uno de redacción criolla, merece una explicación más profunda. De su lectura se destaca el hecho de que el mismo no contiene conceptos de diligencia o negligencia, ni criterios de personas ordinarias, prudentes y razonables. La intención fue la de crear una norma de cuidado aplicable al contexto corporativo y evitar así la adopción automática de normas tradiciones de responsabilidad utilizadas en casos de daños y perjuicios ya que podrían resultar en extremo rigurosas e inapropiadas. Recordemos que el éxito de una empresa depende entre otras cosas de que su gerencia sea innovadora y tome riesgos comerciales en la búsqueda de mayores ingresos para la corporación que representan. Los directores no deben sentirse inhibidos de tomar decisiones comercialmente válidas por temor a ser demandados.[104]

Dos elementos son importantes para satisfacer la norma de cuidado establecida en el Artículo 4.03, una es la atención a los asuntos corporativos y la otra la toma de decisiones de manera informada. Excepto en aquellos casos en que resulte obvio que se debió considerar una contingencia en particular, no debe esperarse que se puedan anticipar todos los problemas que la corporación pueda enfrentar. La responsabilidad de mantenerse informado es parte de la obligación de debido cuidado.

---

[103] "La adopción de la norma expuesta responde a tres razones principales:
1. El reconocimiento de que los directores no son infalibles y actúan en un ambiente complejo y lleno de incertidumbres.
2. El peligro de que directores competentes no acepten cargos en las corporaciones si no se les protege por errores honestos y bien intencionados que puedan cometer.
3. Que los tribunales no cuentan con las destrezas, ni tampoco es su función sustituir su juicio por el de otras personas más experimentadas y capacitadas."
Comentario al Artículo 5.03 del Proyecto de Nueva Ley de Corporaciones del Comité de Corporaciones de la Academia Puertorriqueña de Jurisprudencia y Legislación, Pág. 73 (1989). Véase también, *In Re Caremark International Inc. Derivative Litigation*, 698 A. 2d. 959 (1996) a los efectos de que aun si un tribunal entiende que la decisión de la junta de directores fue errónea, estúpida o irracional, dicha creencia no es suficiente para establecer responsabilidad bajo la regla del buen juicio comercial, siempre y cuando el tribunal determine que el proceso utilizado para llegar a dicha decisión fue uno racional o que el mismo fue un esfuerzo de buena fe para adelantar los intereses corporativos.

[104] La regla de juicio comercial es una protección diseñada para permitir que los directores y oficiales puedan tomarse riesgos en sus decisiones sin temor a ser personalmente responsables si las mismas resultan desfavorables para la corporación. *In re Citigroup Inc. Derivative Action*, 964 A. 2d.106 (2009)

Finalmente, la referencia a "la atención y el cuidado que en una posición similar y ante circunstancias análogas desempeñaría un director u oficial responsable y competente al ejercer de buena fe su juicio comercial, o su mejor juicio en el caso de las corporaciones sin fines de lucro" reconoce el hecho de que el juicio de una persona puede variar debido a diferencias de tamaño, localización, las particularidades del negocio o su complejidad. No obstante la norma adoptada en este Artículo 4.03, la protección que se provee a los directores y oficiales no es de carácter absoluto. Siempre existe la posibilidad de ser hallados responsables si su actuación conllevó fraude, violaciones de ley, conflictos de intereses o abuso de discreción.[105]

Artículo 4.04.- Deber de lealtad de directores, oficiales y accionistas mayoritarios

El Artículo 4.04 de la LGC codifica el deber de lealtad al proveer que los directores, oficiales y accionistas mayoritarios, cuando tengan intereses personales en asuntos que afecten la corporación, estarán sujetos al deber de lealtad que les obliga a actuar de forma justa en relación con los asuntos corporativos.

El Artículo 4.04 de la LGC es idéntico a su antecesor. Sin embargo es importante resaltar que el texto de este Artículo está basado en la Sección 5.01 del Proyecto del American Law Institute sobre gobierno corporativo. Como regla general, los accionistas de una corporación delegan la administración de los negocios de la misma a sus directores y oficiales por lo que en muchos casos están imposibilitados de controlar el manejo de la empresa. Es por ello que para salvaguardar la inversión de todos los accionistas y a su vez, los intereses de la corporación, este Artículo le exige a los directores y oficiales, así como a los accionistas mayoritarios, un deber de lealtad de manera que estos queden impedidos de aprovechar su posición para abusar o tomar ventaja personal en perjuicio de la corporación y sus accionistas. Entre las situaciones que pueden menoscabar el deber de lealtad están (i) las transacciones de negocio entre la corporación y sus directores, oficiales y accionistas mayoritarios o las entidades donde estos poseen intereses, (ii) la usurpación de oportunidades

[105] Comentario al Artículo 5.03 del Proyecto de Nueva Ley de Corporaciones del Comité de Corporaciones de la Academia Puertorriqueña de Jurisprudencia y Legislación, Págs. 74-77 (1989)

corporativas[106], (iii) la competencia de estos con la corporación, (iv) el uso de fondos corporativos para perpetuarse en el control de la corporación, (v) el llamado "insider trading" y el uso indebido de la información corporativa, (vi) el trato injusto de los accionistas mayoritarios contra los minoritarios[107], así como (vii) el desempeño impropio de sus posiciones o cargos, entre otros factores. La redacción de este Artículo no pretendió definir la figura del deber de lealtad de una forma final, completa y rígida, sino por el contrario, su redacción reconoce que el concepto puede evolucionar y cambiar con el paso del tiempo y el desarrollo del mundo comercial y corporativo.[108]

Es importante recordar en este punto de discusión que tanto la LGC de Puerto Rico en su Artículo 1.02 (B) (6) como la de Ley de Corporaciones de Delaware en su Sección 102 (b) (7) permiten la inclusión en el Certificado de Incorporación de una cláusula que limite la responsabilidad personal de un director hacia la corporación y sus accionistas por daños causados por el incumplimiento de este con su deber fiduciario como

---

[106] El Proyecto de Gobierno Corporativo del American Law Institute ("ALI") define el concepto de la "oportunidad corporativa como la oportunidad de involucrarse en una actividad comercial de la cual un director u oficial adviene en conocimiento por su función como tal o por el uso de información o propiedad perteneciente a la corporación. Véase *Klinicki v. Lundgren*, 298 Or. 662 (1985). Los tres factores para evaluar si un negocio es una oportunidad corporativa son (i) si la corporación tiene la capacidad financiera para tomar la oportunidad; (ii) si la oportunidad está dentro de la línea de negocios de la corporación; y (iii) si la corporación tiene un interés o expectativa sobre la oportunidad. Véase además *Northeast Harbor v. Harris*, 661 A. 2d 1146 (1995), donde el tribunal utiliza el modelo de ALI para establecer que un director u oficial no debe aprovecharse personalmente de una oportunidad corporativa a menos que (i) la ofrezca primero a la corporación y divulgue cualquier conflicto de interés sobre la misma y (ii) la oportunidad corporativa sea rechazada por la corporación, en específico por directores desinteresados, siendo este rechazo justo para la corporación. En esta prueba, el factor determinante es el cumplimiento con el deber de divulgación antes de que el directo u oficial tome para si la oportunidad corporativa.

[107] Veáse *Sinclair Oil Corporation v. Levien*, 280 A. 2d. 717 (1971) en donde se estudia el estándar de "justicia intrínseca" y lo aplica a transacciones bajo contrato entre la compañía matriz y una subsidiaria con un accionista minoritario. Bajo el estándar de justicia intrínseca, se viola el deber fiduciario de la compañía matriz ocurre el "self dealing", situación en la cual la compañía matriz está en ambos lados de la transacción con la subsidiaria, o sea, cuando la compañía matriz, debido a su dominio de la subsidiaria, deriva un beneficio de la subsidiaria a expensas de esta y en detrimento de los accionistas minoritarios de la misma.

[108] Comentario al Artículo 5.05 del Proyecto de Nueva Ley de Corporaciones del Comité de Corporaciones de la Academia Puertorriqueña de Jurisprudencia y Legislación, Págs. 80-82 (1989)

director. Sin embargo, dicha autorización no elimina o limita la responsabilidad del director por incumplimiento con su deber de lealtad hacia la corporación y sus accionistas. En el caso específico de las oportunidades corporativas, tanto LGC de Puerto Rico en su Artículo 2.02 (S) como la de Ley de Corporaciones de Delaware en su Sección 122 (17), permiten a la corporación "renunciar, por medio de su Certificado de Incorporación o decisión de su Junta de Directores, a cualquier interés o expectativa que tenga la corporación, o en la cual se le ofrezca participar, relacionada a oportunidades específicas de negocios, o categorías y clases específicas de oportunidades de negocios que sean presentadas a la corporación o a uno o varios de sus oficiales, directores o accionistas".

Artículo 4.05.- Directores interesados; quórum

El Artículo 4.05 de la LGC lee sustancialmente como su antecesor y sus disposiciones están relacionadas con el Artículo 4.04 anterior ya que establece el procedimiento para subsanar las situaciones donde directores y oficiales tienen intereses personales en asuntos que afectan la corporación.

Inciso A

Dispone que ningún contrato o negocio entre una corporación y uno o más de sus directores u oficiales, o entre una corporación y cualquier otra corporación, sociedad, asociación u otra organización, en la cual uno o más de sus directores u oficiales sean directores u oficiales, o en la cual éstos puedan tener un interés financiero o económico será nulo o anulable por esa sola razón o por el simple hecho de que el director u oficial esté presente o participe en una reunión de la junta de directores o de un comité de dicha junta de directores, en la cual se haya autorizado el contrato o negocio, o porque su voto o sus votos hayan contado para esos propósitos, si cualesquiera de las siguientes tres alternativas está presente:

1. Se presentan a la junta de directores hechos influyentes, materiales o significativos sobre la relación o interés, o relativos al contrato o negocio; o son de conocimiento de la junta de directores o del comité de la junta, y la junta de directores o el comité autorizan de buena fe el contrato o la acción mediante el voto afirmativo de la mayoría de los directores no interesados, aun cuando éstos no constituyan quórum; o

2. los accionistas con derecho al voto conocen o se les informan los hechos influyentes, materiales o significativos sobre la relación o el interés relativos al contrato o negocio, y específicamente aprueban de buena fe con su voto el contrato o negocio, o

3. el contrato o negocio en cuestión es justo y razonable para la corporación al momento en que se autoriza, aprueba o ratifica por la junta de directores, por el comité designado por la junta o por los accionistas.

Este Artículo 4.05A rechaza la antigua doctrina del derecho común que consideraba automáticamente como nulas las transacciones entre la corporación y sus directores y adopta un abanico de posibilidades donde se puede permitir este tipo de transacción. Sin embargo, esto no significa que toda transacción que cumpla con los criterios establecidos en este Artículo sea automáticamente valida ya que las mismas pueden estar sujetas a impugnación por otras razones, como por ejemplo, si implican alguna violación a otras disposiciones de la LGC u otras leyes aplicables, entre otras razones.

En cuanto a la posibilidad de validar el negocio mediante la prueba de razonabilidad, se podrá investigar si en las negociaciones ha existido un trato justo y un precio adecuado. En cuanto al trato se puede examinar cómo se inició la negociación, como se estructuró y negoció y como se divulgó para obtener su aprobación. Por otro lado, en cuanto al precio, se pueden examinar los aspectos financieros y económicos de la negociación. Ambos criterios son interdependientes pero deben examinarse en conjunto para determinar la razonabilidad de la negociación y del negocio.[109]

Inciso B

Aclara que para propósitos de determinar el quórum, se podrán contar los directores interesados en el contrato o negocio que participen en la junta (reunida en pleno o en comité) donde se autorice el referido contrato o negocio.

[109] Comentario al Artículo 5.06 del Proyecto de Nueva Ley de Corporaciones del Comité de Corporaciones de la Academia Puertorriqueña de Jurisprudencia y Legislación, Págs. 83-86 (1989).

Artículo 4.06.- Préstamos a oficiales o directores; préstamos garantizados por acciones de la corporación

El Artículo 4.06 de la LGC no fue enmendado de su versión anterior permitiendo la concesión de préstamos o garantías en favor de directores, oficiales o subsidiarias cuando el mismo beneficia a la corporación. Específicamente, este artículo dispone que cualquier corporación podrá realizar préstamos a cualquier director, oficial o empleado de la corporación o de sus subsidiarias, garantizar sus obligaciones o de cualquier otra forma ayudarlo, cuando la junta de directores opine que es razonable esperar que tal préstamo, garantía o ayuda beneficie a la corporación. El préstamo, garantía o ayuda podrá no acumular intereses, carecer de colateral o estar garantizado en la forma que apruebe la junta de directores, incluyendo, sin limitaciones, la pignoración de acciones de la corporación.

Es de notar que la Ley de Corporaciones de 1956 prohibía expresamente todos los préstamos efectuados por la corporación a sus directores y oficiales para proteger los intereses de los acreedores y evitar el menoscabo de los recursos corporativos y su administración para propósitos privados.

Artículo 4.07.- Declaraciones falsas respecto a la situación o el negocio; responsabilidad de directores y oficiales

El Artículo 4.07 impone responsabilidad solidaria por cualquier pérdida resultante a aquellos directores u oficiales de cualquier corporación organizada con arreglo a la LGC que hicieren publicar a sabiendas o suministraren por escrito cualquier declaración o informe falso en cuanto a cualquier materia importante relativa a la situación o negocio de la corporación.

Artículo 4.08.- Indemnización de oficiales, directores, empleados y agentes; seguros

El Artículo 4.08 de la LGC proviene de la Sección 145 de la Ley de Corporaciones de Delaware y establece las normas aplicables a la indemnización por la corporación de oficiales, directores, empleados y agentes así como para la adquisición de seguros para cubrir estas obligaciones.

Inciso A

Permite la indemnización por la corporación de reclamaciones y procedimientos, civiles o criminales, instados por terceras personas o entes gubernamentales contra directores, oficiales, empleados o agentes de la corporación. En este sentido este inciso permite que una corporación indemnice a cualquier persona que sea, haya sido parte o esté bajo amenaza de convertirse en parte en cualquier acción, pleito o procedimiento inminente, pendiente, o resuelto, ya sea civil, criminal, administrativo o investigativo (salvo una acción instada por la corporación o instada para proteger los intereses de la corporación), por razón de que la persona haya sido o sea director, oficial, empleado o agente de la corporación, o estaba o esté en funciones a petición de la corporación como director, oficial, empleado o agente de otra corporación, sociedad, empresa común ("*joint venture*"), fideicomiso o cualquier otra empresa. Este inciso aclara que la indemnización podrá incluir los gastos incurridos de manera razonable, incluyendo los honorarios de abogados, adjudicaciones o sentencias, multas y sumas pagadas al transigir tal acción, pleito o procedimiento, si la persona actuó de buena fe y de una manera que ésta juzgó razonable y cónsona con los mejores intereses de la corporación, o no opuestos a ellos y que, con respecto de cualquier acción criminal o procedimiento, no tuviere causa razonable para creer que su conducta fuera ilícita. El inciso dispone que la conclusión de cualquier acción legal, pleito o procedimiento mediante sentencia, orden, transacción o convicción o mediante un alegato de *nolo contendere* o su equivalente, no creará de por sí una presunción de que la persona no actuó de buena fe y de una manera que la persona entendió razonablemente que fuera cónsona con o no opuesta a los mejores intereses de la corporación y que, con respecto a cualquier acción criminal o procedimiento, no tuviere causa razonable para creer que su conducta fuera ilícita.

Inciso B

Permite la indemnización por la corporación de reclamaciones contra directores, oficiales, empleados o agentes de la corporación en acciones instadas por la propia corporación o en acciones derivativas que por definición son instadas para proteger los intereses de la corporación. En este sentido este inciso permite que una corporación pueda indemnizar a cualquier persona que sea, haya sido o esté bajo amenaza de convertirse en parte en cualquier acción o pleito inminente, pendiente o resuelto, instado por la corporación o instado para proteger los intereses de la corporación para conseguir una sentencia a favor de ella por razón de que la persona sea o haya sido director, oficial, empleado o agente de la corporación, o que esté o hubiese estado en funciones a petición de la corporación como director, oficial, empleado o agente de otra corporación, sociedad, empresa común ("*joint venture*"), fideicomiso o cualquier otra empresa. De acuerdo a este inciso la indemnización podrá incluir los gastos incurridos de manera razonable, incluyendo los honorarios de abogados, en relación con la defensa o transacción de tal acción o pleito, si actuó de buena fe y de manera que entendiera razonablemente cónsona con los mejores intereses de la corporación y no opuestos a ellos.

No obstante lo anterior, este inciso provee que no se efectuará ninguna indemnización con respecto a reclamación, asunto o controversia en la que se haya determinado que tal persona es responsable ante la corporación, a menos que, mediante solicitud al efecto, el tribunal que entienda en tal acción o pleito determinase que, a pesar de la adjudicación de responsabilidad en su contra y en vista de todas las circunstancias del caso, tal persona tiene derecho justo y razonable a ser indemnizada por los gastos que el tribunal determine adecuados y sólo en la medida que dicho tribunal determine.

Inciso C

Provee que en la medida en que un director, oficial, empleado o agente de una corporación haya prevalecido en los méritos o, de otro modo, en la defensa de la acción, pleito o procedimiento relacionados en los incisos (A) y (B) de este Artículo 4.08 o en la defensa de cualquier reclamación, asunto o controversia relativa a los mismos, se le indemnizará por los gastos razonables incurridos (incluso los honorarios de abogados) por razón de dicha acción, pleito o procedimiento.

Inciso D

Dispone que toda indemnización al amparo de los incisos (A) y (B) de este Artículo 4.08 (salvo la ordenada por un tribunal) será realizada por la corporación, sólo según se autorice en el caso específico, luego de determinarse que la indemnización del director, oficial, empleado o agente procede en dichas circunstancias porque éste ha cumplido con las normas de conducta aplicables establecidas en los incisos (A) y (B) de este Artículo 4.08. Este inciso provee que tal determinación se realizará:

1. Por la junta de directores, mediante un voto mayoritario de los directores que no eran parte de tal acción, pleito o procedimiento aunque dichos directores constituyan menos que el quórum; o

2. Por un comité de directores designado mediante un voto mayoritario de los directores que no eran parte de tal acción, pleito o procedimiento, aunque constituyan menos que el quórum.

3. De no existir tales directores, o si dichos directores así lo determinasen, por asesores legales independientes mediante una opinión escrita al efecto; o

4. Por los accionistas.

Inciso D

Este Inciso D proviene de la Ley de Corporaciones de 1995 pero incorpora las enmiendas realizadas en 1997 por el Estado de Delaware. A tenor con los cambios en cuanto a los poderes que se pueden delegar a los comités constituidos por la junta de directores establecidos en el Artículo 4.01C 2, se enmiendo el inciso (D) de este artículo para otorgar poder a los comités para determinar la indemnización que podría corresponderle a directores, oficiales, empleados o agentes.

Inciso E

Dispone que antes de la resolución final de las acciones, pleitos o procedimientos descritas en los incisos (A) y (B) de este Artículo 4.08, la corporación podrá pagar por adelantado los gastos incurridos por un oficial o director por razón de la defensa de una acción, pleito o procedimiento, civil o criminal, luego de obtener compromiso de pago de parte o a nombre de tal director u oficial de que habrá de devolver tal suma si se determina finalmente que no tiene derecho a tal indemnización por parte de la corporación, según se autoriza en este Artículo 4.08. El inciso aclara que se podrán pagar de ese modo los gastos incurridos por los directores y oficiales y otros empleados o agentes según los términos y condiciones que la junta de directores estime convenientes.

Este inciso, según redactado originalmente en la Ley de Corporaciones de 1995, no incluía a los directores y oficiales en el grupo de personas a las cuales se les podía pagar los gastos que la corporación estime convenientes. Este inciso aclara esta situación para ofrecer a los directores y oficiales igualdad de condiciones respecto al pago de gastos según la corporación estime conveniente.

Inciso F

Aclara que no se entenderá que la indemnización y adelanto de gastos que se dispone en este Artículo 4.08 excluye cualquier otro derecho que aquellos que solicitan la indemnización o adelanto puedan tener al amparo de cualquier estatuto, acuerdo, voto de accionistas o directores no interesados o de cualquier otro modo respecto a sus actuaciones, tanto en su capacidad oficial como en otra capacidad, mientras se hallaban en funciones de tal cargo.

Inciso G

En cuanto a la facultad de obtener un seguro que responda por las obligaciones monetarias de la corporación, el Artículo 4.08 (G). de la LGC provee que toda corporación podrá adquirir y mantener seguros a nombre de cualquier persona que sea o haya sido director, oficial, empleado o agente de la corporación, o esté o haya estado sirviendo a petición de la corporación como director, oficial, empleado o agente de otra corporación, sociedad, empresa común (*"joint venture"*), fideicomiso u otra empresa, contra cualquier responsabilidad reclamable en su contra o en la cual haya incurrida en dicha capacidad, o que emane de su posición como tal, tenga la corporación la facultad de indemnizarlo o no contra tal responsabilidad al amparo de este artículo.

Inciso H

Para propósitos de este inciso, se entenderá que *el término* "la corporación" incluye, además de las corporaciones resultantes, cualquier corporación que forme parte de una consolidación o fusión que fuese absorbida en *dicha* consolidación o fusión la cual, de haber continuado su personalidad jurídica independiente, hubiese tenido la facultad y la autoridad de indemnizar a los directores, oficiales y empleados o agentes. De modo que toda persona que sea o hubiese sido director, oficial, empleado o agente de *una* corporación *que forme* parte de una fusión o consolidación, o esté o hubiese estado sirviendo a petición de tal corporación como director, oficial, empleado o agente de otra corporación, sociedad, empresa común (*joint venture*), fideicomiso u otra empresa, se encontrará en idéntica posición, al amparo de este artículo, en relación con la corporación que resulte o se origine que la que hubiese tenido en relación con la corporación original de haber continuado la personalidad jurídica independiente de la misma.

Inciso I

Para propósitos del Inciso 4.08, el inciso I define varios términos relevantes relacionados a la responsabilidad relacionada a planes de pensiones y planes de beneficios a empleados. Por ejemplo aclara que el término "otras empresas" incluirá planes de beneficios para los empleados. El término "multas" incluirá contribuciones impuestas sobre una persona en relación con cualquier plan de beneficios o para los empleados. El término "sirviendo a petición de la corporación" incluirá cualquier servicio como director, oficial, empleado o agente de la corporación, el cual impone deberes sobre tal director, oficial, empleado o agente, o aplica servicios prestados por los mismos en relación con un plan de pensiones a empleados, sus participantes o beneficiarios. Este inciso dispone además que se entenderá que toda persona que haya actuado de buena fe y de modo que le pareciera cónsono con los intereses de los participantes y beneficiarios de un plan de pensiones para empleados actúa de modo "no opuesto a los mejores intereses de la corporación", según se utiliza en este artículo.

Inciso J

Dispone que la indemnización y el adelanto de gastos provisto por dicho artículo, deberá continuar para las personas que han cesado en su cargo como director, oficial, empleado o agente y deberán continuar para beneficio de los herederos, albaceas o administradores de esa persona, salvo que otra cosa se disponga cuando se autorice o ratifique dicha indemnización o adelanto.

La adopción de este inciso complementa lo dispuesto en el inciso (F) de este Artículo 4.08, al aclarar que se continuará teniendo derecho a la indemnización y al adelanto de gastos aunque hayan cesado funciones en la corporación. Además provee que esos derechos pueden ser heredados por la sucesión del funcionario. Esta enmienda correspondería a la Sección 145 (j) de la Ley de Delaware, que provee una disposición similar.

Inciso K

Dispone que el Tribunal de Primera Instancia podrá atender y determinar sobre toda acción en referencia al adelanto de gastos e indemnización dispuesto en dicho artículo o en los estatutos, contratos, voto de los accionistas o directores desinteresados o de cualquier otra forma. El Tribunal podrá determinar sumariamente la obligación de la corporación de pagar los adelantos de gastos incluyendo los honorarios de abogado.

La adopción de este inciso complementa otras disposiciones de la LGC que proveen jurisdicción a los Tribunales de Primera Instancia en cuanto a la interpretación y resolución de conflictos que puedan surgir de las disposiciones de la LGC. Una enmienda similar fue incluida en la Ley de Delaware en 1994.

Oficiales – Autoridad; Facultad para Obligar a la Corporación

Vemos que el Artículo 4.02 (A) requiere a las corporaciones designar varios oficiales, así como los títulos y deberes bajo los cuales se desempeñarán. Serán los estatutos o las resoluciones de la Junta de Directores los que fijarán los mismos.[110] La fuente de la autoridad para actuar de los oficiales corporativos se analizará bajo las leyes que cubren los actos realizados por agentes (los oficiales) a nombre de su principal (la corporación). El que la corporación esté obligada por las actuaciones de sus oficiales levanta las mismas interrogantes que la legitimidad de la actuación de un agente: autoridad expresa, inherente o aparente. Así se determinará quién será el responsable final, la corporación al encontrarse obligada por los actos de su oficial o la parte contratante al descansar en las representaciones de una persona no autorizada.

Autoridad Expresa

La facultad para obligar a la corporación que acompañará a los oficiales en el desempeño de sus respectivos cargos emanará principalmente de los estatutos y de las resoluciones de la Junta de Directores, autorizando transacciones específicas o categorías de transacciones. A la autoridad así concedida se le conoce como "autoridad expresa". No se requiere que la misma sea reconocida por la otra parte. Para actuar en una transacción extraordinaria, esto es, que no cae bajo el desempeño de sus funciones ordinarias normales del día a día relativas a

[110] *Sabalier v. Iglesias*, 34 D.P.R. 352 (1925)

los cargos que desempeñan, se requerirá la autoridad expresa, la cual no podrá ser presumida.[111]

Para determinar si se trata de una transacción extraordinaria, en primer lugar se debe recurrir a aquellas que expresamente están unidas al desempeño del cargo que se ocupa, que generalmente estarán contenidas en la descripción de la posición designada en los estatutos o en la resolución, así como en la descripción de los deberes que acompañarán la posición a ser ocupada. Otros factores pueden ser la magnitud económica de la transacción contemplada, los riesgos inherentes a la misma y como se afectaría la estabilidad de la corporación.

Autoridad Inherente o Implícita

Unida a la autoridad expresa se reconoce la existencia de una autoridad de actuar que va inherente al cargo que el oficial desempeña; se extiende a aquellas materias o transacciones que son incidentales a los asuntos ordinarios; coexistentes con las prerrogativas de gerencia que le han sido asignadas.[112] A esta autoridad nos referimos como "autoridad inherente" o "autoridad implícita".

En ocasiones se ha reconocido dentro de la doctrina de autoridad inherente la validez para obligar a la corporación por actos de un oficial que han sido realizados por éste en cierto tipo de transacciones por un periodo largo de tiempo sin objeción por la corporación.[113] Se protege así a un tercero inocente pues es responsabilidad de la corporación el vigilar el desempeño de sus agentes y cumplir con las formalidades internas.[114]

El reconocimiento por los tribunales de la doctrina de autoridad inherente o implícita no altera el requisito de autoridad expresa para la realización de un acto extraordinario, para el cual sólo se reconocerá para su validez la autoridad expresa.[115]

---

[111] *Turner v. Registrador*, 22 D.P.R. 573 (1915). *First National City Bank v. Registrador*, 89 D.P.R. 766 (1964)
[112] *Reece Corp. v. Ariela, Inc.*, supra
[113] *Menard, Inc. v. Dage-MTI, Inc.*, 726 N.E. 2d 1206 (Ind. 2000)
[114] *In Re Matthews Construction Co.*, 120 F. Supp. 818 (S.D. Cal. 1954)
[115] *Reece Corp. v. Ariela, Inc.*, supra

Ratificación

Esta autoridad expresa puede obtenerse con posterioridad al acto realizado por medio de la doctrina de la ratificación. Aunque al momento en que el oficial incurrió en el acto no estaba autorizado por lo que no obligará a la corporación, la Junta de Directores puede darle validez al mismo ratificando y vinculando así a la corporación. La ratificación no requiere que la acción previa sea necesariamente llevada a cabo por un oficial, puede ratificarse la acción tomada por un funcionario o por un agente de la corporación, e inclusive por alguien que, aunque no en una relación de agente, realizó un acto que beneficia a la corporación.

El resultado de la ratificación será que la validez del acto se retrotraerá al momento previo en que el mismo se realizó y será válido desde el principio. La ratificación puede ser expresa o implícita. La expresa se dará mediante resolución de la Junta de Directores aprobando o aceptando el acto en cuestión por lo cual la corporación lo hace suyo. Cuando la corporación no ratifica expresamente el acto, pero conociéndolo no lo desaprueba y se beneficia del mismo, se da la ratificación implícita.

Autoridad Aparente

Si la Junta de Directores induce a terceros a pensar que un oficial tiene autoridad necesaria, aunque no la tenga, la corporación podrá ser responsable bajo la doctrina de autoridad aparente. La doctrina de autoridad aparente está basada en el principio de "estoppel", no en los actos del oficial sino en los actos u omisiones de la corporación que inducen al tercero a confiar en que esa autoridad existe.[116] Surge de las manifestaciones directas o indirectas a ese tercero, no de las representaciones o actos del agente.[117]

> *"...if one of two innocent parties must suffer due to a betrayal of trust – either the principal or the third party – the loss should fall on to the party which is most at fault. Because the position of trust, the principal should bear the loss."*[118]

[116] *General Overseas Films, Ltd. V. Robin International, Inc.*, 542 F. Supp. 684 (S.D. NY 1982)

[117] *Menard, Inc. v. Dage MTI, Inc.*, supra

[118] *Koval v. Simon Telelect, Inc.*, 693 N.E. 2nd 1299, 1304 (Ind. 1998)

Esta doctrina esta predicada en que no se debe obligar a terceros ajenos, al público, a continuamente investigar la autoridad de los funcionarios corporativos, pueden ellos descansar en las apariencias de autoridad que la Junta de Directores permite. Por no considerarse terceros, esta doctrina no puede ser invocada por personas que no son ajenas a la corporación (accionistas, directores, oficiales).

Igual que las doctrinas de autoridad inherente e implícita, la doctrina de la autoridad aparente no aplica en caso de transacciones extraordinarias. En estos casos se requiere para validar las mismas, autoridad expresa. Si la transacción es una de carácter extraordinario la parte que contrate con una corporación deberá asegurarse de la autoridad de la parte que representa la corporación.[119]

Para que se pueda invocar la validez de la transacción contra la corporación deben darse ciertos requisitos, según expuesto en el caso de *Vergne v. Tribunal.*[120]

1. Que el funcionario, durante un periodo razonablemente continuo;

2. Ha actuado como funcionario de la corporación;

3. La corporación no lo ha impugnado públicamente;

4. Aparenta, transmite e induce a otras personas a creer que son realmente funcionarios corporativos; y

5. Otra persona o personas dentro de la corporación con cierta autoridad, dan idea de que el oficial tenía facultad para actuar.

La doctrina de la autoridad aparente busca proteger a terceros que de buena fe descansan en las representaciones de los oficiales corporativos por lo que si esos terceros conocen o sospechan que el oficial carece de la debida autorización, no será de aplicación la doctrina.

---

[119] *Vergne v. Tribunal*, 77 D.P.R. 22 (1954)

[120] *General Overseas Films, Ltd. V. Robin International, Inc.*, supra

Capítulo V. Acciones de Capital Corporativo y Dividendos

Las fuentes principales para financiar las operaciones de la corporación provienen de las aportaciones de los que interesan invertir en la empresa y de préstamos recibidos de terceras entidades. Al capital así obtenido, se le añadirán las ganancias que las operaciones corporativas generan. Vemos pues que los tres componentes del financiamiento corporativo serán: contribuciones provenientes de la venta de emisiones de capital ("capital contributions" o "equity contributions"); préstamos recibidos representados por emisiones de deuda ("debt financing"); y las ganancias retenidas generadas por las operaciones de la corporación ("retained earnings").

Cuando nos referimos a la capitalización corporativa, significa el efectivo u otros activos que advienen a la corporación a largo plazo. La clave para determinar el balance de la capitalización entre la emisión de acciones o la emisión de deuda dependerá del nivel de control de la corporación que se desea mantener por los accionistas, así como las metas del negocio a corto y largo plazo. Por ende, el determinar la estructura de capital adecuada es parte integral del análisis de cómo los diferentes integrantes aseguran su derecho a ejercer control.

La emisión de deuda conlleva un compromiso de pago de interés y principal según acordado, independientemente de si la corporación genera o no ganancias. Los términos bajo los cuales se obtiene este capital pueden ser a corto plazo (vencimiento en un año) o a largo plazo (vencimiento de más de un año). Los derechos que acompañarán estas obligaciones se fijarán dependiendo del grado de riesgo y rendimiento de las mismas. Los acreedores buscarán la mayor protección de sus intereses. Así pues puede que requieran de la corporación el abstenerse de ciertas actividades y el rendir informes sobre su situación económica. Generalmente también requerirán alguna garantía o colateral sobre activos de la corporación.

Una de las ventajas de la capitalización por emisión de deuda es que los intereses que por ella se pague constituyen un gasto deducible para la corporación. Esto, unido a que normalmente los tenedores de estos instrumentos no tienen influencia en el manejo de los asuntos corporativos al no conferir a estos acreedores el derecho al voto, hace de la emisión de deuda una forma atractiva de capitalización para la corporación.

La administración solo tendrá que cumplir con las condiciones establecidas en los documentos que rigen la emisión de deuda. Su relación con los tenedores de la deuda no es de naturaleza fiduciaria. Cuando la junta de directores determina que es necesaria una emisión nueva, estará dentro de sus facultades el así hacerlo sin necesidad de obtener aprobación de los accionistas, salvo que en las garantías otorgadas para la emisión de deuda se requiera una enmienda al Certificado de Incorporación.

La fuente de capitalización por emisión de acciones es el Certificado de Incorporación. En el mismo se establecerán las clases o tipos de acciones, el número máximo autorizado, así como las preferencias y derechos que definirán cada clase. Esto es lo que constituye el capital autorizado. La corporación no tiene que emitir todas las acciones que constituyan su capital autorizado. Aquellas que sí se emiten y son adquiridas por los accionistas constituyen el capital emitido y en circulación. El accionista adviene titular de un interés o cuota alícuota en la propiedad de la corporación, tendrá derecho en esa misma proporción a las ganancias de la corporación y a la distribución correspondiente en caso de liquidación[121]. En caso de liquidación los acreedores tendrán derecho prioritario a cobrar de los bienes de la corporación, los accionistas luego ejercerán su derecho sobre el residual.

Si con posterioridad la corporación adquiere algunas de estas acciones emitidas y en circulación, las mismas se convierten entonces en acciones en cartera o en tesorería que aunque emitidas no estarán en circulación, no tendrán derecho al voto, no contarán para quorum, ni recibirán dividendos. La corporación podrá mantenerlas en cartera, venderlas al precio que pueda obtener por ellas o cancelarlas y restaurarlas a la condición de no emitidas. Esto no alterará el número de acciones autorizadas, constituirán acciones autorizadas no emitidas.

Una regla básica en el derecho corporativo es que una o más clases de acciones tendrán derecho al voto y a la distribución del residual en caso de liquidación. Las acciones que combinan el derecho al voto y titularidad

---

[121] *López Martínez v. Yordán*, 104 D.P.R. 594, 596 (1976)

residual son denominadas “acciones comunes”. Igualmente para que se de acción corporativa válida, por lo menos una de estas acciones con derecho al voto estará emitida y en circulación. La corporación podrá emitir diferentes clases de acciones según determinen las preferencias de los posibles inversionistas y aquellos derechos y preferencias que atraerán dicha inversión.

Artículo 5.01: Clases y series de acciones de capital corporativo; derecho

El Artículo 1.02 (A) (4) establece como cláusula mandatoria en el Certificado de Incorporación de una corporación autorizada a emitir acciones, la información sobre las mismas que debe detallarse. Este artículo remite al Artículo 5.01 sobre las disposiciones permisibles.

Inciso A

La corporación podrá emitir varios tipos o clases de acciones con aquellas características especificadas en el Certificado de Incorporación original, en sus enmiendas o en la resolución sobre emisión de acciones que apruebe la junta de directores cuando en el Certificado de Incorporación se les delegue expresamente esta facultad.

Los derechos de los accionistas dependerán de la clase de acción que posea y los atributos que correspondan a la misma. De no disponerse característica o peculiaridad distintiva, todas las acciones disfrutarán de los mismos derechos. En nuestro ordenamiento jurídico no es posible que exista una corporación con fines de lucro sin accionistas. [122]

En el caso de acciones emitidas por clases o serie dentro de la misma la clase, se entiende que todas las acciones incluidas en esa clase o serie disfrutan de los mismos derechos. Podrán emitirse acciones bajo diferentes series y cada serie dentro de dicha clase con sus derechos aplicables, según se describan en el Certificado de Incorporación o en la resolución autorizando dicha emisión.

En caso de que la emisión se efectúe bajo resolución de la junta de directores, según autorizado por el Certificado de Incorporación, deberá radicarse en el Departamento de Estado copia de dicha resolución

[122] *Santiago Aponte et al. v. Rodríguez et al*, supra

cumpliendo con los requisitos del Artículo 1.03 en cuanto a su otorgamiento, certificación, radicación y registro. La resolución así radicada tendrá el efecto de enmendar el Certificado de Incorporación de conformidad a lo consignado en el mismo. Recordemos la definición de Certificado de Incorporación que hemos señalado anteriormente: está constituido por el Certificado de Incorporación original así como por todo documento que la ley requiera sea radicado, como sería la resolución autorizando la emisión de acciones aquí descrita, y todo documento que voluntariamente se radica, como sería una solicitud de cambio de nombre, exceptuando los informes anuales.

Las acciones pueden emitirse con o sin valor par, con derecho al voto pleno o restringido, sin derecho al voto y con aquellas denominaciones, preferencias y derechos según se consignen en el Certificado de Incorporación o en la resolución de la junta de directores. Cualquier circunstancia relacionada a lo anterior podrá hacerse depender de hechos constatables, siempre y cuando se disponga el modo en que tales hechos afectarán dichas circunstancias. Bajo "hecho" se incluye cualquier evento o acción de cualquier persona o entidad, dentro del control de la corporación o afiliadas a la misma, incluyendo la propia corporación.

Con relación al derecho al voto, la regla general es que cada accionista tenedor de acciones con derecho al voto tendrá derecho a emitir un voto por cada acción de capital que posea. Este Artículo 5.01(A) permite que este derecho al voto pueda ser pleno o restringido, o sea, establece variantes al derecho al voto. En el Certificado de Incorporación o, en el caso de que en el mismo así se delegue, en la resolución de la junta de directores, se definirán dichas variantes, extensiones o restricciones.

Inciso B

Este inciso establece dos situaciones bajo las cuales se podrá reclamar la redención de cualquier clase de acciones. Por redención se entiende que la corporación adquirirá sus propias acciones que se encuentran en manos de un tercero, o sea, emitidas y en circulación. La redención podrá hacerse a opción de la corporación, generalmente conocido como "call", o sea, la corporación se ha reservado el derecho a reclamar la entrega de sus acciones bajo las circunstancias establecidas en el Certificado de Incorporación o la resolución que autorizó dicha emisión de acciones, incluyendo la forma de pago por las mismas. La redención a opción del accionista es conocida como "put", obliga a la corporación a adquirir dichas opciones igualmente bajo las circunstancias establecidas en el documento que autorizó la emisión de dichas acciones. También el "call" o el "put" pueden surgir por el hecho de ocurrir un suceso determinado.

El que pueda darse una redención depende de que después de la misma ser efectuada, quede en circulación por lo menos una clase o serie de acciones con derecho pleno al voto y no sujetas a redención. Igualmente, que exista sobrante acumulado, pues no puede efectuarse una redención de acciones si menoscaba el capital corporativo.

Inciso C

Las acciones comunes normalmente disfrutan de ciertas características: derecho al voto, a recibir dividendos, al residual en caso de disolución, a inspeccionar los libros corporativos, a reclamar a nombre de la corporación y a elegir los directores.[123]

En este Inciso C, la ley reconoce otras clases de acciones: acciones preferidas y acciones especiales. Las mismas podrán ser emitidas en cualquier clase o serie. Estas acciones preferidas o especiales confieren ciertos privilegios a sus titulares, distintos a los que acompañan las acciones comunes. Constituyen una especie de híbrido entre deuda y acciones comunes, están supeditadas a la reclamación de acreedores, pero superan en rango a las acciones comunes. Estas preferencias normalmente van acompañadas de limitaciones al derecho al voto, inclusive, a no concederse este derecho, aunque pudiera bajo ciertas condiciones financieras adversas, adquirir el derecho al voto.

La LGC, describe algunas de las preferencias posibles. Éstas no se limitan a las contenidas en el estatuto, se puede conceder todas las preferencias que no vayan en contra de las leyes, la moral o el orden público. Las preferencias deben constar en el Certificado de Incorporación o en la resolución de la junta de directores que autoriza la emisión de las acciones preferidas o especiales, según dispuesto en incisos anteriores.

La preferencia básica es la referente al derecho a dividendos, a la tasa y bajo las condiciones que estipule el Certificado de Incorporación o la resolución que cubra la emisión. Este derecho concede que el dividendo que corresponda a las acciones preferidas o especiales será pagado antes de que las acciones comunes, o cualquier otra clase de acciones, reciban

[123] *United Housing Foundation, Inc. v. Forman*, 421 U.S. 837 (1975)

algún monto por concepto de dividendos. Debemos señalar que la declaración de dividendos es prerrogativa exclusiva de la junta de directores, el que existan acciones preferidas o especiales con derecho a dividendo a ciertas tasas y condiciones no afecta en nada esta discreción que la ley concede a la junta de directores.

Es por ello que otra preferencia significativa en cuanto al pago de dividendos consiste en si los mismos son acumulativos o no acumulativos según se haga constar este derecho en el documento que autoriza la emisión de acciones, o sea, en el Certificado de Incorporación o en la resolución.

Un dividendo no acumulativo significa que si en el año o años en cuestión la junta de directores no declara el pago de dividendos, por el motivo que sea, no se acumularán los dividendos, se pierden los mismos. Si el dividendo es acumulativo, el monto correspondiente a aquellos años durante los cuales no se declaró dividendo se irá acumulando hasta que se declare un dividendo por la junta de directores. El dividendo así acumulado se transfiere, se acumula, hasta el año en que se declare dividendos y el monto acumulado hasta esa fecha se pagará con preferencia sobre las restantes clases de acciones. Este pago se hará con cargo al remanente de activos disponibles para dividendos que tenga la corporación, según dispuesto en Artículo 5.15 que discutiremos más adelante.

Debemos señalar que el derecho o preferencia a dividendos acumulativos únicamente surgirá si así se dispone expresamente en el Certificado de Incorporación o en la resolución de la junta de directores que ha sido radicada en el Departamento de Estado como enmienda a dicho Certificado de Incorporación. Este requisito aplica igualmente a toda preferencia que se desee que acompañe la emisión de acciones preferidas.

Algunas preferencias que pueden acompañar a las acciones preferidas son:

1. preferencia en caso de disolución, liquidación o distribución de activos por el cual se le pagará a estas acciones preferidas antes que a las comunes en caso de que la corporación se disuelva y liquide (Véase Inciso 5.01 (D));

2. derecho al voto en caso de suceder ciertas eventualidades especificadas, como el no declarar dividendos por cierto número de años;

3. derecho de conversión: similar a las eventualidades descritas anteriormente, más se convierten a otro tipo de acción, normalmente comunes, con todos los derechos que acompañan a éstas. Requiere que existan acciones autorizadas de la clase sin emitir (Véase Inciso 5.01 (E));

4. derecho de redención a opción del accionista ("put") o de la corporación ("call");

5. cláusulas de protección financiera, como el establecimiento por la corporación de un fondo separado para el pago de dividendos acumulados o para la redención;

6. derecho de participación, en caso de que las comunes reciban dividendos por una cantidad específica, las preferidas comparten el exceso del monto de dividendos declarados sin distribuir en una proporción predeterminada.

Inciso D

Permite conceder a las acciones preferidas o especiales el derecho preferente en caso de disolución de la corporación o de cualquier distribución de sus activos, según sea consignado el mismo en el Certificado de Incorporación o en la resolución que autorizó la emisión de tales acciones.

Inciso E

Permite conceder a cualquiera acción de cualquier clase o serie, el derecho de conversión a opción del tenedor o de la corporación o por ocurrir un suceso determinado. Podrán canjearse por o convertirse en cualquier otra clase o serie de acción, al precio o tasa de canje dispuesta en el Certificado de Incorporación o en la resolución que autorizó la emisión de dichas acciones.

Inciso F

El Artículo 5.11 que analizaremos más adelante, establece que las acciones de la corporación estarán representadas por certificados de acción, salvo que la junta de directores determine que algunas o todas las clases o series de acciones serán sin certificado. Todo accionista de acciones representadas por certificado tendrá derecho a poseer el certificado correspondiente. El certificado de acción evidencia la tenencia por su titular del número y clase de acciones de la corporación de las cuales es dueño. El Inciso 5.01 (F) requiere que las facultades, denominaciones, preferencias, los derechos de participación o de opción, así como las condiciones, limitaciones o restricciones de tales preferencias, se consignen en su totalidad o resumidas, en la faz o al reverso del certificado de acción. Podrá cumplirse con este requisito consignando en la faz o al reverso del certificado que la corporación proveerá libre de costo al accionista que lo solicite, una relación de estos derechos, preferencias y limitaciones.

Vemos pues que además del requisito de que para que estos poderes, preferencias y limitaciones sean válidos se consignen los mismos en el Certificado de Incorporación o en la resolución que disponga la emisión de dichas acciones, los mismos se incluyan o se les haga referencia en el certificado de acciones. Así se proveerá esta información no sólo al adquiriente original, sino a los que posteriormente puedan adquirir dicho certificado, quienes conocerán de la existencia de estos derechos, facultades, preferencias, así como cualquier condición, limitación o restricción aplicable a dicha acción.

En el caso de acciones no representadas por certificado, el titular de las mismas aparecerá consignado en el registro de accionistas que la corporación deberá mantener ("book entry"). En este caso, la corporación dentro de un plazo razonable desde el registro de la emisión o transferencia de dichas acciones, enviará al accionista inscrito notificación escrita de la información requerida bajo este Inciso F así como bajo el Artículo 5.07 (acciones parcialmente pagadas); el Artículo 6.02 (restricciones en el traspaso de acciones); y el Artículo 7.08 (fideicomiso o acuerdos de votos) que la LGC requiere se consigne en los certificados de acciones, de existir los mismos. Igualmente se les notificará a estos accionistas registrados su derecho a solicitar que la corporación les provea sin costo, una relación de tales derechos, preferencias y limitaciones. Los derechos de los tenedores de acciones, sean representadas por certificado o no, serán idénticos, salvo que en esta LGC se disponga de otro modo.

El propósito de consignar toda la información antes indicada, tanto en el Certificado de Incorporación o la resolución que autorizó la emisión de dichas acciones, como en el certificado de acción o la notificación a los tenedores de acciones sin certificado, es evitar que pueda surgir un adquiriente que reclame de buena fe que no tenía conocimiento de la misma y que como adquirente de buena fe se les protejan sus derechos.

Inciso G

Por el Certificado de Incorporación se puede delegar en la junta de directores la determinación sobre emisiones de acciones en cuanto a las clases, preferencias, derechos, limitaciones o restricciones que les aplicarán a dichas acciones, todo lo cual se hará constar en una resolución o resoluciones de la junta de directores. Recordemos que el único requisito será que tiene que existir en todo momento una clase de acciones en circulación que posean derecho al voto y derecho al remanente en caso de disolución. Esta resolución de la junta de directores deberá ser otorgada, certificada, radicada e inscrita en el Departamento de Estado y tendrá vigencia según las disposiciones del Artículo 1.03 de la LGC. Formará así parte del Certificado de Incorporación según se define el mismo en la LGC.

Igualmente la junta de directores podrá certificar la resolución que ésta emita para aumentar o disminuir cualquiera de estas clases de acciones, aunque nunca podrá disminuirse a un número inferior de dichas acciones que se encuentren en circulación. Este certificado deberá igualmente ser otorgado, certificado, radicado e inscrito en el Departamento de Estado, de conformidad con el anteriormente citado Artículo 1.03. El mismo certificará que el aumento o disminución fue autorizado y ordenado mediante resolución aprobada por la junta de directores. Debido a que en el Certificado de Incorporación se delegaron las funciones antes descritas en la junta de directores, éstas podrán efectuarse sin necesidad de aprobación por la junta de accionistas pues se entiende que la delegación confirió suficiente autoridad a la junta de directores para así actuar.

Si se tratare de una reducción del número de acciones autorizadas por el Certificado de Incorporación y ninguna de tales acciones ha sido emitida o aunque emitidas ya no continúan en circulación, el certificado que se refiera a la resolución aprobando dicha resolución, podrá consignar que no se emitirá ninguna de estas acciones. Esto tendrá el efecto de eliminar de dicho Certificado de Incorporación toda referencia a las acciones así eliminadas.

El efecto de la delegación otorgada en el Certificado de Incorporación a favor de la junta de directores de los poderes antes descritos, será que aunque todas constituyan en efecto enmiendas al Certificado de Incorporación, que es de los eventos que requieren aprobación previa de la junta de accionistas, por efecto de la delegación de poderes ya otorgada, las mismas se efectuarán por resolución de la junta de directores sin necesidad de aprobación por la junta de accionistas.

Artículo 5.02 – Emisión de acciones de capital corporativo; pagos; acciones pagadas en su totalidad

La LGC delega en la junta de directores la forma y manera en que se pagará el precio de suscripción o compra de las acciones según dicho precio se determine bajo el Artículo 5.03 subsiguiente. Este pago podrá efectuarse en efectivo, mediante propiedad tangible o intangible, mediante cualquier beneficio para la corporación o mediante combinación de estos.

Un contrato de suscripción de acciones es uno en virtud del cual una persona se obliga a adquirir un número de acciones de una corporación.[124] El acuerdo deberá constar por escrito, ser firmado por el suscriptor o su agente y cumplir con los requisitos de cualquier contrato en cuanto a causa, objeto y conjunción de voluntades.[125]

En una época se debatía si un suscriptor podía revocar su suscripción durante el tiempo en el que la corporación aún no había sido constituida, por lo que no existía. Este asunto está atendido en el Artículo 5.16, que hace la suscripción de acciones de una corporación a ser creada irrevocable por un periodo de seis (6) meses desde su fecha, salvo que se obtenga el consentimiento de todos los otros suscriptores o de la corporación.[126] Esto es así ya que se entiende que otros suscriptores pueden haber descansado en las suscripciones existentes para decidir invertir en la corporación contemplada.

En el contrato de suscripción se pueden disponer otras consideraciones para la suscripción, inclusive proveer para una revocabilidad condicionada, por término mayor o menor, o sujeta a cierto evento, como por ejemplo que se dé un número específico de suscripciones dentro de cierto término.

---

[124] *Progreso Financiero, Inc. v. Gómez*, 55 D.P.R. 850 (1940)
[125] Ley General de Corporaciones de Puerto Rico 2009, Artículo 5.17
[126] Ley General de Corporaciones de Puerto Rico 2009, Artículo 5.16

La nueva LGC elimina el requisito existente bajo la ley anterior de que en el caso de emisión de acciones pagadas mediante la prestación de servicios, estos servicios tenían que haber sido prestados previa la emisión, o sea, no podría ser en contemplación de servicios a ser prestados en el futuro. Se añadió también el pago mediante propiedad intangible, así como mediante cualquier forma que resulte en beneficio para la corporación. La valoración de estos beneficios o propiedades que la corporación recibirá como pago se determinará por la junta de directores y salvo fraude manifiesto, el criterio de los directores sobre dicha valoración es concluyente. Igualmente la consideración recibida de algún bien o servicio como beneficio para la corporación será de forma concluyente determinada por la junta de directores.

La valoración por los directores de ese bien o beneficio constituirá causa suficiente para la emisión de las acciones correspondientes, por lo cual una vez recibido por la corporación, las acciones se considerarán totalmente pagadas y no estarán sujetas a obligaciones ulteriores. Recordemos que en las determinaciones de valoración y la de causa suficiente que efectúen los directores, los mismos estarán sujetos a la responsabilidad fiduciaria exigida en el desempeño de sus funciones. Se trata pues de evitar que la corporación emita acciones sin recibir una causa suficiente, por un valor menor o sin recibir nada a cambio.[127] Esta emisión puede ser anulable, más mientras no se anule, los tenedores de dichas acciones disfrutarán de los derechos que les correspondan a los accionistas. En cuanto al accionista que adquiere acciones emitidas sin causa suficiente, el mismo puede estar sujeto a reclamaciones de parte de acreedores o de otros accionistas, por la diferencia entre el verdadero valor de la acción y el precio que este accionista pagó por ellas. Podrá el accionista alegar a su favor que en ausencia de fraude manifiesto, el criterio de los directores en cuanto a la valoración del mismo es concluyente. Se volverá entonces a la reclamación que puede efectuarse ante esos directores que establecieron el valor en violación de su deber fiduciario en el desempeño de sus funciones.

Este Artículo 5.02 permite que se emitan acciones parcialmente pagadas sujetas a lo requerido y dispuesto en el Artículo 5.07 que analizaremos más adelante.

---

[127] A estas acciones se les conoce como "acciones aguadas" o "watered stock" porque se emiten por un valor menor que el valor real de las mismas.

Artículo 5.03 – Precio de las acciones de capital corporativo

Inciso A

El precio de las acciones de capital corporativo puede fijarse en el Certificado de Incorporación o, cuando en dicho certificado así se disponga, por la junta de directores o por los accionistas. La distinción principal en cuanto al precio está entre si se ha designado a las acciones un valor par o no. Esta distinción constituye parte fundamental de la descripción del capital.

El concepto de "valor par" formó parte importante en las legislaciones corporativas. El mismo se reflejaba en el Certificado de Incorporación y en todo certificado de acciones. Así los posibles inversionistas o acreedores miraban este valor como el mínimo al cual se venderían las acciones, proveyendo un resguardo para su inversión en la corporación, sea en la compra de acciones o en la extensión de crédito a la corporación. No permitiría que se emitieran acciones con valor aguado o diluido ("watered stock"). El valor par era un valor arbitrario asignado a las acciones posiblemente basado en o la posibilidad de levantar el capital necesario o la expectativa de éxito de la operación corporativa. Aseguraba uniformidad en el valor de las acciones y cierta confianza en su valor real.

Ese valor par constituye el precio mínimo al cual se podrán vender las acciones en su emisión original, o sea en la primera emisión de ese capital autorizado. El valor de ese capital autorizado será el resultante del número de acciones autorizadas multiplicado por el valor par asignado. Así pues el capital emitido y en circulación, o capital permanente o legal, será el resultado del número de acciones emitidas y en circulación multiplicado por el valor par de dichas acciones. Y es ese capital legal el que no se puede menoscabar por distribuciones de dividendos o compra por la corporación de sus propias acciones; de hacerse así se incurre en la actuación prohibida por las leyes corporativas, conocida como "menoscabo del capital" o "impairment of capital". Los accionistas no tienen derecho a distribuciones de este capital legal hasta que se pague a todos los acreedores.

> "The capital stock of banks is to be deemed a pledge or trust fund for the payment of the debts contracted by the bank. The individual stockholders are not liable for the debts of the bank in their private capacities. The charter relieves them from personal responsibility, and substitutes the capital stock in its stead. During the

> existence of the corporation it is the sole property of the corporation, and can be applied only according to its charter, that is, as a fund for payment of its debts, upon the security of which it may discount and circulate notes. The charters of United States banks make the capital stock a trust fund for the payment of all the debts of the corporation."[128]

El emitir acciones con valor aguado o diluido podría resultar en la imposición de responsabilidad económica a los tenedores de las mismas. Así en el caso de *Hospes v. Northwestern Mfg. & Car Co.*,[129] se hizo una distinción entre acciones emitidas a cambio de propiedades con valor inferior al valor par de dichas acciones ("watered stock"), acciones emitidas con descuento ("discount stock") y acciones por las cuales no se recibió pago alguno ("bonus share"). El tribunal concluyó que bajo ciertas circunstancias procede exigirle a los adquirientes de las acciones por un valor inferior, o sin pago alguno, que aportaran la diferencia en valor basándose en la teoría de que los acreedores tenían una expectativa de que ese valor constituiría un fondo para atender sus acreencias ("trust fund"). El capital de la corporación será la base para la obtención de crédito. Constituye una representación pública en la cual los acreedores pueden descansar.[130] Serían pues potencialmente responsables ante estos acreedores por el monto necesario para satisfacer sus reclamos.[131]

En el caso de acciones con valor par establecido, no se pueden vender en su primera emisión por menos de su valor par, pero sí se pueden vender por un valor mayor, o sea, con una prima. Si con posterioridad a esa emisión la corporación adquiere estas acciones con valor par, por lo que se convierten en acciones en tesorería, la corporación puede venderlas al precio que obtenga por ellas, sea mayor o menor que su valor par, pues ya no le serán aplicables los requisitos del valor par por no constituir esa venta una emisión original.[132] La junta de directores o los accionistas, según disponga el Certificado de Incorporación, fijarán el precio de venta.

---

[128] *Wood v. Dummer*, 30 F.Cas. 435, 436 (C.C.D. Me. 1824)

[129] *Hospes v. Northwestern Mfg. & Car Co.*, 48 Minn. 174 (1892)

[130] *Id.*

[131] Este concepto que los fondos recibidos como capital constituyen un "trust fund" a favor de los acreedores ha reaparecido en casos más recientes. Véase C. Robert Morris, "Some Notes on Reliance", 75 Minn. L. Rev. 815 (1991). Véase *Bing Crosby Minute Maid Corp. v. Eaton*, 46 Cal. 2d. 484 (1956)

[132] *Torres v. Speiser*, 701 N.Y.S. 2d. 360 (2000).

El rol del valor par o "par value" en las leyes corporativas modernas ha decaído. Inicialmente se fue sustituyendo por el requisito de un capital mínimo para el comienzo de las operaciones corporativas. El mismo se fue convirtiendo en insignificante y este concepto también ha sido mayormente abandonado. La LGC solamente requiere una cuantía mínima de capital aportado en el caso de las Corporaciones Especiales Propiedad de Trabajadores.[133]

Inciso B

A tenor con este desarrollo, el Artículo 5.03 (B) permite la emisión de acciones sin valor par. El precio de venta de dichas acciones se fijará de tiempo en tiempo por la junta de directores o los accionistas, según se disponga en el Certificado de Incorporación. Cuando se reserve la facultad de determinar precio a los accionistas, estos lo determinarán por el voto mayoritario de los tenedores con derecho al voto, siempre que el Certificado de Incorporación no requiera un voto mayor.[134] La LGC no requiere un precio mínimo, dejándolo a la determinación de la junta de directores o de los accionistas según sea el caso. El precio así establecido, o "stated value" deberá pagarse en su totalidad, no se podrán emitir estas acciones por un valor inferior. Así no estarán sujetas a reclamaciones ulteriores por los acreedores o por otros accionistas.

Artículo 5.04 – Determinación de la cuantía de capital; definición de capital, sobrante y activos netos

Hemos visto anteriormente que dentro del término "capital" de una corporación se incluyen diferentes conceptos, entre ellos: capital autorizado, acciones emitidas, acciones emitidas y en circulación, acciones en tesorería. La determinación de la cuantía de capital autorizado será la base para el cómputo del pago de los derechos por la radicación del Certificado de Incorporación ante el Departamento de Estado.[135]

El capital de la corporación se nutre de dos fuentes, la venta de acciones y el sobrante producto de sus operaciones. El Artículo 5.04 se refiere a la determinación de la cuantía de capital, la definición de capital, sobrante y activos netos. Para facilitar estos términos es de ayuda el

---

[133] Ley General de Corporaciones de Puerto Rico 2009, Artículo 16.02 (A) (2)
[134] Ley General de Corporaciones de Puerto Rico 2009, Artículo 5.03 (D)
[135] Ley General de Corporaciones de Puerto Rico 2009, Artículo 17.01 (A) (1)

recurrir a unos principios básicos de contabilidad. El Estado de Situación de una corporación presenta la situación financiera de la empresa a un tiempo particular fijo. Presenta los activos (cosas de valor que posee la empresa), los pasivos (deudas de la empresa) y el capital de la empresa a ese tiempo fijo. La fórmula fundamental contable refleja lo siguiente: Capital = Activos – Pasivos (Deudas). Activos netos es el resultado del total de activos menos las deudas; o sea, Activos – Deudas = Activos Netos. Para estos efectos no se consideran ni el capital, ni el sobrante.

Así pues, los accionistas con derecho al residual tendrán derecho según su proporción titular a ese capital: lo que quede luego de satisfacer todas las obligaciones. Dentro de la partida de capital existen dos fuentes para el mismo: el producto de la venta de las acciones por la corporación o capital aportado y el resultado de las operaciones del negocio o sobrante. La fórmula representativa del sobrante es: Sobrante = Activos Netos – Capital aportado.

Ahora bien, el Artículo 5.04 permite a la junta de directores determinar mediante resolución que sólo una parte del producto de la venta de las acciones del capital corporativo que la corporación pueda emitir, constituirá el capital legal de la corporación y cualquier exceso sobre este capital pasará a una cuenta de sobrante que la junta de directores puede destinar a aumentar el sobrante disponible o a constituirse como reserva para atender algún asunto en particular. En caso de que las acciones emitidas sean con valor par y se vendan a ese valor par, el monto del valor par así recibido constituirá en su totalidad capital sujeto a la restricción de menoscabo que acompaña el capital legal. Si las acciones con valor par se venden a un precio mayor a ese valor par, la junta de directores podrá disponer que ese exceso (conocido como "prima") se mantenga dentro de la cuenta de capital legal como capital contribuido en exceso del valor par o "paid-in capital", sea transferido a otra cuenta dentro del concepto de capital, no ya como capital legal sujeto a restricciones sobre el menoscabo del mismo, o pase a otra cuenta dentro del capital destinada a otro uso, ya sea disponible para una declaración de dividendos, distribución a accionistas, o en reserva para atender algún propósito de la corporación.

Si la junta de directores no ha determinado qué parte del precio recibido por la emisión de acciones constituirá capital,

1. al momento de emitir acciones por efectivo, o

2. dentro de los sesenta (60) días siguientes a la emisión por causa que no sea efectivo (por otros bienes que no sean efectivo),

el capital corporativo, respecto a tales acciones será una suma igual al valor total del valor par de las acciones con valor par, más lo recibido por la corporación como producto de la emisión de acciones sin valor par. En otras palabras, si la junta de directores no designa qué parte de lo recibido será capital, en ese caso, la totalidad del monto recibido por acciones con o sin valor par, constituirá capital sujeto a las restricciones por menoscabo al capital. Vemos pues que al momento de emitir acciones la junta de directores debe determinar qué parte del producto de la venta de dicha emisión formará parte del capital sujeto a restricción y cuál monto no, así específicamente disponiéndolo dentro del término concedido bajo este Artículo 5.04.

Este Artículo también dispone que el capital podrá ser aumentado mediante resolución de la junta de directores que ordene el traspaso de aquella porción de los activos netos que excedan el capital. El resultado será que el sobrante se reduce y se aumenta el capital legal por ese monto transferido.

La junta de directores puede llevar a cabo una revaloración de los activos de la corporación a los efectos de que las mismas reflejan su valor real en el mercado al momento de efectuarse esa valoración, o sea, el valor económico real, y no el costo histórico. Si ese valor en el mercado es superior al histórico, resultará en un aumento en el valor neto de los activos corporativos y por tanto en el sobrante de la corporación. Recordemos que sobrante es el resultado del valor neto de los activos de la corporación menos el monto de capital aportado. Para la determinación de valor neto tomarán en consideración las obligaciones de la corporación. De esta manera se aumenta la cantidad que estará disponible para una declaración y repartición de dividendos.

Este resultado ha sido acogido por Delaware, según expresado en el caso *Klang v. Smith's Food & Drug Centers, Inc.*

> "Corporations may revalue assets to show surplus, but perfection in that process is not required. Directors have reasonable latitude to depart from the balance sheet to calculate surplus, so long as they evaluate assets and liabilities in good faith, on the basis of acceptable data, by methods that they reasonably believe reflect present values, and arrive at a determination of the surplus that

> is not so far off the mark as to constitute actual or constructive fraud."[136]

Artículo 5.05 – Fracciones de acciones

Se permite a las corporaciones la emisión de fracciones de acciones. Ello debe ser autorizado en el Certificado de Incorporación o en la resolución de la junta de directores cuando esta facultad les sea delegada. Recordemos que dicha resolución deberá ser otorgada, certificada, radicada e inscrita en el Departamento de Estado. Generalmente las acciones fraccionarias son el resultado de ciertos acontecimientos o transacciones, como por ejemplo la distribución de un caudal hereditario. Los titulares de estas acciones fraccionarias tendrán todos los derechos que acompañen la clase de acciones a las que correspondan, como derecho al voto, a dividendos, a participar en la distribución en caso de liquidación. Estos derechos se ejercerán en la proporción que la fracción de acción que posean represente, esto es, en el mismo porciento que posean de la acción completa. Como ejemplo, si se declara un dividendo de diez dólares ($10.00) por acción y son titulares de un cincuenta por ciento (50%) de una acción, recibirán cinco dólares ($5.00), o sea, el cincuenta por ciento (50%) de la cantidad declarada como dividendo.

Si la corporación no reconoce o autoriza acciones fraccionarias, deberá elegir una de las siguientes alternativas:

1. tomar medidas para que aquellos con derecho al interés fraccionario dispongan del mismo;
2. pagarle en efectivo el justo valor del interés a aquellos con derecho al mismo; o
3. emitir un comprobante o vale de acción fraccionaria que faculte al tenedor a recibir una acción íntegra cuando reúna suficientes comprobantes que sumen dicha acción íntegra.

Los titulares de estos comprobantes o vales no tendrán los derechos de accionistas que sí tienen los titulares de una acción fraccionaria (voto, dividendos, participación), excepto que en el comprobante o vale así se

---

[136] *Klang v. Smith's Food & Drug Center, Inc.*, 702 A. 2d. 150, 152 (Del. 1997); *Morris v. Standard Gas & Electric Co.*, 31 Del. Ch. 20 (1949).

disponga. La junta de directores podrá imponer condiciones a los comprobantes o vales, entre ellos:

1. término para convertirlos en acciones íntegras o se invalidarán;

2. que la corporación pueda vender las acciones correspondientes a los mismos y distribuir entre los tenedores de dichos vales o comprobantes el monto correspondiente a su proporción.

Artículo 5.06 – Derecho y opciones respecto a las acciones de capital

Se autoriza a la corporación a crear y emitir derechos u opciones que faculten a sus tenedores a comprar cualquier acción de cualquier clase, así como valores, de la corporación. Este derecho deberá estar dispuesto en el Certificado de Incorporación. Los términos y condiciones aplicables a los mismos se consignarán en el Certificado de Incorporación o en la resolución de la junta de directores que autorice la creación y emisión de tales derechos u opciones.

Estos derechos u opciones estarán representados por el instrumento que apruebe la junta, normalmente son conocidos como "stock options". Entre sus términos y condiciones estarán: la duración del derecho u opción (si limitado o ilimitado), las condiciones en que podrán comprarse las acciones al ejercerse el derecho, así como el precio de las acciones. Estos términos se consignarán también en el instrumento que representa el derecho o pueden incorporarse por referencia en el mismo. En ausencia de fraude manifiesto, el precio o causa que la junta de directores fije por la emisión de estos derechos u opciones será concluyentes, excepto en caso de que sean acciones con valor par, en cuyo caso el precio a recibirse por ellas no podrá ser menor a este valor par. Si las acciones a ser emitidas son sin valor par, el precio se determinará según lo dispuesto en el Artículo 5.03.

Es importante señalar que al momento de emitir las opciones aquí descritas, la corporación deberá tener la capacidad de entregar las acciones correspondientes en caso de que se ejerza la opción, esto es, debe tener un número suficiente de acciones del tipo contemplado autorizadas sin emitir, o en cartera, para poder cumplir con el derecho u opción concedido.

La LGC añadió un párrafo a este Artículo 5.06 a los efectos de conceder a la junta de directores el que, mediante resolución debidamente aprobada, pueda autorizar a uno o más oficiales el:

1. decidir los oficiales o empleados de la corporación o de una subsidiaria que recibirán estos derechos a opciones; y

2. determinar el número de opciones u derechos que estos recibirán.

Esta resolución tiene que específicamente establecer la cantidad total de derechos u opciones que estos oficiales puedan otorgar y el precio para ejercitar tal derecho u opción. No podrá autorizar a ningún oficial a auto-designarse receptor de dichos derechos u opciones.

Artículo 5.07 – Acciones parcialmente pagadas

Este artículo autoriza a las corporaciones a emitir acciones parcialmente pagaderas, o sea, pagada a plazos. Bajo esta modalidad puede emitir la totalidad o parte de sus acciones. Los adquirentes estarán obligados por el balance adeudado del precio. En el anverso o el reverso del certificado que represente estas acciones, o en los libros y expedientes de la corporación en caso de que las acciones sean sin certificado, se consignará la cuantía total del precio de venta y la cantidad que se ha pagado. Al declarar dividendos sobre estas acciones, sólo recibirán el mismo en proporción al precio de venta que se haya pagado. En cuanto al derecho al voto, se entiende que salvo que el Certificado de Incorporación disponga lo contrario, estas acciones tendrán derecho al voto sin restricción. El propósito de anotar el hecho de que no han sido pagadas en su totalidad es darle notificación del mismo a algún adquiriente posterior de que las mismas fueron emitidas con causa más la misma ha sido aplazada.

Artículo 5.08 – Responsabilidad del Accionista o Suscriptor de las Acciones Parcialmente Pagadas

Incisos A y B

El accionista adquiriente o suscriptor de cualquier clase de acciones por las cuales solo ha efectuado un pago parcial, está obligado a completar el pago de las mismas en la forma acordada al emitirse estas acciones. De no hacerlo podrá estar sujeto a varios requerimientos según la situación económica de la corporación.

En caso de que los activos de la corporación no sean suficientes para cubrir las reclamaciones de los acreedores, o sea, que la corporación está insolvente, el accionista tenedor o suscriptor de cualquier clase de acción, estará obligado a pagar la totalidad del balance adeudado por dichas acciones. Para el cobro de dicho balance, un acreedor por sentencia o el administrador judicial o síndico de la corporación puede entablar acción contra el accionista, según dispuesto en Artículo 12.04 de la LGC, esto luego que se obtenga sentencia contra la corporación y la misma no se satisfaga. El acreedor tendrá tres (3) años a partir de la sentencia para entablar la acción contra el accionista deudor, reclamando el pago del monto de la deuda.[137]

Inciso C

La importancia de reflejar el balance adeudado en el anverso o reverso del certificado de acciones o en los registros de la corporación cuando las acciones no están representadas por certificados, está señalada en el Inciso C de este Artículo. El mismo establece que el cesionario de acciones o de suscripción de acciones de buena fe y sin conocimiento o notificación de que las acciones no fueron pagadas en su totalidad, no será responsable por la parte no pagada. La reclamación en este caso sería contra el cedente responsable, aquel que sí sabía que las mismas no habían sido pagadas en su totalidad.

Esta obligación de responder por el balance adeudado por la emisión o suscripción de las acciones no es reclamable contra aquella persona que posee estas acciones como garantía colateral. En este caso responderá por el balance no pagado la persona que dio en garantía tales acciones.

Igualmente, no responden personalmente como accionistas por el monto adeudado, algún albacea, administrador, tutor o fideicomisario; serán los bonos o fondos por ellos poseídos en esa capacidad los que responderán de esta obligación.

---

[137] Ley General de Corporaciones de Puerto Rico 2009, Artículo 12.04 (A) y (B)

Inciso D

Establece un término prescriptivo de seis (6) años para iniciar la acción contra las personas responsables por el pago adeudado, a contar desde la emisión o la suscripción de estas acciones. En este proceso podrá comparecer cualquier accionista o suscriptor de estas acciones e impugnar la reclamación cuando la misma es iniciada por un administrador judicial o fiduciario.

Inciso E

La responsabilidad por el pago expira a los seis (6) años de la emisión o fecha de suscripción de las acciones.

Inciso F

Cualquier accionista podrá impugnar un reclamo invocado por una corporación insolvente.

Según el accionista vaya abonando a su precio aplazado, estos abonos se irán anotando en el certificado de acciones o en el registro o expedientes correspondientes en la corporación. Así, un futuro adquiriente de las acciones parcialmente pagadas conocerá este hecho, así como el balance que se adeuda.

Artículo 5.09 - Pago por acciones parcialmente pagadas

El pago adeudado por las acciones se pagará por las cantidades y en las fechas que los directores requieran. En caso de que las necesidades del negocio lo requieran, los directores pueden exigir el pago de aquella suma del balance adeudado que se necesite, en los montos y plazos que los directores dispongan. Estos notificaran por correo el lugar y la fecha de los pagos requeridos con por lo menos treinta (30) días de anticipación, a la última dirección postal conocida.

Artículo 5.10 - Mora en el pago de las acciones; remedios

Si el accionista no cumple con el pago requerido por los directores, estos podrán incoar procedimiento judicial contra el accionista requiriendo dicho pago, así como cualquier balance en descubierto. Otro remedio concedido será la venta en pública subasta de la parte de las acciones que cubra las cantidades vencidas que se le asignaron a tales acciones, más intereses y gastos incidentales.

La fecha, el lugar de la venta y la suma adeudada por cada acción se publicarán en un diario de circulación general, una (1) semana antes de la fecha de la venta. Se requiere también notificación al accionista deudor, veinte (20) días antes de la venta.

Si no hay postor en la venta o no se puede cobrar la deuda mediante el procedimiento judicial dentro de un (1) año de este haberse establecido, la corporación adquirirá el título de las acciones y los derechos sobre la cantidad pagada.

Artículo 5.11 - Certificado de acciones; acciones sin certificado

Las acciones de la corporación podrán estar representadas por certificados que indiquen el número de acciones que su titular posee. La junta de directores puede determinar que algunas o todas las clases o series de acciones serán sin certificado. En este caso, se registraran en los libros corporativos los titulares de las acciones y el número que poseen ("book entry").

En el caso de que la acción esté representada por certificado, el accionista tendrá derecho a poseer el certificado, que meramente acredita su tenencia del derecho que le asiste como accionista, aunque no es la única forma de acreditarlo.

La LGC requiere que el certificado esté firmado por ciertos directores u oficiales corporativos. ¿Qué sucede si, según autorizado bajo la LGC, solo existe un director y/o un oficial, puestos que puede ocupar una misma persona? En este caso, el certificado será firmado por esa sola persona con la capacidad o capacidades que ostente. La firma o firmas podrán ser facsímiles. La LGC prohíbe la emisión de acciones al portador.

Artículo 5.12 - Acciones de capital corporativo; bien mueble, transferencia

Las acciones corporativas se consideran bienes muebles y son transferibles según dispuesto en el Capítulo VI, que ampliaremos más adelante. Si el traspaso es en garantía, como colateral, la anotación del mismo así se hará constar en el certificado o en el registro de acciones, si se trata de acciones sin certificado, a solicitud del cesionario o del cedente. Recordemos que si se desea restringir o limitar la transferibilidad de las acciones, esta restricción o limitación deberá constar en el Certificado de Incorporación y en el Certificado de Acciones.

Artículo 5.13 - Pérdida, apropiación ilegal, robo o destrucción del certificado de acciones; emisión de nuevos certificados de acciones o de acciones sin certificados

En caso de ocurrir uno de los eventos contemplados en este artículo, la corporación podrá emitir nuevos certificados en sustitución; podrá requerir al titular la prestación de una fianza para indemnizar a la corporación de cualquier reclamación que pueda surgir por la emisión de los nuevos certificados o de las acciones sin certificados.

Artículo 5.14 - Poderes de la corporación con respecto al dominio, sobre sus propias acciones

Inciso A

Toda corporación podrá comprar, recibir, tomar o adquirir, poseer y tener, vender, permutar, transferir y disponer, pignorar, usar y negociar sus propias acciones. Lo que no le está permitido es:

1. adquirir sus propias acciones cuando esto resulte en un menoscabo del capital legal corporativo. De manera que para adquirir estas acciones, que se convertirán en acciones en tesorería, la corporación sólo podrá hacerlo de su sobrante acumulado. Esto será así salvo que únicamente se adquieran estas acciones para retirarlas de circulación y cancelarlas, lo cual resultará en una reducción del capital corporativo, según dispuesto en los Artículos 8.03 (retiro de acciones) y 8.04 (reducción de capital).

2. Comprar por un precio mayor al cual pueden ser redimidas, acciones redimibles a opción de la corporación, esto es, pagar un exceso o prima sobre el precio pre-establecido de redención cuando la corporación posee el derecho del "call".

3. Redimir cualquiera de sus acciones a menos que dicha redención esté autorizada por y cumpla con el Artículo 5.01 (B) y el Certificado de Incorporación.

Inciso B

Autoriza la venta por la corporación de sus acciones en tesorería por los términos que fije la Junta de Directores. Recordemos que a esta venta no le es aplicable lo requerido por el "par value", de ser ese el caso, pues no se trata de una emisión original.

Inciso C

Las acciones de su propio capital que pertenezcan a la corporación o sus acciones que pertenezcan a otra corporación que es controlada por la corporación por representar una mayoría, no tendrán derecho al voto ni contarán para la determinación de quórum de la corporación. Esto salvo que posea esas propias acciones en capacidad fiduciaria. Esto para evitar control en menoscabo de los derechos de los accionistas minoritarios.

Inciso D

Las acciones designadas para ser redimidas, por lo cual se envió notificación escrita a sus tenedores y se depositó o reservó irrevocablemente el pago de la redención, no tendrán derecho al voto.

Artículo 5.15 – Emisión de acciones adicionales

Los directores podrán aceptar suscripciones o emitir acciones adicionales hasta el monto total de la cantidad autorizada en el Certificado de Incorporación. Si desea exceder esa cantidad autorizada, tendrá que enmendar su Certificado de Incorporación, siguiendo el procedimiento que la LGC requiere.

Artículo 5.16 – Revocabilidad de las suscripciones

La suscripción de acciones de una corporación a ser creada será irrevocable por un periodo de seis (6) meses, salvo con el consentimiento de los otros suscriptores.

Artículo 5.17 – Requisitos de las suscripciones

La suscripción no podrá hacerse valer a menos que sea por escrito y firmada por el suscriptor.

Artículo 5.18 – Dividendos; pago de dividendos; corporaciones de recursos agotables

Las leyes corporativas imponen restricciones a la distribución de efectivo o propiedades a los accionistas por razón de las acciones poseídas. Por no considerarse distribución por razón de las acciones poseídas, no se imponen estas restricciones por pagos efectuados a accionistas por concepto de renta o servicios prestados. El tratamiento de estos pagos puede ser afectado por leyes contributivas o por considerarse despilfarro de fondos corporativos y por ende, violación al deber fiduciario de los directores que aprobaron el desembolso.

Las distribuciones sujetas a limitaciones bajo la LGC son aquellas transferencias realizadas a accionistas en proporción a las acciones poseídas, en forma de dividendos o de distribución de capital o en forma de redención o recompra de sus acciones.

Únicamente las corporaciones con fines de lucro pueden declarar y pagar dividendos. Dividendos son pagos periódicos efectuados a los accionistas en proporción a las acciones poseídas, provenientes de las ganancias pasadas o corrientes, acumuladas o retenidas por la corporación. [138] Estos pagos pueden efectuarse de distintas formas: efectivo, acciones, evidencia de deudas, pagos parciales o pagarés.[139]

En el caso de un dividendo en acciones, por el cual se efectúa una distribución prorrata de nuevas acciones, el efecto será que se diluye la titularidad entre un número mayor de acciones; no se efectúa una transferencia de acciones. No debemos confundir un dividendo en acciones con un "split" de acciones. En este último caso, el efecto es que las acciones en circulación son reemplazadas por un número mayor de las

[138] *Santiago Aponte et al. v. Rodríguez et al*, supra

[139] *López Martínez v. Yordán,* supra, 596 "Un dividendo en acciones es aquel que se paga en acciones reservadas o adicionales… …resultando en una conversión de ganancias en capital…".

mismas acciones y el valor de las anteriores se divide entre este número mayor, el resultado será más acciones por el mismo monto total de capital.

La declaración de dividendos corresponde a la Junta de Directores en el ejercicio de su discreción. Será la junta la que determine cuándo y en qué cuantía se pagará dividendos; podrá igualmente optar por no declarar dividendos en un periodo en particular.[140]

En el ejercicio de esta discreción, los tribunales normalmente no intervendrán. En la toma de su decisión, los directores estarán protegidos por la regla del juicio comercial y solamente sujetos a su responsabilidad fiduciaria que les requiere actúen de buena fe en un ejercicio diligente en la toma de sus decisiones.

Son muy pocos los casos en que los tribunales han intervenido en la decisión de la Junta de Directores referente a la declaración de dividendos. Un ejemplo de ello es el famoso y controversial caso de *Dodge v. Ford Motor Co.*, que presenta un claro, pero posiblemente irrazonable rol del derecho en la gobernanza corporativa de hoy en día. Atiende este caso una pregunta clave: ¿Cuál es el propósito de una corporación? Para unos resultará obvio: maximizar la ganancia de sus accionistas debe ser el único fin de sus directores. Otros insertan la corporación en un rol social, observadora de la ley, la ética y los intereses de la sociedad donde se encuentra.

En este caso el Tribunal Supremo de Michigan expresó:

> "There should be no confusion... ...A business corporation is organized and carried on primarily for the profit of the stockholders. The powers of the directors are to be employed for that end."[141]

A esos efectos, el Tribunal ordenó a la corporación Ford Motor Company, el pago de dividendos a los hermanos Dodge, accionistas minoritarios, alegando que la Junta de Directores había incumplido su deber fiduciario de actuar de buena fe. A pesar de que muchos comentaristas opinan que el caso es un mal precedente, que el mismo es

---

[140] *Krueger v. Secretario de Hacienda*, 89 D.P.R. 345 (1963). *Santiago Aponte et al. v. Rodríguez et al*, supra

[141] *Dodge v. Ford*, supra, 507

incorrectamente citado, y que no debe de enseñarse, lo cierto es que el mismo no ha sido revocado.

En el caso de *Kamin v. American Express Co.*[142] , se determina que la decisión sobre declaración de dividendos es una que está reservada para la Junta de Directores sin insumo de los accionistas y cubierta bajo la protección que ofrece la regla del juicio comercial Los tribunales no intervendrán con la decisión a menos que se alegue con particularidades que los directores han actuado de mala fe, en su propio interés, o con un propósito deshonesto.[143]

Una vez declarado el dividendo, los accionistas obtienen derechos de acreedores por el monto del dividendo declarado y la Junta de Directores no podrá rescindir la declaración, salvo que la misma fuere en violación de ley o intervenga un evento catastrófico.[144]

La distribución de capital en forma de redención o recompra a los accionistas de sus acciones, al igual que la declaración de dividendos, requiere que la corporación tenga disponible para ello ganancias acumuladas retenidas. La diferencia entre una redención y una recompra es que generalmente la redención está pactada de antemano y obliga a las partes, mientras que la recompra es una transacción de compra-venta voluntaria de acciones.

La restricción a que nos hemos referido y que aplica tanto a la declaración de dividendos como a la distribución de capital, es aquella a la cual hemos hecho referencia anteriormente: el menoscabo de capital ("impairment of capital").[145]

El Certificado de Incorporación puede contener restricciones en cuando a la declaración y pago de dividendos. Igualmente pueden imponerse limitaciones contractuales en los documentos que rijan una

---

[142] *Kamin v. American Express Co.*, 383 N.Y.S. 2d 807 (Sup. Ct. 1976).

[143] *Gottfried v. Gottfried,* 73 N.Y.S. 2d 692 (1947). Véase *Meliá Torres v. Hotel Meliá, Inc.*, 2006 PR App. LEXIS 2872, 19 (2006) "*...ello no implica que los directores no pueden incurrir en responsabilidad ante los accionistas por abuso de sus facultades en este contexto."*

[144] *Anadarko Petroleum Corp. v. Panhandle Easter Corp.,* 545 A. 2d 1171 (Del. 1988); Alan R. Palmiter, *Corporations,* 598 (6th ed., Aspen Publishers, 2009).

[145] Esta limitación aplica igualmente a la adquisición de sus acciones por la corporación para convertirlas en acciones en tesorería ("treasury stock").

emisión de deuda, normalmente en el contrato de fideicomiso ("trust indenture") que protege a los acreedores. La LGC impone la restricción de que el pago de dividendos sólo podrá hacerse de fondos legalmente disponibles de conformidad con este artículo.

Inciso A

Los fondos disponibles para la declaración y el pago de dividendos provendrán de dos fuentes distintas:

1. El sobrante, según definido y calculado en los Artículos 5.04 y 8.04 de la LGC, o,

2. En ausencia de este sobrante, con cargo a las ganancias netas del año fiscal en que se declare o del precedente, o de ambos años.

El sobrante bajo el Artículo 5.04 se define como la diferencia entre el activo neto (total de activos menos total de pasivos) y la cuantía de capital. El sobrante así definido es el que estará disponible para la declaración y pago de dividendos bajo este Inciso A. El capital proviene de la venta de acciones, con o sin valor par, y de cualquier porción de los activos netos que la Junta de Directores ordene se transfiera al fondo de capital.[146] Este capital puede ser reducido según provisto en el Artículo 8.04 mediante el retiro o reducción de acciones. El "capital legal" es el monto que no puede ser menoscabado por una declaración de dividendos, reducción de acciones o adquisición por la corporación de sus propias acciones.

Se ha permitido la declaración de dividendos con cargo a las ganancias netas del año fiscal en que se declara el dividendo, del año fiscal precedente o de la suma de ambos, aun cuando no se cuenta con sobrante acumulado. Estos dividendos así declarados se conocen como "nimble dividends", constituyen una excepción a la prohibición de menoscabo de capital. El propósito al permitirlo es atraer nuevo capital a empresas que en sus comienzos requieren mucho capital y generan poco ingreso, pero la proyección de ganancias futuras es atractiva; como serían las empresas en el negocio de tecnología o desarrollo de nuevos productos.

[146] Ley General de Corporaciones de Puerto Rico 2009, Artículo 5.04

La LGC contempla cierta protección a los tenedores de acciones preferidas. En casos de merma al capital ocasionado por depreciación en el valor de los activos netos o por pérdidas, que tengan como resultado el que la partida total de capital sea inferior a la partida correspondiente al capital representado por las acciones preferidas, no se permite declarar ni pagar dividendos de clase alguna de las ganancias netas como contemplado en este Inciso A-2 hasta que esta diferencia se subsane. Esta restricción no aplica a un pago que se efectúe por motivo de pagare, bono u obligación de la corporación emitida anteriormente como dividendo si al momento de declarar el dividendo, la corporación tenía sobrante o ganancia neta según dispuesto en los sub-incisos (1) y (2).

Inciso B

Permite a las corporaciones dedicadas a la explotación de recursos naturales o activos agotables, como patentes, determinar las ganancias netas derivadas de tales actividades sin tomar en cuenta el agotamiento de dichos recursos.

Artículo 5.19: Reservas para propósitos especiales

Se autoriza a los directores a separar o reservar fondos de su sobrante acumulado o cualquier otro fondo disponible; igualmente podrá eliminar una reserva ya constituida. El resultado será que esos fondos volverán a estar disponibles para el pago de dividendos.

El único requisito que contiene la LGC es que el propósito al establecer la reserva sea uno válido bajo las proyecciones de la corporación. Así no podrá impugnarse por parte de los accionistas al no estar los fondos reservados disponibles para la declaración y pago de dividendos.

Esta autorización cobra importancia al analizarla en conjunto con las leyes de imposición contributiva. Si la corporación acumula ganancias que el Secretario de Hacienda entiende el principal propósito es evitar la doble tributación, puede imponer aquellas medidas que las leyes contributivas le autorizan. El establecer reservas válidas para propósitos corporativos puede aminorar este impacto. Para ello se debe consultar con un abogado experto en estos asuntos.

Artículo 5.20 – Responsabilidad de los directores respecto a los dividendos y redención de acciones

Este artículo exime de responsabilidad a los directores que declaren un dividendo, confiando en los libros y records de la corporación o en estados preparados por sus oficiales o contadores públicos autorizados o por tasadores, que hayan sido seleccionados con el debido cuidado por los directores, en cuanto al valor de los activos, pasivos, ganancia neta o existencia de sobrante. Es sobre esta información así provista que los directores determinarán la declaración de dividendos o la redención o compra de sus acciones por la corporación.

Recordemos que es obligación de los directores, en el descargo de su responsabilidad fiduciaria, el reclutar oficiales y agentes idóneos, capacitados, para ejercer las funciones correspondientes. De así hacerlo podrán reclamar la protección bajo la regla del juicio comercial por sus determinaciones.

Artículo 5.21 – Declaración y pago de dividendos

Los dividendos pueden pagarse en efectivo, en bienes o con acciones de la misma corporación. Si el dividendo es en acciones, debe haber suficiente capital autorizado sin emitir de la clase requerida, para cubrir ese dividendo. Esto requiere que la Junta de Directores autorice por resolución, la emisión de esas acciones. Un dividendo en acciones no afecta los activos netos de la corporación, solo se afecta la estructura de capital, se da una transferencia de la cuenta de sobrante a la de capital emitido y en circulación por el monto del dividendo declarado.

La declaración del dividendo en acciones se deberá efectuar en la misma proporción que tenían los accionistas antes de la declaración del dividendo, para que no se afecte su proporción por motivo del dividendo en acciones.[147]

Si la distribución es en virtud de una división de sus acciones ("Stock Split"), como cuando por cada acción que el accionista posea se le otorgaran dos o más acciones de la misma clase, el resultado será que el precio por acción se reducirá más el monto total de su inversión se mantiene.

---

[147] *López Martínez v. Yordán*, supra

Artículo 5.22 – Responsabilidad de los directores por pagos ilícitos de dividendos o compra y redención de acciones; descargo de responsabilidad; contribución entre directores; subrogación

Inciso A

Aquellos directores que actúen en violación de la responsabilidad fiduciaria que le impone el deber de diligencia al declarar dividendos o la redención de acciones, responderán solidariamente a la corporación y a los acreedores en caso de disolución o insolvencia. Esta responsabilidad podrá serle reclamada dentro de los seis (6) años siguientes al pago del dividendo ilegal o la redención, y acumulará interés desde esa fecha hasta su pago.

Ante un reclamo de esta naturaleza los directores opondrán la defensa que les podrá proveer la regla del juicio comercial. Esta responsabilidad no le será aplicable a aquel director que se opuso al acta o resolución que ocasionó la violación y así lo hace constar en las minutas de la reunión. Si no estaba presente en esa reunión, deberá hacer constar su oposición inmediatamente después para así no ser responsable. El requisito bajo este artículo, de hacer constar su oposición a una acción tomada en una reunión y en la cual ese director no estaba presente para ser exonerado de responsabilidad, podrá hacerse extensiva a la decisión sobre cualquier otro asunto que pueda resultar en la imposición de responsabilidad a los directores. El deber de diligencia impone a los directores la obligación de asistir debidamente informados a las reuniones de la Junta de Directores de la cual es miembro.

Inciso B

Resume el derecho del director que resultare responsable por el pago ilegal de dividendos o de reducción, de reclamar una contribución de los otros directores que votaron a favor.

Inciso C

El director que resultare responsable bajo este artículo tendrá derecho hasta la suma por él pagada, a subrogarse en los derechos de la corporación contra los accionistas que recibieron los pagos con conocimiento de hecho de que el dividendo o reducción era ilícito.

Capítulo VI. Traspaso de Acciones del Capital Corporativo

Artículo 6.01 – Traspaso de acciones, certificados de acciones y acciones sin certificados

Este artículo refiere al Capítulo 8 de la Ley de Transacciones Comerciales [148] (en adelante "LTC") lo dispuesto sobre traspaso de acciones y los certificados que lo representan o de acciones sin certificado. Si alguna disposición de este Capítulo VI fuere inconsistente con una disposición de la LTC, prevalece lo dispuesto por este Capítulo VI.

Se eliminan los Artículos 6.03 al 6.18 de la Ley de Corporaciones anterior pues todos estos aspectos se rigen ahora por lo prescrito bajo el Capítulo 8 de la LTC que regula lo relativo a la transferencia de valores de inversión.

Toda la referencia a secciones de aquí en adelante corresponde a las secciones bajo la LTC. El Título 19 de Leyes de Puerto Rico Anotadas reglamenta Instrumentos Negociables. Su Capítulo 53, Valores de Inversión, es el referido Capítulo 8 que se incorpora en lo aplicable a la LGC.[149]

A esos efectos pasaremos a reseñar las secciones más importantes de la LTC en cuanto a su efecto sobre las acciones corporativas con o sin certificados.

Sección 1702 – Definiciones:

"...

(4) Valor con certificado – es un valor que está representado por un certificado.

---

[148] Ley de Transacciones Comerciales, Ley Núm. 208 de 17 de agosto de 1995, según enmendada

[149] Capítulo 53 – Valores de Inversión, 19 L.P.R.A. §1701-1911

...

(11) Endoso – la firma que se hace sola o acompañada de otras palabras, en un certificado de valor en forma registrada o en un documento separado, para ceder, transferir o redimir, o para otorgar autoridad para ceder, transferir o redimir el valor.

...

(15) Valor – una obligación del emisor o una cuota u otra participación en el emisor representado por un certificado o registrada en los libros del emisor.

...

(16) Certificado de valor – un certificado de acciones es un valor

...

(18) Valor sin certificado – valor no representado por un certificado."

Sección 1703- Reglas para determinar si se trata de un valor.

Constituirá un valor:

A. Una acción o participación dominical similar, emitida por una corporación,

B. Una participación en una sociedad o compañía de responsabilidad limitada no es un valor, solo transfiere un derecho económico, excepto que:

1. se negocie en una bolsa de valores;

2. sus términos lo indiquen;

3.sea una acción en una compañía de inversiones.

Sección 1704 – La adquisición de un valor requiere su entrega.

Sección 1706 – Control por el comprador sobre un valor requiere:

A. endoso a nombre del comprador o en blanco y

B. entrega

Si se trata de valor sin certificado, si el emisor ha acordado cumplir las instrucciones del comprador sin el consentimiento adicional del dueño registrado.

El comprador adquiere los derechos del transmitente.

Sección 1708 – Garantía del vendedor al comprador al transferir un valor:

A. certificado es auténtico y no ha sido alterado;

B. transferente o endosante desconoce de hechos que puedan afectar su validez;

C. no existe un reclamo adverso contra el valor;

D. no viola ninguna restricción en transferencia;

E. endoso fue hecho por persona adecuada o agente con autoridad;

F. transferencia es válida y legal.

Si la instrucción es para transferir un valor sin certificado, que:

A. la instrucción la hace persona adecuada o agente con autoridad;

B. el valor es válido;

C. no existe reclamo adverso contra el valor;

D. comprador tendrá derecho a que se registre la transferencia que es válida y legal.

Sección 1710 - La ley aplicable será la ley de la jurisdicción del emisor, que rige:

A. validez del valor;

B. derechos y deberes del emisor;

C. efectividad del registro de transferencia;

D. la obligación de emisor ante el reclamante;

E. la determinación de validez ante un reclamo adverso.

<u>Sección 1712 –</u> Para un acreedor alcanzar la participación de un deudor en un valor se requiere:

A. acción legal o incautación física del certificado;

B. si se trata de un valor sin certificado, acción legal contra el emisor en el lugar de su oficina ejecutiva principal;

C. si el valor está en posesión de un acreedor garantizado, por acción legal contra ese acreedor;

D. el acreedor tiene el derecho a solicitar interdicto u otro recurso ante un tribunal competente para alcanzar el valor o satisfacer su reclamación.

<u>Sección 1714 –</u> Reglas de evidencia aplicables a valores con certificado:

A. firmas en el certificado o endoso serán admisibles salvo que se nieguen específicamente en las alegaciones;

B. peso de probar la validez de la firma recae sobre la parte que reclama bajo dicha firma, que se presumirá auténtica y autorizada;

C. si las firmas son admitidas, el tenedor tendrá derecho a recobrar a menos que demandado levante defensa que ponga en controversia la validez del valor;

D. demandante tendrá que probar que tales defensas no pueden levantarse frente a él.

Sección 1751 – Emisor:

A. respecto al certificado, el emisor es la persona que coloca su nombre en un certificado de valor para probar su deber de cumplir con sus términos

B. respecto a la transferencia, es el que mantiene los libros de transferencias

Sección 1752 - Responsabilidad y defensas del emisor:

a. cualquiera valor aun cuando sea emitido con un defecto que afecte su validez es válido en las manos de un comprador por valor y sin aviso del defecto

b. la falta de autenticidad de un valor con certificado constituye una defensa total aun contra un comprador por valor y sin aviso

c. todas las demás defensas que tenga el emisor, incluida la entrega condicional y la falta de entrega, no surtirán efecto contra el comprador por valor y sin aviso.

Sección 1754 – Restricciones a la transferencia:

Aunque la restricción sea legal no será válida ante una persona que no tenga conocimiento de la misma a menos que:

1. la restricción esté anotada conspicuamente en el certificado de valor

2. si es valor sin certificado, el dueño registrado haya sido notificado de la restricción.

Recordamos que la restricción a la transferibilidad es obligatorio se refleje en el Certificado de Incorporación; constituye pues una cláusula opcional obligatoria si se desea establecer la restricción.

Sección 1755 - Efecto de firma no autorizada:

Una firma no autorizada colocada en el certificado de valor antes de o durante su emisión no será válida, excepto si se trata de un comprador por valor con certificado que no tenga aviso de la falta de autoridad y si la firma fue hecha por un fiduciario o empleado del emisor a quien se le delegó o confió su manejo.

Sección 1756 – Terminación o alteración del certificado, podrá efectuarse si:

a. el mismo contiene las firmas necesarias para su emisión o transferencia pero está incompleto en otro aspecto:

1. cualquier persona puede completarlo llenando los blancos

2. aun cuando se llenen incorrectamente, comprador por valor y sin aviso podrá exigir su cumplimiento

b. el certificado completado ha sido alterado impropiamente permanece exigible pero solo conforme a sus términos originales.

Sección 1757 - Derechos y deberes del emisor:

a. El emisor sólo reconocerá al dueño registrado como la persona que tiene todos derechos y poderes de un dueño.

Sección 1759 - Gravamen a favor del emisor será válido contra un comprador si aparece anotado conspicuamente en el certificado.

Sección 1760 – Efectos de una emisión excesiva:

a. emisión de valores en exceso del monto autorizado no ocurre si se resuelve con medidas correctivas,

b. sino, las disposiciones de este título no aplicarán en la medida que la emisión resulte excesiva

c. adquiriente puede compeler al emisor que sustituya el valor por un valor idéntico que no constituya emisión excesiva, o

d. adquiriente puede repetir contra el emisor por el valor pagado más intereses

Sección 1801 – Entrega

Ocurre cuando:

1. Comprador o intermediario actuando en su nombre adquiere posesión del certificado, o

2. si valor sin certificado , cuando emisor registra al comprador o a su intermediario como dueño registrado

Sección 1802- Derechos del comprador de valor con o sin certificado, adquiere todos los derechos que el transmitente tenga.

Sección 1803- Constituirá un comprador protegido de valor con o sin certificado o de participación aquel que:

1. lo obtuvo por valor

2. no tiene aviso de reclamo adverso

3. obtiene control del valor

El efecto será que lo adquiere libre de todo reclamo adverso en su contra

Sección 1804 – Endoso:

a. puede ser especial o en blanco

b. puede representar solamente una porción del certificado

c. constituye una transferencia cuando se entrega el certificado endosado o si endoso aparece en documento separado, cuando se entrega el documento y el certificado.

d. si se entrega sin endosar el comprador tiene derecho a exigirlo. La eficacia del endoso se mide en la fecha en que se hizo. El comprador de convertirá en comprador protegido sólo cuando se le provea el endoso. El endoso es válido si lo hace o ratifica la persona adecuada o alguien con poder de la persona adecuada, o la misma está impedida de alegar su invalidez.

Sección 1805 - Una instrucción incompleta originada por persona adecuada, podré ser completada y el emisor podrá confiar en ella.

Sección 1806 Una persona que garantiza la firma del endosante de un certificado de valor o del originador del instructor garantiza que:

1. la firma es auténtica

2. el firmante era la persona adecuada

3. el firmante tenía capacidad legal para firmar

4. la transformación será registrada libre de todo gravamen, restricción o reclamo salvo las especificadas en la instrucción.

Un emisor no podrá exigir estas garantías como condición para el registro de transferencia.

Sección 1807- El transmitente de un valor, de serle requerido, deberá dar prueba al comprador de su autoridad para transferir o cumplir con cualquier requisito necesario.

Sección 1851 - Deber del emisor de registrar la transferencia.

(a) El emisor deberá registrar la transferencia solicitada si

1. la persona que solicita es elegible para que se registre a su nombre

2. la persona adecuada hace el endoso

3. se da la garantía razonable de que el endoso es auténtico

4. se ha cumplido con la ley contributiva aplicable. Para ello es aconsejable consultar un abogado con conocimientos en las leyes contributivas como parte de la redacción y otorgamiento de los documentos necesarios para la transacción contemplada.

5. la transferencia no viola alguna restricción de traspaso

6. no existe exigencia para que emisor se abstenga de hacer la transferencia, como podría ser la notificación de una reclamación judicial a esos efectos

6. la transferencia es legal o es a un comprador protegido

(b) El emisor en derecho será responsable a la persona que solicite la transferencia por cualquier pérdida que resulte del retraso irrazonable o la negativa a registrar la transferencia.

Sección 1852 - Garantía de que el endoso es válido

El emisor puede requerir garantía de la autenticidad del endoso en cuanto a la firma, la identidad y la autoridad para firmar, así como cualquier otra prueba razonable.

Sección 1853- Demanda para que emisor no registre la transferencia

1. la persona adecuada para endosar puede exigir al emisor que se abstenga de registrar la transferencia; la solicitud debe hacerse a tiempo. El emisor notificará a la persona que solicitó la transferencia de la objeción y retrasará el registro por no más de treinta (30) días para que obtenga orden de prohibición de registro de un tribunal o presente al emisor una fianza para protegerlo de cualquiera reclamación por abstenerse de registrar.

Sección 1854 – Registro erróneo

El emisor será responsable por registros erróneos de transferencia a persona sin derecho por motivo de:

1. endoso inválido

2. incumplir solicitud de abstención de registro

3. incumplir orden del tribunal prohibiendo el registro

Sección 1855 – Reemplazo de certificado de valor extraviado, destruido o robado

(a) El dueño reclamará al emisor que emita uno nuevo, quien deberá hacerlo si el dueño solicitante:

1. lo requiere antes de que emisor tenga conocimiento de que fue adquirido por un comprador protegido

2. deposita fianza suficiente, y

3. cumple con cualquier condición razonable impuesta por el emisor

(b) Si un comprador protegido del certificado original lo presenta al emisor para registrar la transferencia, después de la emisión del certificado nuevo, el emisor deberá registrar la transferencia a menos que ello produzca una emisión excesiva. El emisor podrá reclamar de la fianza depositada y recuperar el nuevo certificado de la persona a quien se lo emitió o su sucesor.

Sección 1856 - Obligación del dueño de un certificado de notificar al emisor de certificado extraviado, destruido o robado.

Si ocurre alguna de estas circunstancias y el dueño no lo notifica al emisor dentro de un tiempo razonable después de haberse percatado, y el emisor registra una transferencia, el dueño no podrá reclamarle al emisor por dicho registro ni reclamarle un nuevo certificado.

Artículo 6.02 – Restricciones en el traspaso de acciones

Las acciones de capital son consideradas bienes muebles. Recordemos el atributo básico corporativo que establece que la transferibilidad de las mismas no puede prohibirse pero sí restringirse.

Las restricciones a la transferibilidad pueden responder a varios motivos.

1. proveer estabilidad en el control y gerencia de la corporación
2. mantener la proporción de la titularidad
3. proteger contra desavenencias internas
4. asegurar cumplimiento con requisitos de la LGC, como es el caso de las corporaciones íntimas y las profesionales
5. asegurar cumplimiento con otras leyes, como por ejemplo contributivas

El artículo 6.02 establece las formas de efectuar dicha restricción, ya sea de acciones representadas o no por certificados, y que la misma pueda sostenerse frente a impugnación ante un tribunal.

A la vez reconoce como válidas varias restricciones según allí contenidas e incorpora el principio de razonabilidad aplicable a las restricciones así como el que las mismas sean lícitas.

Inciso A

Contiene varios requisitos para que la restricción al traspaso o inscripción sea válida contra el tenedor, su sucesor o cesionario o persona que tenga responsabilidad legal por la persona o bienes del tenedor, a saber:

1. restricción escrita
2. permitida por este artículo
3. consignada conspicuamente en el certificado de acciones o, si la acción es sin certificado, en la notificación enviada según el Artículo 5.01 (F) de la LGC.

De no cumplirse con estos requisitos, la restricción será ineficaz excepto contra una persona con conocimiento real de la restricción.

Inciso B

La restricción se podrá imponer por medio de:

1. Certificado de Incorporación, o
2. los estatutos corporativos, o
3. por acuerdo entre los tenedores de las acciones, o
4. por acuerdo entre dichos tenedores y la corporación.

La restricción así impuesta no tendrá vigencia sobre acciones emitidas antes de la adopción de la restricción, a menos que sus tenedores sean parte del acuerdo o votaron a favor de la restricción. Por ejemplo, si la restricción se impone por medio de una enmienda al Certificado de Incorporación, y con anterioridad a la adopción y registro de dicha enmienda, había acciones emitidas, respecto a las mismas no les será aplicable la restricción a menos que sus tenedores hayan votado a favor de la misma. El efecto de retrotraer la enmienda a la fecha de registro de la corporación solo surtirá efecto a los adquirientes de las acciones con trasferencia restringida que adquieran las mismas en fecha posterior a la imposición de la misma.

En el caso de las restricciones por acuerdo entre accionistas, el mismo deberá ser radicado con la corporación y estar sujeto a inspección. De esa manera la corporación podrá rechazar el registro de una transferencia en violación de la restricción contenida en el acuerdo.

Recordemos que las restricciones a la transferibilidad, por afectar la estructura de capital, se convierten en clausula opcional mandatoria para que surta efectos.

Inciso C

En este inciso se reconocen cuatro restricciones a la transferibilidad permitidas. Esto no significa que son las únicas permitidas pues en el Inciso (E) de este mismo Artículo se reconoce que cualquier otra restricción lícita relativa al traspaso o inscripción de acciones u otros valores está permitida. Así podemos concluir que los requisitos para que se pueda incluir una restricción a la transferibilidad bajo este Artículo son que:

1. sea lícita, o sea, no violente ninguna ley o derecho
2. no sea manifiestamente irrazonable

Las restricciones permitidas contenidas bajo este Inciso C son las siguientes:

1. obliga al tenedor de los valores restringidos a ofrecer a la corporación, a otro accionista o a cualquier otra persona una oportunidad preferente de adquirir los mismos dentro de un plazo razonable. No es que estos estén obligados a adquirir dichos valores, solo tendrán a su favor lo que en inglés se conoce como "right of first refusal". Esta oferta deberá hacerse al mismo precio y bajo las mismas condiciones que se ofrecerán a un tercero.

2. obliga a la corporación o a los accionistas a comprar las acciones que son objeto de un contrato de compra y venta otorgado con anterioridad. Se conoce en inglés como un "mandatory buy–sell". Un ejemplo de ello será que en caso de muerte o contingencia especificada del tenedor, él o su sucesión estará obligado a vender a la corporación las acciones

a un precio estipulado, en este caso la corporación deberá tener sobrante disponible para poder efectuar dicha compra.

3. requiere que la corporación o los tenedores de acciones consientan a la trasferencia o que aprueben el propuesto cesionario. Se conoce en inglés como "prior approval". El consentimiento no puede ser negado arbitrariamente o de forma irrazonable.

4. prohíbe el traspaso de las acciones a personas o clases de personas designadas, y tal designación no es manifiestamente irrazonable. Un ejemplo será el impedir la transferencia a una persona que no posee la licencia requerida en el caso de una corporación profesional.

Como indicásemos anteriormente estas no son las únicas restricciones válidas. Mientras las mismas sean lícitas, razonables o no arbitrarias los tribunales las sostendrán. Pero si son tan irrazonables que tangan visos de prohibición, un tribunal no las validará. Igualmente si la prohibición se considera que atenta contra los mejores intereses de la Corporación.

Inciso D

Establece una presunción concluyente de propósito razonable cuando la restricción es requerida para mantener cualquier ventaja contributiva de la corporación.

Inciso E

Establece el requisito de que toda restricción a la transferibilidad deberá ser lícita para ser permisible.

Inciso F

El contenido de este Capítulo VI no amplía las facultades de las personas menores de edad o incapacitadas, ni de síndicos, albaceas o administradores judiciales o fiduciarios para endosar, ceder u otorgar poderes.

Capítulo VII. Reuniones, Elecciones, Votación y Convocatoria

Es un principio básico del derecho corporativo que en corporaciones con accionistas, una o más clases de acciones deberán poseer el derecho al voto. A sus titulares la LGC les reserva el derecho de elegir los directores así como a votar sobre transacciones fundamentales que afecten a la corporación. La titularidad del accionista está representada por la cantidad de acciones que posea.[150] Este derecho les permite proteger su reclamo al residual corporativo así como la liquidez de su inversión. Esto es necesario ya que ellos no participan en la administración regular de la empresa, función que se reserva a los directores y oficiales.

El derecho corporativo confiere a los accionistas lo que se ha llamado derechos inmutables: derecho al voto; derecho a la elección de directores con regularidad; la adopción, aprobación o ratificación de transacciones o cambios orgánicos con efecto fundamental para la corporación; el acceso a información sobre la corporación y sus operaciones; el derecho a reclamar a los directores y oficiales por violación de su deber fiduciario, así como cualquier otro asunto según se establezca en el Certificado de Incorporación.

Algunos de estos cambios fundamentales corporativos que requieren aprobación por los accionistas son:

1. enmiendas al Certificado de Incorporación
2. disolución
3. fusiones o consolidaciones
4. venta de todos o sustancialmente todos los activos

El derecho de los accionistas a votar sobre estos cambios fundamentales difiere de su derecho a la elección de directores. En este

[150] *Mott v. Kirby*, 225 W. Va. 788 (2010)

último caso, la elección o destitución de los directores es una decisión que surge de los accionistas, en ellos se origina y en ellos reside la aprobación.

En el caso de la aprobación o rechazo por los accionistas de cambios fundamentales, los mismos no surgen de las accionistas sino de lo propuesto por los directores; los accionistas reaccionan a estas propuestas aceptándolas o rechazándolas.[151] Esto ya que los directores tienen la responsabilidad y autoridad para administrar la corporación así como velar por el mejor uso de sus activos.[152]

Citamos del caso *Continental Sec. Co. v. Belmont*, refiriéndose a los poderes de aprobación o rechazo de los accionistas:

> "As a general rule stockholders cannot act in relation to the ordinary business of a corporation... ...They are not by any statue in this state given general power of initiative in corporate affairs. Any actions by them relating to the details of the corporate business is necessarily in the form of an assent, request or recommendation. Recommendations by a body of stockholders can only be enforced through the board of directors, and indirectly by the authority of the stockholders to change the personnel of the directors at a meeting for the election of directors".[153]

Los accionistas poseen amplia libertad en el ejercicio de su derecho al voto. No es objetable que su motivación al votar de cierta manera persiga un beneficio personal, o inclusive que sea el resultado de un capricho, siempre que no violente ningún deber hacia los otros accionistas. Es el límite que le impone la responsabilidad fiduciaria hacia los otros accionistas.[154]

Podríamos asemejar este derecho al voto con su derecho de dominio sobre una parte alícuota de la corporación correspondiente a las acciones que posee. Se trata pues de un derecho de propiedad y de una relación de naturaleza contractual. Esto quizás explique el cuidado con que los

[151] *Continental Sec. Co. v. Belmont*, 206 N.Y. 7, 17-18 (1912)
[152] *McQuade v. Stoneham*, 263 N.Y. 323 (1934)
[153] *Continental Sec. Co. v. Belmont,* supra
[154] *Allied Chemical & Dye Corporation v. Steel & Tube Co.*, 14 Del. Ch. 1 (1923)

tribunales actúan en los casos relacionados con los procesos de elección.[155]

Las normas que regirán las reuniones están dirigidas a asegurar que las decisiones se tomen siempre sobre una base informada y por el número requerido de votos, así como el cumplimiento con ciertos procedimientos para que se dé una reunión válida: cómo se convocará la reunión (debidamente convocada), número de acciones que deben estar representadas en la misma (quorum) y cómo se contarán los votos (debidamente celebrada).

Existen dos tipos de reuniones de accionistas, la ordinaria, comúnmente conocida como la reunión anual, y la extraordinaria o especial. La LGC requiere la celebración de al menos una reunión ordinaria anual, cuyo propósito principal será la elección de los directores. La corporación puede disponer en sus estatutos o en el Certificado de Incorporación para la celebración mandatoria de otras reuniones ordinarias durante el año para atender otros asuntos. De ordinario la fecha, lugar y hora de la o las reuniones mandatorias anuales se establece en los estatutos de la corporación[156].

Las reuniones extraordinarias generalmente serán convocadas por la Junta de Directores y responderán a la agenda propuesta por ellos.

A estas juntas de accionistas la LGC reconoce el derecho a asistir de los accionistas o aquellas personas a quienes estos le hayan cedido mediante poder el derecho a representarlos y ejercer por ellos el derecho al voto. Esto significa que no asiste a los mismos el derecho de acompañarse por sus asesores legales o de otra índole. De entender el accionista que en las reuniones surgen asuntos que podría violentar sus derechos como accionista debe así manifestarlo y solicitar la acción que a su entender le asiste. Si su reclamo no es debidamente atendido, el accionista tiene disponible el ejercer su derecho de acudir al foro judicial.

Esta situación puede también ser atendida mediante inclusión en los estatutos de una cláusula que permita a los accionistas acompañarse a las reuniones de la junta de directores por asesores.

---

[155] *Campbell v. Loew's, Inc.*, 36 Del. Ch. 563 (1957)

[156] *Hoschett v. TSI International Software Ltd.*, 683 A.2d 43, 44 (Del. 1996). "Obligation to hold an annual meeting at which directors are to be elected as the chapter may provide is one of the very few mandatory features of Delaware corporate law"

Puede también darse el caso que sea la misma junta de accionistas quien determine aceptar la presencia de estos asesores en las reuniones a solicitud del accionista en particular.

La fecha para la reunión ordinaria puede ser pospuesta por la Junta de Directores, sujeta dicha posposición a que exista un motivo válido protegiendo un interés corporativo.

Si la junta de directores ejerce su poder de posponer una reunión ordinaria por un motivo injustificado o injusto, esta acción puede ser dejada sin efecto por un tribunal a solicitud de algún accionista perjudicado.[157]

El adelantar o posponer la fecha de la reunión anual que estaba fijada en los estatutos con la intención de perpetuarse u obstruir una actividad legítima de los accionistas, es una acción injusta de la junta de directores que no será permitida aunque pueda ser legalmente posible, pues será contraria al principio de la democracia corporativa. No se permite manipular un proceso de votación. [158]

Como hemos señalado anteriormente la LGC contiene varios artículos que son de naturaleza mandatoria y otros que solo aplican a aquellos casos en que los documentos de la corporación en cuestión, su Certificado de Incorporación o estatutos, no provean específicamente ser cubiertos. Ejemplos de esto lo vemos en la aplicación de varios de los artículos de este Capítulo VII.

Artículo 7.01 – Reuniones de accionistas

Incisos A y B

Este artículo dispone que se podrán celebrar reuniones de accionistas en o fuera del Estado Libre Asociado de Puerto Rico, según se disponga en los estatutos o en el Certificado de Incorporación. Si no se ha dispuesto como antes señalado, entonces según disponga la Junta de Directores, que en vez de señalar lugar específico, podrá decidir que la reunión se celebre por medio de comunicación remota.[159]

[157] *Stahl v. Apple Bancorp*, 579 A. 2d 1115 (Del. Ch. 1990)
[158] *Schnell v. Chris-Craft Industries, Inc.*, 285 A. 2d 437 (Del. 1971)
[159] Ley General de Corporaciones de Puerto Rico 2009, Artículo 7.01(A)

A discreción de la Junta de Directores esta puede disponer que, sujeto a las normas y procedimientos que ésta establezca, los accionistas y apoderados que no están presentes en la reunión de accionistas, puedan, por medios de comunicación remotos, participar en dicha reunión. A estos se le considera como físicamente presentes y podrán ejercer su voto.[160]

Esta disposición será aplicable, ya sea que la reunión se celebre en un lugar designado, o por medio de comunicación remoto.

Para ello la corporación deberá establecer medidas razonables para verificar: (1) que la persona considerada presente y con derecho a votar por medios de comunicación remotos, sea un accionista o apoderado; (2) se implementen medidas razonables para proveerles oportunidad de participar en la reunión y votar, incluyendo el leer o escuchar los procedimientos sustancialmente a la misma vez. La corporación mantendrá un registro del voto o acción emitido por medios de comunicación remotos. [161]

Inciso C

Establece que se celebrará una reunión anual de accionistas para elegir los directores en la fecha y hora designada por los estatutos corporativos y según dispuesto en los mismos.

Los accionistas podrán, excepto que el Certificado de Incorporación provea lo contrario, en vez de celebrar la reunión anual antes señalada, elegir los directores por medio de un consentimiento unánime sin necesidad de celebrar una reunión anual. Si el consentimiento otorgado no es unánime, solo se podrán elegir directores sin la celebración de la reunión anual, si todas las posiciones directivas sujetas a elección estuvieran vacantes al momento de la votación y son llenadas por virtud de ese consentimiento no unánime. Si esta elección de los directores no cumple con lo dispuesto en este inciso, no será suficiente para satisfacer el requisito de celebrar la reunión anual de accionistas. Cualquier otro asunto pertinente, además de la selección de directores, se podrá tratar en la reunión anual.[162]

---

[160] Ley General de Corporaciones de Puerto Rico 2009, Artículo 7.01 (B) (1)
[161] Ley General de Corporaciones de Puerto Rico 2009, Artículo 7.01 (B) (2)
[162] Ley General de Corporaciones de Puerto Rico 2009, Artículo 7.01 (C)

Inciso D

El que la reunión anual no se celebra el día señalado o que en la misma no se elija un número suficiente de directores, o no se haya dado el consentimiento unánime de los accionistas, no afectará actos corporativos válidos ni producirá pérdida de derechos o la disolución de la corporación. Los directores continuarán en sus cargos hasta la elección válida de sus sucesores.

Los directores señalarán la reunión para la próxima fecha más conveniente dentro del plazo de los treinta (30) días siguientes a la fecha señalada para la reunión anual. Si no se hubiese señalado fecha dentro del plazo de trece (13) meses desde la organización de la corporación, la celebración de la última reunión anual o el último consentimiento de los accionistas en lugar de la celebración de una reunión, lo que ocurra más tarde, transcurrido este plazo sin que se efectúe la reunión o se diese el consentimiento unánime en lugar de la reunión, cualquier accionista o director podrá solicitar al Tribunal de Primera Instancia (Sala Superior) que ordene sumariamente la reunión. En este caso, las acciones representadas, personalmente o por poder, con derecho al voto, constituirán quórum para los fines de esta reunión, no obstante cualquier disposición en contrario en los estatutos o el Certificado de Incorporación. El Tribunal podrá incluir en su orden la fecha y lugar de la reunión, la fecha oficial para determinar los accionistas con derecho al voto, la forma de convocar la reunión, así como cualquier otra orden que estime conveniente.[163]

El no señalar la reunión la Junta de Directores por algún motivo personal no corporativo además de poder acarrearle la imputación de una violación de su deber fiduciario, hará que el quórum necesario para la celebración de una reunión válidamente celebrada lo constituirá el número de acciones representadas que acudan a dicha reunión, independientemente del establecido en el Certificado de Incorporación o en los estatutos.

Inciso E

Autoriza a la Junta de Directores o las personas autorizadas en el Certificado de Incorporación o los estatutos a convocar reuniones

---

[163] Ley General de Corporaciones de Puerto Rico 2009, Artículo 7.01 (D)

especiales de accionistas. Estas generalmente son las reuniones conocidas como "reuniones extraordinarias" en las que se podrán tratar todos los asuntos incluidos en la agenda así como nuevos asuntos que se propongan. La convocatoria para una reunión especial extraordinaria será notificada a todos los accionistas indicando los asuntos que se discutirán en la misma. De no ser así, la reunión carecerá de validez y todos los acuerdos que se tomen en ella serán nulos.[164]

Inciso F

Establece que la elección de directores será por papeleta escrita a menos que el Certificado de Incorporación disponga otro método. Si lo autoriza la Junta de Directores la papeleta podrá someterse mediante transmisión electrónica que incluya o contenga aquella información que permita determinar que la transmisión fue autorizada por el accionista o apoderado correspondiente.

Así vamos viendo que en varias secciones de la LGC se ha incluido lenguaje a los efectos de expandir el uso que las corporaciones puedan dar a la nueva tecnología, lo que constituye uno de los propósitos de la LGC para agilizar la gestión corporativa y simplificar los trámites.

Artículo 7.02 - Derecho al voto por los accionistas, voto por poder, restricciones

Inciso A

La norma general es que el accionista tiene derecho a un voto por cada acción con derecho al voto que posea. Esto es así de no disponerse en el Certificado de Incorporación de otra manera. En el mismo puede estipularse más o menos de un voto por acción. La LGC no impone límite al número de acciones que un accionista pueda poseer por lo que no existe límite al número de votos que pueda ejercer.

Si se desea que en la corporación existan diferentes clases de acciones con diferentes derechos al voto o de otra naturaleza, es requisito mandatorio que todo ello quede debidamente detallado en el Certificado de Incorporación en lo referente a la estructura de capital de la

[164] *Klaassen v. Allegro Development*, C.A. No. 8626-VCI- Del. Ch. Nov 7, 2013; 2013 De. Ch. LEXIS 275 (2013)

corporación. No satisface este requisito el que estas particularidades se incluyan en los estatutos ya que las mismas, aunque de naturaleza opcional, de desearse su aplicación, requiere mandatoriamente su inclusión en el Certificado de Incorporación. Nos referimos a ellas como cláusulas de naturaleza opcional mandatoria.

El derecho al voto no es una obligación de ejercer el mismo, puede abstenerse de votar o puede decidir no asistir a la reunión.[165] El problema en este último caso es que su ausencia no permita cumplir con el quórum requerido y no pueda celebrarse válidamente la reunión.[166]

Es este derecho al voto el que permite a los accionistas ejercer su función principal dentro de su incumbencia en los asuntos corporativos: la elección de los directores, el derecho a elegir o remover los encargados de establecer la política dentro de la corporación y de nombrar los oficiales que atenderán el día a día de los asuntos corporativos.

Aunque los accionistas son los "dueños" de la corporación, bajo el modelo tradicional de gerencia corporativa no se les está permitido intervenir en los asuntos ordinarios de negocio, no contratan a nombre de la corporación, no seleccionan ni remueven a los oficiales, no establecen la compensación de los empleados, y sobre todo, no intervienen en la declaración de dividendos. Es a través de la selección y remoción de los directores que tienen participación en la gobernanza corporativa, esto unido al poder de aprobar o rechazar transacciones que envuelven cambios corporativos fundamentales que los presenta la Junta de Directores.

Inciso B

El accionista podrá ejercer su derecho al voto en forma directa, votando en la reunión de accionistas, mediante un acuerdo por consentimiento escrito o mediante la autorización a un tercero para actuar por él (voto por poder o proxy). Este poder tendrá una duración máxima de tres (3) años desde su emisión, a menos que en el mismo se estipule un término mayor. El poder quedará sin efecto al término en el prescrito o en caso de que el accionista acuda personalmente a emitir su voto. La persona a quien se le otorga el poder tendrá los mismos poderes en cuanto al derecho al voto y facultades que el accionista que se lo confirió, salvo que

---

[165] *Ringling Bros.-Barnum v. Ringling*, 29 Del. Ch. 610 (1947)

[166] *In Re Pioneer Drilling Co.*, 36 Del. Ch. 386 (1957)

en el poder se le limiten o condicionen las facultades, en cuyo caso ejercerá su facultad sujeto a las condiciones estipuladas. El otorgante del poder no podrá repudiar el voto ejercido por el apoderado, salvo que dicho voto violente alguna de las condiciones contenidas en el poder.[167]

La persona a quien se le otorgó el poder puede a su vez autorizar a otra persona a votar por él, salvo que el poder a ella conferido no lo permita.

Inciso C

La LGC no exige determinada forma para el voto por poder, solo provee algunas formas en que un accionista puede otorgar el poder para representarlo en las reuniones de accionistas:

1. mediante el otorgamiento de un documento autorizando a actuar por él como apoderado suscrito por el accionista o en el caso de que el accionista sea una corporación, por su representante autorizado.

2. mediante la transmisión de dicha autorización para actuar en su representación por cualquier método de transmisión electrónica a la persona que será el tenedor de dicha autorización. Este método de transmisión electrónica requiere que dicha autorización incluya información que permita determinar la identificación del accionista autorizante. La persona que verifique la validez del documento transmitido deberá especificar bajo qué información determinó dicha validez.

Inciso D

Una reproducción confiable del voto por poder será igual de válida que el original.

Al dejar abierta la forma para otorgar dicho poder podemos preguntarnos si dicha autorización puede darse verbalmente sin que conste en documento alguno.

En *Duff v. Loft Inc.* la Corte de Cancillería de Delaware se expresó:

> "The paper writing which we call a proxy is nothing more than evidence of a relationship. It is not the

[167] *Dolese Bros. Co. v. Brown*, 39 Del. Ch. 1 (1960)

> relationship. It simply testifies that A. has constituted B. his agent to act for him in a vicarious capacity. The producing of the proxy is not the creation of the agency. It is only proof of it to the satisfaction of others"[168]

Corresponderá a aquel que impugne la validez de un voto por poder el establecer la falta de autorización de la persona que reclame ostentar el poder. Entendemos que para reclamar que el poder excede el término de tres (3) años, así como para reclamar que el mismo es irrevocable deben constar estas circunstancias en un documento escrito.

El voto por poder es un mecanismo que se usa en mayor grado en corporaciones de muchos accionistas donde o no les interesa o se les dificulta el acudir personalmente a votar. Igualmente es muy utilizado por grupos con interés en la votación del asunto en particular ya que pueden solicitar un proxy de varios accionistas con derecho al voto y así ejercer ese poder para obtener la aprobación del asunto que les interese.

Inciso E

Contiene los requisitos para que un voto por poder o proxy sea irrevocable.

El voto por poder podrá revocarse mediante notificación escrita a la corporación de la decisión de revocar el poder, mediante la designación de otra persona tenedora del poder, o cuando el accionista comparece en persona a ejercer su voto.

Si se interesa que el proxy sea irrevocable deberá cumplir con los requisitos de este Inciso (E).

Estos requisitos son:

1. que conste en el poder que el mismo es irrevocable, y

2. que el mismo esté acompañado de un interés que justifique en derecho que el poder es irrevocable ("coupled with an interest").

No es suficiente la mera expresión de que el poder es irrevocable.

---

[168] *Duffy v. Loft Inc.*, 17 Del. Ch. 140, 147 (1930)

No es necesario que el interés al cual acompaña sea en la acción misma o en la corporación en general.

Una situación en la cual es aconsejable obtener un voto por poder es cuando se realiza la compra de un certificado de acciones. En ese caso, además del endoso del certificado y la entrega del mismo, es aconsejable suscribir simultáneamente un documento de "voto por poder irrevocable". De esta manera si se diese la situación de que se convoque a una reunión de accionistas y no se ha podido completar aún la transferencia en el registro de accionistas, el adquiriente como apoderado, podrá votar por dichas acciones.

Otra situación relacionada con el voto por poder irrevocable es aquella en que el mismo es objeto de una venta, o sea, el apoderado le compra al accionista no su acción, sino su derecho al voto. En este caso, ese poder no será irrevocable pues es producto de una acción que se considera contraria al orden público.[169]

En el caso de corporaciones de emisión pública en lo concerniente al voto por poder, los mismos están sujetos a la legislación Federal de Valores y su reglamentación (Securities Exchange Commission).

Artículo 7.03 – Fecha para determinar los accionistas inscritos

Inciso A

A los accionistas con derecho al voto se les dará notificación por escrito de la fecha, lugar y hora de la reunión sea la misma ordinaria, extraordinaria o especial. En el caso de las extraordinarias o especiales, se indicará también el propósito de la misma.

La LGC establece que esa notificación, llamada Convocatoria, debe darse dentro de unos espacios de tiempo que aseguren la participación en las reuniones de los accionistas con derecho a ello. Si se envía por correo se considera entregada cuando sea depositada en el correo. Serán los accionistas con derecho a ser convocados los que recibirán la notificación correspondiente.

[169] *Schreiber v. Carney*, 447 A. 2d 17 (Del. Ch. 1982)

En el Inciso (A) se establecen los parámetros que la LGC exige para que la corporación, por medio de la Junta de Directores, determine los accionistas con derecho a ser convocados así como la fecha de celebración de la correspondiente reunión a la cual podrán acudir a votar.

A esos efectos la Convocatoria notificará a los accionistas que aparezcan inscritos como tal a determinada fecha en los libros corporativos, para que ejerzan su derecho al voto en cualquier reunión de esta. La Junta de Directores establecerá dicha fecha de registro la cual no podrá ser:

1. anterior a la fecha en que la resolución de la junta de directores fijando la fecha del registro, es adoptada, ni

2. más de sesenta (60) días ni menos de diez (10) días de la fecha fijada para la celebración de tal reunión.

Inciso B

Consigna los requisitos a cumplir en el caso de que se requiera consentimiento por escrito de los accionistas sin que se celebre una reunión. En ese caso la fecha de registro no será:

1. anterior a la fecha de la resolución de la Junta de Directores donde se establezca dicha fecha de registro; ni

2. después de diez (10) días de la fecha en que la resolución fijando la fecha fue adoptada por la Junta de Directores. Si la junta no fija fecha de registro, y el acto previo de la Junta de Directores no es requerido, la fecha de registro será el primer día en el cual el consentimiento por escrito, detallando el acto tomado o propuesto, es entregado a la corporación.

Inciso C

Aplica cuando los accionistas tengan derecho a recibir dividendos, distribución o asignación de derechos, cambio, conversión o canje de acciones, o para cualquier otro propósito. La junta fijará la fecha de registro, que no podrá ser anterior a la de la resolución fijando dicha fecha, ni más de sesenta (60) días antes de dicho acto.

Si la junta no fija fecha, la misma será el día que la junta adopte la resolución fijando el acto.

Artículo 7.04 – Voto acumulativo

Establece los requisitos para que se configure el voto acumulativo en elecciones de directores o en elecciones celebradas bajo determinadas circunstancias.

Como regla general, cada dueño de una acción con derecho al voto tiene derecho a un voto por cada acción que posea para cada asunto a considerarse. En el Certificado de Incorporación se puede disponer que tenga derecho a más o menos de un voto por acción e inclusive establecer diferencias entre las clases de acciones.

En el caso de las acciones preferidas generalmente las mismas no poseen derecho al voto, más si nada se dispone sobre ello en el Certificado de Incorporación se entiende que disfrutarán de dicho derecho, además de las preferencias particulares que le acompañan.

En el caso de que se dé la norma general de un voto por acción en la elección de directores, los mismos resultarán electos por aquellos que posean el mayor número de acciones, por lo cual las probabilidades de los minoritarios elegir un director son muy remotas. Se llevará a votación cada director y los accionistas votarán sus acciones en cada instancia por su preferido lo que resultará en que la mayoría elegirá cada vez su candidato.

Para atender esta situación, se desarrolló la "Doctrina del Voto Acumulativo", la cual aparece recogida en el Artículo 7.04.

Este artículo establece que en el Certificado de Incorporación de cualquier corporación, se podrá disponer que en las elecciones de directores o en elecciones celebradas bajo determinadas circunstancias se puede disponer el derecho al voto acumulativo.

Como se verá en el Artículo 7.05 que sigue, este voto acumulativo no aplica a corporaciones que no estén autorizadas a emitir acciones.

Este mecanismo del voto acumulativo busca ofrecer a los accionistas minoritarios la posibilidad de elegir por lo menos un director en la junta de la corporación. Vemos que ese trata de una posibilidad, no hay garantía de que así sea.

Bajo el sistema de voto acumulativo, cada accionista tendrá derecho a un número de votos igual al resultado de la multiplicación del número de votos que le corresponden por las acciones que posea, multiplicado por el número de directores a elegirse.

Digamos que un accionista posee veinte (20) acciones con derecho al voto de un total de cien (100) y se van a elegir cinco (5) directores. Bajo el voto directo, habrá cinco votaciones y el accionista minoritario votará sus veinte (20) acciones por cada director a elegirse, con muy pocas probabilidades de por sí elegir algún director.

Supongamos que se ha establecido en el Certificado de Incorporación el voto acumulativo bajo una cláusula opcional, pero mandatoria para que se de este efecto.

En este caso, el accionista puede llegar a acumular cien (100) votos, el resultado de multiplicar su número de acciones, veinte (20), por el número de directores a elegirse, en este caso cinco (5). De esta forma podrá asignar sus cien (100) votos al director de su predilección, lo cual resultará en la elección de ese director. En este ejemplo no podrá votar por ningún otro director. Debemos señalar que el voto acumulativo no requiere que le de todos los votos a un solo director, el accionista puede distribuir los votos acumulados entre los diferentes candidatos a ser electos.

Supongamos que usted desee saber cuántas acciones debe poseer para elegir a un director a la junta bajo el mecanismo del voto acumulativo. Para ello aplicará la siguiente formula:

$$\frac{TSxND+1}{TD+1} = NS$$

TS = total de acciones votando

ND = número de directores que desea elegir

TD = Número total de directores a ser electos

NS = número de votos necesarios

Es menester señalar que el voto por acumulación solo procede en las elecciones o remociones de directores.

Los directores electos por votación acumulativa no podrán ser removidos sin causa si una minoría con los suficientes votos para haberlo elegido por votación acumulativa, se opone a su remoción.

El efecto del voto por acumulación puede ser alterado por el nombramiento escalonado de los directores, por un cambio en el número de posiciones elegibles, o mediante el establecimiento del voto por clase de acciones.

Artículo 7.05 – Derecho al voto de miembros de corporaciones sin acciones de capital; quorum; poderes

Incisos A y B

En cuanto a las corporaciones que no están autorizadas a emitir acciones no les es aplicable el Artículo 7.01 al 7.04, ni el 7.06, excepto el Inciso (A) del Artículo 7.01 que permite la celebración de reuniones de, en este caso de miembros, en o fuera de Puerto Rico, y los Incisos (C) y (D) del Artículo 7.04, que permite el voto por poder de los miembros. En este caso se entiende que referencias en los mismos a accionistas y Junta de Directores, se entenderán como referentes a miembros y organismos directivos.

En el caso de corporaciones sin acciones de capital, la norma general es que cada miembro tendrá derecho a un voto en la Junta de Miembros, ya sea en persona o por poder.

De manera que no existe el voto acumulativo en las corporaciones que no emitan acciones. Se permite a los miembros el voto por poder, igual que en el caso de las corporaciones con accionistas, a menos que se disponga otra cosa en su Certificado de Incorporación. El voto por poder tendrá un plazo máximo de tres (3) años, salvo que en el poder se disponga un plazo mayor.

Inciso C

Dispone que salvo que la LGC, el Certificado de Incorporación o lo estatutos de la corporación sin acciones, especifiquen otra cosa, el quórum y los votos requeridos para tratar cualquier asunto será una tercera (⅓) parte de los miembros presentes o representados por apoderados. La LGC añadió a este artículo los Incisos (C) (2), (C) (3), D y E.

Establece que en todo asunto que no sea la elección del organismo directivo, se requiere mayoría de los votos de miembros presentes o por poder para la aprobación del asunto tratado salvo que la LGC requiere un número mayor de votos.

Establece que los miembros del organismo directivo serán elegidos por mayoría de votos de los miembros presentes o por poder.

La única diferencia entre estos incisos (C) (2) y (C) (3) es que el (C) (3) no hace mención de la posibilidad de que la LGC pueda requerir un número mayor de votos.

Artículo 7.06 – Quórum y voto requerido para corporaciones de acciones de capital

Constituye quórum el número mínimo de acciones o de otros valores con derecho al voto cuyos tenedores deben estar presentes o representados por apoderado para que una reunión se considere debidamente celebrada. El quórum se verifica únicamente al comienzo de la reunión, o sea, que una vez determinado el quórum necesario, cubrirá el resto de la reunión y el que algún accionista se ausente no afecta la determinación del cumplimiento con el requisito de quórum. De no haber quórum en ese momento, el único acuerdo que los accionistas presentes pueden tomar es suspender la reunión hasta una fecha futura. Si no hay el quórum reglamentario, la reunión no podrá ser una legalmente organizada y cualquier votación o elección que se pretenda tomar será inválida.[170]

En el Certificado de Incorporación o los estatutos se especificará el quórum requerido para que una reunión sea válidamente celebrada. Este quórum así especificado no podrá ser menos de una tercera (⅓) parte de las acciones con derecho al voto. La LGC extiende este requisito mínimo cuando se requiera un voto separado de clase o clases de una serie de acciones.

No debemos confundir el requisito de quórum con el número de votos requeridos para aprobar los asuntos a considerarse en la reunión. No tienen que ser el mismo número aunque sí puede estipularse que así sea.

---

[170] *Vergne Roig v. Tribunal*, supra

Incisos A, B, C y D

A esos efectos este artículo en sus incisos (A), (B), (C), y (D) provee para cuando no se dispone en el Certificado de Incorporación o los estatutos sobre el quórum requerido o el voto necesario para la aprobación de un acto determinado. En estos casos, el quórum y los votos requeridos serán como sigue:

(A) en reuniones de accionistas, una mayoría de las acciones, con derecho al voto, presentes o representados por apoderado, constituirán quórum

(B) excepto para la elección de directores, cualquier otro asunto se aprobará por mayoría de los votos de aquellos con derecho a votar sobre el asunto tratado.

(C) los directores serán elegidos por mayoría de votos de aquellos con derecho a votar sobre tal elección

(D) cuando se requiere voto separado por cada clase o serie de acciones se determinará el quórum por clase, así como la aprobación de asuntos por mayoría de dicha clase.

Estas clases o series se designan en el Certificado de Incorporación con sus correspondientes derechos, los cuales podrán variar según su clase. Ejemplos de ello pueden ser que el derecho al voto estará sujeto a que se cumplan ciertas circunstancias o que cierta clase o serie designará un número especificado de directores.

Esto permite que se distribuya la representación directiva entre diferentes grupos de accionistas. Como expresamos anteriormente, este mecanismo puede utilizarse para diluir el derecho al voto acumulativo al permitirle la elección a la clase de una proporción mayor de directores.

Recordemos que las acciones de su propio capital que posea la corporación, conocidas como acciones en tesorería, no tienen derecho al voto ni podrán contarse para la determinación de quórum. Debemos diferenciar de aquellas acciones que la corporación posea de otra corporación, como una inversión, en cuyo caso la corporación titular tendrá aquellos derechos que acompañen a estas acciones, inclusive a contar para quórum y a ejercer el derecho al voto en las reuniones de sus juntas.

El señalamiento en los incisos (B) y (C) a los efectos de que se contará el voto de aquellos con derecho a votar sobre ese asunto en particular se debe a que puede haber acciones que no tengan derecho al voto en todos los asuntos que se presentan, como por ejemplo a la elección de directores. En una corporación pueden existir varia clases de acciones con diferentes derechos y/o características, según se disponga en el Certificado de Incorporación.

Igualmente, cuando en la LGC se requiere que varios asuntos se aprueben por mayoría, este será el caso salvo que en el Certificado de Incorporación se provea una proporción mayor. Más, si la LGC establece un mínimo para darse la aprobación, este mínimo no puede ser violentado.

Recordemos lo señalado bajo el Artículo 5.14 (D) sobre acciones designadas para ser redimidas, las cuales una vez se notifique por escrito de la redención y se deposite o se reserve irrevocablemente el precio de redención, dejarán de considerarse acciones en circulación por lo que no tendrán derecho al voto.

Artículo 7.07 - Derecho al voto de fiduciarios y prendadores

Existe gran libertad en el ejercicio del derecho al voto. Ya hemos cubierto varias formas de constituir el derecho al voto: voto directo, voto por poder, voto acumulativo, voto contingente.

La LGC provee también para el voto por personas que sean tenedoras de acciones en calidad de fiduciarios o prendadores. En cuanto al tenedor fiduciario se reconoce su derecho al voto de esas acciones que administra en beneficio del titular, sin necesidad de que las mismas estén registradas a su nombre. La LGC no distingue entre las posibles relaciones fiduciarias. Solo reconoce el derecho al voto correspondiente a aquellas acciones que le fueron concedidas su administración al fiduciario.

El accionista que dé en prenda sus acciones retendrá el derecho al voto sobre las mismas excepto que al hacer constar el traspaso de dichas acciones en libros de la corporación, expresamente faculta al acreedor prendario a emitir el voto correspondiente. En ese caso sólo el acreedor prendario, o aquella persona a quien dicho acreedor conceda un poder podrá votar por las mismas.[171] En este caso estaríamos frente a un poder

[171] *Raible v. Puerto Rico Industrial Development Co.*, 392 F. 2d 424 (1968)

acompañado de un interés ("coupled with an interest") al que nos referimos en la discusión del voto por poder bajo el Artículo 7.02.

Artículo 7.08 – Fideicomiso de votos y otros acuerdos sobre votos

Reconoce el establecimiento de acuerdos entre accionistas para el ejercicio de su derecho al voto. De esta manera los accionistas se obligan entre ellos o con terceras personas en cuanto a la forma en que votarán sus acciones, reteniendo para sí la titularidad con los beneficios que de ella resulten.[172]

Inciso A

Reglamenta el establecimiento de fideicomisos de votos como sigue:

1. uno o más accionistas acuerdan

2. mediante acuerdo por escrito

3. depositar las acciones de capital de una emisión original o traspasar sus acciones

4. a cualquier persona o entidad, que actuarán como fiduciarios

5. otorgarles el derecho al voto

6. por plazo fijado

7. bajo términos y condiciones allí consignadas, incluyendo cualquier otra disposición lícita.[173]

Se radicará copia del acuerdo en la oficina designada de la corporación, donde estará disponible para inspección por cualquier accionista de la corporación o beneficiario del fideicomiso. Así los accionistas que no participaron en el acuerdo podrán informarse de los términos y como podrían verse afectados.[174]

---

[172] *McQuade v. Stoneham*, supra; *Clark v. Dodge*, 199 N.E. 641 (1936)
[173] *Oceanic Exploration Co. v. Grynberg*, 428 A. 2d. 1 (1981)
[174] *Lehrman v. Cohen*, 222 A. 2d 800 (Del. 1966)

Los certificados de acciones de emisión original o traspasada serán cancelados y en su lugar se expedirán nuevos certificados de acciones o acciones sin certificados a nombre del fiduciario o fiduciarios. En los nuevos certificados así como en los libros correspondientes de la corporación constará el que su expedición se efectúa con arreglo al acuerdo de fideicomiso de votos suscrito.

Los fiduciarios votarán en representación de las acciones en fideicomiso personalmente o por poder por ellos concedido. Al emitir su voto no incurrirán en responsabilidad alguna, salvo que incurran en acciones culposas, en cuyo caso responderán ante los accionistas que sean parte del acuerdo de fideicomiso.

Si se designan dos o más fiduciarios y no se fija método de emisión del voto, el mismo se determinará por mayoría, si hay empate, se distribuirá el voto por igual entre los fiduciarios.

Inciso B

Cualquier enmienda al acuerdo de fideicomiso se hará por escrito y se radicará copia de dicha enmienda en la oficina designada de la corporación.

Como indicamos anteriormente los accionistas que suscriban el fideicomiso solo transfieren el derecho al voto de sus acciones, más retienen todos los derechos que su titularidad les confiere, como a recibir dividendos así como a inspeccionar los libros y registros corporativos.

Un uso común del fideicomiso de votos es cuando se da el nombramiento o elección de un funcionario público como forma de prevenir cualquier posible impugnación de violación ética o conflicto por razón de su titularidad de acciones en corporaciones relacionadas con el ejercicio de su función.

Inciso C

La LGC contempla la situación en que dos o más accionistas acuerdan votar en representación de sus acciones conforme lo dispuesto en el acuerdo o proceso acordado por ellos. Esto constituye una obligación entre los accionistas que lo suscriban, en el cual la corporación no es parte. Por ello no podrá invocarse frente a la misma.

Cualquier incumplimiento de los términos del acuerdo será reclamable entre los accionistas que lo suscribieran y se regirá por las disposiciones de derecho referente a las obligaciones y contratos. La LGC meramente reconoce la validez de estos acuerdos en cuanto dispone la manera de ejercer el voto en asuntos que se llevan ante la consideración de los accionistas.

No se requiere que se presente el acuerdo ante la corporación ya que la misma no interviene en el mismo. Solo regirá las actuaciones entre las partes firmantes y lo referente al derecho al voto por sus acciones.

En caso de que se solicite la preparación de un acuerdo de esta naturaleza, el mismo deberá contener el procedimiento para llegar al acuerdo sobre el voto, que pasará de no lograrse un acuerdo y el mecanismo para resolver esta situación.

Inciso D

Dispone que nada de lo dispuesto en este artículo invalidará algún acuerdo lícito entre accionistas sobre voto o de otra índole.

Artículo 7.09 – Relación de accionistas con derecho al voto, penalidad por rehusar presentarla; registro de acciones.

Las corporaciones que emitan acciones de capital llevarán un registro de acciones en el cual se anotará el número del certificado correspondiente a las acciones emitidas en caso de ser acciones representadas por certificados, titular de las mismas, fecha de registro, así como transferencias y otros datos que permitirán determinar a cierta fecha los dueños registrales de las mismas. Estos dueños registrales tendrán derecho a asistir a reuniones de accionistas, votar en las mismas, recibir dividendos e inspeccionar los libros corporativos.

Inciso A

Para efectos de determinar los accionistas con derecho al voto se requiere al oficial encargado del registro de acciones preparar, por lo menos diez (10) días antes de cada reunión de accionistas, una relación completa en orden alfabético, de los accionistas que este registro refleje tendrán derecho al voto en dicha reunión, así como de su dirección y el número de acciones a su nombre. No se requiere incluir información de contacto electrónico de los mismos.

Esta lista estará disponible para que cualquier accionista pueda examinar la misma, para cualquier propósito pertinente a la reunión, en el lugar principal de negocios de la corporación durante horas de oficina, dentro de ese plazo de diez (10) días antes de la reunión. También la LGC dispone que la lista requerida por este artículo podrá ser provista por medio electrónico según se informe en la notificación de la reunión, asegurándose que solamente los accionistas podrán accesar la información.

Esta relación de accionistas estará disponible en el lugar de la reunión para examen de cualquier accionista presente, o si la reunión se lleva a cabo por medios de comunicación remotos, la relación deberá estar disponible a través de medios electrónicos razonables.

Recordemos que los directores fijarán la fecha de registro a los efectos de determinar los accionistas que tendrán derecho a ser convocados y votar en determinada reunión.[175] Serán los accionistas inscritos a esa fecha los que tendrán estos derechos. Si hay cambios registrados con posterioridad a esa fecha, estos no estarán cubiertos por los derechos que cobijan a accionistas inscritos, como el derecho a recibir notificación de las reuniones, a votar en estas reuniones, así como a recibir beneficios algunos reservados para los accionistas registrados.

Por ello nuestra recomendación de que al efectuarse una compra de acciones, junto con los documentos que evidencian dicha compra, se obtenga un poder ("proxy") otorgado por el vendedor, para que el adquiriente pueda votar por dichas acciones si es que la fecha de cierre del registro es anterior a que se efectúe la transferencia de las acciones en el registro.

Inciso B

Para asegurar el cumplimiento por los directores del requisito de presentar la relación de accionista, este inciso dispone que la negligencia o negativa intencional de los directores de presentar o hacer disponible la relación de accionistas los incapacita para ser electos a cualquier cargo en dicha reunión.

[175] Art. 7.03(A).

Inciso C

La importancia del registro de acciones está reflejada en este inciso que dispone que será la única prueba en cuanto quienes son los accionistas con derecho, a examinar la relación de accionista o a votar personalmente o por poder en cualquier reunión de accionistas.

Artículo 7.10 – Exámenes de los libros corporativos

Uno de los derechos reconocidos a los accionistas es al examen de los libros corporativos, cónsono con su derecho a estar informado de los asuntos de la corporación, así como de asegurarse de una sana administración corporativa. Así pues, además de los informes que les provean los directores y oficiales, el accionista podrá por sí o por apoderado, examinar los libros y registros de la corporación y de subsidiarias de la misma que estén bajo posesión y control de la corporación o que la corporación pudiera obtener.

El Artículo 7.10 establece el procedimiento que deben seguir los accionistas para ejercer su derecho de inspección. Este Artículo en la LGC se atemperó a la Ley de Corporaciones de Delaware a los efectos de incluir al beneficiario de un fideicomiso de votos como una persona con derecho a examinar libros corporativos.

Inciso A

Define "accionista" como aquel inscrito en el registro de accionistas, el beneficiario de un fideicomiso de votos donde están depositadas las acciones así como los miembros de las corporaciones sin acciones de capital.

En cuanto a "subsidiaria" se define como entidad directa o indirectamente poseída en todo o en parte por la corporación en la cual el accionista solicitante de la inspección es a su vez accionista.

El procedimiento que requiere este artículo será que:

1. accionista, por sí o por apoderado o agente

2. por requerimiento jurado (bajo pena de perjurio)

3. consigne un propósito válido

4. para examinar y hacer copias

5. durante horas regulares de oficina

En cuanto al derecho de examinar los libros corporativos de una subsidiaria que estén bajo posesión y control o puedan ser obtenidos por la corporación de la cual el solicitante es accionista, estará sujeto a que dicho examen no violente un acuerdo entre la corporación o la subsidiaria con terceras personas ni exista derecho legal que le permita rehusarse a la solicitud de examen de sus libros.

Incisos B y C

En caso de que el accionista o miembro solicitante sea distinto al accionista según el registro de acciones, o al miembro registrado, en el requerimiento juramentado y dirigido a la oficina designada, deberá declarar su condición de accionista o miembro y acompañar evidencia documental de su derecho de propiedad asegurando que la misma es copia veraz y correcta de lo que desea probar.

Si el solicitante es un apoderado o agente del accionista o miembro, deberá acompañar poder escrito que lo autorice a actuar como tal.

Se define "propósito válido" como uno que se relaciona razonablemente con el interés de la persona como accionista o miembro de la corporación. Corresponde al solicitante evidenciar la validez del propósito por el cual solicita el examen. Este propósito válido debe ser el motivo principal de la solicitud, independientemente de que puedan existir otros propósitos.

Cuando el accionista cumple los requisitos en cuanto a la forma y manera de la solicitud, la corporación tendrá el peso de demostrar que el propósito alegado es impropio, que no está relacionado con su interés como accionista o que es adverso a los derechos legítimos de la corporación. También podrá alegar que la solicitud es indefinida o dudosa en cuanto al propósito, que se trata de una mera curiosidad o de un "fishing expedition".[176]

---

[176] *Compaq Computer v. Horton*, 631 A. 2d. 1 (Del. 1993)

La solución dependerá de los hechos presentados. Mas en caso de duda, la petición se resolverá a favor de conceder el derecho de inspección al accionista solicitante.[177]

Una mera posibilidad de que resulte en daño a la corporación no es suficiente para negar la petición.[178]

Una vez el accionista reclama su derecho de inspección y la validez del propósito, la corporación deberá darle acceso a todos los documentos que posea o estén bajo su custodia o control que sean necesarios para satisfacer ese propósito.[179]

Si la corporación, sus oficiales o agentes residentes se niegan a la petición de inspección o no responden dentro de los cinco (5) días laborables posteriores al requerimiento, el accionista podrá solicitar del Tribunal de Primera Instancia que ordene permitir la inspección solicitada. Este tribunal tendrá jurisdicción exclusiva para determinar si el solicitante tiene derecho al examen solicitado, y de ser así, ordenar sumariamente a la corporación que permita el examen solicitado, hacer copia de los registros y libros relacionados así como suplirle al accionista una relación de los accionistas a determinada fecha, cuyo costo razonable será pagado por el accionista solicitante. El tribunal podrá imponer cualquier limitación o condición que estime razonable.

El accionista deberá demostrar su condición como tal, que le asiste un propósito válido para efectuar el examen solicitado y que su solicitud cumple con los requisitos para hacer tal requerimiento. Corresponderá a la corporación el probar que la inspección que se solicita no es para un propósito válido.

El tribunal podrá ordenar que se traigan y mantengan en Puerto Rico para la inspección y copia correspondiente libros, documentos y cuentas, extractos pertinentes o copias autenticadas de los mismos.[180]

---

[177] *Loew's Theatres, Inc. v. Commercial Credit Co.*, 243 A. 2d. 78 (Del. Ch. 1968)
[178] *Skouras v. Admiralty Enterprises, Inc.*, 386 A. 2d. 674 (Del. Ch. 1978)
[179] *Saito v. McKesson HBOC, Inc.*, 806 A.2d 113 (Del.2002)
[180] Art. 7.10 (C)

Inciso D

Establece el derecho de los directores a examinar todos los libros y cuentas de la corporación. En el caso de los directores, estos deberán demostrar que el propósito de su solicitud es uno "razonablemente relacionado" con su cargo. Este es un criterio más flexible que el de "propósito válido" requerido a los accionistas. Siendo los directores los responsables de establecer las políticas que regirán la corporación así como su dirección, se entiende la necesidad de tener disponible toda la información pertinente y actualizada que les permita tomar decisiones adecuadas y ejercer juicio informado.

Si el reclamo le es negado, el director podrá acudir al Tribunal Superior quien tendrá jurisdicción exclusiva y podrá ordenar sumariamente se permita dicha inspección, con aquella limitación o condición que estime razonable. Si la corporación se opone, deberá probar que la inspección solicitada no tiene un propósito válido.

En este Inciso no se establece el tiempo que tendrá a la corporación para no responder o negarse, que le permitirá al director acudir al Tribunal Superior. Entendemos que el mismo deberá ser el de cinco (5) días establecido bajo el Inciso (C) para la solicitud de los accionistas.

Sobre el derecho al examen de los libros corporativos por accionistas, miembros y directores, el Tribunal Supremo de Puerto Rico ha emitido dos decisiones recientes que interpretan aspectos importantes de este derecho: "accionista" y "propósito válido".

En el caso *Domenech v. Integration Corporate Services PSC.*,[181] se planteó si al amparo de este Artículo 7.10 de la LGC es admisible la presentación de evidencia extrínseca para probar que el solicitante era accionista o si el registro de acciones será la única prueba en cuanto a quienes son los accionistas.[182]

También se planteó si el interés de obtener información financiera que le permitiera calcular sus compensaciones constituirá el "propósito válido" requerido por el artículo 7.10 (B).

---

[181] *Domenech v. Integration Corporate Services, PSC.*, supra

[182] Ley General de Corporaciones de Puerto Rico 2009, Artículo 7.09 (C)

En el caso se detalló la evidencia que el demandante presentó para basar su reclamación de "accionista" la cual consistía de documentos varios así como manifestaciones de oficiales y del director de la corporación demandada.

El Tribunal Supremos expone que el Artículo 7.10 al definir como accionista, "aquel que aparece inscrito en el registro de accionistas" reconoce la posibilidad de que haya un accionista distinto al inscrito, el "beneficiario" de un fideicomiso de votos. Pasa a analizar el desenvolvimiento del derecho del accionista a inspeccionar los libros corporativos llegando hasta las enmiendas efectuadas por Delaware en 2003 que hizo viable la posibilidad de presentar evidencia extrínseca junto con la petición jurada, para probar que el solicitante es accionista, limitándose esta posibilidad a quienes sean accionistas a través de fideicomiso de votos.

Entiende el Tribunal Supremo al igual que Delaware que las corporaciones tienen la obligación de mantener un libro de accionistas y el que así no se haga no puede frustrar el derecho de inspección de los accionistas. [183] De lo contrario se dejaría el derecho en manos de quien lo impide.

Amparándose en el Artículo 7.10 (B) de la LGC que permite prueba documental del derecho de propiedad reclamado en caso de que el accionista sea distinto al inscrito, el Tribunal declara que la versión de este artículo 7.10 es más general que el correspondiente a la ley de Delaware al no hacer mención específica de la titularidad beneficiaria y concluye que en casos como el presente, se admita la prueba extrínseca que acredita la calidad de accionista de quien solicita la inspección, limitándolo solo a que el propósito principal sea válido. El Tribunal Supremo determinó que el propósito para examinar los libros en este caso constituía un propósito válido.

En *Herger Pacheco v. Calidad de Vida de Vecinal Inc.*,[184] el Tribunal Supremo tiene ante sí dos asuntos a resolver: la determinación de "propósito válido" y si se puede, mediante reglamento, ampliar el derecho a inspección de los libros eliminando el requisito de propósito válido

---

[183] *Rainbow Nav. Inc. v. Pan Ocean Nav. Inc.*, 535 A. 2d 1357 (Del. 1987); *Shaw v. Agri-Marck Inc.*, 663 A. 2d 464 (Del. 1995)

[184] *Herger Pacheco v. Calidad de Vida Vecinal. Inc.*, 190 D.P.R. 1007 (2014)

establecido en el Artículo 7.10 de la LGC siempre y cuando la solicitud de inspección no sea para hostigar a la corporación.

En este caso se trataba de una corporación sin fines de lucro, más lo decidido aplica en igual forma a las corporaciones con fines de lucro.

El alegado propósito para la inspección constituyó el conocer y evaluar adecuadamente las determinaciones de la junta de directores y establecer como se estaban administrando los fondos pagados por los miembros.

La parte demandada alegó que el propósito no era válido, que era una expedición de pesca para satisfacer curiosidad y que aparentaba tener un propósito de hostigar a la corporación.

El Tribunal Apelativo había confirmado la falta de propósito válido, indicando que los requerimientos eran vagos e imprecisos y que no estaban razonablemente conectados al interés de las accionistas. Cualquier requerimiento de información corporativa tenía que cumplir con el requisito de propósito válido del Artículo 7.10, independientemente del lenguaje amplio del reglamento. Citando a *Seinfield v. Verizon Communications Inc.* [185] expresa que el derecho a inspeccionar los libros y cuentas por los accionistas se fundamenta en su derecho a proteger sus intereses y a poder investigar cómo se está manejando la corporación. Mas este derecho a inspección no es absoluto, pues no puede ser adverso a los intereses de la corporación, ni para satisfacer mera curiosidad o para hostigar.[186]

Una vez se demuestra un propósito válido, es irrelevante cualquier otro propósito secundario.[187] Si la corporación se opone demostrando que el accionista tiene un propósito ulterior impropio, eso no es suficiente.[188] Tendrá que demostrar que el propósito alegado es un pretexto y que el verdadero propósito no es válido. La existencia de un propósito válido o su falta, es una cuestión de hechos y se determina caso a caso.[189] El

[185] *Seinfield v. Verizon Communications, Inc.*, 909 A. 2d 117 (Del. 2006)

[186] *Domenech v. Integration Corporate Services, PSC.*, supra; *Compaq Computer Corp. v. Horton* , supra

[187] *Northwest Industries Inc.v. B.F. Goodrich Co.*, 260 A. 2d 428 (Del. 1969); *General Time Corporation v. Talley Ind. Inc.*, 240 A. 2d 755 (Del. 1968)

[188] *Pershing Square, L.P. v. Ceridian Corp.*, 923 A. 2d 810 (Del. Ch. 2007)

[189] *CM&M Group, Inc. v. Carroll*, 453 A.2d 788 (Del. 1982); *Helmsman Management Services Inc., v. A & S Consultants, Inc.*, 525 A. 2d 160 (Del. Ch. 1987)

accionista que lo alega tiene el peso de la prueba de que es válido, no basta lo alegue, debe demostrarlo mediante preponderancia de la prueba.[190] Debe demostrar que existe una "base creíble" que lleve al tribunal a inferir que existe una posible mala administración que amerite se investigue.[191] Así tendrá derecho a inspeccionar todos los documentos necesarios y suficientes para lograr su propósito.[192]

En cuanto a los estatutos corporativos estos no pueden ser contrarios a la ley, la política pública ni lo establecido en el Certificado de Incorporación. No pueden prohibir el derecho a inspección o hacerlo más oneroso, mas nada impide que concedan derechos más amplios que los que la ley reconoce.

En este caso el Tribunal Supremo resolvió que la parte demandante no cumplió con el peso de la prueba que llevara al Tribunal a determinar la existencia de una creencia razonable de que existía mala administración para satisfacer el requisito de propósito válido bajo el Artículo 7.10.

En cuanto al Reglamento de la parte demandada, el Tribunal entendió que el mismo permitía inspeccionar los libros de contabilidad y las actas de las reuniones de los miembros sin requerir propósito válido. Mas, basándose en que el principio de la buena fe permea todo nuestro ordenamiento jurídico, los accionistas no pueden abusar del derecho de inspección al utilizarlo de mala fe para hostigar a la corporación. La Corporación tiene el peso de la prueba de demostrar la mala fe y el deseo de hostigar.

En cuanto a los demás libros y cuentas de la corporación, para ejercer su derecho de inspección, los miembros deberán cumplir con el requerimiento jurado y demostrar propósito válido.

Artículo 7.11 – Voto, examen de libros; otros derechos de los tenedores de bonos; y otras obligaciones

Permite que en su Certificado de Incorporación cualquier corporación confiera a bonistas o tenedores de otras obligaciones que emita dicha corporación, la facultad de votar y/o examinar los libros y

---

[190] *Melzer v. CNET Networks, Inc.*, 934 A. 2d. 912 (Del. Ch. 2007)
[191] *Seinfield v. Verizon Communications*, supra
[192] *BBC Acquisitions Corp., v. Durr – Fillaur Medical*, 623 A. 2d 85 (Del. Ch. 1992)

cuentas corporativas. Para esos efectos, los mismos serán tratados como accionistas.

Para que este derecho se establezca el mismo deberá incluirse como una cláusula opcional en el Certificado de Incorporación y la misma, aunque opcional, para que surta efecto será de naturaleza mandatoria. Por ello nos referimos a ella como cláusula opcional mandatoria.

Se permite también que en el Certificado de Incorporación se limite a los accionistas, parcial o completamente, su derecho al voto en cualquier asunto, excepto enmiendas al Certificado de Incorporación.

Estas cláusulas opcionales mandatorias formarán parte de lo referente a la estructura de capital requerida en el Artículo 7.02 (A) (4) a ser incluidas en el Certificado de Incorporación.

Estos derechos a los bonistas, como indicáramos anteriormente, normalmente no asisten a los bonistas y acreedores. Generalmente surgen como parte de transacciones negociadas con estos acreedores y se recogen en los documentos pertinentes a dichas transacciones La relación con la corporación es pues de naturaleza contractual y no fiduciaria.

Por ello generalmente en su origen el Certificado de Incorporación no incluye cláusulas a esos efectos, salvo que desde un principio se contemple la emisión de estos bonos u otras obligaciones.

El efecto de conceder derecho al voto a estos acreedores resultará en diluir el poder que su derecho al voto concede a los accionistas. Por ello es importante que se considere al otorgar estos derechos que les concede naturaleza de accionistas a los acreedores, que se limite el alcance y el modo de ejercer los mismos. Por ejemplo, que los derechos surjan sujetos a que ocurra cierta situación, como incumplimiento por la corporación de los términos del acuerdo con el acreedor (ej. en caso de incumplimiento en el pago de los intereses y que dicho incumplimiento continúe por un término específico de tiempo). También se debe limitar el tiempo que estos derechos beneficiarán a los acreedores. Por ejemplo, que se extenderán hasta determinados meses después de curado el incumplimiento que dio origen a estos derechos.

Una concesión de derechos de esta naturaleza a los acreedores resulta en que los derechos de los accionistas se diluyen e inclusive puedan perder el control de su corporación indefinidamente. Estos efectos tienen que ser estudiados cuidadosamente por el abogado corporativo.

Puede que desde el comienzo se contemple por los incorporadores el recurrir a financiamientos que impliquen negociaciones de esta naturaleza con acreedores. En este caso se incluyen desde el principio las clausulas opcionales requeridas. Aplican igualmente las recomendaciones anteriores.

Artículo 7.12 – Convocatoria de reunión y de recesos

Inciso A

Para que los acuerdos tomados en una reunión de accionistas sean válidos, los mismos deben ser el producto de una reunión debidamente convocada y debidamente celebrada. Por ello es necesario determinar qué requisitos hay que cumplir para que se pueda determinar que una reunión fue debidamente convocada. A estos efectos este Artículo 7.12 dispone los requisitos que deben cumplirse. Estos requisitos aplican a toda reunión de accionistas, sea de naturaleza ordinaria o extraordinaria. Los mismos son:

1. convocatoria por escrito

2. consignando el lugar, fecha y hora de la reunión

3. medios de comunicación remota mediante los cuales los accionistas o sus apoderados se considerarán presentes y podrán votar

4. si se trata de una reunión extraordinaria, el propósito de la reunión de las mismas.

Inciso B

La convocatoria se entregará a cada accionista con derecho a votar en la reunión no menos de diez (10) días ni más de sesenta (60) días antes de la reunión; salvo que en la LGC se disponga otra cosa. Si es enviada por correo, se considerará entregada cuando se deposite franqueada en el correo a la dirección que aparece en los libros de la corporación. Este derecho a ser debidamente notificado puede ser renunciado según detallaremos al discutir el Artículo 7.18.

Se puede dar el caso de que los accionistas participantes en una reunión convocada correctamente y que haya cumplido con el quórum requerido, o sea, debidamente celebrada, deseen decretar un receso de la misma. Esta situación podrá darse por diferentes motivos: se da cuenta un accionista que no va a tener los votos requeridos para aprobarse un asunto por el presentado; se percibe un tranque o una situación difícil en el seno de la reunión que puede corregirse o calmarse mediante el transcurso de un tiempo.

En ese caso, salvo que los estatutos corporativos dispongan otra cosa, un accionista presente puede solicitar que la reunión recese. Si esta solicitud recibe la aprobación de los votos requeridos, se procede a señalar la fecha y lugar donde se continuarán los trabajos. La suspensión de una reunión para fecha futura es derecho que incumbe únicamente a los accionistas presentes en tal reunión y no a un funcionario de la corporación.[193] Las ventajas de utilizar este procedimiento de receso, es que no es necesario emitir una nueva convocatoria y que el quórum establecido en la reunión original cubre la continuación de la misma. Al reanudarse la reunión será una continuación de la anterior y se podrán tratar todos los asuntos que podían tratarse en la anterior.

La nueva LGC, en conformidad con el motivo manifestado para su aprobación de dar el mayor uso a los medios de comunicación remota añadió que además se anuncie, junto con la fecha y lugar para reanudar los trabajos, los medios remotos mediante el cual los accionistas y apoderados se consideren presentes y procedan a votar.

Inciso C

Si el término del receso va a ser mayor de treinta (30) días o si se fija después de decretado el receso una nueva fecha de registro oficial para la reunión, será necesario una nueva convocatoria.

Más adelante discutiremos el mecanismo de renuncia a cualquier notificación requerida ya sea por la LGC, por el Certificado de Incorporación o por los estatutos, que incluye la convocatoria de reunión.[194] Igualmente la excepción al requisito de notificación.[195]

---

193 *Vergne Roig v. Tribunal*, supra

194 Art. 7.18

195 Art. 7.19

Artículo 7.13 – Junta de directores; vacantes y cargos de nueva creación

Inciso A

¿Cómo se llenarán las vacantes que surjan en la junta de directores? Generalmente el Certificado de Incorporación o los estatutos establecen el procedimiento aplicable. Si no se ha dispuesto sobre esta situación, la misma estará sujeta a lo dispuesto en el Artículo 7.13 de la LGC.

Este artículo dispone que las vacantes y los cargos de nueva creación en la junta de directores podrán llenarse mediante el voto de la mayoría de los directores en funciones, aunque no constituyan quórum y aunque sea por el único director restante.

Si la vacante o nuevo cargo surge con respecto a un director a ser electo por una clase o serie de accionistas, la misma será llenada por el voto de la mayoría de los directores o del director restante que fueron electos por los accionistas, de tal clase o serie.

De no haber ningún director en funciones, cualquier oficial, accionista, albacea, administrador, fiduciario o tutor de un accionista, podrá convocar a los accionistas a una reunión extraordinaria para atender el asunto de las vacantes; o acudir al Tribunal Superior para que ordene sumariamente una reunión de accionistas según el Artículo 7.01 con el propósito de elegir a los directores.

Inciso B

Si los directores están divididos en clases, el director que resulte electo al amparo del Inciso (A) ejercerá sus funciones hasta la próxima elección de la clase y sus sucesores sean electos y certificados.

Inciso C

Si al momento de llenar la vacante o cargo de nueva creación los directores en funciones constituyen menos de una mayoría de la junta en pleno anterior, cualquier accionista o grupo de accionistas que posean el diez por ciento (10%) o más del total de las acciones en circulación con derecho al voto, podrán solicitar al Tribunal de Primera Instancia que ordene elecciones para llenar dichos cargos. Así los accionistas salvaguardarán su derecho a elegir ellos los directores de la corporación pues en una reunión de accionistas ordenada por un tribunal, los accionistas que comparezcan constituirán quorum.

Inciso D

Si la renuncia por algún director será efectiva en fecha posterior, los directores renunciantes podrán formar parte de la mayoría requerida para llenar estas vacantes y los resultados de dicha votación serán efectivos en la fecha en que las renuncias entren en vigor. Así pues los directores renunciantes podrán participar en la selección de los que los sustituirán.

Los directores así electos ocuparán sus posiciones hasta la próxima reunión ordinaria de accionistas señalada para la elección de directores.

Artículo 7.14 – Formas de mantener los expedientes de la corporación

Este artículo incorpora el propósito de la LGC de maximizar el uso de la tecnología por las corporaciones. Dispone que los expedientes que una corporación mantenga en el curso normal de sus negocios, incluyendo el registro de acciones y las actas se podrán mantener en cualquier medio de almacenaje de información siempre que puedan convertirse en papel en un plazo razonable para cualquier persona con derecho a examinar los mismos.

Artículo 7.15 – Impugnación de elecciones de directores; procedimientos para determinar su validez

Inciso A

La impugnación de elecciones así como el procedimiento para determinar su validez, se llevará a cabo siguiendo el procedimiento estipulado en este artículo. Se busca que el proceso sea uno expedito para que las operaciones corporativas sean afectadas lo menos posible.

A esos efectos, cualquier accionista, miembro, director u oficial cuyo cargo está siendo impugnado, puede acudir al Tribunal Superior para que este determine la validez de la elección, nombramiento, destitución o renuncia de cualquier director u oficial, así como el derecho de cualquier persona a ejercer o continuar ejerciendo tal cargo.[196] Si el cargo es

[196] *Kahn Bros. & Co. v. Fishback Corp.*, 14 Del. J. Corp. L. 1074 (1988)

reclamado por más de una persona, el Tribunal Superior determinará a cuál de ellos corresponde. El Tribunal podrá ordenar la presentación de cualquier documento o libro relacionado con el asunto.

Esta revisión judicial aplica al cuestionamiento de la validez de todo proceso eleccionario celebrado, sea en reunión anual o extraordinaria de accionistas, a las de los directores para llenar vacantes en la junta y a las celebradas bajo el procedimiento de consentimiento por escrito bajo el Artículo 7.17.

El propósito de este artículo al proveer un método rápido para revisar el proceso de elecciones es prevenir que la corporación sea inmovilizada por controversias sobre directores u oficiales, Por ser un proceso de naturaleza sumaria se limita a revisar los asuntos que se tienen que considerar para resolver la controversia, no asuntos secundarios. [197]

El que reta el título tiene que atacar la fuente de autoridad del que lo ostenta: la elección o designación bajo la cual el impugnado mantiene su título.[198]

El emplazamiento al agente residente mediante copia de la petición cubrirá a la corporación, a la persona impugnada así como a la persona que reclama el derecho. El agente residente enviará copia a los mismos.

El Tribunal podrá determinar la validez de cualquier elección, nombramiento, destitución o renuncia así como el derecho a ejercer o continuar ejerciendo el cargo. El Tribunal tiene plena facultad para obligar a su cumplimiento. Podrá ordenar que se efectúe una nueva elección a tenor con el Artículo 7.01 si determina que la elección impugnada no fue válida.

Inciso B

Además de para la impugnación de elecciones de directores o de oficiales, cualquier accionista o miembro puede recurrir al Tribunal Superior para que este determine la validez del resultado de cualquier votación realizada por los accionistas o miembros. A diferencia de la impugnación permitida bajo el Artículo 7.15 (A), una impugnación del

---

[197] *Adlerstein v. Wertheimer,* 2002 WL 205684 (2002)
[198] *Kahn Bros. & Co. v. Fishback,* supra

resultado de votación bajo esta sección (B) solo podrá ser radicada por un accionista o un miembro, en caso de que se trate de una corporación que no emita acciones.

Artículo 7.16 – Nombramiento de administrador judicial o síndico en caso de empate o por otra causa

Inciso A

Este artículo establece las condiciones bajo las cuales los accionistas pueden peticionar al Tribunal Superior el nombramiento de un administrador judicial o de un síndico, de tratarse de una situación de insolvencia de la corporación.

Esta petición podrá ser radicada si se da alguna de las siguientes situaciones:

1. cuando en la reunión de accionistas para elegir los directores surge un empate, o tranque, o

2. cuando los asuntos de la corporación están sufriendo o amenazados de sufrir daños irreparables debido al empate o tranque entre los directores en cuanto a la administración de los asuntos corporativos y los accionistas no pueden resolver ese tranque, o

3. la corporación abandona sus negocios sin haber tomado las medidas necesarias para disolver, liquidar o distribuir sus activos en un período razonable.[199]

Se ha señalado el riesgo que puede conllevar el recurrir al tribunal con una petición a esos efectos pues los efectos pueden persistir después de la intervención del tribunal. Un ejemplo se dio en el caso de *In Re Jamison Steel Corp.*,[200] donde como resultado del nombramiento de un director provisional se alteró permanentemente el balance de poder en la junta de directores.

También a considerarse es el efecto económico en la corporación que tendrá que cubrir los gastos de este nivel adicional de administración.

---

[199] Art. 7.16 (A)
[200] *In Re Jamison Steel Corp.*, 158 Cal. App. 2d 27 (1958)

Inciso B

Un administrador judicial estará autorizado para continuar los asuntos de la corporación, a diferencia de un síndico cuyo nombramiento procederá cuando la corporación esté insolvente. En el caso del síndico, este podrá liquidar los asuntos de la corporación y distribuir sus activos. En caso de que la corporación haya abandonado sus negocios el tribunal puede ordenar al administrador que como parte de sus funciones, proceda con la liquidación de los asuntos corporativos y la distribución de sus activos, o si implica una corporación íntima, será de aplicación el Artículo 14.15 de la LGC referente a las corporaciones íntimas, según discutiremos más adelante.

Debemos aclarar que cuando nos referimos al nombramiento de un administrador judicial bajo este Artículo 7.16, se trata de un administrador judicial nombrado por el tribunal para atender asuntos de la corporación, a diferencia del nombramiento de un administrador judicial para los bienes de un accionista, en cuyo caso solo le corresponderá a ese administrador ejercer las funciones que sean inherentes a esas acciones, incluyendo el derecho al voto de esas acciones como administrador judicial de las mismas.[201]

<u>Artículo 7.17 – Consentimiento de accionistas o miembros en lugar de la celebración de la reunión</u>

Incisos A, B, y C

Este artículo provee un método bajo el cual los accionistas pueden ejercer sus derechos a la participación y toma de decisiones que la LGC o el Certificado de Incorporación les provee, sin necesidad de convocar y celebrar una reunión. Este método alterno estará disponible, salvo que el Certificado de Incorporación disponga otra cosa, para cualquier acto que se permita realizar en cualquier reunión anual o extraordinaria de accionistas, incluyendo aquellas bajo el Artículo 7.01.

A esos efectos se podrá realizar dicho acto sin celebrar una reunión, sin convocatoria y sin votación, sujeto a ciertas condiciones.[202] Estas son:

---

[201] *Ab Intestato Balzac Vélez*, 109 D.P.R. 670 (1980)
[202] Art. 7.17 (A)

1. consentimiento por escrito

2. firmado, por los accionistas tenedores de las acciones en circulación que constituyan el mínimo necesario de votos presentes requerido para la aprobación del asunto de haberse celebrado una reunión en que estuvieren presentes todos los accionistas con derecho al voto, indicando la fecha en que cada uno firmó,

3. entregados los consentimientos en la oficina designada o el lugar principal de negocios de la corporación, o a la persona que tenga la custodia de los libros de minutas de reuniones. La entrega a la oficina designada se hará a mano o por correo certificado o registrado con acuse de recibo.

4. sesenta (60) días desde que se firmó el primer consentimiento para completar y entregar los consentimientos requeridos, de lo contrario el consentimiento no será efectivo.[203]

Estos son los mismos requisitos aplicables en el caso de que se trate del consentimiento por escrito de miembros de una corporación que no emita acciones.[204]

Lo tribunales han sido llamados en varias ocasiones a dirimir conflictos entre secciones de una ley, así como a determinar si el descansar en determinada sección creará resultados injustos.

Este ha sido el caso del Artículo 7.17 (A) en lo referente a permitir que un consentimiento por escrito sustituya el requisito bajo el Artículo 7.01 de la celebración de la reunión anual con el propósito principal de la elección de directores. Se considera derecho fundamental el voto y la celebración de una reunión anual para la elección de los directores quienes dirigirán los asuntos corporativos.

En el caso de *Hoschett v. TSI International Software, Ltd.*[205] el tribunal reconoció este derecho fundamental al voto, que la celebración de la reunión anual es un requisito mandatorio y que en la misma se informe a los accionistas de, y ellos atenderán, otros asuntos además de la elección de directores; se requiere pues un elemento de deliberación. A ello se

---

[203] Art. 7.17 (C)
[204] Art. 7.17 (B)
[205] *Hoschett v. TSI International Software, Ltd.*, supra

refiere el tribunal como el "mecanismo residual" de democracia corporativa. Resuelve que por medio de un consentimiento escrito se puede remover directores y llenar vacantes, entendiéndose que los nuevos directores se desempeñaron como tal hasta la próxima reunión anual de accionistas. Por ello el tribunal concluye que el consentimiento por escrito prestado no satisface el requisito de la reunión anual de accionistas.

Con posterioridad a la decisión de *Hoschett*, Delaware enmendó su Ley de Corporaciones en la sección referente a la reunión anual a los efectos de autorizar que por un consentimiento por escrito no unánime en sustitución de una reunión anual sólo se podrá designar directores para la junta cuando todas las posiciones están vacantes. De esta manera atendió el posible conflicto entre secciones de la ley.

Inciso D

La nueva LGC añadió el Inciso D a los efectos de permitir que el consentimiento se tramite por comunicación remota u otra transmisión electrónica. Esto siempre que se pueda verificar al accionista o persona autorizada y la fecha en que se transmitió la comunicación.[206]

El requisito de la entrega se satisfará cuando el consentimiento sea reproducido en papel y entregado según la disposición del Artículo 7.17(A). Igualmente se debe cumplir con los sesenta (60) días del Artículo 7.17(C).

Inciso E

Una reproducción integra confiable del consentimiento por escrito original puede ser utilizada para cualquier propósito que se pueda utilizar el original.

Si el consentimiento no es unánime, esto es, no está suscrito por todos los accionistas o por todos los miembros, se notificará sin dilación la acción así tomada a los accionistas o miembros que no dieron su consentimiento y que de haberse tomado la acción en una reunión hubiesen tenido derecho a ser notificados.

[206] Ley General de Corporaciones de 2009, Artículo 7.17 (D) (1)

Si se requiere que se certifique la aprobación del asunto obtenido por este método, dicha certificación deberá consignar que el consentimiento fue obtenido por escrito y que su notificación se dio de conformidad con este Artículo 7.17.[207]

Artículo 7.18 – Renuncia a notificación

Permite la renuncia a cualquier notificación requerida bajo la LGC, el Certificado de Incorporación o los estatutos. Esta renuncia suscrita por la persona con derecho a recibir la notificación se hará por escrito o mediante transmisión electrónica, antes o después de la fecha consignada en la notificación. No es necesario hacer referencia en la renuncia al asunto o propósito de la reunión.

También se considera renuncia a la notificación, la comparecencia o participación en la reunión por la persona con derecho a ser notificado, excepto si esa persona comparece con el único propósito de objetar a la celebración de la reunión por falta de la convocatoria o notificación requerida.

Artículo 7.19 – Excepciones al requisito de notificación

Inciso A

La LGC contempla unas excepciones al requisito de notificación. La primera de dichas excepciones es cuando la persona con derecho a recibir la notificación bajo la ley, el Certificado de Incorporación o los estatutos se encuentra en una posición en que es ilícito comunicarse con ella. No se requerirá en este caso notificación ni hay obligación de solicitar permiso a alguna agencia gubernamental para comunicarse con esta persona. La acción tomada o la reunión así efectuada tendrá la misma validez que si se hubiera cumplido con el requisito de notificación. Una certificación sobre la acción tomada consignará las circunstancias bajo la cual se cumplió con la notificación.

Inciso B y C

Este artículo dispone otra excepción al requisito de notificación a accionistas o miembros. Aplica la excepción cuando se les han enviado

[207] Ley General de Corporaciones de 2009, Artículo 7.17 (F)

por correo a su dirección según conste en los libros de la corporación y han sido devueltas por ser imposible entregarlas:

1. la notificación de dos reuniones anuales consecutivas y de todas las notificaciones de acciones tomadas por consentimiento escrito durante el plazo entre dos reuniones anuales, o

2. por lo menos dos pagos enviados por correo de primera clase, de dividendos o intereses sobre valores durante un término de doce meses.

Bajo alguna de estas dos excepciones, cualquier acción o reunión efectuada tendrá la misma validez como si se hubiese dado debidamente la notificación. Más en este segundo caso, si se requiere alguna certificación de la acción tomada no tendrá que consignar que no se notificó a las personas que les fue de aplicación esta excepción.

Si la persona notifica por escrito a la corporación su dirección actual, se restaurará el requisito de notificación que le sea aplicable.[208]

Artículo 7.20 – Poderes del Tribunal en elecciones de directores

Inciso A

En cualquier procedimiento establecido ante el Tribunal Superior bajo el Artículo 7.01 (reunión de accionistas); Artículo 7.04 (voto acumulativo) o Artículo 7.15 (impugnación de elección de directores) este Tribunal determinará el derecho y poder de votar del accionista o miembros que lo reclame. Así mismo atenderá y decidirá sobre problemas de notificación, quórum, y derechos de otros a participar en la votación.

Entre los poderes que tiene el Tribunal está el designar una persona para llevar a cabo la elección contemplada bajo los citados artículos y bajo aquellas órdenes y poderes que el Tribunal crea propio. En caso de incumplimiento por la corporación, el tribunal podrá imponerle una penalidad.

[208] Ley General de Corporaciones de 2009, Artículo 7.19 (B)

Inciso B

Si algún oficial o director incumple una orden emitida, el Tribunal podrá penalizarlo por rebeldía; si la corporación incumple alguna orden emitida, el Tribunal podrá imponerle una penalidad que no excederá de $5,000.00.

Artículo 7.21 – Notificación por Transmisión Electrónica

Inciso A

Hemos discutido bajo otros artículos cómo se implementa en los mismos la intención del legislador de expandir el uso que las corporaciones pueden dar a la nueva tecnología. A esos efectos el Artículo 7.21 añade otro método para cursar una notificación a accionistas o miembros[209] de una corporación: en forma de transmisión electrónica. Esto será permitido para cualquier notificación requerida por la LGC, el Certificado de Incorporación o los estatutos. El requisito para ello es que el accionista o miembro haya consentido a dicha transmisión electrónica. Vemos pues otra clausula opcional que podrá incluirse en el Certificado de Incorporación o los estatutos.

El consentimiento otorgado por el accionista o miembro podrá ser revocado mediante notificación escrita a la corporación.

La LGC provee para que se entienda revocado el consentimiento cuando la corporación no puede hacer uso de este método de notificación en dos ocasiones consecutivas. La persona encargada de dar la notificación tomará conocimiento de tal inhabilidad y su efecto revocatorio. El que involuntariamente no se tome conciencia de tal inhabilidad y su efecto revocatorio no invalidará ninguna reunión o acción tomada como si no se hubiese dado la revocación.[210]

Inciso B

Las notificaciones por transmisión electrónica contempladas bajo el Inciso A de este Artículo se entenderán efectuadas:

---

[209] Ley General de Corporaciones de 2009, Artículo 7.21 (D)
[210] Ley General de Corporaciones de 2009, Artículo 7.21 (A)(2)

1. si se dan mediante facsímil cuando sean dirigidas al número al que el accionista consintió.

2. si por correo electrónico, cuando sean dirigidas a la dirección que el accionista consintió.

3. si se anuncia en una red electrónica y a la vez se envía notificación separada, a lo que ocurra posterior entre el anuncio o la notificación separada.

4. por cualquier otro medio de transmisión electrónica cuando va dirigida al accionista o miembro.

Una declaración jurada de un agente de la corporación a los efectos de que la notificación fue efectuada por transmisión electrónica constituirá prueba prima facie de la notificación en ausencia de fraude.

Inciso C

Contiene la definición de "transmisión electrónica": cualquier forma de comunicación, que no incluye directamente la transmisión física de papel, que crea un record que puede ser retenido, recuperado y revisado por quien lo recibe y que puede ser reproducido automáticamente en forma de papel.

Inciso D y E

Este Artículo 7.21 no aplicará a las disposiciones de los Artículos 5.01 (mora en el pago de las acciones); Artículo 11.01 (revocación de disolución voluntaria); Artículo 11.02 (renovación y restauración del Certificado de Incorporación); Artículo 12.03 (embargo y venta de acciones de capital).[211]

[211] Ley General de Corporaciones de 2009, Artículo 7.21 (D)

Artículo 7.22 – Notificaciones a accionistas que comparten una dirección

Inciso A

En el caso de accionistas o miembros que compartan una dirección, y con el consentimiento de estos accionistas, una sola notificación escrita dirigida a ambos será suficiente.

Este consentimiento puede ser revocado por el accionista o miembro mediante notificación por escrito.

Inciso B

Un accionista o miembro que no se oponga por escrito a la intención de la corporación de enviar una sola notificación dentro de sesenta (60) días de haber recibido dicha notificación, se entenderá que consintió a ello.

Incisos C y D

Este Artículo 7.22 no aplicará a las notificaciones requeridas bajo los artículos 5.10; 11.01; 11.02 y 12.03 de la LGC.[212]

Sometemos a modo de ejemplo el orden a seguirse en los procedimientos de una reunión de accionistas o de directores:

1. Verificación de que se cumplió con los requisitos de notificación o convocatoria. Los comparecientes pueden renunciar (waive) su derecho a ser debidamente convocados o puede el accionista comparecer al mero efecto de impugnar la convocatoria por no cumplir con los requisitos aplicables. Si no se da la renuncia o prevalece la impugnación no puede continuarse la reunión por no considerarse debidamente convocada.

[212] Ley General de Corporaciones de 2009, Artículo 7.22 (D)

2. Verificación de quórum según establece el Artículo 7.06. De no darse el quórum requerido, no podrá continuarse con la reunión. Si se continúa todo lo que se apruebe en la misma no tendrá validez alguna por no considerarse válidamente celebrada.

3. Aprobación de la agenda

4. Discusión y aprobación o rechazo de los asuntos presentados por el número de votos requeridos bajo el Certificado de Incorporación o los estatutos o en su defecto, por la LGC para ello.

5. Presentación de asuntos nuevos; aprobación o rechazo de estos asuntos según el párrafo cuatro (4) anterior.

6. Cierre de la reunión.

En cualquier momento luego de la verificación del cumplimiento con la convocatoria y el quórum, a petición de algún accionista o director, se puede aprobar por el voto requerido la suspensión de la reunión. En este caso se procederá a señalar lugar, fecha y hora de la continuación de la reunión. Para la continuación de la reunión no se exigirá verificación de notificación o quórum pues lo satisface la determinación de la reunión suspendida.

Capítulo VIII. Enmienda al Certificado de Incorporación; Cambios al Capital Corporativo

El Certificado de Incorporación se considera un contrato entre la corporación y los accionistas, así como entre la corporación y el estado.[213]

La LGC establece que el Certificado de Incorporación podrá ser enmendado en cualquier momento y en cualquiera de sus cláusulas excepto aquellas que son parte de su historia, como la fecha de radicación y el incorporador. Estas enmiendas se consideran cambios fundamentales al contrato por lo que la LGC impone que se observen ciertas protecciones a las partes.

El Artículo 8 establece algunas de estas protecciones dependiendo de si al momento que se desee efectuar la enmienda la corporación ha recibido o no pagos con cargo al capital.

Bajo ambas circunstancias, le corresponde a la junta de directores o al organismo directivo de la corporación el proponer y aprobar la enmienda contemplada. Es por ello que estos organismos tienen un rol crítico de salvaguardar los intereses de los accionistas o de los miembros así como de los otros constituyentes corporativos, sujetándolos a su correspondiente responsabilidad fiduciaria.[214]

Al considerar las enmiendas al Certificado de Incorporación, la LGC requiere que, además de la aprobación por la junta de directores o del organismo directivo, la misma sea aprobada a su vez por los accionistas o por los miembros cuando se trate de un organismo sin accionistas. Estos tendrán derecho a votar en contra de la enmienda propuesta o impugnarla reclamando que su aprobación fue el resultado de una violación del deber

---

[213] *Trustees of Dartmouth College v. Woodward,* supra

[214] *Farahpour v. DCX, Inc.*, 635 A. 2d. 894, 895-896 (Del 1994). "A Delaware corporation can make fundamental changes in its structure and purposes through amendments to its certificate of incorporation pursuant to resolutions passed by its board of directors."

fiduciario de la junta de directores o del organismo directivo que la aprobó en primera instancia, o que hubo fraude en la aprobación de la misma.

Artículo 8.01 – Enmiendas antes de recibirse pagos con cargo a capital

Inciso A

Estas enmiendas pueden darse en cualquier asunto que hubiese sido lícito incluir en el Certificado de Incorporación original. Lo que no sea permisible incluir en el certificado original no puede hacerse vía una enmienda a dicho certificado.

Inciso B

Una mayoría de los incorporadores adoptará la enmienda, o si en el Certificado de Incorporación se designaron directores o miembros, o si los mismos ya han sido electos, una mayoría de estos.

Se preparará un certificado donde se haga constar la enmienda, que la corporación no ha recibido pago por sus acciones y que la enmienda fue debidamente adoptada. El certificado será otorgado, autenticado, radicado y registrado conforme al Artículo 1.03. Una vez radicado se considerará el Certificado de Incorporación original enmendado desde la fecha en que el mismo entró en vigor. Se retrotraerán los efectos de la enmienda a la fecha de efectividad del certificado original, como si siempre hubiese estado en el mismo, excepto a lo que respecta a aquellas personas a quienes la enmienda los afecte en forma sustancial adversa a las cuales la enmienda tendrá vigencia a la fecha de radicación del certificado de enmienda.

Artículo 8.02 – Enmiendas al Certificado de Incorporación después de recibirse pagos por sus acciones, o en el caso de una corporación sin acciones de capital

Inciso A

Igual que bajo el inciso anterior, el certificado podrá enmendarse en cualquier momento y en cualquier asunto siempre y cuando dichas enmiendas contengan disposiciones que serían lícitas incluir en el Certificado de Incorporación original.

En caso de que la enmienda contemplada implique un cambio en las acciones de capital o en los derechos de los accionistas, deberá incluirse en el certificado las disposiciones necesarias para efectuar todos los cambios.

A. Este inciso ofrece algunos ejemplos de posibles enmiendas como:

1. cambio de nombre
2. cambio en la naturaleza o propósitos de la corporación
3. cambios en el capital autorizado, en las preferencias o derechos de los accionistas
4. cancelar o afectar el derecho a recibir dividendos acumulados
5. crear nuevas clases de acciones
6. cambiar su término de vigencia

En un certificado de enmienda se puede efectuar uno o varios cambios al Certificado de Incorporación original.

Solo debemos recordar que no se puede efectuar por medio de una enmienda al Certificado de Incorporación aquello que por ley, moral o el orden público no se podía incluir en el Certificado de Incorporación original.

Inciso B

1. Detalla el procedimiento a seguir en el caso de enmiendas al Certificado de Incorporación una vez recibidos pagos por las acciones:

   a. junta de directores aprueba una resolución donde conste la enmienda propuesta, se exponga su conveniencia y se convoca a una reunión extraordinaria de accionistas con derecho al voto.

   b. la convocatoria contendrá el texto íntegro o un resumen breve de los cambios propuestos, según determinen los directores

   c. en la reunión de accionistas se vota a favor o en contra de la enmienda, la cual debe ser aprobada por mayoría de los tenedores de acciones con derecho al voto.

d. de prevalecer la enmienda se expedirá certificado que consigne la enmienda, y se certificará que fue debidamente aprobada.

e. el certificado será otorgado, autenticado, radicado y registrado conforme al Artículo 1.03

2. Establece un derecho al voto por vía de excepción. Si la enmienda hubiere de aumentar o reducir el total de las acciones autorizadas de una clase o el valor par de las mismas o alterar las preferencias, derechos o facultades especiales de tal clase de modo que las afecte adversamente, los tenedores de las acciones en circulación de dicha clase tendrán derecho a votar con respecto a la enmienda. Si la enmienda propuesta no afecta la clase entera solo tendrán derecho al voto los tenedores de las acciones que se verían afectadas por la enmienda contemplada.

La LGC dispone que el número de acciones autorizadas de cualquier clase o clases de acciones no puede disminuirse a menos del número de las acciones entonces en circulación. Salvo esta prohibición, se podrá aumentar o disminuir el número de acciones autorizadas de cualquier clase por el voto a favor de la mayoría de las acciones con derecho al voto sin tomar en consideración este voto por vía de excepción cuando así se provea en el Certificado de Incorporación original o en cualquier enmienda aprobada con anterioridad a la creación de esta clase de acciones.

Esta disposición provee un mecanismo de protección a los accionistas minoritarios contra abusos por parte de los accionistas mayoritarios. Al conceder este derecho al voto por vía de excepción se busca evitar que mediante el aumento en el número de acciones de alguna clase se diluya el poder de los hasta entonces tenedores de las acciones ya emitidas de esa misma clase.

3. Establece el procedimiento de enmiendas al Certificado de Incorporación para aquellas corporaciones que no emiten acciones de capital.

El procedimiento a seguirse es el siguiente:

a. El organismo directivo aprueba resolución consignando la enmienda propuesta y su conveniencia

b. Una vez aprobada la enmienda por la mayoría de los miembros se otorgará, autenticará y radicará el certificado de enmienda.

El Certificado de Incorporación podrá contener una disposición que requiera para la aprobación de la enmienda un porcentaje determinado de votos de los miembros o clases de miembros, en vez de por mayoría.

4. Establece que cuando el Certificado de Incorporación contenga una disposición que requiera una proporción mayor a la requerida por cualquier artículo de la LGC, esta disposición no podrá ser alterada o eliminada excepto por tal proporción mayor.

Inciso C

Autoriza a la Junta de Directores o al organismo directivo a desistir de la enmienda radicada previo a que la misma advenga efectiva, sin que dicho desistimiento requiera aprobación por parte de los accionistas o miembros, cuando así lo disponga la resolución que autorizó dicha enmienda.

Artículo 8.03 – Retiro de Acciones

Podemos clasificar las acciones representativas del capital corporativo en tres grupos:

1. autorizadas: acciones que el Certificado de Incorporación autoriza a emitirse (en aquellas clases, números, valores, restricciones, etc. que se especifiquen)

2. emitidas y en circulación: acciones en manos de terceros

3. emitidas, pero no en circulación: acciones que regresaron a la corporación, comúnmente llamadas acciones en tesorería

Inciso A

Autoriza a la junta de directores mediante resolución a retirar cualesquiera acciones que estén emitidas pero no en circulación.

Inciso B

A menos que el Certificado de Incorporación lo prohíba, estas acciones autorizadas y no en circulación podrán ser emitidas de nuevo. Cabe señalar si esas acciones tenían asignado en el Certificado de Incorporación un valor par este no será de aplicación en esta nueva emisión, pues como señaláramos anteriormente, el valor par solo aplica a la emisión inicial de las acciones con esta característica.

Si el Certificado de Incorporación prohíbe que dichas acciones sean emitidas de nuevo, esto se consignará en un certificado que declare su retiro, el cual será otorgado, autenticado y radicado. Se dará así una enmienda al Certificado de Incorporación reduciendo el número de acciones autorizadas de la clase a que pertenecían, y si esas acciones así retiradas constituían la totalidad de las acciones de esa clase, se elimina del Certificado de Incorporación toda referencia a esa clase.

Inciso C

La reducción del capital corporativo mediante el retiro de acciones, se efectuará conforme al Artículo 8.04.

<u>Artículo 8.04- Reducción de capital</u>

Inciso A

Establece los medios mediante los cuales una corporación podrá llevar a cabo una reducción de su capital. Comienza con una resolución de la Junta de Directores autorizando dicha reducción ya sea por:

1. retiro o eliminación del capital representado por las acciones retiradas

2. adjudicando a una compra o redención de acciones de capital en circulación todo o parte del capital representado por las acciones compradas o redimidas.

3. adjudicando a una conversión o permuta de acciones en circulación el capital representado por las acciones convertidas o permutadas o el capital que no ha sido asignado a ninguna clase de acción, o

4. transfiriendo al sobrante capital que no esté representada por ninguna clase de acciones, capital recibido en exceso del valor par de acciones o capital representada por acciones sin valor par.

Estas transferencias a sobrante pueden hacer disponible los fondos así transferidos para la distribución de dividendos o para la creación de reservas de capital.

Inciso B

Establece la prohibición de efectuar una merma o deterioro de capital ("impairment of capital") que resultaría si los activos que quedan luego de la reducción de capital no sean suficientes para satisfacer cualesquiera deudas de la corporación.

Una reducción de capital no librará de responsabilidad a un accionista por el pago total de sus acciones.

Artículo 8.05 – Actualización del Certificado de Incorporación

Inciso A

La corporación podrá integrar en un solo documento todas las disposiciones vigentes de su Certificado de Incorporación y simultáneamente hacer otras enmiendas al mismo mediante la adopción de un Certificado de Incorporación Actualizado.

Inciso B

Si el Certificado de Incorporación actualizado solo integra pero no contiene enmienda adicional a las ya efectuadas, el mismo podrá ser adoptado por la Junta de Directores sin que se requiera voto de aprobación por los accionistas, salvo que los directores lo sometan a los accionistas para aprobación, en cuyo caso se seguirá el proceso del Artículo 8.02 como si se tratare de una aprobación de enmiendas.

Recordemos que si el Certificado de Incorporación actualizado contiene una enmienda nueva, se requiere la aprobación de los accionistas según prescrito por el Artículo 8.02, o el 8.01 si no se ha recibido ningún pago por las acciones.

Inciso C

Detalla el contenido requerido del certificado actualizado. A esos efectos consignará:

1. que se trata de un Certificado de Incorporación Actualizado
2. nombre actual de la corporación y el nombre bajo el cual se incorporó originalmente
3. fecha de radicación del certificado original
4. que fue adoptado conforme a este artículo
5. si sólo fue aprobado por la Junta de Directores, que únicamente modifica e integra y no enmienda, que se incluye lo hasta entonces enmendado y no existen discrepancias entre estas disposiciones y las del certificado actualizado.

Este certificado actualizado podrá omitir las disposiciones del certificado original que menciona el incorporador, la junta de directores inicial y los suscriptores originales de acciones, así como las disposiciones referentes a enmiendas necesarias para efectuar el canje, reclasificación o cancelación de acciones, que están vigentes. Estas omisiones no se consideran enmiendas adicionales.

Por no considerarse que se están efectuando enmiendas y que se trata solamente de una actualización de lo registrado, no se requiere aprobación de la Junta de Accionistas, únicamente será aprobado por la Junta de Directores.

Inciso D

El Certificado de Incorporación modificado se otorgará, autenticará y radicará conforme al Artículo 1.03. Una vez radicado sustituye el Certificado de Incorporación original y de ahí en adelante el mismo, así como cualquier enmienda o cambio que se le efectuaren, constituirá el Certificado de Incorporación, retrotrayéndose su efecto a la fecha de radicación del certificado original.

Capítulo IX.
Venta de Activos, Disolución

El Artículo 2.02 (D) de la LGC autoriza a las corporaciones a vender, arrendar, permutar o en cualquier otra forma transferir o gravar, total o parcialmente, su propiedad y activos, o cualquier interés en los mismos, dondequiera que estén sitos. Estos poderes deberán ser ejercidos para beneficio de los accionistas.[215]

Cuando la venta, arrendamiento o permuta de los activos corporativos se realizan como parte de las operaciones regulares del negocio corporativo, serán los directores y los oficiales según sus respectivos cargos, los encargados de tomar la decisión correspondiente. Para ello no se requerirá aprobación de los accionistas. Corresponde a la Junta de Directores el dirigir los negocios y asuntos de la corporación. [216]

Si la transacción contemplada incluye la venta, arrendamiento o permuta de todos o sustancialmente todos los bienes y activos, la LGC establece el procedimiento y los requisitos para que dicha transacción pueda ser efectuada. Esto ya que el negocio corporativo lo constituye la suma de sus activos, tangibles e intangibles, y el disponer de todos o sustancialmente todos estos activos resultará en dejar la corporación sin un negocio que operar.

Artículo 9.01 – Venta, arrendamiento o permuta de activos; causa; procedimiento

Inciso A

Autoriza a la Junta de Directores,[217] a un comité de la misma o al organismo directivo de la corporación, a aprobar y recomendar para

---

[215] Art. 2.03

[216] Art. 4.01

[217] El Art. 4.01 (C) (2) autoriza a las corporaciones incorporadas con posterioridad a la fecha de efectividad de la ley a ejercer esta facultad por medio de un comité de la Junta de Directores.

aprobación de los accionistas o de los miembros, según corresponda, la venta, arrendamiento o permuta de todos o sustancialmente todos los bienes y activos de la corporación, incluyendo la plusvalía y las franquicias corporativas. Dicha aprobación incluirá aquellos términos y condiciones y por la causa que la Junta de Directores o el organismo directivo juzgue conveniente y en los mejores intereses de la corporación, en particular que el precio a recibirse por estos activos sea el adecuado.

La causa podrá consistir en todo o en parte en efectivo u otros bienes, incluso acciones y otros valores de cualquier corporación. La resolución aprobada por la Junta de Directores o el organismo directivo deberá contener toda la información pertinente a la transacción y establecer la conveniencia para la corporación y por qué la transacción recomendada responde a los mejores intereses de la corporación.

Se convocará a los accionistas o a los miembros de la corporación con por lo menos veinte (20) días de antelación haciendo constar que se habrá de considerar tal resolución. Cuando los tenedores de la mayoría de las acciones en circulación con derecho al voto, o la mayoría de los miembros con derecho a votar, emitan resolución según la cual se aprueba la transacción recomendada, la misma podrá efectuarse.

En la aprobación y recomendación de la transacción contemplada por los directores estos estarán sujetos a sus deberes fiduciarios hacia y para la corporación. Igualmente los accionistas mayoritarios tienen un deber fiduciario hacia los minoritarios. El requisito de la buena fe permea todas las actuaciones, tanto de los directores como de los accionistas.

Si la venta de todos o sustancialmente todos los activos es a una subsidiaria donde la corporación vendedora es dueña de la totalidad de las acciones de la subsidiaria ("wholly owned subsidiary") no se requiere aprobación por los accionistas de la corporación matriz para la venta. En cuanto a la corporación adquirente, no se requiere aprobación de sus accionistas, la transacción estará cubierta por la facultad otorgada a los directores para manejar los negocios corporativos. Cuando la venta de todos o sustancialmente todos los activos se efectúa por una corporación en la cual el curso ordinario de sus operaciones consiste precisamente en la venta de casi todos los activos que posee el momento de la venta, no es de aplicación el Artículo 9.01. Estos negocios consisten mayormente en la compra y venta de lotes de mercancía que constituyen su inventario regular para la venta en el curso ordinario de su negocio. En este caso la autorización para la venta constituye parte de las funciones ordinarias de los directivos corporativos.

El Artículo 9.01 (A) no define en qué consiste "todos o sustancialmente todos" los bienes o activos. Los parámetros para su aplicación surgen de la jurisprudencia interpretando dicho artículo. En el caso de *Gimbel v. Signal Companies, Inc.* [218] se estableció que el requerir aprobación de los accionistas no se basaba en el tamaño cuantitativo de la venta en sí, sino además en el efecto cualitativo que ésta tendría sobre los negocios de la corporación.

En *Katz v. Bregman,*[219] se determinó que la venta del 51% de los activos de la corporación consistían "sustancialmente todos" los activos de la corporación cuando estos a vez generaban más de la mitad de las ganancias de la corporación. En ese caso los activos vendidos constituían el principal negocio de la corporación. La corporación vendida contemplaba dedicarse luego de la venta a un negocio radicalmente diferente.

La doctrina de *Katz*, fue reafirmada posteriormente en *Oberly v. Kirby*, [220] al establecer que en cuanto al impacto cualitativo de la venta, lo importante será determinar si la transacción es fuera de lo ordinario y afecta sustancialmente la existencia y propósito de la corporación. El caso *Hollinger, Inc. v. Hollinger Int'l, Inc.*[221], modificó el concepto esbozado en *Katz*. El tribunal determinó que la venta del periódico no requería aprobación de accionistas al rechazar que se tratase de sustancialmente todos los activos bajo la fórmula de *Katz*. Esto pues, a pesar de que probablemente se trataba del activo más importante de la corporación, los activos que quedaban del negocio luego de dicha venta, constituían un componente sustancial para sostener un negocio en marcha viable.

De manera que para determinar la aplicabilidad del Artículo 9.01 (A) y la necesidad de aprobación por los accionistas, se debe analizar si la transacción contemplada envuelve más de la mitad de los activos de la corporación, si a su vez estos activos generan más de la mitad de las ganancias de la corporación y si luego de efectuarse la venta, permuta o

---

[218] *Gimbel v. Signal Companies, Inc.*, 316 A. 2d 619 (Del. 1974)
[219] *Katz v. Bregman*, 431 A. 2d 1274 (Del. Ch. 1981)
[220] *Oberly v. Kirby*, 592 A. 2d 445 (Del. Ch. 1991)
[221] *Hollinger, Inc. v. Hollinger Int'l, Inc.*, 871 A. 2d. 1128 (2004)

arrendamiento de dichos activos quedará en el negocio un componente sustancial de activos que tienen un record pasado de rentabilidad y expectativa de crecimiento para sostener un negocio en marcha viable para la existencia y propósitos de la corporación.

Es importante señalar que la corporación vendedora, a diferencia de cuando se trata de una fusión o consolidación, continúa siendo responsable por sus derechos y obligaciones ante sus acreedores ya que las disposiciones aplicables a la venta de activos son independientes de las que cubren las fusiones.[222] Debe la corporación vendedora atender las disposiciones bajo el Código de Comercio aplicable a las compañías en la venta de lotes o a granel de mercaderías al contemplar el tipo de activos que la corporación va a vender.[223]

Inciso B

Les permite a los directores o al organismo directivo, desistir de la transacción aprobada por los accionistas o miembros sin que medie actuación adicional por parte de ellos, sujeto a algún derecho que hayan adquirido terceros al amparo del contrato en cuestión.

Inciso C

Aclara que para los propósitos del Artículo 9.01, la propiedad y los activos de la corporación incluyen los de cualquier entidad de la cual la compañía sea titular de todas sus acciones ("wholly owned subsidiary") o las controle. En estos casos, salvo que el Certificado de Incorporación lo establezca, no se requiere resolución de los accionistas o miembros de la corporación para vender, arrendar o permutar propiedad a la subsidiaria.

Artículo 9.02 – Hipoteca o prenda de activos

No se requiere aprobación de los accionistas para hipotecar o pignorar todos o cualquier activo de la corporación, excepto que el Certificado de Incorporación así la requiera. Esta facultad le es concedida a los directores por el Artículo 2.03 de la LGC. Algunos ejemplos son: hipoteca, o dar en prenda, colateral, o garantía.

---

[222] *Hariton v. Arco Electronics, Inc.*, 41 Del. Ch. 74 (1983)
[223] Ley Núm. 60 del 27 de abril de 1931, secciones 1, 2, según enmendada y Código de Comercio de Puerto Rico de Puerto Rico de 1932, Artículo 262, según enmendado.

Artículo 9.03 – Disolución de una corporación de empresa común de dos accionistas

La disolución es el cambio fundamental último de la corporación. Resulta en la muerte de la misma, su terminación como persona jurídica, la liquidación de sus activos, el pago de las deudas y la distribución prorrata a los accionistas del remanente o sobrante a cambio de las acciones que poseen.

Debemos distinguir entre las etapas implicadas en el proceso:

1. disolución es la terminación formal de la vida corporativa.
2. liquidación consiste del proceso de convertir los activos corporativos en efectivo o activos líquidos y pagar las deudas con el propósito de concluir los asuntos financieros.
3. finalización o "winding up" consiste en el proceso completo de liquidar los activos, pagar las deudas y distribuir el remanente entre los accionistas.

La LGC contempla tres tipos de disolución, cada una con su proceso particular: aquella que incluye la disolución de una empresa común de dos accionistas [224] ; la voluntaria de una corporación regular [225] ; la involuntaria[226].

Igualmente se produce la disolución cuando en el Certificado de Incorporación se establezca un periodo de duración de la corporación; al cumplirse dicho término sólo podrá continuar con el proceso de liquidación y finalización de sus activos. No podrá continuar operando sus negocios salvo que se enmiende el Certificado de Incorporación extendiendo el periodo de duración de la corporación. El que una corporación deje de operar sus negocios no implica que la misma haya sido disuelta, meramente estará inoperante. Igualmente el que haya dispuesto de todos sus activos no constituye una disolución.

La LGC establece el proceso a seguirse para que una corporación sea disuelta; el no cumplir con estos requisitos impedirá que la corporación

[224] Art. 9.03
[225] Art. 9.04 y 9.05
[226] Art. 9.13

sea legalmente disuelta. La franquicia corporativa continuará vigente y la corporación, sus accionistas, directores y oficiales sujetos a todas las imposiciones que legalmente les apliquen.

Inciso A

Las corporaciones donde hay dos accionistas, cada uno con cincuenta por ciento (50%) de las acciones son campo fértil de disputas entre accionistas. Una de esas disputas puede ser sobre la disolución de la corporación. El Certificado de Incorporación o un acuerdo suscrito entre accionistas pueden disponer como atender esta situación. En caso de que esto no se provea en el Certificado de Incorporación o por medio de un acuerdo, el Artículo 9.03 (A) establece un procedimiento especial de disolución para aquellos casos en que la corporación tenga solo dos (2) accionistas, cada uno de ellos poseyendo un cincuenta por ciento (50%) de las acciones y que se dediquen al logro de una empresa común. En caso de no lograr ponerse de acuerdo, este artículo provee un procedimiento expedito de disolución.

Los requisitos para que se alcance la disolución bajo este Artículo y el proceso a seguirse serán:

1. corporación organizada bajo el E.L.A. compuesta de dos accionistas, cada uno posee el cincuenta por ciento (50%) de las acciones.

2. dedicada al logro de una empresa común.

3. accionistas no pueden llegar a un acuerdo en cuanto a descontinuar la empresa y disponer de los activos corporativos.

En este caso, cualquiera de dichos accionistas podrá acudir al Tribunal Superior con petición que consigne:

1. que desea descontinuar la empresa común y disponer de los activos según el plan que ambos acuerden, o;

2. si no pueden acordar un plan, que la corporación quede disuelta;

3. acompañar copia del plan de descontinuación y distribución que el accionista peticionario propone, y;

4. certificación de que remitió una copia de la petición y del plan propuesto al otro accionista y a los directores y oficiales de la corporación. Tanto la petición, como la certificación deberán ser suscritas y autenticadas según el Artículo 1.03

Inciso B

Ambos accionistas tendrán un término de tres (3) meses desde radicada la petición contemplada en el Inciso A, para radicar una certificación suscrita y autenticada donde ambos declaren que han acordado un plan o modificación del mismo. En o antes de un (1) año desde la fecha de radicación deberán presentar ante el Tribunal una certificación suscrita y autenticada declarando que la distribución propuesta por el plan se ha completado.

De no cumplirse con estos requisitos y términos, el Tribunal podrá ordenar la disolución de la corporación y designar un síndico o administrador judicial para administrar y liquidar los negocios de la corporación según las facultades que les concede el Artículo 9.09.

Estos periodos de tres (3) meses y de un (1) año podrán prorrogarse por acuerdo entre los accionistas mediante la radicación ante el tribunal de una certificación suscrita y autenticada por ambos antes de la expiración del plazo en cuestión.

Para poder acogerse al procedimiento permisible bajo este Artículo 9.03 es requisito en primer lugar que la corporación se dedique a una empresa común ("joint venture"). Lo que constituye una "empresa común" fue atendido por el Tribunal Supremo en su opinión en el caso de *Lloréns, et al. v. Arribas, et al.*[227] El caso reafirma los requisitos para que un tribunal pueda ordenar la disolución de una corporación al amparo del Artículo 9.03. El Tribunal Supremo recurre a la normativa de Delaware por la identidad entre nuestro Artículo 9.03 y su análogo en la ley de Delaware.[228]

Estos requisitos son:

---

[227] *Lloréns, et al. v. Arribas, et al.*, 184 D.P.R. 32 (2011)

[228] Ley General de Corporaciones de Delaware, Sección 273

1. que se trate de una corporación organizada con arreglo a las leyes de Puerto Rico;

2. que tenga sólo dos (2) accionistas cada uno con el cincuenta (50%) de las acciones;

3. que se dedique al logro de una empresa común; y,

4. que haya un desacuerdo entre los accionistas sobre la deseabilidad de continuar la empresa común.

Se aclara que el Artículo 9.03 no aplica a toda compañía compuesta por dos (2) accionistas en la que cada cual posee el cincuenta por ciento (50%) de las acciones. Se requiere que la corporación se dedique a una "empresa común". De no ser así, será de aplicación la doctrina establecida en el caso de *Epstein v. F & F Mortgage, Corp.*[229], el cual analizaremos más adelante, y no el Artículo 9.03.

Para determinar si se trata de una "empresa común", los tribunales deberán analizar varios factores:

1. si hay comunidad de intereses en lograr el propósito común;

2. si existe un derecho de control conjunto;

3. si hay un interés propietario conjunto; que ambos aportan para lograr el fin común;

4. si hay derecho a compartir las ganancias y el deber de compartir las pérdidas.

La determinación será una de derecho basada en los hechos y evidencia del caso en particular para clasificar la corporación como una empresa común. Una vez se cumple con los cuatro (4) requisitos del Artículo 9.03 y se determine que se trata de una empresa común, el tribunal deberá ordenar la disolución, salvo que el tribunal entienda que la solicitud de disolución no fue de buena fe; que realmente no pretendía la disolución.

---

[229] *Epstein v. F & F Mortgage, Corp.*, 106 D.P.R. 211 (1977)

El tribunal distingue este caso del de *Planned Credit of P.R., Inc. v. Page,* [230] que se basó en el concepto de "empresa común" en la figura de una sociedad, o sea en una forma no-corporativa. En su manifestación no-corporativa su característica esencial será que se trata de una operación limitada a una sola transacción con un fin específico y restringido.

En la modalidad corporativa, que es la que contempla el Artículo 9.03, el elemento fundamental de la "empresa común" es que tenga un objetivo o fin específico y definido, con operaciones diversas y de naturaleza continua dirigida hacia ese fin específico.[231]

El tribunal distingue este caso del de *Epstein*[232]. En *Epstein,* se trataba de la disolución forzosa de una corporación compuesta por dos accionistas por partes iguales, involucrados en un tranque por conflictos insalvables entre ellos. La LGC entonces vigente no proveía para la disolución de la corporación bajo esos hechos. Ninguno de los accionistas tenía el control para hacer determinaciones.

El tribunal reconoce la regla en el Derecho Corporativo al efecto de que en ausencia de estatuto aplicable, las cortes no tienen jurisdicción para disolver una corporación, mas se han creado excepciones basadas en las circunstancias particulares de cada caso. El forzar la continuidad bajo ciertas circunstancias podría conllevar a pérdidas o hasta la insolvencia de la corporación.[233]

En *Epstein* el tribunal confirma la disolución ordenada y el nombramiento de un síndico en aseguramiento de sentencia basándose en que:

1. la LGC no prohíbe la disolución por vía judicial a la luz de los hechos presentes, por lo que;

2. invoca el espíritu de equidad del Artículo 7 del Código Civil, ante;

[230] *Planned Credit of P.R., Inc. v. Page,* supra

[231] El caso de *Lloréns, et al. v. Arribas, et al,* supra, se trataba de una corporación dedicada únicamente a la venta y distribución de farmacéuticos genéricos.

[232] *Epstein v. F & F Mortgage, Corp.*, supra

[233] *Rosales, et al. v. Cartagena*, 39 D.P.R. 876 (1929).

3. la posibilidad de insolvencia que constituía una amenaza constante;

4. la LGC concede al tribunal la facultad para nombrar administrador judicial o síndico liquidador, si no se da la debida atención a los asuntos corporativos en situaciones de un tranque.[234]

El Artículo 9.03 atendió la situación creada por un tranque, como sucedió en *Epstein,* únicamente cuando se trata de corporaciones de dos accionistas dedicados a una empresa común. Se analizarán los hechos particulares del caso para llegar a esa determinación. De determinarse que no se trata de una corporación dedicada a una empresa común, el Tribunal Supremo en *Lloréns* concluye que se recurrirá a la doctrina establecida en *Epstein.* Recordemos que en ese caso, el tribunal basó su decisión en los hechos particulares del caso, al hacer uso de la doctrina de equidad.

Artículo 9.04 – Disolución previa a la emisión de acciones o al comienzo de la gestión corporativa

Antes de emitir acciones o de comenzar negocios, la mayoría de los incorporadores o directores, si fueron designados en el Certificado de Incorporación o electos, pueden renunciar a la franquicia y derechos corporativos. A esos efectos radicarán en el Departamento de Estado un Certificado de Disolución, debidamente suscrito y autenticado, haciendo constar que:

1. no se han emitido acciones o que no ha comenzado gestión corporativa;

2. no se ha pagado ninguna parte del capital o de haberse pagado, la cuantía pagada menos la parte desembolsada para gastos necesarios, ha sido devuelta;

3. todos los certificados de acciones emitidos han sido devueltos y cancelados;

4. se renuncia a todos los derechos y franquicias de la corporación.

---

[234] Art. 7.16

Al advenir eficaz el certificado de renuncia, según el Artículo 1.03, la corporación quedará disuelta, salvo que en el certificado se hubiese solicitado una fecha de vigencia posterior, que no podrá exceder de noventa (90) días.[235]

Artículo 9.05 – Procedimiento de disolución

Incisos A y B

Este artículo establece el procedimiento a seguirse para obtener la disolución corporativa cuando se han emitido acciones y se ha comenzado operaciones. El procedimiento, para el cual se requiere estricto cumplimiento, es el siguiente:

1. la Junta de Directores aprueba por mayoría absoluta en reunión convocada para ese propósito, una resolución donde se señala que la disolución es conveniente para los intereses corporativos.

2. se notifica la resolución por correo a cada accionista con derecho al voto y se les convoca a reunión para votar sobre la disolución.

3. la mayoría de las acciones en circulación con derecho al voto aprueba la disolución.

4. se otorga, autentica y radica el Certificado de Disolución en el Departamento de Estado.

En el Certificado de Disolución se hará constar:

1. nombre de la corporación;

2. fecha en que se autorizó la disolución;

3. que la disolución fue autorizada de acuerdo con este Artículo 9.05;

4. nombres y direcciones residenciales de los directores y oficiales.

---

[235] Art. 1.03 (D)

Antes o al momento de la radicación del Certificado de Disolución, la corporación notificará la disolución por correo a cada acreedor conocido.

Inciso C

Provee un proceso alternativo mediante el consentimiento unánime por escrito de los accionistas a la disolución. En este caso no será necesaria acción alguna por parte de la Junta de Directores. El Certificado de Disolución deberá consignar que la disolución se aprobó conforme a lo dispuesto en este Artículo 9.05 (C) y se radicará ante el Departamento de Estado. En o antes de la radicación se notificará la disolución por correo a los acreedores. Cuando sea eficaz según el Artículo 1.03 el Certificado de Disolución, se producirá la disolución de la corporación.

Inciso D

Permite en la resolución de los accionistas o miembros aprobando la disolución, autorizar a la Junta de Directores o al organismo directivo, a desistir de la disolución sin necesidad de aprobación por los accionistas o miembros.

Artículo 9.06 – Disolución de una corporación sin acciones; procedimiento

El procedimiento para la disolución de una corporación sin acciones es básicamente igual al de las corporaciones con acciones de capital. En este caso será el organismo directivo o los miembros facultados para votar, en lugar de la Junta de Directores o los accionistas, quienes llevarán a cabo los actos requeridos bajo el Artículo 9.05 o el Artículo 9.04 en caso de que la corporación no haya comenzado los negocios.

Artículo 9.07 – Pago de impuestos antes de la disolución

La emisión de un Certificado de Disolución o la disolución involuntaria de la corporación no extinguen los impuestos, primas o derechos adeudados al Estado Libre Asociado o a los municipios. No se requiere para la radicación del Certificado de Disolución que se demuestre estar al día en el pago de sus impuestos.

Artículo 9.08 – Continuación limitada de la personalidad jurídica corporativa después de la disolución

La personalidad jurídica de una corporación disuelta voluntaria o involuntariamente continuará por tres (3) años a partir de la fecha de disolución, o por un plazo mayor según disponga un tribunal, a los únicos efectos de:

1. llevar adelante los pleitos entablados por ella;

2. proseguir con la defensa de cualquier pleito entablado contra ella, civiles, criminales o administrativos;

3. liquidar y terminar el negocio.[236]

4. cumplir con sus obligaciones;

5. distribuir a los accionistas los activos restantes.

En caso de acción o pleito entablado por o contra la corporación antes de su disolución o dentro de los tres (3) años siguientes a su extinción, la entidad corporativa continuará hasta que se ejecutan las sentencias, órdenes o decretos resultantes de dichos pleitos sin necesidad de disposición por parte del tribunal de dicha extensión.

Una vez disuelta la corporación no podrá continuar operando el negocio al cual se dedicaba. Sólo subsistirá para la culminación de los asuntos reseñados en este Artículo 9.08.

En cuanto a los pleitos pendientes al disolverse la corporación, el Artículo 9.11 establece que los mismos continuarán; una vez se haga constar en el expediente del caso la disolución y los nombres de los síndicos o administradores judiciales, se continuará por o contra estos el pleito a nombre de la corporación, previa notificación a los mismos o a los abogados que los representen, hasta que recaiga sentencia final y firme.

---

[236] El nombre de la corporación forma parte de su propiedad, por lo que no se podrá registrar otra corporación con este nombre hasta tanto sea liquidada. *Nieves v. Vélez*, 64 D.P.R. 138 (1944)

Artículo 9.09 – Síndicos o administradores judiciales de corporaciones disueltas; designación; facultades; deberes

El nombramiento de administradores judiciales o síndicos por un tribunal puede darse en varias situaciones como por ejemplo: empate entre accionistas o directores, abandono de negocios, incumplimiento de órdenes; en el caso de corporaciones íntimas, por tranque entre accionistas.[237] El Artículo 9.09 contempla tal designación cuando ocurre la disolución de una corporación.

Luego de disuelta la corporación, cualquier acreedor, accionista, director o persona que a juicio del tribunal muestre justa causa, podrá solicitar al Tribunal de Primera Instancia (Sala Superior) el nombramiento de un síndico o administrador judicial. El tribunal puede designar como síndico a uno o a varios de los directores.

Las personas así designadas se harán cargo del patrimonio de la corporación, cobrarán los créditos y recobrarán los bienes pertenecientes a la corporación. Podrán entablar y defender a nombre de la corporación todos los litigios necesarios y nombrar agentes bajo sus órdenes. El propósito es autorizarlos para ejecutar todos los actos necesarios que la corporación hubiese realizado para la liquidación final de sus asuntos.

Estas facultades así concedidas durarán el término que el tribunal estime necesario para lograr la liquidación final de la corporación disuelta.

Artículo 9.10 – Deberes de los síndicos o administradores judiciales; pago y distribución a los acreedores y accionistas

Los síndicos o administradores judiciales pagarán todos los cargos, gastos y cuotas, así como los gravámenes especiales y generales, dentro del alcance de su prelación legal. El Artículo 9.14 establece un crédito preferente respecto a los otros acreedores no garantizados, concediendo prelación a lo adeudado por salarios o comisiones de empleados o vendedores dentro de los seis (6) meses anteriores a la disolución o pérdida de personalidad jurídica de la corporación, sin incluir a oficial alguno. Luego se pagarán las deudas corporativas, hasta donde los fondos que tengan en custodia alcancen. Entre esas deudas estará el monto de dividendos declarados y no pagados a los tenedores de acciones

[237] Artículos 7.16 y 14.15

preferidas, pues una vez se declara el dividendo, esos accionistas se convierten en acreedores de la corporación. Si los fondos no son suficientes, se distribuirán a prorrata entre los acreedores que verifiquen su crédito del modo que ordene el tribunal. Si quedara algún sobrante, se distribuirá el mismo entre los accionistas, o los representantes legales de los mismos, por corresponderles como titulares del residual.

Artículo 9.11- Efectos sobre pleitos pendientes

La disolución no frustrará pleitos pendientes sin que hubiera recaído sentencia. Se continuará contra los síndicos o administradores judiciales nombrados, previa notificación a los mismos o al abogado que los representa.

Artículo 9.12 – Responsabilidad de los accionistas de corporaciones disueltas

Incisos A, B, y C

Disuelta una corporación y distribuido a los accionistas el residual, estos no serán responsables por alguna reclamación contra la corporación en exceso de su porción prorrata de la misma, o hasta la cantidad que le fuere distribuida, lo que sea menor. Se preserva así el principio cardinal corporativo de la responsabilidad limitada. Los accionistas de la corporación disuelta no serán responsables por ninguna reclamación contra la corporación cuando la acción, pleito o procedimiento no es comenzado antes de los tres (3) años a partir de la fecha de la disolución.

Artículo 9.13 – Revocación o cancelación del Certificado de Incorporación; procedimiento

Como señaláramos anteriormente, la LGC contempla tanto la disolución voluntaria como la involuntaria. Este Artículo 9.13 dispone que el Tribunal de Primera Instancia tiene la facultad para ordenar la disolución involuntaria de una corporación.

Inciso A

A esos efectos el tribunal podrá revocar o cancelar los certificados de incorporación de cualquier corporación organizada bajo esta ley por razón de abuso, mal uso o desuso de las facultades, privilegios o franquicias corporativas. La correspondiente demanda será presentada por el Secretario de Estado, a iniciativa propia o instancia de parte.

Inciso B

El tribunal podrá designar administradores judiciales o tomar otras medidas para administrar y liquidar los negocios de toda corporación cuyo Certificado de Incorporación haya sido revocado o cancelado. Podrá también emitir las órdenes que fueren justas y equitativas en cuanto a los negocios, activos y derechos de los accionistas y acreedores.

Inciso C

No se podrá incoar procedimiento bajo este artículo por razón de desuso de los poderes, privilegios o franquicias corporativas durante los primeros dos (2) años siguientes a la incorporación.

Artículo 9.14 - Salarios; créditos preferentes

En caso de una disolución, voluntaria o involuntaria, pagados los costos y gastos necesarios para la conservación de los activos, tendrán prelación ante acreedores no garantizados, los salarios y comisiones devengadas por empleados o vendedores de la corporación dentro de los seis (6) meses anteriores a la perdida de la personalidad jurídica de la corporación; no se incluirá en ello a oficial alguno.

Artículo 9.15 – Disolución o pérdida de personalidad jurídica corporativa por decreto judicial; radicación

Al tribunal ordenar la devolución o la cancelación del Certificado de Incorporación, el Secretario del Tribunal radicará el decreto o sentencia en el Departamento de Estado. El Secretario de Estado lo anotará en el Certificado de Incorporación y en el índice correspondiente.

Capítulo X.
Fusiones y Consolidaciones

Las corporaciones en el desarrollo de sus negocios tienen que innovar y aumentar su valor y así el rendimiento de la inversión de los accionistas. Una de las formas de lograrlo es mediante una fusión o consolidación. Fusiones y consolidaciones son una clase particular de actividad comercial mediante la cual una entidad decide tomar control, adquirir o comprar, las operaciones productivas de otra entidad. Se trata de combinar negocios independientes en una organización comercial.

A las compañías involucradas en la transacción se les refiere como "compañías constituyentes". Mediante estas transacciones se busca el beneficio o valor añadido que las combinaciones puedan crear, ya sea porque el unir los activos u operaciones de dos o más entidades puede resultar en economías de escalas, en una gerencia más ágil y conocedora, o que la unión resulta en una operación más valiosa que las partes independientes que la componen. Así pues se busca producir y transferir ganancias y ejercer mayor poder sobre el mercado. Puede que el resultado sea una diversificación del producto o de la actividad comercial. Igualmente se puede obtener un beneficio contributivo o reestructurar los asuntos financieros de las empresas.

Estos beneficios deben ser analizados a la luz de las posibles desventajas de la transacción contemplada, como podrían ser:

1. altos costos de la transacción

2. planes futuros no están basados en análisis reales

3. que el "due diligence" no fuese eficaz y se quedaran asuntos sin considerar y/o cuantificar

4. posibles fallas en la integración

5. costos relacionados con el ejercicio del derecho de avalúo por accionistas minoritarios

6. deudas y obligaciones que se adquieren por razón de la fusión o consolidación

Como veremos al estudiar este capítulo, la LGC provee una variedad de formas para efectuar y estructurar una fusión o consolidación, lo cual permite al abogado identificar la forma y estructura que más beneficiará a su cliente. Este capítulo provee la forma estatutaria para efectuar la transacción contemplada.

A esos efectos, se provee para la:

1. Fusión o consolidación de corporaciones domésticas;[238]

2. Fusión o consolidación de corporaciones domésticas y foráneas;[239]

3. Fusión de corporación matriz y subsidiaria o subsidiarias;[240]

4. Fusión o consolidación de corporaciones domésticas y compañías de responsabilidad limitada;[241]

5. Fusión o consolidación de las corporaciones domésticas y las asociaciones por acciones;[242]

6. Fusión o consolidación de corporaciones domésticas que no emiten acciones;[243]

7. Fusión o consolidación de corporaciones domésticas y foráneas que no emiten acciones de capital;[244]

8. Fusión o consolidación de corporaciones domésticas que emiten acciones y corporaciones domésticas que no emiten acciones;[245]

9. Fusión o consolidación de corporaciones domésticas o foráneas con acciones de capital y sin acciones;[246]

---

[238] Artículo 10.01
[239] Artículo 10.02
[240] Artículo 10.03
[241] Artículo 10.04
[242] Artículo 10.05
[243] Artículo 10.06
[244] Artículo 10.07
[245] Artículo 10.08

10. Fusión o consolidación de corporaciones domésticas o extranjeras con sociedades extranjeras.[247]

Los efectos de la fusión o consolidación en las corporaciones constituyentes podrán ser:

1. corporación que sobreviva la fusión continuará su existencia, las otras desaparecerán;

2. la corporación resultante en la consolidación comenzará su existencia, las otras cesarán;

3. todos los activos, propiedades o derechos, así como obligaciones, de las corporaciones constituyentes pasarán a la corporación sobreviviente o resultante;

4. el nombre de las corporaciones constituyentes podrá sustituirse en cualquier procedimiento legal pendiente, por el de la corporación sobreviviente o resultante;

5. el Certificado de Incorporación y el reglamento de la corporación sobreviviente se enmendarán según provea el acuerdo de fusión;

6. el Certificado de Incorporación o de organización de la nueva entidad advendrá efectivo.[248]

Los pasos básicos para efectuar una fusión o consolidación son:

1. Preparación del plan de fusión o consolidación que contenga los términos y condiciones aplicables;

2. Aprobación del plan por las correspondientes juntas de directores;

3. Aprobación del plan por los accionistas;

4. Radicación del acuerdo ante el Departamento de Estado.

---

[246] Artículo 10.09
[247] Artículo 10.14
[248] Artículos 10.10 y 10.12

Se espera que la gerencia provea toda la información necesaria sobre los beneficios, ventajas y desventajas de la transacción propuesta, que permita a los accionistas tomar una decisión informada. Por ello, se aplican de forma estricta los deberes fiduciarios que se requieren a los directores: el deber de lealtad y de diligencia en el desempeño de sus funciones. [249]

Artículo 10.01 – Fusión o consolidación de corporaciones domésticas

Este Artículo establece lo que constituye una fusión y una consolidación. Señala que una fusión es cuando dos o más corporaciones se unen (fusionan) en una de las corporaciones implicadas en la fusión (corporaciones constituyentes), sobreviviendo una de las corporaciones constituyentes y desapareciendo la otra u otras corporaciones constituyentes.

Consolidación es cuando dos o más corporaciones constituyentes se unen en una nueva corporación, organizada para éstos únicos propósitos.

Inciso A

Establece el procedimiento a seguir en una fusión o consolidación para corporaciones domésticas. El término "corporaciones domésticas" se define como corporaciones organizadas bajo las leyes del Estado Libre Asociado de Puerto Rico.

Inciso B

El procedimiento a seguirse por las corporaciones constituyentes para una fusión o consolidación comienza con la aprobación del acuerdo correspondiente por la Junta de Directores de cada una de las corporaciones constituyentes. La resolución de la Junta de Directores deberá aceptar el acuerdo de fusión o consolidación y exponer la conveniencia de dicho acuerdo. Este acuerdo deberá incluir:

1. los términos y condiciones de la fusión o consolidación;

---

[249] *Hewlett v. Hewlett-Packard Co.*, 28 Del. J. Corp. L. 309 (Del. Ch. 2002). Se les imputaba a los directores que intencionalmente prepararon y publicaron material falso y ejercer coerción para la aprobación de la transacción.

2. la forma y manera en que se va a implementar la misma;

3. en el caso de la fusión, las enmiendas o cambios al Certificado de Incorporación de la corporación constituyente que subsista, si alguno, y de no haber cambios o enmiendas, una disposición al efecto de que el Certificado de Incorporación de la corporación que subsiste continuará siendo el certificado de la corporación;

4. en el caso de la consolidación, deberá anejarse el Certificado de Incorporación de la nueva corporación y establecer que dicho Certificado de Incorporación será el certificado de la corporación resultante;

5. el modo de convertir las acciones de cada una de las corporaciones constituyentes en acciones u otros valores de la corporación que subsista en la fusión o se origine en la consolidación, o de cancelar todas o algunas de dichas acciones; y,

6. cualesquiera otros detalles que se estime necesario incluir, como por ejemplo, el pago de dinero en efectivo en lugar de la emisión de acciones.

Inciso C

El acuerdo será otorgado y autenticado con arreglo al artículo 1.03 de la LGC. Cualquier término del acuerdo podrá hacerse depender de hechos verificables.

El acuerdo de fusión o consolidación deberá someterse a la consideración de los accionistas de cada corporación constituyente, ya sea en la próxima reunión anual como en una reunión extraordinaria convocada con el propósito de considerar dicho acuerdo. La convocatoria a la reunión deberá enviarse por correo a todos los tenedores de acciones, tengan o no derecho al voto, por lo menos con veinte (20) días de antelación a la fecha de la reunión. La convocatoria incluirá la fecha, hora, lugar y propósito de la reunión. Además, la convocatoria incluirá copia del acuerdo o un resumen breve del mismo, según los directores estimen más apropiado al momento de aprobar la resolución de fusión o consolidación.

Para la aprobación del acuerdo de fusión o consolidación se requiere el voto a favor de la mayoría de las acciones en circulación de la corporación con derecho al voto sobre dicho acuerdo. Una vez aprobado el acuerdo el secretario o subsecretario de la corporación deberá certificar a tales efectos el acuerdo. Del acuerdo ser aprobado y certificado por cada corporación constituyente, se deberá proceder a radicar el acuerdo en el Departamento de Estado y entrará en vigor según provisto en el Artículo 1.03 de la LGC.

La corporación que subsista o se origine conforme a la fusión o consolidación, respectivamente, tendrá la alternativa de radicar en el Departamento de Estado un certificado de fusión o consolidación, en sustitución al acuerdo. Este certificado deberá consignar lo siguiente:

1. nombre y lugar de incorporación de cada una de las corporaciones constituyentes;

2. aseveración de que cada una de las corporaciones constituyentes ha aprobado, adoptado, certificado, otorgado y autenticado un acuerdo de fusión o consolidación;

3. nombre de la corporación que subsista o se origine;

4. en el caso de una fusión, los cambios o enmiendas, si alguno, al Certificado de Incorporación de la corporación que subsista. De no haber cambios o enmiendas, aseverar que el Certificado de Incorporación que subsiste continuará siendo el Certificado de Incorporación de la corporación.

5. en el caso de una consolidación, aseverar que el Certificado de Incorporación de la corporación resultante será el certificado de la corporación que se aneja al certificado de consolidación que se radica.

6. que el acuerdo de fusión o consolidación otorgado está disponible en la oficina designada de la corporación que subsista o se origine y consignar la dirección de la misma;

7. la corporación que subsista o se origine proveerá una copia libre de costo del acuerdo de fusión o consolidación a los accionistas de las corporaciones constituyentes que así lo soliciten.

Inciso D

El acuerdo puede incluir una disposición mediante la cual la Junta de Directores de cualquiera de las corporaciones constituyentes se reserva el derecho de dar por terminado el acuerdo radicado en el Departamento de Estado en cualquier momento antes de la efectividad del mismo, no obstante el acuerdo haber sido aprobado por los accionistas de las corporaciones constituyentes. En el caso que el acuerdo o certificado sea dado por terminado después de que el mismo haya sido radicado en el Departamento de Estado, pero antes de que el mismo haya entrado en vigor, deberá radicarse un certificado de terminación de fusión o consolidación con arreglo a lo dispuesto en el Artículo 1.03 de la LGC.

En el acuerdo se podrá disponer que en cualquier momento posterior a su radicación, pero anterior a la fecha en que advenga efectivo, la Junta de Directores de cualquier corporación constituyente podrán enmendar el mismo mediante la radicación de un certificado de enmienda, según dispuesto en el Artículo 1.03, siempre que dicha enmienda:

1. no cambie la cantidad o tipo de acciones, valores, dinero, bienes o derechos a recibirse;
2. no cambie ninguno de los términos del Certificado de Incorporación que subsiste o se origine;
3. el cambio no afecte de manera adversa a los tenedores de acciones de la corporación constituyente.

Este Inciso D será aplicable a fusiones o consolidaciones bajo el Artículo 10.02 que contempla fusión o consolidación de corporaciones domésticas y foráneas.

Inciso E

El Certificado de Incorporación de la corporación que subsista en una fusión, queda automáticamente enmendado por los cambios estipulados en el acuerdo.[250]

[250] Este Inciso E aplicará a fusión según el Artículo 10.02, bajo la cual subsista una corporación doméstica.

Inciso F

No será necesario el voto de los accionistas de la corporación constituyente que subsista para autorizar la fusión, salvo que el Certificado de Incorporación de la misma lo requiera, cuando:

1. el acuerdo de fusión no enmienda de manera alguna su Certificado de Incorporación;

2. toda acción de capital en circulación de esta corporación constituyente será idéntica a toda acción en circulación o en cartera de la corporación que subsista;

3. no se emitirán ni entregarán acciones comunes, ni valores convertibles en acciones comunes de la corporación que subsista, o si las acciones en cartera o a emitirse bajo el plan de fusión, unidas a las a emitirse al efectuar la conversión bajo el plan, no exceden el veinte por ciento (20%) de las acciones comunes en circulación antes de la fecha de efectividad de la fusión.

Igualmente, no será necesario el voto de accionistas de una corporación constituyente si antes de la adopción del acuerdo por su junta de directores no ha sido emitida ninguna acción de dicha corporación. El secretario de la corporación certificará en el acuerdo que el mismo fue aprobado según lo dispuesto en este Inciso F y que los hechos consignados continúan correctos inmediatamente antes de la radicación.

Sí se requerirá la aprobación de la junta de directores y de los accionistas de las corporaciones que desaparezcan.

Artículo 10.02 – Fusión o consolidación de corporaciones domésticas y foráneas; emplazamiento de la corporación que subsista o se origine

Inciso A

Se permite la fusión o consolidación entre una corporación doméstica y corporaciones organizadas en cualquier estado de los Estados Unidos o en el Distrito de Columbia o en cualquier jurisdicción fuera de los Estados Unidos. Esto siempre que las leyes de la otra jurisdicción lo permitan. La corporación que subsista o se origine podrá ser una doméstica o foránea.

Inciso B

El procedimiento es muy similar al establecido para fusión o consolidación de corporaciones domésticas bajo el Artículo 10.01. Se requiere que el acuerdo de fusión o consolidación sea adoptado, aprobado, certificado y autenticado por las corporaciones constituyentes al amparo de las leyes bajo las cuales están autorizadas. El mismo consignará los términos requeridos bajo el Artículo 10.01 (B) así como cualquier otra disposición que requieran las leyes de la jurisdicción foránea que se prescriba en el acuerdo como que regirán la corporación y que se puedan consignar en el acuerdo. Cualquier término podrá estar sujeto a hechos independientes verificables.

Inciso C

El acuerdo se radicará e inscribirá, y entrará en vigor según dispuesto en el Artículo 10.01 con respecto a las corporaciones domésticas. Se permite que en lugar de radicar e inscribir el acuerdo, se presente un certificado de fusión o consolidación cuyo contenido será el mismo que se requiere bajo el Artículo 10.01(C). Si la corporación que subsiste o se origina se organizará bajo las leyes del Estado Libre Asociado, consignar las acciones de capital autorizado de cada corporación constituyente que no sea organizada en el Estado Libre Asociado.

Inciso D

Si la corporación que subsiste o se origine se regirá por una jurisdicción foránea, esta deberá aceptar que se le emplace en el Estado Libre Asociado de Puerto Rico para cualquier procedimiento donde se exija el cumplimiento de obligaciones de cualquier corporación constituyente doméstica, o de cualquiera obligación que surja de la fusión o consolidación. Se incluye cualquier reclamación para hacer valer derechos de algún accionista bajo el procedimiento de avalúo a tenor con el Artículo 10.12.[251]

A esos efectos, la corporación foránea designará irrevocablemente al Secretario de Estado de Puerto Rico como su agente para recibir emplazamientos y consignará la dirección donde el Secretario de Estado

---

[251] Aunque el artículo referido en la ley es el 10.13, entendemos es un error y el correcto es el 10.12.

deberá enviar copia de tal emplazamiento y de cualquier otro documento que le fuese entregado, por correo con acuse de recibo. La parte demandante deberá notificar que el emplazamiento se hizo a tenor con este inciso y pagar los derechos establecidos en el Capítulo XVII. El Secretario de Estado mantendrá un registro de tales emplazamientos por un período de cinco (5) años.

Inciso E

Hace aplicable a cualquier fusión o consolidación bajo este artículo, lo establecido en el Inciso (D) del Artículo 10.01 sobre la capacidad de la junta de directores de dar por terminado el acuerdo, no obstante el mismo haya sido aprobado por los accionistas correspondientes. Igualmente, el Inciso (E) del Artículo 10.01 aplicará a una fusión efectuada con arreglo a este Artículo 10.02 en la cual la corporación que subsiste sea una doméstica. Se provee para que el Inciso (F) del Artículo 10.01 sea aplicable a cualquier fusión con arreglo a este Artículo 10.02.

Artículo 10.03 – Fusión de corporación matriz y subsidiaria o subsidiarias

Este artículo provee una excepción al requisito de que los accionistas deberán aprobar la fusión o consolidación para que la mima pueda efectuarse. Aplica en los casos donde la relación entre las corporaciones constituyentes sea una de matriz y subsidiaria. Esta transacción se conoce como "fusión corta" o "short form merger". Se permite que la fusión se efectúe sin que sea necesaria la aprobación del acuerdo por las juntas de directores de las subsidiarias ni por los accionistas minoritarios de las corporaciones constituyentes. Sólo se requiere la aprobación por la junta de directores de la corporación matriz. Se reconoce el derecho de avalúo para los accionistas minoritarios de la subsidiaria.[252]

El requisito único será que la corporación matriz posea al menos el noventa por ciento (90%) de las acciones con derecho al voto, de cada clase de acciones en circulación, de la o las corporaciones subsidiarias.

---

[252] Artículo 10.13 (B)

Inciso A

Cuando por lo menos el noventa por ciento (90%) de cada clase de las acciones en circulación con derecho al voto de una o unas corporaciones (corporación subsidiaria), sea propiedad de otra corporación (corporación matriz) y una de las corporaciones sea doméstica, aunque la otra u otras sean domésticas o foráneas, y las leyes de esas otras jurisdicciones permitan la fusión, la corporación propietaria podrá fusionar las otras corporaciones en ella o ella misma en las otras.

Para ello, la junta de directores de la corporación matriz otorgará, autenticará y radicará un certificado de título de propiedad y fusión, cumpliendo con el Artículo 1.03 de la LGC, consignando una copia de la resolución aprobando tal fusión y la fecha de adopción. En caso de que la corporación matriz no posea el cien por ciento (100%) de las acciones en circulación de las subsidiarias a fusionarse, la resolución de su junta de directores de la matriz consignará los términos y condiciones de la fusión, incluyendo los valores y bienes que deberá pagar la corporación que subsista por cada acción de la corporación subsidiaria a ser entregados por los accionistas minoritarios, así como si dichas acciones han de cancelarse.

Si la corporación que subsiste no es la corporación matriz, se dispondrá la emisión a prorrata de las acciones de la corporación que subsista a los accionistas de la matriz. Si la corporación matriz fuere una corporación doméstica, la resolución deberá ser aprobada por mayoría de sus acciones con derecho al voto en reunión realizada después de veinte (20) días de su notificación.

En caso de que dicha corporación matriz fuera foránea, se consignará en la resolución que la fusión se adoptó, aprobó, otorgó y autenticó conforme a las leyes de la jurisdicción donde se incorporó. Si la corporación que subsiste es una foránea, el Inciso (D) del Artículo 10.02 de la LGC será aplicable.

Inciso B

Si la que subsiste es una corporación doméstica, la misma podrá cambiar su nombre disponiéndolo en la resolución de fusión adoptada y así consignándolo en el certificado de título de propiedad y fusión.

Inciso C

Los Incisos (D) (terminación del acuerdo por la junta de directores) y (E) (enmienda automática del Certificado de Incorporación) del Artículo 10.01 de la LGC serán aplicables a una fusión con arreglo a este artículo.

Inciso D

Los accionistas minoritarios de las corporaciones domésticas subsidiarias que sean parte de la fusión tendrán derecho de avalúo según establecido en el Artículo 10.13, más no los accionistas minoritarios de la corporación matriz.

Inciso E

Siempre que una corporación foránea sea parte de la fusión, las leyes de la jurisdicción donde se organizó deberán permitir dicha fusión.

Artículo 10.04 – Fusión o consolidación de corporaciones domésticas y compañías de responsabilidad limitada; emplazamiento de la corporación que subsista o se origine

Este artículo por primera vez aparece en la LGC de Puerto Rico. La ley anterior no contemplaba la figura de la compañía de responsabilidad limitada. Esta se incorporó en nuestra jurisdicción mediante la Ley 487 de 23 de septiembre de 2004 como organización jurídica.

Inciso A

Permite que una corporación doméstica pueda fusionarse o consolidarse con una o más compañías de responsabilidad limitada (CRL) organizadas en un estado de los Estados Unidos o en el Distrito de Colombia, o en una jurisdicción fuera de los Estados Unidos, si las leyes de estas jurisdicciones lo permiten. La corporación o CRL resultante podrá estar organizada en cualquier jurisdicción de donde provenga alguna de las constituyentes, incluyendo Puerto Rico.

Inciso B

Las corporaciones y CRL constituyentes suscribirán un acuerdo de fusión o consolidación donde se consignará:

1. sus términos y condiciones
2. el modo de efectuarse la misma
3. el medio de convertir las acciones o participaciones de cada una en las de las que subsista o se origine, así como las que no se mantendrán en circulación o se cancelarán.
4. lo que recibirán los tenedores de tales acciones a cambio de las mismas en efectivo, propiedad, derechos o valores o en participación de la CRL que subsista o se origine.
5. otros detalles que se juzguen convenientes, incluyendo el pago de acciones fraccionadas de conformidad con el Artículo 5.05
6. cualesquiera otras disposiciones requeridas bajo las leyes que regirán el Certificado de Incorporación.

Inciso C

El acuerdo será adoptado, aprobado, otorgado y autenticado por cada parte constituyente según las leyes bajo las cuales estén organizadas. En cuanto a las corporaciones domésticas, el mismo se inscribirá y entrará en vigor según dispone el Artículo 10.01.

En lugar de radicar el acuerdo, la corporación que subsista o se origine podrá radicar un certificado de fusión o consolidación cuyo contenido será el mismo que estipulado en el Artículo 10.01 (C), añadiendo el acuerdo que se requiera bajo el Inciso (D) siguiente [253] que contiene los mismos requisitos discutidos anteriormente bajo el Artículo 10.02 (D) aplicables cuando la entidad que subsiste o se origine se regirá por leyes jurisdiccionales foráneas.

Inciso D

Si la entidad que subsiste o se origina es foránea, deberá aceptar que se le emplace en el Estado Libre Asociado de Puerto Rico por medio del Secretario de Estado para cualquier, procedimiento incoado en el Estado Libre Asociado de Puerto Rico.

---

[253] Artículo 10.04 (D)

Artículo 10.05 – Fusión o consolidación de las corporaciones domésticas y las asociaciones por acciones

Inciso A

Se incluye bajo "asociación por acciones" (joint-stock associations), a las así designadas comúnmente, así como a fideicomisos u otra empresa con miembros, acciones de capital o con otra evidencia de interés económico o beneficiario, establecido por acuerdo o por ley. Este artículo se refiere a los tenedores de este interés económico o beneficioso como "accionistas". No incluirá una corporación, sociedad o compañía de responsabilidad limitada.[254]

Inciso B

Permite la fusión o consolidación entre una corporación doméstica con una asociación por acciones foránea siempre que dicha jurisdicción foránea lo permita.

Si la entidad que sobreviva o se origine es una corporación, la misma podrá ser con o sin fines de lucro y emitir o no acciones.

Inciso C

Las partes pactarán un acuerdo de fusión o consolidación donde se consignará:

1. términos y condiciones

2. modo de implantar el acuerdo

3. modo de convertir las acciones, intereses propietarios, participaciones o intereses financieros o beneficiosos de los participantes en los intereses de la entidad que subsista o se origine.

[254] Debemos señalar que este artículo contempla la fusión de una corporación domestica con un fideicomiso. En Puerto Rico a diferencia de Delaware, los fideicomisos no tienen personalidad jurídica que permita esta fusión. Entendemos se trabaja una enmienda a la Ley 219 de 2012, Ley de Fideicomisos de Puerto Rico, que atenderá este asunto.

4. otras disposiciones incluyendo el pago en efectivo a cambio de emisión de acciones fraccionarias cuando la entidad que subsista o se origine sea una corporación, así como cualquiera disposición se requiera se consigne en un Certificado de Incorporación o en los documentos de una asociación por acciones.

Inciso D

El acuerdo será adoptado, aprobado, certificado, otorgado y autenticado según dispuesto en los Artículos 10.01 y 10.06 o en los documentos organizacionales de las entidades participantes.

En lugar de la radicación del acuerdo se podrá radicar un certificado de fusión o consolidación cuyo contenido será el mismo que el estipulado en el Artículo 10.01 (C).

Inciso E

El acuerdo podrá disponer que la junta de directores de cualquier corporación constituyente podrá darlo por terminado o enmendarlo antes de que advenga efectivo[255]; así mismo que el Certificado de Incorporación de la corporación que subsista quedará enmendado por el acuerdo[256] y los casos en que no será necesario el voto de los accionistas de una corporación que subsiste.[257] De ser relevantes, aplicarán a los Artículos 10.10 a 10.13 y 12.07, por lo cual lo dispuesto con relación a los derechos de avalúo será aplicable a las fusiones y consolidaciones contempladas bajo este Artículo 10.05.

Se mantiene la responsabilidad personal, si alguna, que tuviesen los accionistas de una asociación por acciones existente al momento de la fusión o consolidación aunque la entidad que subsista o se origine sea una corporación. Esta responsabilidad no pasará a los cesionarios subsiguientes de una acción de capital de la corporación que subsista o se origine.

No se autoriza la fusión de una corporación o asociación benéfica sin acciones con una corporación o asociación con acciones, si tal fusión

[255] Artículo 10.01 (D)
[256] Artículo 10.01 (E)
[257] Artículo 10.01 (F)

resultará en la pérdida o menoscabo de la condición benéfica, mas se autoriza lo contrario.

Artículo 10.06 – Fusión o consolidación de corporaciones domésticas que no emiten acciones

Inciso A y B

Contempla la fusión o consolidación entre corporaciones domésticas con o sin fines de lucro que no emitan acciones ("domestic non-stock corporations") siguiendo el procedimiento que se establece en el Inciso B. El organismo directivo adopta resolución, aprobando el acuerdo, que consignará:

1. los términos y condiciones
2. modo de implantarse
3. otras disposiciones a consignarse en el Certificado de Incorporación
4. modo de convertir o cancelar las participaciones
5. otros detalles que se juzguen convenientes

Inciso C

El acuerdo se somete a los miembros con derecho a votar citados a reunión anual o extraordinaria, con por lo menos (20) días de anticipación. Cada miembro tendrá derecho a un voto. El acuerdo adoptado por la mayoría de los votos se certificará, otorgará, autenticará, radicará y entrará en vigor con arreglo al Artículo 1.03.

Inciso D

Si alguna de las corporaciones constituyentes no ha designado miembros con derecho al voto para elegir el organismo dirigente, excepto los miembros de tal cuerpo, para la aprobación del acuerdo se requerirá el voto de dos terceras (⅔) partes del total de miembros del organismo directivo.

Inciso E

El Certificado de Incorporación de la corporación que subsista quedará enmendado automáticamente según el acuerdo.

Inciso F

No se autoriza la fusión si la misma resultaría en la pérdida o menoscabo de la condición de benéfica de alguna de las constituyentes. Una corporación con acciones o asociación por acciones, podrá fusionarse con una sin acciones, que continuará como una por acciones.

Artículo 10.07 – Fusión o consolidación de corporaciones domésticas y foráneas que no emiten acciones de capital; emplazamiento de la corporación que subsista o se origine

Inciso A

Corporaciones domésticas o foráneas que no emiten acciones podrán ambas fusionarse siempre que la jurisdicción foránea lo permita.

Inciso B

El acuerdo de fusión o consolidación consignará:

1. los términos y condiciones

2. modo de implantarlo

3. modo de convertir o cancelar las participaciones

4. otros detalles pertinentes

5. disposiciones que regirán según jurisdicción que se consigne en el Certificado de Incorporación que regirá

Inciso C

El acuerdo será adaptado, aprobado, otorgado, y autenticado según las leyes del lugar de incorporación de cada constituyente.

Inciso D

Si la corporación que subsista o se origine es foránea, aceptará que se le emplace en el ELA para cualquier procedimiento u obligación que exija cumplimiento en esta jurisdicción, para lo cual designará irrevocablemente al Secretario de Estado como su agente. Este notificará a la corporación dicho emplazamiento y anotará el mismo en un registro de emplazamientos por un término no mayor de (5) años.

Inciso E

Si la corporación que subsiste es una doméstica, su Certificado de Incorporación quedará enmendado según el acuerdo de fusión.

Artículo 10.08 – Corporaciones Domésticas que emiten acciones y corporaciones domésticas que no emiten acciones

Inciso A

Corporaciones domésticas que no emitan acciones, sean con o sin fines de lucro, se podrán fusionar o consolidar con corporaciones domésticas que emitan acciones de capital, con o sin fines de lucro, con arreglo a un acuerdo otorgado y aprobado según este artículo.

Inciso B

La junta de directores y el organismo directivo respectivo adoptarán una resolución aprobando un acuerdo que consigne:

1. los términos y condiciones
2. modo de implantar el acuerdo
3. otras disposiciones que la ley requiera o permita bajo las circunstancias del caso
4. el modo de convertir o cancelar las acciones y los intereses propietarios respectivos y los valores a recibirse
5. otros detalles pertinentes

Los intereses de los miembros pueden convertirse en otros valores o acciones, con o sin derecho al voto, o en interés de acreedores o cualquier otro interés de valor. El derecho al voto no tiene que tomarse en consideración para medir valor. Las acciones podrán convertirse en matrícula regular con o sin voto, en intereses de acreedores o de participación en la corporación sin acciones que subsista.

Inciso C

El acuerdo será adoptado, aprobado, certificado, otorgado y autenticado por cada corporación constituyente que emita acciones según dispuesto en los Artículos 10.01 o 10.06, si no emite acciones. El acuerdo se radicará y tendrá vigencia según dispuesto en el Artículo 10.01 de esta ley.

Inciso D

Si subsiste una corporación doméstica, su Certificado de Incorporación quedará enmendado automáticamente por el acuerdo. La junta de directores de cualquier corporación constituyente que emita acciones podrá dar por terminado el acuerdo antes de que el mismo advenga efectivo.

Inciso E

No se permite que una corporación benéfica sin acciones se fusiones a una corporación con acciones si ello resultare en pérdida o menoscabo de la condición benéfica.

Artículo 10.09 – Corporaciones domésticas o foráneas con acciones de capital y sin acciones

Inciso A

Corporaciones domésticas, emitan o no acciones de capital, con o sin fines de lucro, podrán fusionarse o consolidarse con corporaciones foráneas, emitan o no acciones de capital, con o sin fines de lucro, si las leyes bajo las que se constituyeron lo permiten. La corporación que subsista o se origine podrá ser una por acciones o de miembros, según se especifique en el acuerdo.

Inciso B

Las corporaciones domésticas seguirán el procedimiento establecido bajo el Artículo 10.08. El acuerdo contendrá las disposiciones que requiera la ley de la jurisdicción de la corporación que subsista o se origine.

Inciso C

Aplicarán los requisitos del Artículo 10.02 (D) sobre designación del Secretario de Estado para recibir emplazamientos en caso de que la corporación que subsista o se origine sea foránea. Si la que subsiste es doméstica, aplicará el Artículo 10.01 (E) por el cual se enmendará automáticamente su Certificado de Incorporación para reflejar el acuerdo. Igualmente aplicará el Artículo 10.01 (D) en cuanto al poder de la junta de directores de terminar o enmendar el acuerdo antes de que este advenga efectivo.

Inciso D

No se permite la fusión si resultaría en que una corporación benéfica sin acciones perdiese o menoscabase su condición de benéfica.

Artículo 10.10 - Personalidad jurídica, derechos, responsabilidades de corporaciones constituyentes o de corporaciones que subsistan o se originen de una fusión o consolidación

Inciso A

Al hacerse efectiva una fusión o consolidación, los efectos en el Estado Libre Asociado de Puerto Rico serán:

1. en caso de una fusión se extinguirá la personalidad jurídica aislada de las corporaciones constituyentes salvo la que absorbe por la fusión a otra u otras (corporación sobreviviente)

2. en caso de una consolidación las corporaciones constituyentes desaparecen surgiendo una nueva corporación (corporación resultante)

3. todos los derechos, privilegios, poderes, bienes, facultades y franquicias de las corporaciones constituyentes pasarán a la corporación sobreviviente (fusión) o a la corporación resultante

(consolidación) con el mismo alcance que tenían en las corporaciones constituyentes.

4. todas las deudas, obligaciones y deberes de las corporaciones constituyentes pasarán a la corporación sobreviviente (fusión) o a la corporación resultante (consolidación) como si hubieren sido contraídas por estas; igualmente todos los bienes, derechos, privilegios, facultades y franquicias.

5. el título de cualesquiera bienes inmuebles adquiridos por escritura u de otro modo no sufrirá menoscabo alguno.

Al tratarse de transferencias por disposición u operación de ley no es necesario otorgar nuevos contratos ni escrituras La transferencia de titular en el Registro de la Propiedad no requiere otorgamiento de escritura, será suficiente la presentación de instancia solicitando registro a nombre del nuevo titular acompañado de copia certificada del acuerdo o la certificación de fusión o consolidación según radicada ante el Departamento de Estado.

Artículo 10.11 - Poderes de la corporación que subsista o se origine de una fusión o consolidación

Por esta sección, se autoriza a las corporaciones sobrevivientes o resultantes de una fusión o consolidación el financiar los pagos que, por motivo de dicha transacción, habrá de asumir, mediante la emisión de bonos u otras obligaciones, de ella misma, en monto suficiente para cubrir los pagos que dicha transacción le conlleven. Para garantizar el pago de estos bonos y obligaciones podrá hipotecar cualquiera de sus bienes. Esto en adición a las acciones de capital y otros valores que podrá emitir para completar el pago incluido en la transacción. Este tipo de transacción se conoce como "leverage-buy-out": permite el pago se efectúe mediante obligaciones que emitirá la corporación que subsiste o la nueva resultante.

Artículo 10.12 - Efecto sobre procedimientos pendientes

Por efecto de la LGC, toda acción o procedimiento pendiente, de cualquier naturaleza, sea civil, criminal o administrativo de las corporaciones constituyentes, automáticamente pasará a las corporación que subsista o se origine. No será obligatorio sustituir la corporación constituyente involucrada en dichos procedimientos por la corporación resultante.[258]

Artículo 10.13 - Derechos de avalúo

Por el derecho de avalúo se le concede a aquellos accionistas que se expongan a una fusión o consolidación el derecho a reclamarle a la corporación de la cual es accionista que le liquide su interés en la misma. Es este el único remedio con que cuenta dicho accionista. [259] El fundamento que se da es que los accionistas tienen derecho a efectuar el mismo análisis que hicieron al invertir en la corporación sobre el futuro de la misma.

El derecho de avalúo se originó como forma de desarrollo de los negocios pues en el siglo 19 el derecho común requería consentimiento unánime de los accionistas para efectuar cambios radicales en la corporación, como sería una fusión o consolidación. Para ello se cambió el requisito de votos para la aprobación a una súper mayoría y se desarrolla el derecho de avalúo para aquellos accionistas minoritarios que no interesaban continuar en empresas cambiantes. De esta forma se facilitó el desarrollo económico proveyendo a la vez liquidez a aquellos accionistas que no querían continuar. Este derecho puede ejercerse por los accionistas de las corporaciones constituyentes, sobrevivientes o que desaparezca.

Así pues será el derecho de avalúo la única defensa de los accionistas minoritarios ante una fusión o consolidación, excepto en aquellos casos que impliquen la comisión de un fraude, falsa representación, conflicto de interés o despilfarro de los activos corporativos "waste of assets". La opción concedida bajo el avalúo no debe servir de escudo para una transacción que incluya fraude o injusticia, como sería el valerse de ello para eliminar accionistas minoritarios "freeze out". [260] Por ello, si el proceso para obtener la aprobación estuvo viciado, un tribunal podría dejar sin efecto la transacción. Mas en algunas situaciones este efecto podría resultar en cargas onerosas significativas afectando a terceros, en cuyo

---

[258] *D.A.C.O. v. Alturas de Florida Development*, 132 D.P.R. 905 (1993)

[259] *Weinberger v. UOP, Inc.*, 457 A. 2d. 701 (Del. 1983)

[260] *Coggins v. New England Patriots Football Club, Inc.*, 397 Mass. 525 (1986). El tribunal analizó los efectos de un "freeze-out merger", técnica corporativa dirigida a obligar a los accionistas minoritarios a vender sus acciones congelando sus derechos, e impuso responsabilidad por violación fiduciaria.

caso los tribunales han adoptado la imposición de daños, basados en el valor de las acciones en caso de darse una revisión de la transacción.[261]

Un accionista puede impugnar el proceso seguido en la aprobación de la fusión o consolidación, aún después de haber solicitado su derecho al avalúo. Los tribunales han permitido en el proceso del avalúo simultáneamente impugnar la fusión o consolidación al descubrir elementos de injusticia o fraude en el procedimiento de aprobación de dicha transacción. Se permitió instar simultáneamente una acción por daños basado en lo injusta de la transacción. En ese caso, permitió la consolidación de ambos casos, más el demandante solo tuvo derecho a una adjudicación.[262]

Inciso A

Este inciso establece los requisitos para que el accionista que se oponga a la fusión o consolidación pueda reclamar su derecho al avalúo del valor justo de sus acciones:

1. poseer acciones en la fecha en que haga el requerimiento de avalúo conforme al Inciso (D) de este artículo.

2. poseer continuamente dichas acciones hasta la fecha de efectividad de la fusión o consolidación "continuying - ownership rule".

3. cumplir con el procedimiento dispuesto en el Inciso (D) de este artículo.

4. no haber votado a favor ni dar su consentimiento escrito a la fusión o consolidación.

Se define como "accionista" el tenedor inscrito de acciones y también un miembro inscrito de una corporación con fines de lucro sin acciones. Las palabras "acciones de capital" y "acción" incluye el interés que los miembros de una corporación sin acciones tengan en la misma.

---

[261] *Weinberger v. UOP, Inc.*, supra

[262] *Cede & Co. v. Technicolor, Inc. (Technicolor I)*, 542 A. 2d 1182 (Del. 1988)

Inciso B

Tendrán derecho de avalúo los accionistas que participan en una fusión que se efectúe bajo los Artículos 10.01 (fusión de corporaciones domésticas); 10.02 (fusión o consolidación de corporaciones domésticas y foráneas); 10.05 (fusión o consolidación de las corporaciones domésticas y las asociaciones por acciones); 10.08 (corporaciones domésticas que emiten acciones y corporaciones domésticas que no emiten acciones) y 10.09 (corporaciones domésticas o foráneas con acciones de capital y sin acciones).

Esto será así siempre que las acciones, a la fecha de registro determinada no estén:

1. registradas en un mercado nacional de valores,

2. ni son poseídas por más de dos mil (2,000) accionistas.

Aun así, se conceden los derechos de avalúo siempre que bajo el acuerdo se requiera a los accionistas que acepten acciones de capital de la corporación que subsista o se origine, acciones de capital incluidas en una lista de un mercado nacional, sean acciones inscritas en un mercado nacional de valores, o estén inscritas a favor de más de dos mil (2,000) accionistas. Igualmente si se requiere acepten dinero en efectivo a cambio de acciones fraccionarias.

También tendrán derecho de avalúo los accionistas minoritarios de una corporación subsidiaria a fusionarse con la corporación matriz. *Weinberger v. UOP, Inc.*, resuelve que en los casos que envuelvan un "freeze-out" de los accionistas minoritarios y en el cual se alegaba que el precio no era justo, se deberá cumplir con el escrutinio judicial de justicia intrínseca ("entire fairness standard"). Por no cumplirse con este escrutinio, se devolvió el caso para la determinación del justo valor de las acciones. El mecanismo de protección establecido requiere cumplir con los dos elementos de justicia intrínseca: trato justo y precio justo como elementos del valor. Una nota al calce enfatiza la deseabilidad de establecer un comité independiente a cargo de la negociación. [263]

---

[263] *Weinberger v. UOP, Inc.*, supra

En *Kahn v. Lynch Communications,* [264] el tribunal determinó que el escrutinio judicial en caso de una fusión entre corporación matriz y su subsidiaria para determinar el avalúo correspondiente a las acciones de los accionistas minoritarios será el de la justicia intrínseca ("entire fairness"). Esta decisión fue revisada en el caso de *Glassman v. Unocal,* [265] donde el tribunal de Delaware determinó que en ausencia de evidencia de fraude en el caso de una fusión entre matriz y subsidiaria ("short-form merger"), no se requiere prueba de la justicia intrínseca; esto es, en ausencia de fraude o ilegalidad en la transacción, se procederá con el avalúo basado en todos los factores relevantes, incluyendo daños y elementos de valor futuro.

En el caso de *Farris v. Glen Alden Corp.,* [266] se efectuó la venta de las acciones corporativas seguida por la disolución de la corporación. Aplicando la doctrina de sustancia-sobre-la-forma ("substance over form") el tribunal de Pennsylvania entendió que una transacción con efectos tan similares a una fusión requerirá aprobación por los accionistas y el reconocimiento del derecho de avalúo a los accionistas minoritarios, dando lugar a la doctrina de fusión de facto ("de facto merger") como un remedio en equidad.

Esta doctrina fue considerada y rechazada por los tribunales de Delaware en el caso de *Hariton v. Arco Electronics, Inc.*[267] En este caso, basándose en la doctrina del significado legal independiente ("doctrine of independent legal significance") el tribunal determinó que tanto la transacción contemplada como una reorganización corporativa como una bajo las normas de una fusión son legales y de igual respeto. Por surgir de secciones independientes de la LGC, tienen significado legal independiente y conllevan resultados independientes.

El derecho de avalúo no surge en el caso de corporaciones públicas; aquellas que sus acciones se cotizan en el mercado de valores, pues en estos casos, se entiende que existe un mercado accesible para aquellos accionistas que se opongan a la fusión o consolidación ("market exception"). Sin embargo, en Delaware se reconoció lo que se conoce como "la excepción a la excepción ("exception to the exception"). [268] La

---

[264] *Kahn v. Lynch Communications*, 638 A. 2d. 1110 (Del. 1994)

[265] *Glassman v. Unocal*, 777 A. 2d. 242 (Del. 2001)

[266] *Farris v. Glen Alden Corp.*, 393 Pa. 427 (1958)

[267] *Hariton v. Arco Electronics, Inc.*, supra

[268] Therese Maynard, *Mergers and Acquisitions, Cases and Materials, and Problems*, 1-69 (3rd ed., Wolters Kluwer, 2013)

aplicación de esta excepción dependerá del tipo de consideración que el accionista estaría obligado a recibir.

Inciso C

En el Certificado de Incorporación de cualquier corporación se podrá disponer que el derecho de avalúo esté disponible a sus accionistas en caso de una enmienda al Certificado de Incorporación, la venta de todos o casi todos los activos de la corporación o de cualquier fusión o consolidación en la cual la corporación sea constituyente

Inciso D

El procedimiento para reclamar el derecho de avalúo será el siguiente:

1. notificación por la corporación a cada accionista con al menos veinte (20) días de anticipación a la reunión para la consideración del plan de fusión o consolidación, para cuyas acciones estará disponible el derecho de avalúo.

2. qué derechos de avalúo están disponibles para las acciones de las corporaciones constituyentes.

3. incluir con la notificación copia de este artículo 10.13.

Todo accionista que seleccione exigir el avalúo seguirá el siguiente proceso:

1. antes de votar en relación con la fusión o consolidación, entregar a la corporación petición escrita identificando al accionista y la intención de exigir el avalúo.

2. el haber concedido poder a otra persona para votar o el voto en contra no constituye una petición de avalúo. En estos casos deberá someter petición escrita por separado.

La corporación que subsista o se origine deberá durante los diez (10) días siguientes a la fecha de vigencia de la fusión o consolidación, notificar la fecha de vigencia de la misma a los accionistas de cada corporación constituyente que no hayan votado a favor de la misma y hayan cumplido con los requisitos para exigir el avalúo.

Si la fusión o consolidación fue aprobada según el Artículo 7.17 (consentimiento por escrito) o el Artículo 10.03 (fusión corporación matriz y subsidiaria), las corporaciones constituyentes, o la sobreviviente, notificará antes de la fecha de vigencia o dentro de los diez (10) días siguientes, a cada accionista con derecho de avalúo, la fecha de vigencia y que todas las acciones de la corporación constituyente podrán ejercer el derecho de avalúo. Se incluirá copia de este Artículo 10.13.

Dentro de las siguientes veinte (20) días los accionistas con derecho a avalúo podrán exigir por escrito el avalúo de sus acciones. Esta petición se entenderá suficiente si informa la identidad del accionista y su intención de exigir el avalúo.

Si la notificación al accionista no informó la fecha de vigencia de la fusión o consolidación, antes de dicha fecha de vigencia la corporación que sobreviva o resulte deberá a su vez enviar une segunda notificación a los accionistas dentro de los diez (10) días siguientes a la misma notificando su derecho al avalúo.

Si la segunda notificación se envía pasado veinte (20) días desde el envío de la primera, solo se enviará a los accionistas que hayan exigido el avalúo

Una declaración jurada por el oficial o agente de traspaso de la corporación que afirme el envío de la notificación será prueba prima facie de los hechos consignados.

La corporación podrá fijar una fecha de registro de accionistas, que no excederá de diez (10) días antes de la fecha de notificación, para determinar los accionistas con derecho a recibir las notificaciones.

Inciso E

La corporación que subsista o se origine, o cualquier accionista que haya perfeccionado su derecho de avalúo, podrán dentro de los ciento veinte (120) días siguientes a la fecha de vigencia de la fusión o consolidación, presentar petición ante el Tribunal Superior, reclamando la determinación de valor de las acciones.

Cualquier accionista podrá retirar su petición de avalúo y aceptar la fusión o consolidación durante los sesenta (60) días siguientes a la fecha de vigencia de la misma.

Cualquier accionista con derecho al avalúo podrá solicitar dentro de los ciento veinte (120) días siguientes a la fecha de vigencia de la misma, a la corporación que subsista o se origine, una declaración sobre la suma total de acciones que no votaron a favor y el número total de los accionistas que han solicitado el avalúo. La corporación que subsista o se origine tendrá diez (10) días para enviar tal declaración desde que la misma es solicitada.

Inciso F

La corporación presentará ante el Departamento de Estado durante los veinte (20) días siguientes al accionista presentar su petición, la relación de los nombres y direcciones de los accionistas que solicitaron el avalúo y no se haya podido acordar el valor. Si el tribunal lo ordena, el Departamento de Estado notificará por correo certificado la fecha, hora y lugar fijado para la vista de la petición de avalúo. Esta notificación se publicará en un periódico de circulación general en San Juan, Puerto Rico una semana con antelación a la vista, o en otra publicación que el tribunal estime conveniente.

Inciso G

El Tribunal Superior determinará los accionistas que cumplieron con este artículo y que podrá exigir a los accionistas que acudan a solicitar el avalúo que sometan sus certificados de acciones al Departamento de Estado para que se les anote sobre el procedimiento pendiente, so pena de que se le desestime su petición.

Inciso H

El tribunal determinará el valor justo de las acciones así como la tasa de interés justa. Para ello tomará en cuenta todos los factores relevantes excepto cualquier elemento en valor que se origine de la fusión o consolidación o de su expectativa de otorgamiento. El tribunal podrá permitir descubrimiento de prueba o cualquier otro procedimiento con antelación al juicio. Todo accionista que cumpla con los requisitos de este Artículo 10.13 podrá participar en los procedimientos.

Inciso I

El tribunal ordenará a la corporación subsistente o resultante, doméstica o foránea, el pago del valor justo de las acciones con su interés, si alguno. El pago se hará de inmediato a aquellos tenedores de acciones no representadas por certificados, y para aquellos con certificado, a la entrega de los mismos. El dictamen podrá hacerse cumplir contra la corporación subsistente o resultante, sea esta doméstica o foránea.

Inciso J

El tribunal podrá imponer las costas a las partes, así como ordenar que los gastos incurridos en el procedimiento por los accionistas solicitantes se impongan a prorrata contra el valor de todas las acciones con derecho de avalúo.

Inciso K

A partir de la fecha de vigencia de la fusión o consolidación, los accionistas que han solicitado avalúo no tendrán derecho a votar o recibir dividendos o distribuciones por sus acciones, salvo que presenten una resolución escrita de renuncia a su petición de avalúo y aceptación de la fusión o consolidación dentro de los sesenta (60) días siguientes a la fecha de vigencia de la misma; o si luego de dicha fecha, con la aprobación de la corporación. Para dar por terminado el procedimiento de avalúo, se requiere la aprobación del tribunal.

Inciso L

Las acciones a las cuales se hubieran convertido las acciones de los accionistas protestantes, de estos haber consentido, se convertirían en acciones autorizadas sin emitir de la corporación que subsista o resulte.

Artículo 10.14 – Corporaciones domésticas y sociedades

Inciso A

Este nuevo artículo permite la fusión o consolidación de corporaciones domésticas o foráneas con una o más sociedades foráneas incluyendo una sociedad general, una de responsabilidad limitada (SRL), o limitada, incluyendo una sociedad limitada de responsabilidad limitada (SLRL), siempre que su jurisdicción de origen lo permita. La resultante podrá ser una corporación o sociedad foránea.

Inciso B

El acuerdo de fusión o consolidación consignará:

1. los términos y condiciones,
2. modo de efectuarse,
3. modo de convertir o cancelar las acciones y las participaciones así como el dinero o propiedades que recibirán los tenedores a cambio de las mismas,
4. cualquier otro detalle que se juzgue pertinente.

Inciso C

El acuerdo será adoptado, aprobado y certificado, otorgado y autorizado y entrará en vigor según dispuesto en el Artículo 10.01 de la LGC, o en caso de las sociedades, con arreglo a su contrato de sociedad. Si la entidad que subsiste u origine es una sociedad, los accionistas se convertirán en socios de la misma. En lugar de radicar el acuerdo, se podrá presentar un certificado de fusión o consolidación en el cual se consignará:

1. nombre y domicilio de los constituyentes,
2. la aprobación por cada una del acuerdo,
3. nombre de la corporación o sociedad que subsista o se origina,
4. enmiendas al Certificado de Incorporación de la corporación que subsista, si los hubiese, o que el Certificado de Incorporación de la que subsista se aneja al certificado,
5. el acuerdo se encuentra en los archivos de la oficina designada,
6. se proveerá, a petición, copia a cualquier accionista o socio, y
7. el acuerdo requerido bajo el inciso D de este artículo

Inciso D

Si le entidad que subsiste o se origina es una foránea, deberá aceptar que se le emplace en Puerto Rico para cualquier procedimiento que exija las obligaciones de alguna corporación o sociedad constituyente doméstica, o que surja de la fusión o consolidación, incluyendo derechos de avalúo. Designará al Secretario de Estado como su agente e informará la dirección donde enviar copia del emplazamiento por correo certificado con acuse de recibo. El demandante suplirá las copias necesarias así como el pago de los derechos correspondientes. El Secretario de Estado anotará en el libro de emplazamientos el mismo reteniendo la información por cinco (5) años.

Inciso E

La segunda oración del inciso C y los D al F del Artículo 10.01, así como los Artículos 10.10 al 10.12 y el 12.07 aplican a las fusiones o consolidaciones efectuadas bajo este Artículo.

Artículo 10.15- Conversión de otras entidades en corporaciones domésticas

Inciso A

Se incluye bajo "otras entidades" una compañía de responsabilidad limitada (CRL), fideicomisos, fideicomiso comercial o asociación o de inversión en bienes raíces, cualquier negocio no incorporado, incluyendo sociedad general (SRL), o limitada (SLRL), o una corporación foránea.

Inciso B

Estas podrán convertirse en una corporación doméstica cumpliendo con el inciso H de este artículo, y radicando ante el Secretario de Estado:

1. certificado de conversión otorgado, según el inciso (I), radicado según Artículo 1.03 de la LGC, y

2. Certificado de Organización, cumpliendo con el Artículo 1.03 de la LGC.

Inciso C

Contenido del certificado de conversión a una corporación doméstica:

1. fecha y jurisdicción donde se formó la entidad,

2. nombre de la otra entidad, y

3. nombre de la corporación doméstica, según el certificado de corporación radicado

Inciso D

Con la radicación de ambos certificados, la otra entidad se convertirá en una corporación doméstica, excepto que su fecha de existencia será la de la otra entidad en la jurisdicción donde se originó.

Inciso E

La conversión no afecta las obligaciones de la entidad convertida incurridas con anterioridad a su conversión.

Inciso F

La entidad convertida a corporación doméstica se considerará como la misma que se convirtió; a esos efectos todos los derechos, privilegios, poderes, propiedad, deudas y causas de acción serán propiedad de la corporación doméstica a la cual se ha convertido. El título sobre la propiedad inmueble no se afectará, los derechos de los acreedores y los gravámenes se mantendrán inalterados y se podrán hacer cumplir contra la corporación doméstica. Los derechos, poderes e intereses en propiedad, deudas y deberes de la otra entidad no se transfieren a la corporación doméstica a la cual dicha entidad se ha convertido, para propósito de las leyes de Puerto Rico.

Inciso G

La otra entidad que se está convirtiendo no tendrá que liquidarse ni se estima que la conversión constituye una disolución por lo que continuará su existencia en forma de una corporación doméstica.

Inciso H

La conversión deberá ser aprobada en la forma dispuesta en el acuerdo que rige los asuntos internos de la otra entidad y las leyes que les sean aplicables. Igualmente se aprobará el Certificado de Incorporación.

Inciso I

El certificado de conversión deberá ser firmado por persona autorizada en nombre de la otra entidad.

Inciso J

Los derechos o intereses en la otra entidad que ha de convertirse podrán intercambiarse con derechos o valores de la corporación doméstica o de otra corporación doméstica o entidad.

Artículo 10.16 - Conversión de corporaciones domésticas en otras entidades

Inciso A

La corporación doméstica podrá convertirse en una compañía de responsabilidad limitada, fideicomiso de cualquier tipo o cualquier otro negocio no incorporado, incluyendo una sociedad, general o limitada, o una corporación foránea.

Inciso B

La junta de directores adoptará resolución detallando el tipo de entidad a la cual se convertirá aprobando dicha conversión y recomendando su aprobación. Se convocará por correo a todos los tenedores de acciones, con o sin derecho al voto, por lo menos veinte (20) días antes de la fecha señalada. La resolución deberá ser aprobada por el voto de todas las acciones en circulación, con o sin derecho al voto.

Inciso C

Si la corporación doméstica se convierte en una entidad foránea radicará, un Certificado de Conversión otorgado según dispuesto en el Artículo 1.03 que contendrá:

1. el nombre bajo el cual se incorporó y su fecha de radicación,
2. nombre y jurisdicción de la entidad a la cual ha de convertirse,
3. que la conversión fue aprobada según este artículo,
4. consentimiento a ser emplazada en el Estado Libre Asociado de Puerto Rico designando su agente al Secretario de Estado, y
5. dirección postal donde enviarle el emplazamiento.

Inciso D

Al radicarse el certificado de conversión y pagar los derechos correspondientes, el Secretario de Estado certificará su vigencia y la corporación doméstica cesará de existir.

Inciso E

La conversión no afectará las obligaciones o responsabilidades de la corporación doméstica convertida incurridas con anterioridad a la conversión, ni alguna obligación personal que pudiese existir, a los cuales les aplicará la ley anterior a la conversión.

Inciso F

La conversión no constituirá la disolución de la corporación convertida, que no tendrá que liquidar sus asuntos.

Inciso G

Las acciones de la corporación a convertirse podrán intercambiarse por efectivo, propiedades, derechos o valores de la entidad en la cual se convirtió o de otra entidad.

Inciso H

La entidad en la cual la corporación doméstica se convierte, se considerará como la misma que la que se está convirtiendo, por lo que todo derecho, privilegio o propiedad, y todas las deudas de la corporación que se convierte se consideran como de en la cual se ha convertido. Todos los derechos de los acreedores y gravámenes de la corporación doméstica se mantendrán inalterados y seguirán a la corporación en la que se ha convertido como si le hubiesen pertenecido originalmente. Los mismos no se consideran pues transferidos para propósito de las leyes de Puerto Rico.

Inciso I

No se requiere aprobación de accionistas para autorizar la conversión si al momento de la junta de directores aprobar la conversión la corporación no ha emitido acciones.

Capítulo XI. Renovación, Restablecimiento, Prórroga y Restauración de la Personalidad Jurídica Corporativa

Artículo 11.01 – Revocación de la disolución voluntaria

Como explicado en el Capítulo IX sobre disoluciones corporativas, la disolución resulta en la terminación de la personalidad jurídica de la corporación. La disolución puede ser voluntaria o involuntaria.

En el caso de la disolución voluntaria, la LGC provee que la misma pueda ser revocada siguiendo el procedimiento bajo este Artículo 11.01.

Inciso A

Comienza el artículo con una definición de lo que significa el término "accionista" para propósitos de este artículo: serán aquellos accionistas inscritos a la fecha en que advino efectiva la disolución.

Inciso B

Establece el procedimiento a seguirse para que la corporación pueda revocar su disolución voluntaria:

1. antes de expirar el término de tres (3) años siguientes a la disolución[269] o el plazo mayor que un tribunal determinara;[270]

2. la Junta de Directores aprobará resolución recomendando la revocación de la disolución y ordena la celebración de una reunión extraordinaria de accionistas con derecho al voto al momento de la disolución para que voten sobre la revocación;

---

[269] Artículo 9.05

[270] Artículo 9.08

3. se convocará a cada accionista a la reunión extraordinaria, según el Artículo 7.12;

4. mayoría de los tenedores de las acciones en circulación de la corporación y con derecho al voto deberán aprobar la revocación de la disolución; y,

5. se otorgará un certificado de revocación de la disolución, el cual se autenticará según el Artículo 1.03.

El certificado de revocación de la disolución constatará:

1. nombre de la corporación,

2. nombres y direcciones de sus oficiales y directores, y

3. que una mayoría de los tenedores de las acciones de la corporación en circulación con derecho al voto al momento de efectuarse la disolución, votó en favor de la revocación de la disolución, o dieron su consentimiento por escrito según el procedimiento bajo el Artículo 7.17.

Inciso C

Se radicará en el Departamento de Estado la declaración de revocación y si el Departamento entiende que se cumple con los requisitos de este artículo, expedirá un certificado revocando la disolución voluntaria, por el cual, al archivarse y registrarse en el Departamento de Estado, entrará en vigor la revocación y la corporación podrá reanudar sus negocios.

Los efectos de la revocación de la disolución se retrotraen a la fecha de radicación del Certificado de Incorporación original, como si nunca el mismo hubiese sido revocado, excepto para aquellas personas que puedan verse afectadas negativamente de forma sustancial por ello. Ejemplo de esto será que si durante el tiempo que fue efectiva la disolución se hubiese registrado otra corporación con el nombre de la corporación disuelta, o uno similar, en este caso al revocarse la disolución la corporación perdió el nombre anterior y tendrá que adoptar y reinstalarse con un nombre nuevo. En el certificado de revocación de la disolución a ser radicado en el Departamento de Estado, se consignará el nombre que llevaba la corporación al momento de su disolución y el nombre nuevo con el cual se reinstalará.[271]

Inciso D

La corporación deberá cumplir con los dispuesto en el Artículo 7.01 (D) referente a la celebración de la reunión anual dentro de los términos allí estipulados, incluyendo en los mismos el tiempo que la corporación estuvo disuelta. No obstante, los accionistas podrán elegir los directores en la reunión extraordinaria donde se aprobó la revocación de la disolución requerida bajo el Inciso B de este artículo.

Inciso F

La revocación de la disolución no afectará la autoridad o facultad del Tribunal Superior en algún procedimiento pendiente ante el mismo con arreglo a esta ley.

Artículo 11.02 – Renovación, re-establecimiento, prórroga y restauración del Certificado de Incorporación

Ya vimos que el Certificado de Incorporación podrá incluir una cláusula que estipule el término de existencia de la corporación. De no hacerse, se entenderá que la corporación tendrá vida perpetua. Si se estipula un término de existencia, al llegar dicho término, el Certificado de Incorporación quedará cancelado y sin vigor, y la corporación dejará de existir. El mismo efecto resultará cuando el Secretario de Estado anulase el Certificado de Incorporación por: 1) la corporación no designar un agente residente sustituto, según requerido por el Artículo 3.06 (B) de la LGC; 2) por la corporación no rendir su informe anual por dos años consecutivos; o 3) por no pagar los derechos que deben acompañar esta radicación.

Incisos A, B, C y E

La LGC provee para que antes de que el Certificado de Incorporación quede sin vigor, la corporación pueda solicitar una prórroga o la restauración, renovación o restablecimiento de dicho Certificado de

[271] Artículo 11.01 (E)

Incorporación con todos sus derechos y privilegios.[272] La solicitud se hará mediante la radicación de un certificado en el cual así se solicite, el que será otorgado, autenticado, radicado e inscrito conforme al Artículo 1.03 de la LGC.[273]

En este certificado se consignará:[274]

1. nombre de la corporación al expirar el certificado y el nuevo nombre si el mismo fuere adoptado por otra corporación radicada durante el periodo que el Certificado de Incorporación fue cancelado o se tornó ineficaz;[275]

2. dirección física de la oficina designada y nombre del agente residente;

3. si la renovación ha de ser perpetua, si no, el nuevo término de duración, y la fecha en que comenzará la renovación, que deberá ser anterior a la fecha de expiración del Certificado de Incorporación original;

4. que la corporación fue organizada con arreglo a las leyes del Estado Libre Asociado;

5. fecha en que expiró o fue cancelado el Certificado de Incorporación original; y

6. que el certificado de renovación ha sido autorizado por los directores o administradores en funciones al momento de la extinción del Certificado de Incorporación, o electos según el Inciso G de este artículo, de no estar aquellos disponibles.

Inciso D

Al radicar el certificado de renovación, la corporación quedará renovada y establecida como si nunca hubiese perdido su validez, por lo que se validan todos los actos y contratos efectuados por la corporación o en su representación, durante el término que el Certificado de

[272] Artículo 11.02 (A)
[273] Artículo 11.02 (B)
[274] Artículo 11.02 (C)
[275] Ley General de Corporaciones de 2009, Artículo 11.02 (E)

Incorporación estuvo cancelado y la corporación será exclusivamente responsable por ellos. Los bienes, derechos y créditos que no hubieren sido dispuestos durante ese periodo serán del patrimonio de la corporación tal como lo fueron antes de la cancelación.

Inciso F

Con la solicitud de renovación del Certificado de Incorporación, la corporación pagará todos los derechos anuales y las penalidades que no pagó durante el tiempo que su certificado estuvo expirado o cancelado. Si ese periodo ha sido de cinco (5) años o más, pagará el doble de dicha cuantía calculada a la tasa de los derechos y penalidades que estén vigentes al momento de la renovación.

Inciso G

En caso de que no esté disponible un número suficiente de los últimos oficiales en funciones, aquel o aquellos directores que aún permanezcan podrán elegir sus sucesores. De no haber ningún director disponible, los accionistas elegirán la Junta de Directores quienes elegirán a los oficiales requeridos para conducir los negocios y asuntos de la corporación. La reunión extraordinaria de accionistas para la elección de los directores podrá ser convocada por cualquier oficial, director o accionista, con arreglo al Artículo 7.12 de la LGC.

Incisos H e I

Esta reunión extraordinaria se considerará como la reunión anual de los accionistas para propósitos del Artículo 7.01 (D), con los términos del cual deberá cumplir la corporación renovada.[276] Si se tratase de una corporación sin fines de lucro y sin acciones de capital, serán el organismo directivo y los miembros los encargados de realizar las gestiones necesarias respectivamente, para la renovación o el re-establecimiento del Certificado de Incorporación. El método y el procedimiento se conformarán con lo prescrito en este Artículo 11.02.[277]

---

[276] Ley General de Corporaciones de 2009, Artículo 11.02 (H)
[277] Ley General de Corporaciones de 2009, Artículo 11.02 (I)

Artículo 11.03 – Renovación del Certificado de Incorporación de corporaciones religiosas, caritativas, educativas, etc.

Incisos A y B

En caso de corporaciones religiosas, estrictamente caritativas o educativas o cuyo objetivo sea ayudar a los miembros enfermos, menesterosos o incapacitados, o sufragar los gastos de funerales de sus miembros y proveer ayuda a las viudas y familiares, cuyo certificado se torne ineficaz por no haber radicado los informes anuales o pagar derechos anuales aplicables, las mismas someterán prueba satisfactoria al Secretario de Estado de esta clasificación al radicar su Certificado de Solicitud de Revocación. En este caso se les considerará como si hubiesen radicado todos los informes y se les exime de todos los derechos anuales y penalidades.[278] El Secretario de Estado emitirá certificado que consigne la renovación, el cual al registrarse renueva y restablece la corporación con el mismo vigor que para las otras corporaciones provee el Artículo 11.02.[279]

Artículo 11.04 – Personalidad jurídica de la corporación

Toda corporación así renovada tendrá todos los derechos, privilegios e inmunidades otorgadas por su Certificado de Incorporación original, así como los beneficios, responsabilidades y restricciones de la LGC que les sean aplicables.

278 Ley General de Corporaciones de 2009, Artículo 11.03 (A)
279 Ley General de Corporaciones de 2009, Artículo 11.03 (B)

Capítulo XII.
Pleitos Contra Corporaciones, Directores, Oficiales o Accionistas

Toda corporación, como cualquier otra persona natural, jurídica o gubernamental, está sujeta a ser demandada ya sea por sus propios accionistas, directores y oficiales o por sus acreedores, terceras personas afectadas por las actuaciones de la corporación y hasta por las autoridades gubernamentales con jurisdicción sobre la persona de la corporación. Incluso, toda corporación creada al amparo de la LGC puede ser demandada por sus accionistas para reclamar un beneficio, no para el accionista demandante, sino para la propia corporación. En este sentido, el Capítulo XII de la LGC intenta definir los deberes y responsabilidades de la corporación, sus directores, oficiales o accionistas en un procedimiento judicial contra cualquiera de estos. Es importante resaltar que una vez se abre la puerta para una reclamación judicial contra la corporación, nace la posibilidad de que los reclamantes intenten desechar la figura corporativa para llegar a sus accionistas bajo la teoría jurisprudencial de "descorrer, rasgar o levantar el velo corporativo".

Artículo 12.01.- Emplazamiento a corporaciones

Inciso A

Permite el emplazamiento a cualquier corporación organizada en el Estado Libre Asociado entregando personalmente una copia del mismo a cualquier oficial o director de la corporación en el Estado Libre Asociado, o al agente inscrito de la corporación en el Estado Libre Asociado, o dejándola en el domicilio o residencia habitual de cualquier oficial, director o agente inscrito (si el agente inscrito es un individuo) en el Estado Libre Asociado, o en la oficina designada u otra sede de negocios de la corporación en el Estado Libre Asociado. Este inciso dispone que si el agente inscrito fuere una corporación, se podrá efectuar el emplazamiento a través de dicha corporación en calidad de agente, mediante la entrega en el Estado Libre Asociado de una copia del emplazamiento al presidente, vicepresidente, secretario, subsecretario o cualquier director del agente residente corporativo. Finalmente este inciso provee que para que sea eficaz, el emplazamiento diligenciado mediante la entrega de una copia en el domicilio o residencia habitual de cualquier oficial, director o agente inscrito, o en la oficina designada u otra sede de negocios de la corporación en el Estado Libre Asociado deberá dejarse en presencia de un adulto por lo menos seis (6) días previos a la fecha del señalamiento del procedimiento judicial y el emplazador informará claramente la forma de diligenciamiento en la notificación de la misma. Si la comparecencia ha de ser inmediata, el emplazamiento deberá entregarse en persona al oficial, director o agente residente.

Inciso B

Dispone que cuando mediante la debida diligencia no pudiera emplazarse a una corporación entregando el emplazamiento a cualquier persona autorizada para recibirlo según lo dispuesto en el inciso (A) de dicho artículo, el emplazamiento se diligenciará según lo dispuesto en las Reglas de Procedimiento Civil del Estado Libre Asociado.

El Artículo 12.01 es casi idéntico a su homólogo en la ley anterior. Las enmiendas realizadas al Artículo 12.01 en la LGC fueron para aclarar su redacción.

Para determinar si una persona es administradora o agente general de una corporación para fines de recibir un emplazamiento a nombre de esta, se deben investigar los deberes funciones y autoridad de la persona y no dejarse llevar solamente por su título.[280]

Artículo 12.02.- Incumplimiento por la corporación de órdenes judiciales; designación de administrador judicial

El Artículo 12.02 dispone que cuando cualquier corporación se negare a cumplir cualquier orden de un tribunal competente, o dejare de cumplir tal orden o desatendiere su cumplimiento dentro del término fijado por el tribunal, tal negativa, falta de cumplimiento, o desatención será causa suficiente para que se designe un administrador judicial para la corporación. En el caso de una corporación foránea, tal negativa, falta de cumplimiento, o desatención será causa suficiente para que se designe un

[280] *Hach Co. vs Pure Water Systems, Inc.*, 114 DPR 58 (1983)

administrador judicial de los activos de la corporación en el Estado Libre Asociado.

El Artículo 12.02 de la LGC es idéntico a su versión en la ley anterior.

Artículo 12.03.- Embargo de acciones de capital o cualquier opción, derecho o interés en las mismas; procedimiento; venta; traspaso de título en la venta; producto de la venta

El Artículo 12.03 de la LGC se deriva de un estatuto promulgado en el Estado de Delaware en el año 1829[281] el cual derogó la regla del derecho común ("common law") que sostenía que las acciones de capital eran bienes intangibles y por lo tanto no sujetas a embargo y venta. [282]

Inciso A

Establece que el proceso de embargo o la imposición de una prohibición de enajenar sólo está disponible en aquellos casos en los cuales la persona a quien se le embarga o restringe la capacidad de enajenar acciones, o la opción para adquirir tales acciones, o ciertos derechos o intereses respecto a la mismas, aparece registrado en los libros de la corporación como el tenedor o dueño de dichas acciones, de la opción para adquirir éstas, o de los derechos o intereses respecto a las mismas. En este sentido el inciso A permite que se puedan embargar o se pueda prohibir la enajenación de las acciones de cualquier corporación que sean propiedad de cualquier persona con todos los derechos correspondientes a las mismas por razón de deuda u otros requerimientos; o la opción de cualquier persona para adquirir las mismas; o el derecho o interés respecto a las mismas, si tal persona aparece registrada en los libros de la corporación como el tenedor o dueño de dichas acciones, de la opción para adquirir las mismas, o del derecho o interés respecto a las mismas. Este inciso permite la venta de suficiente cantidad de las acciones, o de la opción, derecho o interés en las mismas en pública subasta al mejor postor para satisfacer la deuda u otro requerimiento, intereses y costas por orden del tribunal que haya emitido la orden de embargo o prohibición de enajenar y después que se haya notificado según

[281] Act of Feb. 10, 1829, 7 Del. Laws Ch. 154

[282] Comentario al Artículo13.03 del Proyecto de Nueva Ley de Corporaciones del Comité de Corporaciones de la Academia Puertorriqueña de Jurisprudencia y Legislación, p. 410 (1989).

se requiere por el procedimiento de embargo o de prohibición de enajenar de las Reglas de Procedimiento Civil del Estado Libre Asociado. El inciso aclara que con excepción de lo dispuesto para los valores sin certificado, según se define dicho término en la Sección 8-102 de la Ley de Transacciones Comerciales de Puerto Rico, un embargo no se entenderá trabado ni una orden de prohibición de enajenar impuesta, como tampoco podrá emitirse una orden de venta, hasta tanto se satisfagan los requisitos impuestos en la Sección 8-112 de la Ley de Transacciones Comerciales de Puerto Rico. Dispone además que no se emitirá ninguna orden de venta hasta tanto se haya dictado sentencia final en cualquier caso. Si el deudor no es residente del Estado Libre Asociado o no se puede emplazar, se enviará una copia de la orden por correo certificado, con acuse de recibo, a su última dirección conocida, y se publicará en un periódico de circulación general en el Estado Libre Asociado por lo menos dos (2) veces durante el plazo de dos (2) semanas consecutivas y la última publicación será por lo menos diez (10) días antes de la venta.

Finalmente, el inciso A dispone que será nula toda venta, cesión o transferencia por parte del deudor de las acciones o algunas de éstas, o de una opción para adquirir las mismas, o de cualquier derecho o interés con respecto de las mismas, que tenga lugar luego de haberse trabado el embargo o la prohibición de enajenar.

Como se puede apreciar, este inciso A incorpora por referencia los requisitos impuestos en el Artículo 8 de la Ley de Transacciones Comerciales de Puerto Rico para efectuar las acciones legales de los acreedores. Conforme a lo dispuesto en la Sección 8-112 de dicha Ley, la participación de un deudor en un valor con certificado podrá ser alcanzada por un acreedor únicamente cuando el oficial que diligencie un embargo o graven se incaute físicamente del certificado de acciones. Es decir, que con la inclusión de esta referencia a la Sección 8-112, se establece como norma que para fines del Artículo 12.03 de la LGC, un embargo no se entenderá trabado o una orden de prohibición de enajenar impuesta hasta tanto la persona que diligencie dicho embargo u orden de prohibición de enajenar se incaute físicamente del certificado que representa el valor. El propósito de esta enmienda es aumentar la utilidad de los certificados de acciones de las corporaciones de Puerto Rico como colateral.

Inciso B

Enmendó su versión anterior para aclarar que el requisito de proveer una copia del emplazamiento a algún oficial, director o agente de la corporación surge desde el momento en que se emite la orden de embargo o prohibición de enajenar, pues la versión anterior parecía indicar que la notificación puede tener lugar después de haberse embargado o impuesto la prohibición de enajenar de las acciones, opciones, derechos o intereses en acciones, según fuera el caso. En este sentido, el inciso B dispone que cuando se emita una orden de embargo o prohibición de enajenar sobre acciones de capital o cualquier opción para adquirir las mismas o cualquier derecho o interés en las mismas, se entregará una copia certificada del emplazamiento en el Estado Libre Asociado a cualquier oficial o director o agente residente de la corporación. En el caso de corporaciones con acciones sin certificado, la corporación hará notar en su libro de acciones la existencia del embargo o la prohibición de enajenar. El inciso dispone además que dentro de los veinte (20) días siguientes al diligenciamiento del emplazamiento, la corporación deberá entregar al demandante un certificado en donde se consigne el número de acciones de capital de la corporación de las cuales el deudor sea tenedor o dueño, con el número u otra seña que las distinga. Por otro lado, en caso de que el deudor figure en los libros de la corporación como tenedor de una opción para adquirir acciones o cualquier derecho o interés en cualesquiera acciones de la corporación, la corporación deberá entregar al demandante dentro de los veinte (20) días siguientes al emplazamiento, un certificado que consigne tal opción, derecho o interés en las acciones de la corporación tal y como aparezca la opción, derecho o interés en los libros de la corporación, aun cuando se prescriba lo contrario en el Certificado de Incorporación o en los estatutos de la corporación. Se podrá emplazar un agente residente corporativo en la manera dispuesta en el Artículo 12.01 de la LGC.

Inciso C

Dispone que el adquirente tendrá derecho a las acciones o a cualquier opción para adquirir acciones, o a cualquier derecho o interés en las acciones adquiridas de tal manera, y a todo ingreso o dividendo que se hubiere declarado, o cuyo pago hubiere vencido desde que se trabó el embargo si después de efectuada y confirmada la venta se dejare una copia certificada de la orden judicial de la venta y la notificación de la misma, y del certificado de acción, si alguno, con cualquier oficial o director o con el agente residente de la corporación. Este inciso aclara que tal venta una vez notificada y confirmada, traspasará las acciones o la opción para adquirir acciones o cualquier derecho o interés en acciones vendidas al adquirente, de igual manera como si el deudor o demandado, le hubiere traspasado las mismas con arreglo al Certificado de Incorporación o los estatutos de la corporación, aun cuando exista cualquier disposición contraria en el Certificado de Incorporación o estatutos. El inciso C dispone que el tribunal que haya ordenado el embargo o prohibición de enajenar y confirmado la venta, tendrá la facultad para ordenar a la corporación cuyas acciones se hubieren vendido a emitir nuevos certificados de acciones o acciones sin certificado al adquirente en la venta y a cancelar la inscripción de las acciones embargadas en los libros de la corporación cuando el adquirente preste una fianza por el importe adecuado para proteger a la corporación.

Inciso D

Finalmente el inciso D dispone que el dinero producto de la venta de las acciones, de la opción para adquirir las mismas, o de algún derecho o interés respecto a las mismas, se aplicará a la deuda y el oficial público que reciba el mismo pagará con arreglo a lo dispuesto en las Reglas de Procedimiento Civil del Estado Libre Asociado sobre la venta de bienes muebles en casos de embargo.

Artículo 12.04.- Acciones contra oficiales, directores o accionistas para exigir el cumplimiento de obligaciones de la corporación; sentencia insatisfecha contra la corporación

Inciso A

El Artículo 12.04 de la LGC es idéntico a su versión anterior. El inciso A dispone que cuando los oficiales, directores o accionistas de cualquier corporación estén obligados a pagar las deudas, o cualquier parte de las deudas de la corporación según lo dispuesto en la LGC, cualquier acreedor podrá entablar una acción en contra de uno o más de ellos. En la demanda se consignará la reclamación en contra de la corporación y el fundamento por el cual el demandante espera recobrar de los demandados personalmente.

Inciso B

Por otro lado, el inciso B dispone que no se entablará pleito alguno contra ningún oficial, director o accionista por una deuda u obligación de la corporación de la cual es oficial, director o accionista, hasta tanto se dicte sentencia final en contra de la corporación siempre que la ejecución de la misma permanezca insatisfecha. Tampoco se entablará pleito alguno contra ningún oficial, director o accionista por una deuda u obligación de la corporación de la cual es oficial, director o accionista, después de tres (3) años a partir de la fecha de tal sentencia. El inciso permite que cualquier oficial, director o accionista pueda levantar cualquier defensa que la corporación hubiere podido levantar contra tal deuda u obligación. Se aclara, sin embargo, que este inciso (B) no aplicará a los pleitos que se entablen contra oficiales o directores de una corporación que estén en proceso de disolución por mala administración en el ejercicio de sus funciones con arreglo al Capítulo IX de la LGC.

De acuerdo a Adolf A. Berle, Jr. Profesor de la Facultad de Derecho de la Universidad de Columbia (Columbia University) y redactor de la Ley de Corporaciones de 1956, estas disposiciones se deben tomar juntamente con la sección que impone responsabilidad a los directores por el pago de dividendos ilegales, hoy Artículo 5.22 de la LGC, y cuya causa de acción prescribe a los seis (6) años en caso de la insolvencia o disolución de la corporación. "Así pues, habría que entablar demanda contra los directores dentro de los seis (6) años siguientes al pago de un dividendo ilegal, y dentro de los tres (3) años después de haber obtenido el fallo por la deuda en el caso de un acreedor que exija el cumplimiento de una obligación."[283]

Artículo 12.05.- Acción de un oficial, director o accionista contra la corporación por pago de deuda corporativa

Artículo 12.05 de la LGC dispone que cuando cualquier oficial, director o accionista pagase cualquier deuda de una corporación por la cual se le haya impuesto responsabilidad a tenor con las disposiciones de la LGC, éste podrá recobrar la cantidad así pagada mediante una acción legal contra la corporación por el dinero pagado. En dicha acción sólo responderán los bienes de la corporación, no los bienes de los accionistas.

Este Artículo 12.05 es idéntico a su versión anterior. El mismo proviene de la Sección 326 de la Ley de Delaware y es la secuela del Artículo 12.04 anterior. Es de notar que el recobro permitido por este Artículo12.05 no se limita a las responsabilidades incurridas por demandas

[283] Adolf A. Berle, Jr., *Objetivos y Significación de la Nueva Ley de Corporaciones*, 16 Revista del Colegio de Abogados 2, 50-51 (1956).

surgidas bajo el Artículo 14.04, "si no que es de aplicación a cualquier deuda pagada a base de la responsabilidad impuesta por este capítulo".[284]

Artículo 12.06.- Acción derivativa

El Artículo 12.06 de la LGC dispone que en cualquier pleito entablado por un accionista a beneficio de alguna corporación organizada con arreglo a las leyes del Estado Libre Asociado, deberá alegarse en la demanda que el demandante era accionista de la corporación cuando se efectuó la transacción impugnada, o que las acciones le fueron transferidas luego de la transacción por ministerio de ley.

El Artículo 12.06 es idéntico a su versión anterior. Este Artículo no especifica de manera elaborada los requisitos para llevar a cabo una acción derivativa.[285] En este sentido, ha sido la jurisprudencia la que ha desarrollado los requisitos para llevar a cabo una acción derivativa.[286] La acción derivativa nace de la necesidad de permitirle a los accionistas demandar a nombre de la corporación en situaciones donde las personas en control de la entidad se niegan a ejercer sus reclamaciones o derechos. La acción derivativa por su naturaleza posee dos vertientes. La primera consiste en una acción por parte de los accionistas para obligar a la corporación a demandar. La segunda, es una acción corporativa, llevada a cabo por los accionistas a nombre de la corporación frente a las personas responsables. "La razón de ser de la acción, a fin de cuentas, no es otra que hacer valer un derecho corporativo que por alguna razón la entidad no ha reclamado. Una acción de esta naturaleza puede iniciarse entre otras cosas por violaciones al deber de lealtad y debido cuidado de los directores y oficiales A falta de acción por parte de la gerencia corporativa de remediar sus propios fallos, los accionistas redimen y reclaman los

---

[284] Comentario al Artículo13.05 del Proyecto de Nueva Ley de Corporaciones del Comité de Corporaciones de la Academia Puertorriqueña de Jurisprudencia y Legislación, p. 414 (1989).

[285] Véase en contraste los Artículos 19.53 al 19.56 aplicables a las compañías de responsabilidad limitada y que explican en detalle los requisitos para la acción derivativa.

[286] Véase como ejemplo, *In Re Caremark International, Inc. Derivative Litigation*, supra; *Rales v. Blasband*, 634 A. 2d 927 (Del. 1993) y *Aronson v. Lewis*, 473 A. 2d 805 (Del. 1984), entre otros.

derechos de la corporación". [287] La acción derivativa es en beneficio de la propia corporación y por consiguiente de todos sus accionistas.

Para poder instar una acción derivativa es necesario establecer que se solicitó a la corporación que tomara la acción correctiva o que instara la demanda correspondiente para reclamar o proteger sus derechos. Una acción derivativa no prosperará si la corporación está dispuesta y preparada para llevar la demanda reclamada por sí misma. Es por ello que el accionista debe darle a la junta de directores la oportunidad de manejar la litigación a su satisfacción o de proveerle la oportunidad de explicar las razones por las cuales la corporación está imposibilitada de llevar hacia adelante la demanda.[288] Si los directores de la corporación acceden a la solicitud e inician la acción contra la persona que ocasionó el daño a la entidad o toman la acción correctiva correspondiente, el accionista estaría impedido de continuar la acción derivativa. En el ejercicio de sus funciones, la junta de directores puede proceder a establecer un comité especial con la encomienda de evaluar la reclamación y determinar si la continuación de la misma responde a los mejores intereses de la corporación. Si el comité especial concluye que la acción derivativa no responde a los mejores intereses de la corporación, la demanda podría ser desestimada si (i) la corporación prueba la independencia de criterio del comité en la toma de la decisión, que este actuó de buena fe y que los fundamentos de su decisión son razonables y (ii) la decisión del comité resulta en los mejores intereses de la corporación. En esta etapa, el tribunal deberá aplicar su propio juicio comercial independiente para balancear los intereses entre el posible daño a la corporación y la decisión del comité de que no procede la acción derivativa.[289]

Si por otro lado, los directores se niegan a tomar acción, el accionista podrá continuar con su acción derivativa si satisface las normas de (i) interés e independencia y (ii) producto de la regla de juicio comercial. En cuanto a la norma de "interés e independencia", el tribunal deberá determinar inicialmente si se ha establecido duda razonable sobre la independencia y la ausencia de conflicto de interés por parte de la mayoría de los directores que aprobaron la transacción impugnada.[290] Se entenderá

---

[287] Comentario al Artículo13.06 del Proyecto de Nueva Ley de Corporaciones del Comité de Corporaciones de la Academia Puertorriqueña de Jurisprudencia y Legislación, p. 415 (1989)

[288] *Agostino v. Hicks*, 845 A.2d 1110 (Del. Ch. 2004)

[289] *Zapata Corp. v. Maldonado*, 430 A. 2d 779 (Del. 1981)

[290] *Aronson v. Lewis*, supra

que un director tiene conflicto de interés en una transacción cuando existe un problema de lealtades compartidas o divididas, o cuando un director ha recibido o recibirá por la transacción algún beneficio personal que no es compartido con los demás accionistas. Las actuaciones cuestionadas de los directores estarían sujetas a un escrutinio riguroso cayendo sobre el director el peso de probar la buena fe de las transacciones y sus beneficios para la corporación.[291] En cuanto a la norma relacionada al "producto de la regla de juicio comercial", el tribunal examinará la transacción a la luz de los hechos alegados en la demanda para determinar si existe duda razonable de que la actuación impugnada fue un ejercicio válido de un juicio comercial. La presunción que provee la regla del buen juicio comercial no aplica, entre otros casos, si existen intereses personales o si se viola una ley.

No obstante lo anterior, los tribunales han concluido que el requisito de requerir previamente una acción correctiva ("pre-suit demand") por parte de la junta de directores para establecer una acción derivativa es inoperante cuando al menos la mitad de dicha junta son personas con interés en el litigio y tal requerimiento sería fútil.[292] Sin embargo el mero hecho de presentar alegaciones contra los directores y oficiales no es suficiente para justificar que se obvie el requisito de requerir una acción correctiva antes de entablar una acción derivativa o para entablar una acción derivativa per se.[293]

Finalmente, el Artículo 12.06 de la LGC dispone que el accionista que lleve una acción derivativa contra la corporación debe alegar en la demanda que era accionista de la misma cuando se efectuó la transacción impugnada o que las acciones le fueron transferidas luego de la transacción por ministerio (operación) de ley. Esto se conoce como el "contemporaneous ownership rule" o regla de contemporaneidad. Es menester aclarar, que dicho accionista debe continuar siéndolo a través de

---

[291] *Pepper v. Litton*, 308 U.S. 295, 306 (1939)

[292] *Marquis Theater Corp. v. Condado Mini Cinema*, 846 F. 2nd 86 (1st Cir. 1988); *Untermeyer v. Fidelity Daily Income Trust*, 580 F. 2d 22 (1st Cir. 1978). En *Aronson*, supra, el tribunal desestimó una acción derivativa por el requisito de requerir acción correctiva porque los peticionarios fallaron en alegar hechos particulares que fueran suficientes para derrotar la presunción de que los directores actuaron dentro del ámbito de su buen juicio comercial, o que carecían de independencia de criterio, que hubo mala fe o que no actuaron a beneficio de la corporación. Ver también *Stone v. Ritter*, supra

[293] *In Re First BanCorp Derivative Litig.*, 465 F. Supp. 2d 112 (District of Puerto Rico 2006)

todo el litigio. Ello es así porque un demandante que no es accionista o que dejó de ser accionista durante el pleito, pierde la capacidad, o como se conoce comúnmente, el "standing" para continuar con la acción derivativa.[294] El fundamento para este principio es el evitar, prevenir o disuadir la compra de pleitos por terceras personas ajenas a la corporación y la radicación de acciones judiciales que carezcan de la intención de corregir un error para beneficiar a la corporación.[295] En el caso de *Bangor Punta Operations, Inc. v. Bangor & A.R. Co.,*[296]el Tribunal Supremo de los Estados Unidos establece la norma de equidad en una acción civil instada por la corporación contra sus pasados directores y oficiales por alegados fraudes y violaciones de ley luego de la compra de la mayoría de las acciones de la corporación por el accionista que en última instancia será el beneficiario de dicha reclamación. En Bangor,[297] la controversia giró sobre "la aplicabilidad del principio en equidad establecido que un accionista no puede reclamar sobre actos de mala administración corporativa si adquirió sus acciones de capital de aquellos que participaron de o consintieron a los actos alegadamente impropios.".[298] El Tribunal Supremo resolvió que en la medida en que el nuevo accionista mayoritario no tendría legitimación activa para sostener su reclamación si fuera una acción derivativa tampoco la tendría la corporación en una acción directa contra sus directores y oficiales. En *Bangor,*[299] el Tribunal Supremo de Estados Unidos obvió la ficción corporativa al imputarle las causas de acción a su accionista mayoritario al disponer que "aunque una corporación y sus accionistas se consideran entidades separadas en la mayoría de los casos, la forma corporativa puede ser ignorada en el interés de la justicia cuando está siendo utilizada para derrotar una firme política pública.".[300] El Tribunal determinó que, en estos casos, se debe descorrer el velo corporativo y atender la sustancia de la acción, en lugar de adherirse a las formalidades corporativas ciegamente ya que como cuestión de equidad cuando los accionistas estén imposibilitados de mantener una acción por derecho propio, la corporación también estará

---

[294] En el ámbito federal, este requisito lo podemos encontrar en la Regla 23.1 (b) (1) de las Reglas de Procedimiento Civil Federal.

[295] Comentario al Artículo 13.05 del Proyecto de Nueva Ley de Corporaciones del Comité de Corporaciones de la Academia Puertorriqueña de Jurisprudencia y Legislación, p. 415 y 416 (1989)

[296] *Bangor Punta Operations, Inc. v. Bangor & A.R. Co.,* 417 U.S. 703 (1974)

[297] *Id.*

[298] *Id.* p. 710

[299] *Id.*

[300] *Id.* p. 713

imposibilitada.[301] Cabe señalar, que Delaware ha reconocido la norma establecida en Bangor.[302]

Por otro lado, en el caso *Multinational Life Insurance Company v. Carlos Benítez Rivera y otros,*[303] el Tribunal Supremo de Puerto Rico resolvió, en una situación de hechos similar a la de Bangor, a favor de la corporación demandante. El Tribunal Supremo en Multinational distinguió el caso de *Bangor*[304] al limitar el mismo a situaciones en las cuales el comprador de las acciones demanda a los vendedores, cosa que el Tribunal Supremo determinó que no ocurrió en el caso.[305] Aun bajo el supuesto la norma de *Bangor*, [306] aplicase a la controversia planteada en *Multinational*, [307] el Tribunal determinó que estarían presentes las excepciones admitidas por la jurisprudencia tales como la alegación de fraude y daños continuados por lo que "no estamos ante una acción derivativa, sino una acción directa instada por Multinational contra sus ex directores y oficiales.[308]

Artículo 12.07.- Responsabilidad de la corporación; menoscabo por ciertas transacciones

El Artículo 12.07 de la LGC dispone que la responsabilidad de las corporaciones creadas conforme a las leyes del Estado Libre Asociado, o de los accionistas, directores y oficiales de tales corporaciones, o los derechos o remedios de los acreedores de estas o de las personas que hagan negocios con dichas corporaciones, no sufrirá restricción o menoscabo por la venta de los activos de la corporación, o por el aumento o disminución de las acciones de capital de tales corporaciones, o por la consolidación o fusión de dos (2) o más corporaciones, o por cualquier cambio o enmienda que se produzca en el Certificado de Incorporación.

---

[301] *Id.*

[302] *Courtland Manor, Inc. v. Leeds,* 347 A. 2d 144 (Del. Ch. 1975); *Lewis v. Anderson,* 477 A. 2d. 1040, 1050-1051 (Del. 1984); *Midland Food Services, CRL v. Castle Hill HoldingsV, CRL,* 792 A. 2d. 920 (Del. Ch. 1999)

[303] *Multinational Life Insurance Company v. Carlos Benítez Rivera y otros,* 2015 T.S.P.R. 63.

[304] *Bangor Punta Operations, Inc. v. Bangor & A.R. Co.,* supra

[305] 2015 TSPR 32.

[306] *Bangor Punta Operations, Inc. v. Bangor & A.R. Co.,* supra

[307] *Multinational Life Insurance Company v. Carlos Benítez Rivera y otros,* supra

[308] 2015 TSPR 33.

El Artículo 12.07 es idéntico a su versión anterior. Este Artículo 12.07 preserva la responsabilidad de la corporación ante terceros a pesar de que esta lleve a cabo ciertas transacciones que pudieran de otro modo menoscabar los derechos de estos. Es de notar sin embargo que la protección contra menoscabos consagrada en este Artículo 12.07 "se refiere a obligaciones, derechos y remedios que se posean o sean ejecutables al presente contra la corporación y no que puedan poseerse o ejecutarse en el futuro."[309] Se reconoce que es un principio de política pública que las corporaciones no deben, mediante la terminación voluntaria de su existencia, evadir su responsabilidad civil ni las sanciones criminales.[310]

Artículo 12.08.- Organización defectuosa de la corporación como defensa

El Artículo 12.08 es idéntico a su versión anterior. Este Artículo elimina de nuestra jurisdicción la doctrina de la corporación "*de facto*", reconociendo la personalidad jurídica independiente de sus accionistas solo a las corporaciones "*de jure*" que son aquellas organizadas con arreglo a la LGC.

Inciso A

En este sentido el inciso A dispone que a ninguna corporación organizada con arreglo a la LGC, o creada al amparo de las leyes del Estado Libre Asociado, se le permitirá alegar o mantener como defensa en cualquier pleito contra la corporación, la falta de organización conforme a derecho. De igual modo, a ninguna persona que sea demandada por la corporación se le permitirá alegar como defensa tal falta de organización conforme a derecho.

Este inciso A "codifica parcialmente la doctrina jurisprudencial conocida como corporación por impedimento o corporación por "estoppel", con la intención de evitar ataques colaterales a la existencia

---

[309] Comentario al Artículo13.07 del Proyecto de Nueva Ley de Corporaciones del Comité de Corporaciones de la Academia Puertorriqueña de Jurisprudencia y Legislación, p. 419 (1989)

[310] *D.A.C.O. v. Alturas de Florida Development Corp.* supra

corporativa".[311] De esta forma, se previene la injusticia de permitir que una parte derrote las reclamaciones de otra a base de su organización defectuosa sin entrar en los méritos de la reclamación propiamente. Es importante resaltar que para propósitos de este inciso A, la corporación debe ya estar "organizada con arreglo a esta Ley" al momento de la reclamación judicial.

Inciso B

Por otro lado, el inciso B de la LGC indica que no podrá interpretarse este artículo en el sentido de impedir la investigación judicial de la regularidad o validez de la organización de la corporación o la posesión conforme a derecho de cualquier facultad corporativa que la corporación intente afirmar en cualquier otro pleito o procedimiento en el cual se impugne su personalidad jurídica o la facultad de ejercer los derechos corporativos que afirma. La evidencia en apoyo de tal impugnación será admisible en cualquier pleito o procedimiento.

El inciso B, por otra parte, permite ciertas acciones donde se ataque directamente la validez organizativa de la corporación. "Así por ejemplo el artículo no impide que el Secretario de Justicia inicie un procedimiento de *quo warranto*[312] contra la entidad defectuosamente incorporada".[313]

<u>Artículo 12.09.- Usura; alegación por la corporación</u>

El Artículo 12.09 elimina de nuestra jurisdicción la defensa de usura a todas las corporaciones en el Estado Libre Asociado, sean estas corporaciones regulares, íntimas o foráneas.

En este sentido, el Artículo 12.09 de la LGC dispone que no obstante cualquier limitación o penalidad establecida por ley, cualquier corporación

---

[311] Comentario al Artículo13.08 del Proyecto de Nueva Ley de Corporaciones del Comité de Corporaciones de la Academia Puertorriqueña de Jurisprudencia y Legislación, p. 420 (1989)

[312] "*Quo warranto*" es un auto por medio del cual el Estado Libre Asociado de Puerto Rico instituye un recurso con el objeto de recobrar un cargo o una franquicia poseída por alguna persona o corporación. Código de Enjuiciamiento Civil de Puerto Rico, Artículo 640

[313] Comentario al Artículo13.08 del Proyecto de Nueva Ley de Corporaciones del Comité de Corporaciones de la Academia Puertorriqueña de Jurisprudencia y Legislación, p. 420-421 (1989).

que tome dinero a préstamo podrá contratar, incurrir en obligaciones y tomar dinero a préstamo, bien en el Estado Libre Asociado o en cualquier otro sitio, a cualquier tasa de interés que considere aceptable. Este artículo establece que ningún deudor de esta clase, sea una corporación doméstica o una corporación foránea, podrá invocar estatuto alguno contra la usura en un procedimiento o en una acción legal establecida con el fin de obligar al pago o cumplimiento de cualquier obligación que surja de un préstamo de tal naturaleza, esté o no la obligación representada por cualquier bono, pagaré, contrato u otro escrito firmado, asumido o garantizado por tal deudor o cualquier sucesor o cesionario del mismo. En tal virtud, este artículo dispone que no se castigará como delito el exigir o recibir intereses a cualquier tasa así convenida, ni podrá interponerse, por razón de usura, recurso alguno para recobrar cantidad alguna pagada en exceso del interés máximo fijado por ley o para hacer efectiva cualquier otra penalidad civil.

El Artículo 12.09 es idéntico a su versión anterior. En el pasado, a manera de excepción, las corporaciones íntimas gozaban de la defensa de usura, pero en la práctica les resultaba perjudicial al momento de buscar financiamiento. Nótese, que la eliminación de la defensa es solo en el Estado Libre Asociado de Puerto Rico y que no se impide que la corporación pueda levantar la misma si le está disponible en una acción judicial iniciada en otra jurisdicción.

Artículo 12.10.- Legitimación activa, corporaciones sin fines lucro

El Artículo 12.10 de la LGC establece de forma expresa la legitimación activa que posee, tanto el Secretario de Justicia, como los miembros de las corporaciones sin fines de lucro, para instar acciones derivativas en vindicación de los intereses de la corporación.

En este sentido el Artículo 12.10 dispone que con el propósito de vindicar los intereses de las corporaciones sin fines de lucro frente a las actuaciones indebidas de sus directores o administradores, además de la legitimación activa que confiere el Artículo 9.13 de la LGC al Secretario de Justicia, tendrán también legitimación activa para acudir a los tribunales en acciones derivativas, conforme al Artículo 12.06, los miembros de dichas corporaciones.

El Artículo 12.10 de la Ley de Corporaciones anterior correspondía al Artículo 19.08 del Capítulo IXX, sobre corporaciones sin fines de lucro, incorporado en Ley Núm. 452 de 23 de septiembre de 2004.

La Doctrina del Velo Corporativo

Como regla general, la responsabilidad de los accionistas por las deudas y obligaciones de la corporación de la cual poseen acciones con o sin derecho al voto está limitada a su contribución de capital. En otras palabras, a los accionistas los protege de responsabilidad un velo corporativo que impide que lleguen a ellos terceras personas con reclamaciones contra la corporación. Existen varias disposiciones en la LGC que establecen el principio de la limitación de responsabilidad de los accionistas y que han sido explicadas en detalle en otros capítulos de este libro. Por ejemplo, en el Artículo 1.02 (B) (5) de la LGC que trata sobre el Certificado de Incorporación, se establece que el Certificado de Incorporación podrá contener disposiciones "para imponer responsabilidad personal sobre las deudas de la corporación a los accionistas o miembros hasta determinado límite y bajo circunstancias específicas. De no contener el Certificado de Incorporación disposición alguna al efecto, los accionistas o miembros no responderán personalmente de las deudas de la corporación, excepto por razón de sus propios actos."

De igual modo, en Capítulo V sobre Acciones de Capital Corporativo y Dividendos se establecen los siguientes principios: (a) si las acciones están totalmente pagadas de la forma y manera que determine la junta de directores, se declararán y se considerarán totalmente pagadas y no estarán sujetas a obligaciones ulteriores una vez la corporación reciba el precio pactado[314]; (b) Si las acciones están parcialmente pagadas y los activos no alcancen para satisfacer las reclamaciones de los acreedores de la corporación, entonces cada tenedor de tales acciones parcialmente pagadas estará obligado a pagar por cada acción poseída por él la suma necesaria para completar la cuantía del balance no pagado del precio por el cual la corporación emitió tales acciones.[315] No obstante lo anterior, cuando una

[314] Ley General de Corporaciones de 2009, Artículo 5.02

[315] Ley General de Corporaciones de 2009, Artículo 5.08A. Debemos aclarar que bajo el Artículo 5.08C, ningún cesionario de acciones que lo sea de buena fe y sin conocimiento o notificación de que el precio de las acciones no ha sido pagado en su totalidad, será personalmente responsable por cualquier porción no pagada de tal precio. El cedente continuará siendo responsable del pago de dicha obligación. También es necesario aclarar que bajo el Artículo 5.08D, pasados seis (6) años de la emisión de las acciones sobre las

corporación le requiere al accionista el pago del balance adeudado de sus acciones, esto no significa que el mismo es personalmente responsable por las deudas corporativas, si no que se estable un mecanismo mediante el cual la corporación o sus acreedores pueden alcanzar activos de la corporación que están en manos de sus accionistas. Por tanto basado en el principio de la responsabilidad limitada, los accionistas o miembros no son individualmente responsables de las obligaciones contractuales o extracontractuales de la corporación si no han participado de manera alguna en dichos actos torticeros o contractuales.

El principio de la responsabilidad limitada se basa en el hecho de que la corporación es un ente aparte de los accionistas o miembros, o sea, una persona artificial diferente de sus dueños. Esta es una de las ventajas principales de incorporase. No obstante el hecho que la LGC y los tribunales reconocen la existencia de este principio, el mismo no es de carácter absoluto, por lo que los accionistas pueden finalmente ser hallados responsables por las deudas o actuaciones de la corporación si existen hechos que así lo ameriten más allá de la mera tenencia de acciones de capital en la corporación. En este sentido, existen básicamente dos maneras en las que un accionista puede ser responsable por las deudas y actuaciones de su corporación. La primera la contempla la propia LGC en su Artículo 1.02B (5) al establecer que "los accionistas o miembros no responderán personalmente de las deudas de la corporación, excepto por razón de sus propios actos." En otras palabras, la Ley permite una acción contra el accionista por las deudas y daños causados a terceros por "sus propios actos". Esto es lo que se denomina una acción directa contra el accionista.

La segunda manera de reclamar responsabilidad a un accionista por las deudas y actuaciones de su corporación, no fue creada por la LGC sino por los tribunales y se le conoce como la "Doctrina de Descorrer, Rasgar o Levantar el Velo Corporativo". Esto es lo que se denomina una acción indirecta contra el accionista y de lo que se trata es de desvirtuar, mediante la presentación de hechos contundentes, la existencia de la corporación para llegar así al accionista. Bajo esta doctrina, el demandante debe demostrar, mediante preponderancia de la evidencia, que la corporación es un mero alter ego, un conducto pasivo, instrumentalidad, agente o pantalla del accionista. Este tipo de acción es necesaria para evitar un fraude, la

---

cuales se reclama la obligación, no se podrá reclamar responsabilidad alguna al amparo de este Artículo ni del Artículo 12.04 de la Ley.

evasión de una obligación estatutaria o la derrota de una política pública. También es necesaria para evitar la realización de un propósito ilegal o para evitar una inequidad o daño.[316] A diferencia de una acción directa contra el accionista, para descorrer el velo corporativo se requieren dos tipos de causa de acción. La primera, una reclamación contra la corporación por su actos y la segunda una reclamación que justifique la responsabilidad del accionista por las actuaciones de su corporación. Si el accionista con sus actuaciones demuestra que no respeta la existencia de la ficción corporativa, no puede esperar que los tribunales la respeten tampoco.

Lo que ha ocurrido a través de los años es que los tribunales han mezclado elementos de una acción directa con elementos para descorrer el velo corporativo al punto que muchas veces es difícil establecer que teoría utilizó el tribunal para imponer responsabilidad a los accionistas.

1.La causa de acción directa contra el accionista.

La acción directa contra un accionista a raíz "de sus propios actos" se puede dar bajo diferentes contextos y teorías entre las cuales se encuentran las siguientes, entre otras:

a. La teoría de la empresa común ("joint venture") o sociedad. Ocurre cuando la corporación y el accionista acuerdan llevar a cabo una empresa común para realizar una transacción en particular. La sociedad, por el contrario, implica un acuerdo para establecer una asociación para la explotación de un negocio como co-dueños. No obstante, los elementos de ambas son los mismos, derechos mutuos de control, comunidad de intereses, un acuerdo de distribuir ganancias, pérdidas, gastos o costos.

b. La teoría de la empresa común ("joint venture") o sociedad por "estoppel". A diferencia de la teoría anterior, la formación de una empresa común o sociedad se establece no por acuerdo sino por la conducta exhibida por la corporación y su accionista. Los elementos de esta teoría pueden incluir, en primer lugar, representaciones de la corporación de que actúa en esa capacidad conjuntamente con el accionista y en segundo lugar, el conocimiento o consentimiento del accionista de que la corporación ha hecho dicha representación. El tercer elemento es la demostración de que terceras personas, creyeron, descansaron y confiaron

[316] *J.R.T. v. Asociación de Condómines de Playa Azul I*, 117 D.P.R. 20 (1986)

en esas representaciones. Finalmente, se tiene que dar un daño que afecte a esa tercera persona que surja de la operación de la empresa común o sociedad.

c. La teoría de la agencia. Al igual que las dos anteriores, la relación principal-agente puede ser demostrada mediante acuerdo o conducta de la corporación y su accionista. La responsabilidad del accionista surge cuando la corporación actúa a nombre del accionista y bajo su control y consentimiento. En el contexto de una relación matriz-subsidiaria, esta relación se puede manifestar cuando los acuerdos con terceros son más beneficiosos para la matriz que para la subsidiaria.

d. La doctrina del buen samaritano. Esta doctrina se manifiesta cuando el accionista le presta propiedad o servicios a la corporación que son necesarios para proteger los derechos de terceras personas que hacen negocios con la corporación. En el contexto de una relación matriz-subsidiaria, los ejemplos pueden incluir la prestación de equipo, consejo, información o supervisión. Bajo esta teoría, la responsabilidad de la matriz surge cuando viola su deber de cuidado al proveer estos servicios o el uso de su propiedad por la subsidiaria que es la que causa el daño a terceros.

e. Interferencia torticera en una relación contractual. Los elementos de esta causa de acción directa contra el accionista son (i) la existencia de un contrato válido, (ii) el conocimiento del accionista de la existencia de dicho contrato, (iii) la presión o influencia del accionista para que incumpla sus obligaciones contractuales y (iv) los daños resultantes dicho incumplimiento.

2. La causa de acción indirecta contra el accionista bajo la Doctrina de Descorrer, Rasgar o Levantar el Velo Corporativo.

Para descorrer el velo corporativo, los tribunales toman en consideración diferentes aspectos organizacionales y operacionales, entre otros, que permitan mirar más allá del ente corporativo para establecer la responsabilidad del accionista y de esa manera evitar una injusticia. Los tribunales utilizan estos aspectos organizacionales y operacionales, entre otros, para descorrer el velo corporativo bajo diferentes teorías jurisprudenciales tales como la del "alter ego", la "empresa integrada", la del "conducto económico pasivo" ("business conduit"), la de la "mera instrumentalidad", la de "unidad de interés"[317] o la del "operador" entre otras, cada una con su propio conjunto de elementos o aspectos relevantes. No importan los aspectos utilizados para descorrer el velo corporativo, la prueba que se presente ante la consideración del tribunal debe ser fuerte y robusta.[318]

a. Aspectos Organizacionales. Los tribunales se enfocan en los aspectos organizacionales de la corporación al momento de determinar si descorren el velo corporativo. Se ha establecido jurisprudencialmente que la tenencia de acciones solamente no es suficiente para imponer responsabilidad al accionista por las obligaciones de su corporación. También se ha establecido jurisprudencialmente que mientras más dispersa esté la tenencia de acciones entre un mayor número de accionistas, menor es el riesgo de que sean encontrados responsables por las obligaciones de su corporación. Entre los aspectos organizacionales de interés para los tribunales están los siguientes, entre otros;

(i) la observancia de las formalidades corporativas tales como la radicación de informes anuales, la elección periódica de directores y oficiales y el mantenimiento o no de libros corporativos y minutas;

(ii) la celebración o no de reuniones de directores y accionistas y la separación de responsabilidades entre unos y otros;

(iii) la subscripción por, y la emisión de acciones a, los accionistas;

(iv) la capitalización adecuada de la corporación que le permita llevar a cabo los negocios para los que fue creada independientemente de los accionistas[319]; y

---

[317] *Sealand Services, Inc. v. Pepper Source*, 993 F. 2d 1309 (7th Cir. 1993) En este caso el tribunal fundamento su decisión en cuatro factores (i) la inhabilidad de mantener récords corporativos adecuados e incumplir con las formalidades corporativas; (ii) la mezcla irracional de activos y fondos entre las entidades; (iii) la descapitalización de la corporación; y (iv) la transferibilidad de activos entre compañías como si fueran cada una dueña de los mismos.

[318] *San Miguel Fértil. Corp. v. P.R. Drydock*, 94 D.P.R. 424 (1967)

[319] En *Consumer's Co-op. of Walworth County v. Olsen,* 142 Wis. 2d 465 (1988) el tribunal establece que para que se justifique descorrer el velo corporativo, la importancia del aspecto de la insuficiencia de capital en una empresa se da con posterioridad a la capitalización y no al momento de su incorporación.

(v) la identidad de los directores y oficiales, si son los mismos accionistas o en el caso de una corporación matriz, si tienen directores y oficiales en común[320].

b. Aspectos Operacionales. Los tribunales también se enfocan en los aspectos operacionales de la corporación al momento de determinar si descorren el velo corporativo. Entre los aspectos operacionales de interés para los tribunales están los siguientes, entre otros;

(i) la medida en que los contratos entre el accionista y la corporación son más beneficiosos para el accionista que para la corporación;

(ii) la existencia, mantenimiento y manejo de libros y cuentas separadas entre el accionista y la corporación y la medida, si alguna, en que los fondos se entre mezclan y se confunden entre ambos;

(iii) la medida en que un director u oficial que es accionista o perteneciente a la matriz, influencia las políticas y/o decisiones de la corporación o subsidiaria;

(iv) la medida en que un director u oficial que es accionista o perteneciente a la matriz, está conectado con el daño contractual o extracontractual reclamado por un tercero a la corporación o subsidiaria; y

(v) la habilidad del accionista de controlar la corporación que incluye, pero no se limita a, su influencia en la promoción, transferencia, contratación y compensación de los empleados de la corporación, su influencia en la financiación, préstamos, presupuesto, dividendos, informes financieros, manejo del dinero y la medida en que las operaciones de la corporación son financiadas por el accionista.[321]

c.Otros Aspectos. Los tribunales han mostrado también interés en estudiar la relación del accionista y su corporación, de la matriz con su

[320] *González v. Saint Just Corp.*, 101 D.P.R. 168 (1973)

[321] *K. C. Roofing v. On Top Roofing*, 807 S.W. 2d 545 (1991). En este caso el tribunal descorrió el velo corporativo para llegar a su accionista principal al encontrar un grado de control tal sobre las finanzas, las políticas y las prácticas de negocios, no meramente con su voto mayoritario, que no había distinción entre la entidad y sus dueños.

subsidiaria y la medida en que el comercio, la industria y el público en general los perciben como una sola entidad comercial. Además, hay que tomar en consideración que en adición a la LGC, existen también en nuestro ordenamiento legal otras leyes que pueden imponer responsabilidad al accionista o corporación matriz por cuestiones mayormente de política pública. En estas leyes están las contributivas, tanto a nivel federal como estatal y hasta municipal, las ambientales, tanto a nivel federal como estatal,[322] las leyes laborales y de derechos civiles, tanto a nivel federal como estatal, la Ley Federal de Quiebras y las leyes estatales que prohíben las transferencias en fraude de acreedores, entre otras. En el ámbito de las corporaciones profesionales, la LGC permite la imposición de responsabilidad sobre los accionistas-profesionales por su mala práctica de la profesión y la limita en otros aspectos.[323] Por otro lado, en el contexto de una corporación íntima, la propia LGC provee que el mero hecho de que una persona natural sea accionista de este tipo de corporación o que no observe las formalidades corporativas no necesariamente es razón para descorrer el velo corporativo e imponer responsabilidad personal por las obligaciones de la corporación. [324]

En D.A.C.O. v. Alturas de Florida Development Corp.,[325] nuestro Tribunal Supremo resume la Doctrina de Descorrer, Rasgar o Levantar el Velo Corporativo de la siguiente forma:

> "Sabido es que una corporación tiene su propia personalidad jurídica y su propio patrimonio, distintos a la personalidad y al patrimonio de sus accionistas, sean estos últimos personas naturales o jurídicas. ...En consecuencia, la responsabilidad de los accionistas por las deudas y obligaciones de la corporación está generalmente limitada al capital que estos hayan aportado al patrimonio de la corporación...

---

[322] Ver por ejemplo *U.S. v Kayser-Roth*, 910 F. 2d 24 (1st Cir.1990) donde el tribunal encontró que la matriz era la verdadera operadora de una facilidad bajo el Comprehensive Environmental Response Compensation and Liability Act ("CERCLA") porque la misma ejercía total influencia y control sobre las operaciones de su subsidiaria. Posteriormente, en *Boyd v. Boston Gas Co.*, 992 F. 2d 401 (1st Cir. 1993) el tribunal al ratificar la decisión en *Kayser-Roth*, supra, indicó que bajo la prueba de responsabilidad del operador, la responsabilidad del operador puede imponerse sin tener que recurrir a descorrer el velo corporativo si en efecto la matriz puede considerarse como que actuó como el operador.

[323] Ley General de Corporaciones de Puerto Rico 2009, Artículo 18.06

[324] Ley General de Corporaciones de Puerto Rico 2009, Artículo 14.13

[325] *D.A.C.O. v. Alturas de Florida Development Corp.*, supra

> ...Sabido es, igualmente, que los tribunales descartarán la personalidad jurídica de una corporación y sujetarán el patrimonio de los accionistas para responder por las deudas y obligaciones de la corporación en aquellos casos en los cuales...la corporación es meramente un "alter ego" o conducto económico pasivo ("business conduit") de sus únicos accionistas, recibiendo éstos exclusiva y personalmente los beneficios producidos por la gestión corporativa,... y si ello es necesario para evitar un fraude o la realización de un propósito ilegal o para evitar una clara inequidad o mal ("wrong")...
>
> ...De acuerdo a este principio, una corporación es el "alter ego" o conducto económico pasivo de sus accionistas cuando entre éstos y la corporación existe tal identidad de interés y propiedad que las personalidades de la corporación y de los accionistas, sean éstos personas naturales o jurídicas, se hallan confundidas, de manera que la corporación no es, en realidad una persona jurídica independiente y separada....
>
> ...La aplicación de este principio dependerá de los hechos y las circunstancias específicas del caso particular a la luz de la prueba presentada. Así lo establecimos en Cruz v. Ramírez, 75 D.P.R., a la pág. 954, al concluir que "si en determinado caso se ha de prescindir de la ficción corporativa, ello depende de los hechos específicos de cada caso a la luz de los principios generales arriba señalados, y ello debe ser resuelto por el tribunal de primera instancia al considerar la prueba...
>
> ...El peso de la prueba descansa en la parte que propone la imposición de responsabilidad individual a los accionistas y corresponde al tribunal de primera instancia determinar, luego de apreciar la prueba si procede el levantamiento del velo corporativo...Al examinar la prueba, el tribunal deberá observar la naturaleza de las transacciones corporativas para no dejarse engañar por las formalidades de las mismas...
>
> ...En casos de corporaciones en las cuales una persona natural es el único accionista, los tribunales deberán ser cautelosos en su escrutinio de la prueba. Por un lado, el mero hecho de que una persona sea el único accionista de una corporación no autoriza la imposición de

> responsabilidad individual... Por otro lado, sin embargo, la concentración de control e información en una sola persona puede dar lugar a que estas corporaciones sean fácilmente utilizadas para fines ilegítimos...
>
> ...En atención a este riesgo, los tribunales no deberán reconocer la personalidad jurídica de este tipo de corporación cuando no hay la debida separación entre los asuntos corporativos y los personales y cuando la corporación no descansa en una base financiera adecuada para lograr los fines para los cuales fue incorporada... Es decir, los tribunales no tienen porque trazar una separación entre la persona del accionista y la corporación que el propio accionista procuró no observar, ni porqué reconocer responsabilidad limitada a un accionista que no le proveyó a la corporación una base financiera adecuada para responder por las obligaciones corporativas...
>
> ...Corresponde a la parte que propone el levantamiento del velo corporativo presentar prueba que demuestre que no existe una separación adecuada entre la corporación y el accionista, y que los hechos son tales que reconocer dicha persona jurídica equivaldría a "sancionar un fraude, promover una injusticia, evadir una obligación estatuaria, derrotar la política pública, justificar la inequidad, proteger el fraude o defender el crimen."... El peso de la prueba no se descarga con la mera alegación de que la empresa es un alter ego de una persona, sino con prueba concreta que demuestre que la personalidad de la corporación y de la del accionista no se mantuvieron adecuadamente separadas..." *(Todas las citas fueron omitidas)*

A pesar de los aspectos descritos anteriormente, el concepto de la limitación de la responsabilidad es el factor predominante detrás del uso de las corporaciones para llevar a cabo una actividad comercial. La realidad es que no existe una regla clara y contundente que controle la decisión de un tribunal de permitir una acción contra el accionista ya sea directa o indirecta descorriendo el velo corporativo. Cada caso se ve en sus méritos y se decide a base de sus hechos particulares. La presencia o ausencia de uno o más de los aspectos o factores descritos anteriormente no necesariamente será determinante porque los tribunales evaluarán y le darán peso a la totalidad de las circunstancias bajo su consideración.[326]

[326] Sobre la doctrina de descorrer el velo corporativo véase además los siguientes artículos de revista jurídica: Pedro Malavet Vega, *El levantamiento del velo corporativo en el Derecho Puertorriqueño*, 12 Rev. Jur.U.I.P.R. 411 (1976); Milton Cruz, *Comentarios sobre la doctrina de rasgar el velo corporativo*, 22 Rev. Jur. U.I.P.R. 153 (1987-1988); Carlos Rodríguez Cintrón, *Piercing the Corporate Veil: The Revival of an Old Weapon*, 58 Rev. Jur. U.P.R. 639 (1989); y Carlos E. Díaz Olivo, *Mitos y Leyendas acerca de la Doctrina de Descorrer el Velo Corporativo*, 73 Rev. Jur. U.P.R. 311(2004)

Capítulo XIII. Corporaciones Foráneas

La LGC reconoce el interés que pueden tener corporaciones foráneas en hacer negocios en Puerto Rico. A esos efectos, la LGC impone ciertos requisitos para que estas sean admitidas a hacer negocios en el mismo.[327] Este Capítulo XIII establece estos requisitos, regula la forma de adquirir jurisdicción sobre estas corporaciones extranjeras, las consecuencias de hacer negocios sin estar cualificadas, así como los requisitos para continuar con su cualificación. Una corporación extranjera que quiere hacer negocios en Puerto Rico deberá cumplir con estos requisitos. Lo que se pretende es colocar a las corporaciones foráneas en la misma posición de las corporaciones domésticas.[328] De este modo estarán sujetas a ser inspeccionadas de manera que se conozcan las condiciones bajo las cuales operan en Puerto Rico.[329]

Artículo 13.01- Definición; requisitos para hacer negocios con el Estado Libre Asociado; procedimiento.

Inciso A

Comienza el artículo con la definición del término "corporación foránea": significará una corporación organizada con arreglo a las leyes de cualquier jurisdicción que no sea el Estado Libre Asociado. De manera que corporaciones organizadas en cualquier estado de los Estados Unidos así como en cualquier otro país, serán consideradas "corporaciones extranjeras".

Inciso B

Las corporaciones foráneas no podrán hacer negocios en Puerto Rico, ni directa ni por medio de agente o representante localizado en Puerto

---

[327] *Pou v. American Motors Corp.*, 127 D.P.R. 810 (1991) "El estado puede imponer requisitos que deben cumplir las corporaciones foráneas que interesan ser admitidas a hacer negocios en el mismo." p. 825

[328] *Riego Zúñiga v. LACSA*, 139 D.P.R. 509 (1995)

[329] *Pou v. American Motors Corp.*, supra

Rico, a menos que se siga el procedimiento de cualificación que estipula la LGC y obtenga la autorización correspondiente.

La autoridad de Puerto Rico para imponer condiciones a las corporaciones foráneas que pretenden hacer negocios en su jurisdicción, estriba en el poder de razón de estado que le es inherente.[330]

El término "hacer negocios" no se define en la LGC, lo que si se incorpora es una serie de situaciones que no constituirán "transacciones de negocios", como veremos más adelante al estudiar el Artículo 13.05. Por ello se analizarán los hechos particulares para determinar si la autoridad es una regular, repetida y continua con la intención de obtener ganancias. La determinación será pues de grados dependiendo del caso.[331]

Para una corporación extranjera cualificarse y así poder solicitar la autorización y hacer negocios en Puerto Rico deberá cumplir con el procedimiento y los requisitos contenidos en este Inciso B. A esos efectos deberá radicar ante el Departamento de Estado los siguientes documentos:

1. Certificado de Existencia expedido por la jurisdicción bajo cuyas leyes fue organizada. Si el mismo está en un idioma extranjero se incluirá una traducción certificada bajo juramento por el traductor.

2. Solicitud para hacer negocios en Puerto Rico otorgada por un oficial autorizado en la que se consigne:

   a. nombre de la corporación foránea;

   b. jurisdicción donde se incorporó;

   c. fecha de incorporación y plazo de duración;

   d. dirección física de su domicilio;

   e. dirección de la oficina designada en Puerto Rico y nombre del agente residente en dicha oficina;

   f. nombres y direcciones de negocios de sus directores y oficiales;

---

[330] *Id.*

[331] *Pueblo v. South P.R. Sugar Co.*, supra

g. relación de los activos y pasivos de la corporación, con fecha no mayor de un (1) año previo a la solicitud; y

h. descripción del negocio que se propone llevar a cabo en Puerto Rico y declaración de que está autorizada a llevar a cabo ese negocio en la jurisdicción en que se incorporó.

3. Acompañar el pago de los derechos correspondientes.

El nombre debe ser distinguible de uno ya registrado o reservado, o acompañar la solicitud con una autorización del titular registrado a usar el nombre. En caso de que el nombre conflija, la corporación podrá adoptar un alias, que utilizará siempre que haga negocios en Puerto Rico.

Inciso C

Una vez el Secretario de Estado verifique el cumplimiento con todos los requisitos, expedirá al agente residente un Certificado de Autorización que faculta a la corporación a llevar a cabo negocios en Puerto Rico y el cual constituirá evidencia prima facie de dicha autorización. La autorización así concedida está sujeta al derecho del Estado Libre Asociado de revocarlo en los casos dispuestos en la LGC.

Una vez la corporación foránea recibe su Certificado de Autorización, tendrá los mismos derechos, privilegios, deberes, restricciones, penalidades y responsabilidades, presentes y futuras, que una corporación doméstica de similar naturaleza.[332] Igualmente podrá reclamar, lo mismo que un individuo, la igual protección de las leyes y el debido procedimiento de ley que reconoce la Constitución del Estado Libre Asociado.[333]

Artículo 13.02- Ausencia de poderes bancarios

Incisos A y B

La corporación foránea no tendrá facultades o poderes bancarios, aunque sus artículos de incorporación o estatutos así lo indiquen, hasta que

[332] Ley General de Corporaciones de Puerto Rico 2009, Artículo 13.06- Efecto del certificado de autorización.
[333] *International General Electric v. Secretario de Hacienda*, supra

cumpla con los requisitos legales que reglamentan la industria bancaria. Esta limitación deberá constar en los certificados de autorización que emita el Secretario de Estado.

Artículo 13.03- Consecuencias de hacer negocios sin cumplir con los requisitos para hacerlo

Incisos A y B

Una corporación foránea que hace negocios sin obtener su certificado de autorización o que incumpla con lo requerido bajo el Artículo 13.07, no podrá incoar procedimiento judicial alguno en los tribunales de puerto Rico hasta que obtenga su autorización y haya pagado todos los derechos, penalidades e impuestos de franquicia por los años que hizo negocios sin estar autorizada.

El no haber obtenido el certificado de autorización no invalidará los contratos o actos que la corporación hubiese llevado a cabo. Tampoco le impedirá el defenderse de cualquier procedimiento radicado en su contra en Puerto Rico.

Artículo 13.04- Corporaciones extranjeras haciendo negocios sin haber calificado

Se autoriza al Tribunal de Primera Instancia prohibir a cualquier corporación foránea o sus agentes, que haya incumplido con cualquier sección de éste subcapítulo o que obtuviese su certificado de autorización mediante expresiones falsas o engañosas el efectuar transacciones de negocios en Puerto Rico. Para ello el Secretario de Justicia, por iniciativa propia o de terceros, entablará la acción correspondiente en el Tribunal Superior a la localidad donde la corporación lleva a cabo sus negocios.

Artículo 13.05- Actividades que no constituyen transacciones de negocios en el Estado Libre Asociado

Inciso A

Como indicamos anteriormente, la LGC no contiene definición del término "hacer negocios". Es en este Artículo 13.05 que se señalan varias actividades, que si la corporación las lleva a cabo, no se consideran como "transacciones de negocios" por lo que no se requerirá a la corporación el obtener un certificado de autorización del Secretario de Estado. Es importante señalar que esta exclusión es sólo para efectos de este Capítulo XIII; además que la lista no es exhaustiva. Las actividades listadas son:

1. entablar, defender o transigir cualquier procedimiento judicial o administrativo;
2. llevar a cabo reuniones de la junta de directores o de accionistas, o actividades relacionadas con asuntos corporativos internos;
3. tener cuentas bancarias;
4. mantener oficinas o agencias de traspaso, e inscripción o fiduciarios o depositarios con respecto a valores propios de la corporación;
5. vender a través de contratistas independientes;
6. solicitar u obtener ordenes siempre que la aceptación de la orden y el despacho se dé fuera de Puerto Rico;
7. crear o adquirir deudas, hipotecas o garantías de bienes muebles o inmuebles;
8. garantizar o cobrar deudas o ejecutar hipotecas o garantías en las propiedades que garantizan las deudas;
9. ser titular, sin más, de bienes muebles o inmuebles; y
10. realizar una acción aislada que se complete dentro de los treinta (30) días y que no sea parte de una serie.

Inciso B

Se aclara que este listado no es determinante en cuanto a si una corporación foránea está sujeta a ser demandada y emplazada en Puerto Rico. Tampoco lo será para fijar responsabilidad contributiva. En cuanto a estas últimas dos situaciones, el grado para adquirir jurisdicción puede ser menor.

Artículo 13.07- Requisitos adicionales en casos de cambio de nombre, cambio de negocio o de fusión y consolidación.

Inciso A

Cuando la corporación foránea certificada, o sea, admitida a efectuar negocios con Puerto Rico, cambia su nombre, amplía o limita el negocio que intenta llevar con Puerto Rico, éste artículo impone ciertos requisitos a cumplirse dentro de un término de treinta (30) días después de que dicho cambio entre en vigor. Deberá la corporación dentro de ese término de treinta (30) días radicar en el Departamento de Estado un certificado consignando:

1. nombre de la corporación foránea;
2. jurisdicción de su incorporación;
3. fecha en que se autorizó en Puerto Rico;
4. si se trata de cambio de nombre, el nombre renunciado, el nuevo, la fecha del cambio y que se efectuó bajo las leyes de la jurisdicción de incorporación; y
5. si se trata de ampliar o limitar los negocios en Puerto Rico, una declaración de que está autorizada a realizar los mismos en su jurisdicción de origen.

Inciso B

Igualmente en caso de que fuese la corporación foránea la subsistente de una fusión autorizada en su jurisdicción de origen, radicará un certificado dentro de los treinta (30) días siguientes a que la fusión entre en vigor, expedido por el funcionario adecuado en su jurisdicción de incorporación, donde se consigne tal fusión. Si la fusión resulta en alguno de los cambios contemplados en el Inciso A, en el certificado se consignará lo requerido bajo dicho inciso.

Inciso C

Si la corporación foránea certificada deja de tener personalidad jurídica por razón de la fusión o consolidación, deberá renunciar su autoridad y retirarse siguiendo el procedimiento establecido en el Artículo13.12 que discutiremos más adelante.

Artículo 13.08- Libros que deberá mantener la corporación foránea

Inciso A

Con el propósito de facilitar al Departamento de Hacienda su función fiscal, se exige de toda corporación foránea el tener disponible[334] en Puerto Rico los libros de contabilidad, documentos y constancias, incluyendo relaciones de inventario, llevados de acuerdo con las prácticas aceptadas de contabilidad, suficientes para:

1. establecer el monto del ingreso bruto, deducciones, créditos y todos los detalles que deben declararse en las planillas de contribución sobre ingresos en Puerto Rico; y

2. reflejar el monto de sus inversiones en la propiedad poseída localizada en Puerto Rico, así como el monto de su capital empleado en sus negocios en Puerto Rico.

En el caso de corporaciones foráneas que disfruten de alguna exención contributiva en Puerto Rico, deberá tener disponible dicha información así como los hechos específicos bajo los cuales surja la exención.

Artículo 13.09 – Informe anual

Se requiere a toda corporación foránea certificada, con o sin fines de lucro, presentar un informe anual conforme al Capítulo XV, Artículo 15.03. De no hacerlo estará sujeta a las mismas multas y penalidades que una corporación doméstica, así como a la revocación de su autorización para hacer negocios en Puerto Rico.

Artículo 13.10- Oficina designada y cambio de agente residente de una corporación foránea

Inciso A

Se requiere a la corporación foránea mantener de manera continua una oficina designada, así como un agente residente en Puerto Rico.

---

[334] La ley anterior disponía "llevar y conservar", la nueva ley lo cambió a "tener disponible".

Inciso B

La corporación foránea podrá cambiar o sustituir su agente residente radicando en el Departamento de Estado, una certificación, conforme al Artículo 1.03 de la LGC (otorgada, certificada, radicada y registrada) en la cual se consigne:

1. nombre y dirección del nuevo agente residente y su consentimiento al nombramiento, y

2. la revocación del nombramiento anterior.

El agente residente puede ser un individuo residente en Puerto Rico o una persona jurídica organizada bajo o autorizada a hacer negocios en Puerto Rico.

Inciso C

El agente residente de una corporación foránea puede renunciar a su cargo, por escrito, radicando la misma en el Departamento de Estado, la cual será efectiva en treinta (30) días desde su radicación. En la renuncia deberá declarar que notificó por escrito a la corporación foránea por correo certificado enviado a la última dirección conocida, la cual incluirá, por lo menos treinta días antes de radicar su renuncia en el Departamento de Estado.

Inciso D

Si el agente residente muere, es destituido, o renuncia, la corporación foránea deberá, dentro de diez (10) días de este suceso, sustituir, designar y certificar al Secretario de Estado el nombre de su sustituto a quien válidamente le será entregado todo emplazamiento, orden, notificación o reclamación dirigida a la corporación foránea.

Artículo 13.11- Emplazamiento a una corporación foránea

Inciso A

Este artículo contempla la forma de emplazar a una corporación foránea certificada, o sea, autorizada a hacer negocios en Puerto Rico. [335] Es por ello que la corporación al registrarse informa el nombre de su agente residente y el lugar donde se localizará. Así pues, es a este agente residente a quien se le entregará cualquier emplazamiento, orden, notificación o reclamación dirigida a la corporación foránea. [336]

De faltar el agente residente, la LGC dispone que para fines de emplazamiento o entrega de toda orden, notificación o reclamación requerida o permitida por ley, será considerado agente de la corporación todo oficial, director o agente de la misma que se encuentre en Puerto Rico. [337]

El emplazamiento es el mecanismo procesal mediante el cual se le notifica al demandado que se ha radicado una reclamación en su contra por lo que el método de notificación tiene que ofrecer una probabilidad razonable de informarle de este hecho. Así tendrá la oportunidad de comparecer y defenderse.[338]

En *Quiñones Román v. Compañía ABC* el Tribunal Supremo expresó:

> "El hecho de que una corporación foránea, autorizada para hacer negocios en Puerto Rico, instruya a sus gerentes operacionales que dirijan o refieran a los emplazados a las oficinas corporativas principales y que en éstas tengan todo un sistema de organización interna para atender estos asuntos, no quiere decir que por ley no se pueda emplazar a la corporación en otro lugar y que dicho emplazamiento no sea válido."[339]

---

[335] *Riego Zúñiga v. LACSA*, supra. Al solicitar dicha autorización la corporación se somete a la jurisdicción de Puerto Rico.

[336] *Pou v. American Motors*, supra; *Riego Zúñiga v. LACSA*, supra; *Quiñones Román v. Compañía ABC h/n/c Supermercados Pueblo*, supra

[337] *Peguero v. Hernández*, 139 DPR 487 (1995); *Riego Zúñiga v. LACSA*, supra.

[338] *Quiñones Román v. Compañía ABC h/n/c Supermercados Pueblo*, supra

[339] *Id.*, p. 370

Inciso B

Si la corporación foránea no tiene agente residente, o no se le ha podido emplazar habiéndose hecho una diligencia razonable, o se le ha revocado su certificado de autorización o ha dejado de hacer negocios en Puerto Rico, se le podrá enviar el emplazamiento por correo registrado o certificado con acuse de recibo, dirigido al secretario de la corporación en su oficina designada, según consignante para su certificado de autorización o en el informe anual más reciente.

La ley anterior establecía la fecha de la efectividad del emplazamiento enviado por correo al secretario de la corporación, esto fue eliminado en la nueva LGC. La ley anterior disponía que el emplazamiento seria efectivo en la primera de las siguientes fechas:

1. el día en que la corporación lo reciba por correo;

2. la fecha en que se firmó el acuse de recibo; o

3. cinco días después de depositada en el correo como evidencia el matasello.

Entendemos este es uno de los asuntos a ser atendidos en el reglamento que la LGC requiere.

Inciso C

La LGC añade otra forma de efectuar el emplazamiento cuando no se puede efectuar con arreglo a lo dispuesto en el Inciso A de este artículo. A esos efectos, se podrá emplazar a la corporación por medio del Secretario de Estado y dicho emplazamiento se considerará como efectuado con arreglo a dicho Inciso A.

El Secretario de Estado estará obligado a notificar diligentemente a la corporación por correo certificado con acuse de recibo enviando copia del emplazamiento y cualquier otro documento que le hubiese sido entregado. La notificación se enviará a la dirección postal provista en el último informe anual o a la oficina designada en Puerto Rico. El demandante que utilice este método de emplazamiento deberá someter todos los documentos en duplicado al Secretario de Estado, así como indicar que el emplazamiento se está haciendo según este artículo. Además deberá pagar los derechos requeridos por el Artículo 17.01 de la LGC: no menos de 50 dólares ($50).

El Secretario de Estado mantendrá un libro de emplazamientos, en orden alfabético con los nombres del demandante y del demandado, el epígrafe y numero del caso, así como la fecha y hora del emplazamiento. Esta información se mantendrá por un periodo que no será mayor de cinco (5) años.

Artículo 13.12- Retiro de una corporación foránea del Estado Libre Asociado; procedimiento; emplazamiento posterior.

Inciso A

Establece el procedimiento a seguir por una corporación foránea que desea renunciar a su autoridad para hacer negocios y retirarse de Puerto Rico. A estos efectos deberá radicar con el Secretario de Estado:

1. Certificado de entrega de renuncia de autoridad para hacer negocios y retiro de la jurisdicción de Puerto Rico, cumpliendo con los requisitos del Artículo 1.03, y en el mismo indicar la dirección a la cual enviarle cualquier emplazamiento en contra de la corporación que sea ejecutado por conducto del Secretario de Estado;

2. Si se trata de la disolución de la corporación, copia del certificado de disolución emitido por la jurisdicción en que la corporación fue incorporada, certificado como copia fiel y exacta y con el sello oficial, acompañado de un certificado otorgado de acuerdo al inciso (1) anterior, indicando la dirección donde enviar cualquier emplazamiento; o

3. Copia de una orden o decreto de disolución ordenado por un tribunal de Puerto Rico o de la jurisdicción de incorporación, certificada como copia fiel y exacta y con el sello oficial del tribunal, junto con certificado otorgado de acuerdo al inciso (1) anterior indicando dirección donde enviar cualquier emplazamiento.

Inciso B

Pagados al Secretario de Estado los cargos requeridos bajo el Artículo 17.1 de la LGC, este emitirá los certificados necesarios bajo su firma y sello evidenciando la renuncia y retiro de la jurisdicción de la corporación foránea. Un certificado será entregado al agente designado de la corporación renunciante.

Inciso C

Una vez se emiten los certificados, se considerará que la corporación consintió a la revocación de su agente residente, por lo que cualquier emplazamiento dirigido contra ella por acción surgida en Puerto Rico será diligenciado a través del Secretario de Estado.

Inciso D

El Secretario de Estado notificará diligentemente el recibo de algún emplazamiento por correo certificado con acuse de recibo, a la corporación a la dirección requerida bajo el inciso (1), acompañando copia de todos los documentos que le fuesen entregados. El demandante someterá dichos documentos en duplicado y pagará los derechos establecidos. El Secretario de Estado registrará el emplazamiento en un libro de emplazamiento bajo los mismos requisitos del inciso (C).

Artículo 13.13- Emplazamiento de una corporación foránea que no haya cumplido con los requisitos.

Inciso A

En caso de una corporación foránea que efectúe negocios en Puerto Rico sin la debida autorización, se entiende que designó y constituyó al Secretario de Estado como su agente para recibir cualquier emplazamiento que surja de una acción o procedimiento en su contra ante cualquier tribunal de Puerto Rico por desarrollar negocios en Puerto Rico. La LGC dispone que por razón de llevar a cabo esos negocios, la corporación consintió a que estos emplazamientos tengan la misma validez legal que si se hubiese emplazado a un oficial o agente suyo en persona en Puerto Rico.

Inciso B

El término "hacer negocios" o "negocios que se llevarán a cabo en el Estado Libre Asociado" significará para una corporación foránea bajo este artículo 13, el transcurso o la práctica de llevar a cabo actividades de negocio en Puerto Rico, incluso procurar negocios o pedidos en Puerto

Rico. Vemos pues que se requiere de una práctica, de un patrón repetitivo, no de una actuación aislada.

Inciso C

Este inciso contiene los mismos requisitos aplicable al Secretario de Estado cuando se le entregue un emplazamiento que se disponen bajo los Artículos 13.11 (c) y 13.13 (d).

Artículo 13.14-Violaciones y penalidades; revocación.

Inciso A

Cualquier corporación foránea que viola las disposiciones de este Capítulo XIII, estará sujeta a una multa no menor de 200 dólares ($200) por cada violación, excepto si la violación es al Artículo 13.09-Informe Anual, que se atiende según dispuesto por el Capítulo XV.

Inciso B

La LGC dispone una multa no menor de 100 dólares ($100) ni mayor de 500 dólares ($500) a cualquier agente de una corporación foránea que lleve a cabo negocios en Puerto Rico sin que la corporación haya cumplido con cualquier artículo de la LGC que le sea aplicable. De modo que se faculta la imposición de multas tanto a la corporación violadora como al agente de la misma.

Inciso C

El Secretario de Estado podrá incoar procedimiento para revocar el certificado de autorización a una corporación foránea si la misma no radica el informe anual requerido o si carece de un agente residente u oficina designada en Puerto Rico por más de sesenta (60) días.

Artículo 13.15- Procedimiento de revocación y efecto.

Inciso A y B

El procedimiento para la revocación del certificado de autorización por el Secretario de Estado será:

1. entrega de notificación escrita a la corporación de la determinación de revocación;

2. la corporación tendrá sesenta (60) días para hacer las correcciones pertinentes o que se han eliminado los fundamentos alegados, a satisfacción del secretario; y

3. de no hacerlo, el Secretario suscribirá un certificado de revocación que exponga el fundamento de la revocación y su fecha de vigencia. Se registrará el original y entregará copia a la corporación.

Inciso C

La autorización a hacer negocios cesará en la fecha que indique el certificado.

Inciso D

La revocación tendrá el efecto de designar al Secretario de Estado agente de la corporación foránea para recibir emplazamiento por la corporación de cualquier procedimiento invocado en su contra cuya causa de acción surgió durante el término que la misma estuvo autorizada a hacer negocios en Puerto Rico. El Secretario de Estado enviará por correo copia del mismo al secretario de la corporación a su oficina designada según el informe anual o comunicación posterior; sino aparece ninguna en el expediente, se enviará a la oficina designada en la solicitud del certificado de Autorización.

Inciso E

La corporación foránea podrá apelar de dicha revocación ante el Tribunal Superior dentro del término de treinta (30) días siguientes a la entrega del Certificado de Revocación, adhiriendo a su solicitud su Certificado de Autorización y el Certificado de Revocación.

Inciso F y G

El tribunal tomará la acción que estime apropiada, incluyendo ordenar sumariamente al Secretario de Estado que restaure el Certificado de Autorización. De este fallo formal se podrá reconsiderar como en otros casos civiles.

Capítulo XIV.
Corporaciones Íntimas

Como hemos explicado anteriormente, la determinación de cual forma de hacer negocios es la más conveniente para los intereses de las partes requiere un análisis de los propósitos que se desean alcanzar. Entre estos se encuentran la protección que ofrece la personalidad jurídica propia, la responsabilidad limitada y la posibilidad de existencia ilimitada que ofrece la corporación. Pero frente a estas ventajas están las formalidades operacionales que la ley corporativa exige. Cuando se trata de empresas pequeñas, familiares, y que contemplan que tendrán un número pequeño de accionistas, las ventajas que ofrece una corporación íntima puede que hagan de la misma la alternativa adecuada. Se trata de una corporación con las protecciones que esta figura jurídica ofrece a los accionistas y además, permite la flexibilidad e informalidad operacional que las partes interesarán, con las ventajas que una corporación ofrece. Entre estas características están:

1. número pequeño de accionistas;
2. accionistas pueden estar activamente participando en el manejo del negocio;
3. susceptible de establecer una estructura gerencial y corporativa informal; y
4. restricción a la transferibilidad de las acciones.

Para establecer el negocio como una corporación íntima, se deberá cumplir con los requisitos que a las mismas le impone el Capítulo XIV de la LGC. El resultado será una organización que disfrutará de mayor flexibilidad en el manejo de su estructura al reducir las formalidades operacionales y de gerencia requeridas de una corporación regular; incluyendo el que los accionistas podrán administrar directamente los asuntos corporativos. Es por esta flexibilidad operacional que la corporación íntima se asemeja a una sociedad.[340]

A cambio de ello, se limita el número máximo de accionistas, sus acciones deberán estar sujetas a alguna restricción a la transferibilidad y no podrán ofrecerse en "oferta pública". En cuanto a los requisitos para establecer una corporación regular, los mismos son de aplicación a la corporación íntima. Por ello, para su organización, la corporación íntima deberá de cumplir con los requisitos de los Artículos 1.02 y 1.03; y además, con lo requerido bajo el Capítulo XIV de la LGC referente a las corporaciones íntimas, por lo que su Certificado de Incorporación deberá contener las disposiciones particulares que este capítulo establece. Será así que se dará la elección por la corporación de constituirse como una corporación íntima.

Artículo 14.01 – Ley que rige las corporaciones íntimas

Inciso A

Establece que el Capítulo XIV rige las corporaciones íntimas, según se definen en el Artículo 14.03. Una corporación regular puede elegir convertirse en una corporación íntima cumpliendo con lo dispuesto para ello en el Capítulo XIV.

Inciso B

Las disposiciones de la LGC aplicarán a las corporaciones íntimas excepto en aquellas medidas que el Capítulo XIV disponga lo contrario.

Artículo 14.02 – Efecto de este capítulo en otras leyes

No se deroga ninguna ley o estatuto aplicable a cualquier corporación que no sea una corporación íntima.

---

[340] *Liquilux Gas Corporation v. Berríos,* 138 D.P.R. 850 (1995); *Donahue v. Rodd Electrotype Co.*, 367 Mass. 578 (1975); *Nixon v. Blackwell*, 626 A. 2d 1366 (Del. 1993).

Artículo 14.03 – Corporación Íntima; Definición; Contenido del Certificado de Incorporación

Inciso A

Será una corporación íntima aquella en que su Certificado de Incorporación, además de cumplir con las disposiciones requeridas por el Artículo 1.02, se elija constituirse en corporación íntima y contenga obligatoriamente las siguientes disposiciones:

1. todas sus acciones estarán representadas por certificados y sólo setenta y cinco (75) personas, como máximo, podrán ser sus tenedores inscritos;341

2. todas sus acciones estarán sujetas a una o más restricciones en la transferencia permitidas en el Artículo 6.02; y

3. La corporación no hará oferta alguna de sus acciones que pueda constituir una oferta pública "Según definido en la Ley de Valores Federal de 1933 (15 U.S.C. § 77).

Vemos pues que se requiere que la corporación elija en su Certificado de Incorporación constituirse como corporación íntima bajo este Capítulo XIV, además de cumplir con lo dispuesto en este Artículo 14.03. O sea, que una corporación regular puede disponer que se le aplique una o todas las restricciones antes mencionadas sin hacer la elección de constituirse como íntima, en cuyo caso operará como una corporación regular.[342] En cuanto al requisito de que todas las acciones estén representadas por certificados, el resultado es que la disposición del Artículo 5.11 de la LGC en cuanto a autorizar acciones sin certificados, no aplica a las corporaciones íntimas.

Al establecer el máximo de setenta y cinco (75) titulares de acciones inscritas no se está limitando el número o clase de acciones que la corporación puede emitir y tener en circulación; sólo que estas acciones serán poseídas por no más de setenta y cinco (75) tenedores inscritos. Sobre las restricciones a la transferibilidad, las mismas serán las

[341] Para atemperarla al requisito del Código de Rentas Internas de Puerto Rico para efectos contributivos.
[342] *Nixon v. Blackwell*, supra

permitidas bajo el Artículo 6.02 de la LGC. Las podemos resumir como sigue:

1. derecho preferente de adquisición a favor de la corporación, los otros accionistas o cualquier otra persona durante un plazo razonable ("Right of First Refusal");

2. obligación de adquirir las acciones por la corporación, otro tenedor o cualquier otra persona ("Put");

3. aprobación por la corporación o los otros tenedores de la transferencia o del propuesto cesionario ("Prior Approval"); y

4. prohibición del traspaso a personas o clases de personas designadas, y tal designación no es irrazonable. Recordemos el atributo corporativo que no permite prohibir la transferibilidad de las acciones ni restringirlo irrazonablemente.

Inciso B

En el Certificado de Incorporación se pueden establecer requisitos para ser accionista, así como clases de personas que pueden o no pueden serlo.

Inciso C

Las acciones poseídas en común o por personas casadas entre sí o su sociedad legal de gananciales, se entenderán como poseídas por un solo accionista para efectos del número de tenedores inscritos.

Artículo 14.04 – Incorporación de una corporación íntima

Incisos A y B

Como indicáramos anteriormente, la corporación íntima se incorporará igual que una corporación regular conforme a los Artículos 1.01, 1.02 y 1.03, excepto que:

1. el epígrafe del Certificado de Incorporación hará constar su nombre y que la misma es una corporación íntima (manifiesta la elección); y

2. contendrá las disposiciones adicionales mandatorias requeridas por el Artículo 14.03.

Artículo 14.05 – Elección de una corporación existente de convertirse en una corporación íntima

Incisos A, B y C

Toda corporación puede convertirse en una corporación íntima, excepto las corporaciones profesionales.[343] Ello se logrará mediante el otorgamiento, autenticación, radicación e inscripción de un certificado de enmienda. En el mismo se consignará:

1. declaración de que optó por convertirse en íntima (elección);

2. incluir los requisitos que manda el Artículo 14.03; y

3. nombre de la corporación y que la misma es una corporación íntima.

Para aprobar esta enmienda se seguirán los requisitos de los Artículos 8.01 y 8.02 salvo que el voto requerido de los accionistas será por lo menos dos terceras (2/3) partes de cada clase de acciones emitidas y en circulación, incluyendo aquella clase que no tuviese derecho al voto para otros asuntos de la corporación.

Artículo 14.06 – Emisión o traspaso de acciones de una corporación íntima en violación de las condiciones requeridas

El propósito de este artículo es evitar que se coloque la corporación en peligro de perder su condición de íntima.

Inciso A

Si de emiten o transfieren acciones a persona no facultada, según dispuesto en el Certificado de Incorporación y en el certificado de acciones, se entenderá que tal persona fue notificada de su inelegibilidad.

---

[343] Ley General de Corporaciones de Puerto Rico 2009, Artículo 18.03

Inciso B

Igualmente si en el Certificado de Incorporación y en el certificado de acciones se establece que el número de tenedores no excederá de setenta y cinco (75) y la emisión o traspaso de acciones causará que se exceda de este número, se entenderá que la persona fue notificada de este hecho.

Inciso C

Si en el certificado de acciones consta conspicuamente una restricción permisible a la transferencia de acciones, se entenderá que un adquiriente fue notificado si las adquiere en violación a la restricción.

Inciso D

En cualquiera de los casos anteriores, la corporación, a su discreción, puede negarse a inscribir la transferencia. Vemos pues, la importancia de que estas restricciones no solo se incluyan en el Certificado de Incorporación, sino que además aparezcan conspicuamente en el certificado de acciones.

Inciso E

Aunque el traspaso sea contrario a los Incisos (A), (B) y (C) anteriores, si el traspaso es aprobado por los tenedores de todas las clases de acciones o si la corporación ha enmendado su Certificado de Incorporación conforme al Artículo 14.11, se podrá inscribir el traspaso de las acciones. Este Artículo 14.11 establece la opción de los accionistas de disolver la corporación. Entendemos que la referencia a este artículo es un error que viene desde la ley anterior y no se corrigió y que el pertinente es el Artículo 14.14, que contempla la terminación voluntaria de la condición de corporación íntima y la enmienda a esos efectos del Certificado de Incorporación. Así la restricción de no tener inscritos más de setenta y cinco (75) accionistas, no le será aplicable.

Inciso F

Se aclara que la "transferencia" a la que este artículo se refiere no tiene que ser por valor.

Inciso G

El adquirente del certificado de acciones en violación de alguna condición, tendrá el derecho a rescindir la transacción o recobrar de su vendedor al amparo de cualquier garantía que rija.

Artículo 14.07 – Opción corporativa cuando se determina que una restricción a la transferencia de valores no es válida

En este caso la corporación tendrá la opción de adquirir los valores que se intentan transferir dentro de un plazo de treinta (30) días a partir de que la sentencia que declaró dicha restricción sin efecto sea final. El precio será el que las partes acuerden o el precio justo que determine el tribunal, que podrá designar un tasador para que lo determine.

Artículo 14.08 – Administración por los accionistas

El atractivo principal que ofrece una corporación íntima es la flexibilidad e informalidad operacional que esta figura permite, acompañada por las protecciones que ofrece una corporación. Así pues, la corporación íntima permite que los roles definidos en su separación de funciones de accionistas, directores y oficiales que en una corporación regular se exige como protección para mantener su personalidad jurídica separada, se flexibilizan en la corporación íntima. Se permite una participación activa a los accionistas en el manejo de los asuntos de los negocios y lo asuntos de la corporación. Las necesidades y expectativas de estos accionistas están enmarcadas en una relación más íntima de participación y control. Especialmente importante es señalar que las acciones que poseen generalmente no disfrutan del elemento de liquidez que puede acompañar las acciones de una corporación regular. Por ello la LGC permite que las estructuras de gobierno y las normas de gobernanza de las corporaciones íntimas pueden hacerse más flexibles. Para lograrlo se requiere conocer las intenciones y expectativas de las partes y una planificación adecuada. Así se identificarán los mecanismos adecuados y se podrán incorporar los mismos en los documentos que regirán la corporación, especialmente en el Certificado de Incorporación.

Inciso A

El Artículo 14.08 permite que en el Certificado de Incorporación de una corporación íntima se disponga que los accionistas podrán administrar los negocios de la corporación en vez de una junta de directores. Si así se dispone:

1. no será necesario convocar a los accionistas para elegir directores;

2. se considerarán los accionistas como si fueran directores bajo la ley; y

3. como consecuencia de esta delegación, los accionistas estarán sujetos a toda la responsabilidad que la ley impone a los directores, o sea, responsabilidad fiduciaria.

En caso de que esta disposición no se incluya en el Certificado de Incorporación original, la misma puede incluirse como enmienda a éste, mediante aprobación por todos los incorporadores o por todos los tenedores inscritos de todas las acciones emitidas y en circulación, tengan o no derecho al voto. Esta disposición también deberá constar en forma conspicua en cada certificado de acciones.

Para dejar sin efecto esta enmienda, se requiere a su vez enmendar el Certificado de Incorporación, pero para ello sólo se requerirá el voto de la mayoría de estos accionistas. El impacto de la autorización que la LGC permite a los accionistas de ejercer funciones de administración será sobre el ámbito de responsabilidad personal que en el ejercicio de esta función de administración se impondrá a estos accionistas. Como accionistas y en todo lo relacionado al ejercicio de las funciones que normalmente descargan los accionistas, estos están protegidos por la responsabilidad limitada que la LGC les provee. Más este principio de responsabilidad limitada sólo cobija a los accionistas en sus funciones como tales. Los directores en el ejercicio de sus funciones correspondientes, y en el caso provisto bajo este Artículo 14.08, la función administrativa que se le permite a los accionistas, estos responderán en forma personal ilimitada por cualquier violación fiduciaria en que incurran. Sólo tendrán a su favor la defensa que les pueda proveer la invocación de la Regla del Juicio Comercial, como hemos discutido en las secciones pertinentes de este texto.

Artículo 14.09 – Acuerdos que restringen las facultades discrecionales de los directores

Por acuerdo escrito suscrito por la mayoría de los titulares de las acciones en circulación con derecho al voto, estos pueden pactar la dirección del negocio en forma tal que pueda restringir o interferir con las facultades de la junta de directores de la corporación. O sea, que aun cuando exista una junta de directores, sus facultades pueden verse limitadas por el acuerdo suscrito por los accionistas entre sí o con parte que no sea accionista. En este Artículo 14.09 la LGC dispone que no será nulo entre sus participantes dicho acuerdo.

Lo importante de este tipo de acuerdo en cuanto a fijar responsabilidad es que como resultado del mismo, los directores quedarán relevados de su responsabilidad fiduciaria en la medida y por el tiempo en que sus facultades sean afectadas por el acuerdo. Esta responsabilidad recaerá en los accionistas que participaron en el acuerdo, por lo cual serán responsables personal e ilimitadamente por los actos u omisiones resultantes del mismo. Esta responsabilidad no se extiende a otra parte del acuerdo que no sea accionista. Algunos asuntos que pueden incluirse en el acuerdo serán aquellos pertinentes a la fijación de compensaciones, limitaciones a las operaciones del negocio, política de dividendos, estipulaciones sobre la disolución de la corporación, así como alternativas a la forma de gobierno. Las facultades que por estos acuerdos se implementen deben ser cuidadosamente sopesadas, pues un tribunal puede llegar a concluir que constituyen una restricción ilegal del mandato que en la misma ley se estipula a los efectos de que los asuntos de una corporación serán dirigidos por su junta de directores.

Artículo 14.10 – Funcionamiento de la corporación como una sociedad

La ley autoriza a las corporaciones íntimas a observar una mayor flexibilidad en el manejo de su estructura gerencial. De hecho, es este el motivo fundamental por el que unas personas eligen operar su empresa como una corporación íntima. Esta flexibilidad, así como el requisito de establecer limitación a la transferibilidad de las acciones las asemeja a la figura de una sociedad, por lo que es posible encontrar referencias a las corporaciones íntimas como "sociedades incorporadas".

En el caso ya citado de *Liquilux Gas Corporation, et al. v. Berríos, et al.* , nuestro Tribunal Supremo expresó que los directores y accionistas de una corporación íntima se consideran entre sí más bien socios y es solo frente a terceros que asumen los roles corporativos tradicionales de accionistas y/o directores.

Igualmente en *Donahue v. Rodd Electrotype Co.*, el Tribunal Supremo de Massachusetts expresó:

> "...the close corporation bears striking resemblance to a partnership. Commentators and courts have noted that the close corporation is often little more than an "incorporated" or "chartered" partnership."[344]

En *Nixon v. Blackwell*,[345] el Tribunal Supremo de Delaware señala que las corporaciones íntimas han sido descritas como sociedades disfrazadas ("partnerships in corporate guise"). El Artículo 14.10 salvaguarda la condición corporativa de las corporaciones íntimas al establecer que ningún acuerdo entre accionistas así como disposición en su Certificado de Incorporación o sus estatutos, que se relacione con cualquier fase de sus negocios, será nula por razón de que sea un intento de las partes de tratar la corporación como si fuera una sociedad o estructurar sus relaciones de un modo que solo sería adecuado entre socios.

Se incluyen, entre otros, acuerdos sobre:

1. administración de los negocios;
2. declaración y pago de dividendos o división de ganancias;
3. elección de directores u oficiales; acuerdos de votación; y
4. empleo de accionistas por la corporación.

Es importante señalar que esta libertad que concede la LGC a los accionistas de una corporación íntima de administrar los negocios, va acompañada de la responsabilidad fiduciaria que normalmente acompaña los directores en una corporación regular[346]. Del mismo modo resulta la facultad de entrar en acuerdos que restringen las facultades discrecionales de los directores. Así el permitir que la corporación íntima funcione como

344 *Donahue v. Rodd Electrotype Co.*, supra p. 512
345 *Nixon v. Blackwell*, supra
346 Ley General de Corporaciones de Puerto Rico 2009, Artículo 14.08

una sociedad [347] resultará en la aplicación de un estándar de responsabilidad, a los accionistas, más elevado que el que normalmente acompaña a los accionistas de una corporación regular.

En el caso de los accionistas minoritarios, por las propias características de la corporación íntima, los accionistas mayoritarios adquieren ante ellos un grado superior de responsabilidad. Se trata de unos accionistas que no tienen un mercado adecuado para que ellos puedan disponer de sus acciones y recobrar su inversión, y las mismas están sujetas a restricciones a su transferibilidad. Al decidir invertir en una corporación esperaban participar activamente en el manejo de los negocios; y se pueden encontrar con que están siendo excluidos por determinación de los accionistas mayoritarios, tanto en las decisiones de negocios como en sus expectativas de ingresos. A estas tácticas se refiere el lenguaje corporativo como "freeze-outs". Son prácticas opresivas o desventajas hacia los accionistas minoritarios.

Estos accionistas no tienen un mercado fácilmente accesible para disponer de sus acciones y tampoco tienen un mecanismo ágil para la disolución, como sería bajo una sociedad. Para protegerse de estas situaciones existen varios tipos de acuerdos que deben ser considerados en contemplación de entrar en un negocio en el cual puede resultar el encontrarse en una situación de desventaja. Esto requiere una planificación adecuada y la preparación de documentos que, o eviten que surjan estas situaciones o que de surgir, provean mecanismos adecuados de solución y protección.

Los tribunales han reconocido el elemento de confianza y colaboración que se requiere en la operación de una corporación íntima y el efecto detrimental que en las operaciones del negocio pueden tener discrepancias entre sus dirigentes.[348] A esos efectos, en el caso de *Nixon v. Blackwell* el tribunal expresó: "The tools of good corporate practice are designed to give a purchasing minority stockholder the opportunity to bargain for protection before parting with consideration."[349]

---

[347] Ley General de Corporaciones de Puerto Rico 2009, Artículo 14.09

[348] *Marcial v. Tomé*, 144 D.P.R. 522 (1997)

[349] *Nixon v. Blackwell, supra*, 1380

Artículo 14.11 – Opción de los accionistas de disolver la corporación

Inciso A

Permite que se incluya en el Certificado de Incorporación de la corporación íntima el otorgar a cualquier accionista o cualquier número específico de cualquier clase de acciones, la opción de disolver la corporación voluntariamente o si ocurriese algún suceso específico. Esta disposición deberá también incluirse en forma conspicua en la faz de cada certificado de acciones; de no hacerse así, la disposición será ineficaz. El o los accionistas que deseen ejercer esta opción de disolución lo notificarán por escrito a los demás accionistas. Al expirar un plazo de treinta (30) días desde la fecha de notificación, se procederá con la disolución. Se considera pues la notificación como un consentimiento por escrito suscrito por el número requerido de accionistas con derecho al voto dispuesto bajo el Artículo 7.17 de la LGC.

Inciso B

De no contener el Certificado de Incorporación la opción a que hace referencia el Inciso A, el mismo podrá enmendarse para incluir dicha opción, por el voto de los tenedores de todas las acciones emitidas y en circulación con o sin derecho al voto. En el Certificado de Incorporación se puede disponer una cantidad menor de votos para esta aprobación que no podrá ser menor de dos terceras (2/3) partes.

Inciso C

Cada certificado de acciones mostrara conspicuamente en su faz la opción de disolución para que sea eficaz.

Artículo 14.12 – Estatutos

Inciso A

Si las disposiciones que la LGC requiere que aparezcan en los estatutos están consignados en el Certificado de Incorporación o en un acuerdo entre accionistas, la corporación íntima no necesita aprobar estatutos.

Inciso B

Si cesa su condición de íntima conforme el Artículo 14.18 de la LGC, la corporación deberá aprobar estatutos de inmediato.

Artículo 14.13 – Responsabilidad limitada

El no observar las formalidades o requisitos corporativos esenciales no será fundamento para imponer responsabilidad personal a sus accionistas. En otras palabras, esta omisión no será fundamento para la aprobación de la doctrina de descorrer el velo corporativo a las corporaciones íntimas. Esto no significa que no se podrá aplicar la misma bajo otros fundamentos y circunstancias como serán: capitalización inadecuada, uso de la corporación para cometer fraude o actos ilegales, o usar la corporación como un alter ego de los supuestos accionistas.

Artículo 14.14 – Terminación voluntaria de la condición de corporación íntima; efecto de la terminación

Inciso A

Mediante una enmienda a su Certificado de Incorporación, la corporación íntima puede terminar su condición de íntima y eliminar las disposiciones requeridas a las mismas. Dicha enmienda deberá ser aprobada por dos terceras (2/3) partes de las acciones en circulación de cada clase de acciones. Para ello deberá además cumplir con lo establecido bajo el Artículo 8.02 de la LGC referente a las enmiendas al Certificado de Incorporación.

Inciso B

En el Certificado de Incorporación se puede requerir un voto mayor que las dos terceras (2/3) partes, y si éste es el caso, esta disposición no podrá ser modificada por un voto menor que el así establecido. Al terminar la condición de íntima, la corporación estará sujeta a todo lo dispuesto para una corporación regular, incluyendo el nombramiento de directores y la adopción de un reglamento, de no haber esto sido atendido antes.

Artículo 14.15 – Designación de un administrador judicial para una corporación íntima

Inciso A

Además de las situaciones contempladas bajo el Artículo 7.16 de la LGC para la designación de un administrador judicial o un síndico en caso de insolvencia, en el caso de una corporación íntima, el Artículo 14.15 añade que un Tribunal Superior, a petición de cualquier accionista, podrá ordenarlo cuando:

1. existe desacuerdo entre los accionistas que están administrando la corporación;

2. el negocio de la corporación está perjudicado o amenazado por daños irreparables y cualquier otro remedio acordado ha fallado; y

3. los accionistas peticionarios tengan el derecho a peticionar la disolución según dispuesto en el Artículo 14.11 de la LGC.

Inciso B

El Tribunal Superior puede, en protección de los mejores intereses de la corporación, en lugar de un administrador judicial, designar un director provisional con los poderes que se determinen bajo el Artículo 14.16 de la LGC.[350] Si este remedio, a juicio del Tribunal no es efectivo, el mismo podrá emitir una orden subsiguiente designando un administrador judicial.

Vemos pues que en caso de petición por algún accionista de intervención judicial el Tribunal podrá, en protección de los negocios de la corporación íntima, designar un administrador judicial, un síndico o un director provisional según su mejor entender.

Artículo 14.16 – Designación de un director provisional en determinados casos

Inciso A

---

[350] La LGC hace referencia al Artículo 16.16 entendemos que es un error que deberá ser corregido por el reglamento que acompañe la ley.

Si los directores se encuentran en una situación de desacuerdo tal que los impida obtener los votos necesarios para conducir los negocios de la corporación íntima en beneficio de todos los accionistas, el Tribunal podrá designar un director provisional. Esta facultad del Tribunal prevalecerá aunque los documentos corporativos o acuerdos entre accionistas contengan una disposición en contrario. Se busca pues resolver esa situación de "impasse" que afecta el beneficio de los accionistas en general.

Inciso B

La petición de este remedio podrá ser radicada bajo cualquiera de tres diferentes escenarios:

1. a solicitud de por lo menos la mitad de los directores en funciones;
2. a solicitud de los tenedores de por lo menos una tercera (1/3) parte de todas las acciones con facultad a elegir los directores; o
3. en caso de existir más de una clase de acciones con dicha facultad, por los tenedores de dos terceras (2/3) partes de las acciones de cualesquiera de dichas clases.

El Certificado de Incorporación de la corporación íntima podrá disponer que en cualquiera de los escenarios antes descritos, el voto requerido sea de una proporción menor.

Inciso C

El director provisional tendrá todos los derechos de un director debidamente electo de la corporación. Será una persona imparcial que no podrá ser ni accionista ni acreedor de la corporación, de una subsidiaria ni afiliada. El Tribunal podrá imponer cualquier otro requisito que entienda pertinente. Este director provisional no tendrá los poderes ni la condición jurídica que acompañarían a un síndico o a un administrador judicial. Tendrá derecho a ser convocado y a votar en las reuniones de directores. Su función principal se entiende será superar la situación de desacuerdo. Podrá ser removido por el Tribunal o por el voto de los tenedores de la mayoría de las acciones con derecho a elegir directores, o por los tenedores de dos terceras (2/3) partes de las acciones que radicaron la solicitud de su designación de director provisional. El Tribunal aprobará la compensación del director provisional según acordado entre éste y la corporación, o podrá fijar la misma en caso de desacuerdo entre estos.

Inciso D

El Tribunal podrá designar un director provisional bajo el Artículo 14.15, al determinar que al así hacerlo favorece los mejores intereses de la corporación íntima. Esto aunque no se cumplan los requisitos del Inciso B de este Artículo.

Artículo 14.17 – Remedio extraordinario; disolución

La LGC dispone de varios remedios para atender las diferencias que puedan surgir entre los accionistas o entre los directores de una corporación íntima con miras a proteger que sus negocios se conduzcan para beneficio de los accionistas en general, no se vean amenazados por daños irreparables o se perjudiquen por motivo de un desacuerdo entre estos. Mas puede que la situación sea tal que los remedios ordinarios no resuelvan las disputas y que el único remedio disponible sea la disolución de la corporación. Esta situación es atendida por el Artículo 14.17.

Inciso A

El tribunal podrá ordenar la disolución de una corporación íntima si determina:

1. que todos los remedios ordenados no han logrado resolver los asuntos en disputa; o

2. que existen uno o más fundamentos para ordenar la disolución bajo el Artículo 9.13.

Inciso B

El Tribunal ante quien se dilucide el determinar si se disuelve o no la corporación, considerará toda prueba pertinente, incluyendo la condición financiera de la corporación. Mas el que la misma haya acumulado ganancias o así lo reflejen sus operaciones corrientes, no impide que se ordene la disolución. Así pues, el Tribunal podrá considerar otras alternativas que puedan salvar la corporación antes de llegar a la determinación de que no hay solución para la disputa entre las partes por lo que debe ordenar la disolución.[351]

Artículo 14.18 – Limitaciones en la continuación de la condición de corporación íntima

Una corporación íntima mantendrá su condición como tal bajo la LGC hasta que:

1. enmiende su Certificado de Incorporación a los efectos de eliminar las disposiciones del Artículo 14.03 que concederían tal condición; o

2. violente alguna de las condiciones o disposiciones de dicho Artículo 14.03 y no se tomen las medidas requeridas para impedir la pérdida o para remediar tal violación según establecido en el Artículo 14.19.

Artículo 14.19 – Terminación involuntaria de la condición de corporación íntima; procedimientos para evitar la pérdida de la condición

Inciso A

Este Artículo provee para que, en caso de que por violación de alguna de las condiciones que habilitan a una corporación íntima, la misma no pierda dicha condición si cumple con los siguientes requisitos:

1. dentro de treinta (30) días siguientes al suceso o su descubrimiento, lo que sea más tarde, radica en el Departamento de Estado un certificado donde haga constar que una de las condiciones para habilitarla como corporación íntima incluida en su Certificado de Incorporación ya no le es aplicable, deberá suplir una copia de este certificado a cada accionista; y

2. concurrentemente la corporación tome la acción necesaria para corregir la situación que amenaza su condición de corporación íntima, como negarse a registrar una transferencia de acciones errónea o llevar a cabo un procedimiento judicial al amparo del Inciso B.

---

[351] *Lloréns, et al. v. Arribas, et al*, supra

Inciso B

En caso de demanda a la corporación o a cualquier accionista, el Tribunal Superior podrá emitir toda orden necesaria para evitar la pérdida o devolver la condición de corporación íntima. Para ello podrá anular cualquier acción o amenaza de parte de la corporación o de un accionista, que sea inconsistente con las disposiciones del Artículo 14.03, incluyendo anular una transferencia de acciones o cualquier oferta pública de las acciones.

Capítulo XV. Informes Anuales y Obligación de Mantener Libros y otros Documentos en Puerto Rico

Artículo 15.01 - Corporaciones domésticas; informes anuales; libros y otros documentos en Puerto Rico[352]

Inciso A

Toda corporación organizada en Puerto Rico está obligada a rendir anualmente en el Departamento de Estado o por internet, un informe certificado y firmado bajo pena de perjurio por un oficial autorizado, un director o el incorporador. Este informe deberá ser radicado en o antes del quince (15) de abril.

El informe deberá contener:

1. un estado de situación preparado conforme a las normas de contabilidad generalmente aceptadas que demuestre la condición económica de la corporación al cierre de sus operaciones. El mismo deberá ser auditado con la opinión correspondiente de un contador público autorizado con licencia del Estado Libre Asociado que no sea accionista, empleado o agente de la corporación. En caso de corporaciones sin fines de lucro y sin acciones de capital, o de corporaciones con fines de lucro cuyo volumen de negocio no exceda de tres millones de dólares ($3,000,000), el estado de situación requerida no tiene que ser auditado por un contador público autorizado, puede ser preparado por una persona que tenga conocimientos generales de contabilidad. Así deberá hacer constar en la certificación bajo pena de perjurio del informe;

2. los nombres y direcciones postales de dos oficiales de la corporación, incluyendo al que firma el informe, y las fechas de vencimiento de sus respectos cargos; y

[352] Ley Número 60 del 12 de junio de 2010, según enmendada

3. cualquier otra información que pudiera requerir el Secretario de Estado (nombre y número de registro de incorporación, dirección física y postal de la oficina designada y del agente residente)

El informe anual debe ser acompañado con un comprobante de rentas internas por concepto de derecho de radicación, según dispuesto en el Artículo 17.01 (A) (13). Estos derechos podrán ser pagados mediante diversas formas de pagos electrónicos cuando la radicación del informe se efectué por internet.[353] De no acompañar el informe anual el pago de los derechos de radicación, no se considerará el mismo como radicado con los efectos que ésta falta de radicación conlleva, según dispuesto en el Artículo 15.02 que explicaremos más adelante.

El requisito de la radicación del informe anual aplica a toda corporación organizada al amparo de las leyes del Estado Libre Asociado, esté o no activa y tenga o no activos, o tenga menos de un año de existencia al venir a rendir el informe.[354]

Inciso B

Este inciso establece la obligación de toda corporación doméstica de tener disponible en Puerto Rico los libros de contabilidad, documentos y constancias, incluyendo récords de inventario, que permitan: 1) establecer el monto del ingreso bruto, deducciones, créditos, y otros detalles relacionados con sus operaciones dentro y fuera de Puerto Rico que deban aparecer en las planillas de contribuciones sobre ingresos que se rindan en Puerto Rico; 2) reflejen claramente el monto de sus inversiones dentro y fuera de Puerto Rico así como la propiedad poseída por la corporación y el capital empleado para llevar a cabo sus negocios dentro y fuera de Puerto Rico.

El propósito de estos requisitos es hacer más viable la labor del Departamento de Hacienda en la fiscalización de las operaciones corporativas y el recaudo correspondiente de su obligación fiscal.

---

[353] Ley General de Corporaciones de Puerto Rico 2009, Artículo 17.01, según enmendada
[354] Op. Sec. Just. Núm. 18 (1975)

Artículo 15.02 - Multas administrativas y penalidades por no radicar el Informe

Se faculta al Secretario de Estado a imponer multas administrativas por el incumplimiento por la corporación en lo requerido bajo el Artículo 15.01. Este incumplimiento puede darse por la no radicación del informe anual dentro del plazo fijado, o negarse a radicar o enmendarlo cuando el Secretario de Estado se lo ordene, por radicar el mismo incompleto o no satisfactorio. Igualmente si la corporación dejare de tener disponible en Puerto Rico sus libros de contabilidad y constancias requeridas bajo el Artículo 15.01.

La notificación de multas administrativas enviada a la corporación consignará la alegada violación y el monto de la multa que no será menor de cien dólares ($100) ni mayor de mil dólares ($1,000) para una corporación sin fines de lucro, sea doméstica o foránea. Para una corporación con fines de lucro, la multa no será menor de quinientos dólares ($500) ni mayor de dos mil dólares ($2,000) a discreción del Secretario de Estado. Actualmente las multas fijadas para las corporaciones con fines de lucro serán:

1. $100 para informes hasta 1999;

2. $500 para informes de 2000 al 2010 y

3. a partir de 2011, no menos de $750 ni mayor de $2,000.

La corporación tendrá treinta (30) días a partir del recibo de la notificación para efectuar el pago de la multa impuesta.

Si una corporación doméstica no radica el informe anual requerido por dos (2) años consecutivos, el Secretario de Estado está autorizado a revocar el Certificado de Incorporación, previa notificación con no menos de sesenta (60) días de su intención de revocar dicho certificado. La notificación será enviada por correo al agente residente de la corporación, según dicha información conste en los archivos del Departamento de Estado.

Una vez cancelado de pleno derecho el Certificado de Incorporación, el Secretario de Estado lo notificará al Secretario de Hacienda. Es de esperar pues que el Secretario de Hacienda ordene una auditoría de la corporación.

Si la entidad a la cual se le ha cancelado su Certificado de Incorporación continúa realizando negocios, ya no lo podrá hacer con las protecciones que acompañan un ente corporativo, en especial la responsabilidad limitada.

Artículo 15.03 - Corporaciones foráneas; informes anuales[355]

Establece el requisito a toda corporación foránea, con o sin fines de lucro, de rendir un informe anual en las oficinas del Departamento de Estado o por internet, bajo los mismos requisitos que el Artículo 15.01 establece para las corporaciones domésticas, incluyendo su certificado de conformidad con el Artículo 1.03 (B) de la LGC.

El contenido del informe anual de las corporaciones foráneas será el mismo que se requiere para el informe anual de las corporaciones domésticas. Igualmente, dicho informe deberá ir acompañado de un comprobante de rentas internas por concepto de derecho de radicación según lo provee el Artículo 17.01(A) (13). La falta de pago de este derecho puede producir la revocación de la autorización para hacer negocios en Puerto Rico.

Artículo 15.04 - Penalidades; suspensiones y revocación de la autorización

Si una corporación foránea dejare de radicar el informe anual, o se niega a enmendarlo cuando el Secretario de Estado se lo requiera por ser incompleto o no satisfactorio; o si no mantuviese o hiciese disponible en Puerto Rico los libros de contabilidad y documentos requerido por los artículos 13.08 y 15.03 de la LGC, el Secretario de Estado podrá imponer multas administrativas, siguiendo el procedimiento establecido en el Artículo 15.02 de la LGC.

El Secretario de Estado podrá revocar la autorización a la corporación extranjera para hacer negocios en Puerto Rico, previa notificación de por lo menos sesenta (60) días, enviada a la última dirección conocida del agente residente, según los archivos del Departamento de Estado.

---

[355]Ley Núm. 60 del 12 de junio de 2010, según enmendada

El Secretario de Estado deberá establecer por reglamento las disposiciones necesarias para instrumentar la imposición de multas y penalidades que se establecen en los Artículos 15.02 y 15.04 de la LGC.

Artículo 15.05 - Prórrogas[356]

El Secretario de Estado podrá conceder una prórroga para la radicación de los informes anuales requeridos a las corporaciones domésticas y foráneas, sujeta a las siguientes condiciones:

1. prórroga no excederá de noventa (90) días;
2. solicitada a tiempo por internet o por escrito en el Departamento de Estado; y
3. por motivos suficientes.

Si no se radicara el informe dentro del plazo adicional, el Secretario de Estado procederá conforme a los Artículos 15.02 ó 15.04, según sea el caso.

Artículo 15.06 - Evaluación de los expedientes corporativos para la expedición de un certificado de cumplimiento corporativo

Este es un Artículo que introduce en la LGC lo referente a la expedición por el Secretario de Estado de un certificado de cumplimiento corporativo ("*certificate of good standing*") para cualquier tipo de corporación.

A esos efectos se tomarán como base los informes anuales de los cinco (5) años previos a la solicitud del certificado de "*good standing*". Una vez se emite el certificado de cumplimiento solicitado, el Secretario no impondrá multas ni tomará acción bajo este capítulo XV, por la falta de presentación de informes de años anteriores.

Debemos entender que si se solicita y se emite un certificado de cumplimiento, no podrá el Secretario de Estado imponer multas o penalidades por los años anteriores en que se incumplió con la radicación de los informes anuales. ¿Y si no se solicita el certificado, podrá el

[356] *Id.*

Secretario en cualquier momento imponer multas por todos los años, incluyendo los años anteriores, en que no se ha rendido el informe anual? ¿Y qué sucede si en contemplación de solicitar un certificado de "*good standing*" la corporación que no rendía informes anuales por más de cinco (5) años sin que se tomara acción contra ella radica únicamente por esos últimos cinco (5) años para que se conviertan en la base para la expedición del certificado de cumplimiento? Entendemos esta situación deberá ser clarificada en el reglamento contemplado en el artículo 22.07 de la LGC.

Artículo 15.07 - Excepciones a la radicación de informes anuales

Las corporaciones religiosas de fines no lucrativos están exentas de las disposiciones de este Capítulo XV.

Artículo 15.08 - Informes anuales, corporaciones sin fines de lucro, requisitos especiales

Para facultar al Departamento de Estado el mantener un registro de las corporaciones sin fines de lucro, domésticas o extranjeras, éstas deberán especificar en su informe anual a cuál categoría y forma de organización especificada pertenecen.

Inciso A

Categorías:

1. Servicios sociales - (distribución de artículos de primera necesidad, centros de cuido, servicios relacionados con el maltrato de menores, violencia doméstica, situación de desastre, entre otros.);

2. Servicios legales y defensa de derechos;

3. Servicios educativos y de investigación;

4. Servicios de salud (prevención, diagnóstico y atención);

5. Arte y cultura;

6. Servicios de recreación y deportes;

7. Servicios de viviendas;

8. Servicios ambientales;

9. Desarrollo económico, social y comunitaria (desarrollo microempresas y de negocios pequeños y medianos, mejoramiento infraestructura institucional, entre otros);

10. Donativos (apoyo económico a otras organizaciones sin fines de lucro entre otras);

11. Actividades internacionales (promover la paz, derechos sociales, entre otros);

12. Servicios religiosos (promoción de creencias religiosas y administración de servicios religiosos);

13. Servicios institucionales (clubes sociales, organizaciones cívicas, entre otros); y

14. Otros servicios

Inciso B

Formas de Organización:

a. Organización profesional - (propósito será adelantar los intereses de sus miembros, se crea normalmente por ley especial para agrupar integrantes de una profesión);

b. Club social - (interés común no profesional);

c. Organización cívica - (ofrecen servicios cívicos);

d. Organización religiosa - (iglesias y sinagogas);

e. Fundación (proveer donativos o servicios a otras para que presten sus servicios);

f. Organización de base comunitaria (organizaciones no gubernamentales para desarrollar una comunidad con participación de sus miembros);

g. Organización filantrópica - (proveen servicios para comunidades o poblaciones con necesidades especiales con espíritu de solidaridad social y cívica); y

h. Servicios institucionales (categoría abierta)

En este inciso se aclara que su objetivo es uno de documentación, por lo que las definiciones puestas no tienen implicación o aplicación con respecto a otras leyes. Este es aplicable en particular a las leyes contributivas. Es importante señalar que por el mero hecho de que se registre en el Departamento de Estado una corporación con o sin fines de lucro, este no implica que automáticamente la misma disfrutará de los beneficios de exenciones contributivas que las leyes contributivas puedan conceder. Estaríamos antes dos leyes distintas por lo que para el disfrute de algún beneficio contributivo, además de obtener el registro de la corporación en el Departamento de Estado como una sin fines de lucro, se deberá acudir al Departamento de Hacienda para solicitar el otorgamiento de la exención contributiva que pueda ser aplicable. En este caso aplicarán los intereses y parámetros de la legislación contributiva aplicable. Hasta tanto se obtenga la exención correspondiente, la corporación, aunque incorporada como una sin fines de lucro, tributará como cualquier corporación regular.

Igualmente deberá proveerse si se desea una exención bajo el Internal Revenue Code, que se solicitará al Departamento del Tesoro de los Estados Unidos y se deberá cumplir con los intereses y parámetros de la legislación aplicable.

Capítulo XVI. Corporaciones Especiales Propiedad de Trabajadores

Las "Corporaciones Especiales Propiedad de Trabajadores" (en adelante "CPT") fueron definidas como un esquema corporativo innovador que toma prestado del concepto de la corporación tradicional y del concepto de cooperativa, pero distinto a ambas. Buscan el desarrollar económico mediante la creación de un modelo de corporaciones. [357] Se han considerado las mismas como un modelo empresarial de cooperativas de producción ubicado bajo la LGC, especialmente la de 1990.

El modelo sigue el establecido en Mondragón, ciudad del País Vasco, impulsado por el sacerdote católico José María Arizmendiarrieta al final de los años 1930 bajo el principio de que las necesidades unen. Buscaba el desarrollo de una sociedad justa y solidaria basada en la autogestión. Bajo este módulo todos sus componentes se beneficiarían de forma equitativa.

Se trata de una corporación con fines de lucro donde los empleados son los dueños, reciben beneficios en común y participan en la toma de decisiones al tener cada uno derecho a un voto en la asamblea de miembros, equivalente a una Junta de Accionistas. Se promueve el bienestar económico de la empresa, de los empleados dueños y de la comunidad pues por ley un diez por ciento (10%) de las ganancias netas se acreditarán a un fondo social destinado a un fin de interés social, según definido en la LGC, la cual debe invertirse en apoyo comunitario y proyectos de responsabilidad social.

Las CPT disfrutan de exención contributiva por lo que se elimina la desventaja de la doble tributación que acompaña las corporaciones regulares, se trata pues de una corporación con fines de lucro exenta donde los que pagan las contribuciones por los ingresos que la misma genere serán los dueños. La CPT no ha recibido suficiente difusión por lo que hace falta modelos educativos que lo fomenten y ofrezcan orientación

[357] Ley Núm. 74 del 29 de agosto de 1990, Exposición de Motivos

sobre los requisitos para asegurar y operar bajo el mismo, que verdaderamente son varios y pueden parecer confusos.

Artículo 16.01- Procedimiento para Organizar la Corporación Especial propiedad de Trabajadores

Inciso A

Establece los requisitos para que una CPT quede organizada y sujeta a este capítulo.

1. Certificado de Incorporación o por enmienda a éste, expresará que se trata de una CPT;
2. tener por lo menos tres (3) miembros ordinarios que no sean parientes entre si dentro del cuarto grado de consanguinidad o segundo por afinidad;
3. instituido por personas naturales;
4. para llevar a cabo una nueva actividad económica; y
5. en caso de corporaciones que enmienden su Certificado de Incorporación y se conviertan en una CPT, estarán limitadas a las siguientes situaciones:
   a. corporaciones o sociedades en peligro de cierre;
   b. conversión de entidades sin fines de lucro; y
   c. privatización de servicios públicos.

Inciso B

Cuando se trata de una conversión mediante enmienda al Certificado de Incorporación, deberá someter conjuntamente con la enmienda:

1. Plan de Reorganización detallado para la conversión de las acciones de capital y título de interés en el certificado de matrícula, cuentas o títulos que representan al capital aportado;
2. Certificación de que el plan fue aprobado por lo menos por dos terceras (2/3) partes de los accionistas existentes;

3. Razones o propósitos para dicha enmienda, según limitado bajo el inciso A.

Inciso C

Define "nueva actividad económica" como una llevada a cabo por una CPT que cumple con todos los siguientes requisitos:

1. los miembros ordinarios no posean en conjunto más del veinte por ciento (20%) de las acciones de la corporación previamente existente que lleve a cabo una actividad similar o parecida a la ser realizada por la CPT, donde un diez por ciento (10%) de los miembros ordinarios hayan tenido interés en el negocio anterior;

2. el negocio anterior no haya cesado operaciones antes de, ni durante cinco (5) años después de constituida la CPT, salvo que medien circunstancias extraordinarias;

3. negocio anterior mantenga, durante el periodo bajo el Inciso (C) (2), un número de empleados equivalentes al setenta y cinco por ciento (75%) de su empleo anual por los tres (3) años contributivos anteriores a la constitución de la CPT;

4. la CPT no utilice las instalaciones físicas, inventario o activos tangibles utilizados por un negocio anterior; y

5. la CPT no sea administrada ni controlada por el negocio anterior.

Estos requisitos no aplicarán a CPT relacionadas entre sí o con otras entidades sin fines de lucro.

Inciso D

Define "corporaciones o sociedades en peligro de cierre" como operaciones con fines de lucro o sociedades que cumple con uno (1) o más de los siguientes requisitos:

1. haya radicado o pendiente de radicar solicitud bajo la Ley de Quiebras;

2. haya generado durante los cinco (5) años anteriores pérdidas operacionales por veinticinco por ciento (25%) o más de su ingreso bruto;

3. es parte de un grupo controlado por entidades foráneas que van a cerrar operaciones en Puerto Rico permanentemente;

4. va a ser permanentemente cerrada por retiro o muerte del dueño y ninguno de los sobrevivientes se convierta en socio ordinario o posea interés de la CPT;

5. va a ser permanentemente cerrada por motivos de fuerza mayor; y

6. se vio precisada a reducir empleos en más de cincuenta por ciento (50%) para los últimos cinco (5) años.

Inciso E

Las CPT estarán clasificadas como corporaciones con fines de lucro y a esos efectos le aplicarán las disposiciones que no sean inconsistentes con este capítulo.

Artículo 16.02 – Contenido del Certificado de Incorporación

Inciso A

Este artículo contiene aquellas disposiciones que, en adición a las dispuestas bajo el Inciso (A) del Artículo 1.02, se requieren mandatoriamente en el Certificado de Incorporación de la CPT.

1. las siglas "P.T." en su nombre;

2. cuantía mínima de capital de mil dólares ($1,000) para adquisición certificados de matrícula o acciones corporativas;

3. si es subsidiaria de otra CPT, o de una corporación con o sin fines de lucro, consignará:

    a. que es una subsidiaria;

    b. nombre de la corporación matriz;

c. número de directores y oficiales que la matriz puede nombrar;

d. número de votos que la matriz puede emitir en la asamblea de miembros; y

e. cómo la matriz participará en las ganancias o pérdidas y en la distribución en caso de disolución de la CPT.

Inciso B

Podrá incluir ciertos particulares según se expresan en este inciso. Artículos:

1 1.02 (B) – Otras disposiciones para el Certificado de Incorporación;

2 16.03 (A) – Requisitos para admitir o destituir miembros;

3 16.05 – Voto por poder o por delegado;

4 16.07 (B) – Establecimiento y acreditación de aviso de crédito;

5 16.07 (D) – Redención, compra o retiro periódico;

6 16.08 (A) – Forma y tiempo para la distribución; y

7 16.09 (B) – Creación de corporaciones subsidiarias.

Artículo 16.03 - Miembros; certificado de matrícula; aportaciones de los miembros, derechos y responsabilidades

Inciso A

En el Certificado de Incorporación se establecerán las condiciones para admitir o destituir un miembro, o disponer que éstas se consignarán en el reglamento interno.

1. "miembros ordinarios" serán personas naturales que trabajen a tiempo completo y/o parcial[358], en relación laboral por tiempo indefinido y de carácter permanente. Los empleados a tiempo parcial, además de pagar su cuota, deberán aportar un mínimo de doce (12) horas semanales de trabajo directo y renunciar a los pagos periódicos por anticipo de ganancias, aunque sí se les conceden avisos de crédito por productividad por el trabajo aportado.

2. "miembros extraordinarios" serán aquellos que:

a. dan patrocinio como consumidores en CPT dedicada a venta al detal

b. son depositantes en CPT dedicada a actividades financieras

c. son estudiantes en CPT dedicada a la enseñanza

d. son agricultores no empleados en CPT dedicada a actividades agrícolas

3. "miembro corporativo" serán las corporaciones matrices de sus CPT subsidiarias.

Inciso B

A cada miembro se le emitirá un certificado de matrícula por el valor que se establezca en el reglamento. En el caso de los miembros ordinarios estos podrán pagar su certificado total o parcialmente, en efectivo, con servicios prestados o con bienes. Los miembros extraordinarios y corporativos deberán pagarlo en totalidad con dinero o con otros bienes al adquirirlo.

Inciso C

A los miembros ordinarios solo se les expedirá un certificado de matrícula por el cual tendrán derecho a un voto, aunque no lo hayan pagado en su totalidad. No menos del cincuenta y cinco por ciento (55%) del total de votos pertenecerá a los miembros ordinarios, los votos de los miembros extraordinarios y corporativos en conjunto no excederán del

[358] La ley anterior no contemplaba a los empleados a tiempo parcial como posibles miembros.

cuarenta y cinco por ciento (45%) y no podrán tener más de un voto por persona.

Inciso D

Los directores serán electos por los miembros ordinarios; de haber otra clase de miembros, cada clase podrá elegir el número de directores dispuesto en el Certificado de Incorporación que no podrá exceder en conjunto de una tercera (1/3) parte del total de directores.[359]

Inciso E

Todos los miembros tendrán los derechos y privilegios que la ley concede a los tenedores de acciones comunes, excepto aquellos expresamente modificados por este Capítulo. La asamblea de miembros estará compuesta por todos los miembros y tendrá las facultades concedidas a una junta de accionistas, incluyendo el establecer el procedimiento para la admisión y destitución de miembros. En caso de una destitución, la misma deberá ser ratificada por dos terceras (2/3) partes de los miembros reunidos en asamblea.

Inciso F

Los certificados de matrícula y los balances en las cuentas internas de capital individuales no se pueden transferir ni gravar y estarán exentos de embargo, incluyendo la aportación que se realizó para adquirir dicho certificado.

Inciso G

Si un miembro ordinario cesa en su empleo o si un miembro no interesa continuar como tal, pueden requerir que la corporación le compre su certificado y le pague el balance en su cuenta de capital. Lo mismo pueden reclamar los herederos de un miembro fallecido, salvo que los herederos sean a su vez miembros ordinarios o extraordinarios y califiquen para serlo y desean les sea adjudicado el certificado del miembro fallecido.

En resumen, el certificado de matrícula y las cuentas internas:

---

[359] El resultado de estos incisos (C) y (D) será que se garantiza a los miembros ordinarios el cincuenta y cinco por ciento (55%) de los votos y el derecho a elegir dos terceras (2/3) partes de los directores.

1. no se pueden transferir;

2. no se pueden gravar;

3. no se pueden embargar; y

4. solo pueden ser heredados por aquellos que a su vez sean miembros.

En caso de redención del certificado de matrícula, el precio será el valor en los libros según se determine en las cuentas internas, el pago se hará según disponga el reglamento. Si se determina por la junta que el pago se efectúe a plazos, el mismo no excederá de cinco (5) años, pero podrá extenderse hasta un total de quince (15) años si la junta determina que de no extender se pondría en riesgo la estabilidad económica de la corporación. Esta extensión deberá ser aprobada por tres cuartas (3/4) partes de los miembros. El pago a plazos acumulará intereses.

El pago podrá ser compensado por acciones y bonos corporativos permitidos por este capítulo a solicitud de la persona con derecho a recibirlo, equivalentes al valor que el miembro tenga derecho a recibir.

Artículo 16.04 - Acciones con derecho al voto; reglamento interno; enmiendas al Certificado de Incorporación

Inciso A

La CPT no está autorizada a emitir acciones comunes ni ninguna otra acción con derecho al voto, solamente el certificado de matrícula. Si podrá emitir otras clases de acciones y bonos según este Capítulo autoriza.

Inciso B

Todo título que represente intereses en una CPT (certificado de matrículas, acciones, bonos) será nominativo.

Inciso C

Los incorporadores pueden aprobar el primer reglamento. Una vez existan miembros, sólo ellos podrán aprobar, modificar o derogar el reglamento. Los miembros pueden delegar esta autoridad a la junta de directores, excepto lo concerniente al procedimiento para la admisión y destitución de miembros. Esta delegación puede ser dejada sin efecto en asamblea de los miembros o mediante consentimiento por escrito según prescribe el Artículo 7.17.

Inciso D

Se permite enmiendas al Certificado de Incorporación, excepto para convertir la CPT en otra clase de corporación y solo se podrá fusionar o consolidar con otra CPT. Las enmiendas se harán de conformidad con el Artículo 8.02 de la LGC.

Artículo 16.05 - Voto por poder o por medio de delegados

Los miembros ordinarios podrán votar personalmente o mediante apoderado bajo las siguientes condiciones:

1. poder no excederá un año, salvo que expresamente disponga un plazo mayor;
2. solo podrá delegarse el voto a otro miembro ordinario; y
3. apoderado no podrá emitir más de dos (2) votos delegados, en adición al suyo, excepto que los votos delegados correspondan a sus parientes dentro del cuarto grado de consanguinidad o segundo por afinidad, en cuyo caso el máximo será cinco (5).

En el caso de miembros extraordinarios, sus delegados no podrán emitir más de cinco (5) votos delegados y deberán ser a su vez miembros extraordinarios.

Los miembros corporativos, delegarán sus votos en sus directores y oficiales.

Artículo 16.06 - Directores y oficiales

Inciso A

No menos de dos terceras (2/3) partes de los directores deberán ser miembros ordinarios.

Inciso B

No menos de dos terceras (2/3) partes de los oficiales deberán ser miembros ordinarios con funciones en áreas de producción o provisión de servicios.

Inciso C

Ninguna persona podrá ocupar más de un cargo de oficial.

Inciso D

Los directores serán electos anualmente en asamblea de miembros y no podrán exceder tres (3) términos consecutivos, salvo situaciones extraordinarias, aprobadas por dos terceras (2/3) partes de la clase de miembros que lo eligieron.

Artículo 16.07 - Cuentas internas de capital; redención, compra o retiro de certificados de matrícula y acciones; cuenta de reserva colectiva y fondo social

Inciso A

En este Artículo se establece la parte operacional de una CPT. Ésta se basa en el establecimiento de un sistema de cuentas internas de capital que reflejarán el valor en los libros de los activos de capital de la corporación, así como el precio de redención, compra o retiro de los certificados de matrícula y de las acciones de capital corporativo y el valor acumulado por cada miembro en los correspondientes avisos de crédito.

Inciso B

Las cuentas internas de capital se verán afectadas por los avisos de crédito que se establecerán y regirán según dispuesto en el reglamento. Estos avisos responden a tres criterios:

1. avisos de crédito por productividad a los miembros ordinarios;

2. avisos de crédito por patrocinio a los miembros extraordinarios; y

3. avisos de crédito por capital a los miembros corporativos.

Los avisos de crédito por productividad se establecerán tomando en consideración la aportación que con sus funciones y tareas los miembros ordinarios efectúan a la plusvalía. Podemos decir que se asemejan al salario que se compensaría por esta aportación al haber corporativo. Recordemos que estos miembros ordinarios no son empleados, sino dueños por lo que su compensación no es en forma de salario, sino por crédito a su cuenta. El crédito asignado a un miembro ordinario no sobrepasará de seis (6) veces el mismo crédito asignado a otro miembro ordinario empleado a tiempo completo. Este requisito solo podrá eximirse por la asamblea de miembros en votación de dos terceras (2/3) partes. Otro requisito es que este crédito se determinará de forma uniforme para todos los miembros ordinarios.

Los créditos por patrocinio para los miembros extraordinarios se basarán en el apoyo que los mismos den a las actividades de la CPT.

El crédito por capital a los miembros corporativos se establecerá en el Certificado de Incorporación de la CPT subsidiaria, y se basará en la aportación de capital que esta reciba de su corporación matriz. El mismo no podrá exceder del veinticinco por ciento (25%) de las ganancias de la subsidiaria.

Inciso C

Estos créditos, por productividad, patrocinio o capital, constituyen la forma de distribuir las ganancias, o como anticipo a las mismas: sustituyen el pago de dividendos. Corresponde a la junta de directores determinar cuando se efectuarán los mismos emitiendo el correspondiente aviso de crédito. Se les notificará a los miembros el valor acumulado en su cuenta y la forma y plazo en que se hará el pago, o si el crédito será capitalizado.

Inciso D

El Certificado de Incorporación o el reglamento autorizará la redención, compra o retiro de los certificados de crédito cuando los miembros terminen su relación, no podrá realizarse pago alguno si el hacerlo resultaría en una violación de los requisitos del Artículo 5.18 sobre pago ilegal de dividendo; de hacerlo los directores incurrirán en la responsabilidad establecida en los Artículos 5.21 y 5.22 de la LGC.

Inciso E

Por reglamento se puede autorizar el pago de intereses sobre los avisos de crédito en otras distribuciones acreditadas pero no pagadas.

Inciso F

En adición a las cuentas internas de capital, la corporación establecerá una cuenta colectiva de reserva y una cuenta o fondo social. Será entre estas cuentas donde la CPT distribuirá las ganancias netas o las pérdidas.

A. En la cuenta interna de capital individual se acreditará:

1. noventa por ciento (90%) de la cuota de matrícula de los miembros ordinarios y corporativos,

2. la cuota de matrícula de los miembros extraordinarios;

3. cualquier capital adicional aportado (por compra de acciones, bonos o préstamos);

4. la acreditación, distribución y pago de ganancias o pérdidas netas atribuibles al miembro; o

5. los intereses devengados que sean autorizados.

De no haber fondos suficientes para la corporación pagar los dividendos a las acciones o el interés a los bonistas, la junta de directores no podrá pagar o efectuar créditos a las cuentas internas de capital de los miembros; de existir un balance positivo en las cuentas internas de capital, este balance se transferirá y utilizará para pagar con prioridad los dividendos a las acciones o el interés a los bonistas. Luego de efectuados estos pagos prioritarios, el balance en las cuentas internas de capital será para beneficio de los miembros.

B. En la cuenta colectiva de reserva se acreditará:

1. el diez por ciento (10%) de la cuota de matrícula de los miembros ordinarios y corporativos;

2. todo donativo recibido, los préstamos, el producto de la venta de bonos a personas no miembros;

3. aportaciones al capital corporativo por la venta de acciones a no miembros; y

4. no menos de veinte por ciento (20%) de las ganancias netas, o no menos de veinte por ciento (20%) de las pérdidas, de ser este el caso. (El balance restante irá a las cuentas internas de capital de cada miembro.).

5. El balance de la cuenta colectiva de reserva se utilizará para:

    a) construcción de mejoras permanentes

    b) adquisición de maquinaria y equipo

    c) pago de préstamos utilizados para los conceptos anteriores

La LGC establece que esta cuenta colectiva de reserva no podrá distribuirse entre los miembros ni será para beneficio de estos, ni aún en el caso de que cese la existencia corporativa de la CPT.

C. En la cuenta del fondo social se acreditará no menos de diez por ciento (10%) de las ganancias netas de la corporación. Este fondo se destinará a actividades de interés social según que la junta de directores determine y estará disponible para las personas naturales que residan en el municipio donde esté la oficina designada de la corporación.

1. Algunos de los fines de interés social serían aportaciones para:

    a. el financiamiento de viviendas para familias de bajos ingresos (según definido en los programas relacionados del ELA);

    b. becas o ayudas financieras para estudios universitarios o vocacionales;

    c. ayuda en casos de desastres o para obras de caridad;

    d. ayudas para crear empresas financieras propiedad de trabajadores;

e. donativos para el establecimiento de empresas propiedad de trabajadores;

f.diseminar información de interés general; y

g. establecer programas para desarrollo de tecnología e investigación para el proceso de producción de una CPT.

Todos ellos para familias, estudiantes y grupos de personas de bajos recursos.

En caso que cese la existencia de la CPT, la cuenta colectiva de reserva se transferirá a otra CPT o a una cooperativa; el fondo social a otra CPT o a una entidad benéfica, todo según determine la asamblea de miembros.

Al final de cada período de contabilidad, la suma de los balances de las cuentas internas de capital, la cuenta de reserva colectiva y el fondo social se ajustará para que su suma sea igual al valor neto en los libros de la corporación (resultando en el concepto contable de que Activos Netos = Capital)

Artículo 16.08 - Ganancias netas no distribuidas y pérdidas; prorrateo; distribución y pago

Inciso A

Cada miembro tendrá su propia cuenta interna de capital a la cual se prorratearán las pérdidas y las ganancias de la corporación que le correspondan. El Certificado de Incorporación o el reglamento dispondrá la forma y tiempo para la distribución, capitalización o pago del balance en las cuentas internas.

Inciso B

La asignación, distribución y pago del balance de dichas cuentas se podrá hacer en efectivo, avisos de crédito, acciones de capital o bonos corporativos.

Artículo 16.09 - Creación de corporaciones subsidiarias y participación en corporaciones de segundo grado

Inciso A

Las CPT pueden establecer subsidiarias y ser a su vez subsidiarias de corporaciones sin fines de lucro.

En el caso de corporaciones con fines de lucro, podrán tener una CPT como subsidiaria solamente cuando forme parte de un plan de reorganización para convertir, en un plazo determinado que no excederá cinco (5) años, la corporación con fines de lucro en una CPT, para separar parte de sus operaciones, o que se liquide como tal entidad. Estos requisitos aplicarán también cuando una corporación con fines de lucro desee convertirse en una CPT.

Se deberá someter el plan de reorganización junto con el Certificado de Incorporación de la nueva entidad. Esta conversión solo está disponible para corporaciones o sociedades que están en peligro de cierre.

La CPT subsidiaria de la corporación con fines de lucro bajo reorganización y conversión, gozará los beneficios de este Capítulo desde su inscripción como tal en el Departamento de Estado y la celebración de la primera asamblea de miembros así certificada por acta notarial, siempre y cuando no menos del cincuenta y cinco por ciento (55%) del control de la entidad pertenezca a los miembros ordinarios inmediatamente después de la conversión. Mientras tanto la corporación matriz continuará tratándose y operando como una con fines de lucro.

El incumplimiento con el plan de reorganización y conversión, se considera evidencia *prima facie* de que el único fin fue acogerse a los beneficios contributivos que varias leyes confieren a la CPT. Se exponen a una multa administrativa de mil dólares ($1,000) diarios impuesta por el Secretario de Hacienda, al pago y devolución del monto de los beneficios contributivos que disfrutó la corporación, la subsidiaria y los miembros ordinarios y extraordinarios; y se cancelará retroactivamente el Certificado de Incorporación.

Si se determina que una CPT no se organizó de modo bona fide para llevar a cabo una nueva actividad económica, se aplicarán las multas y penalidades antes descritas.

Inciso B

El Certificado de Incorporación puede disponer que una tercera (1/3) parte de los directores y oficiales de la CPT subsidiaria pueden ser nombrados por su corporación matriz.

Inciso C

Igualmente, la corporación matriz podrá emitir cuarenta y cinco por ciento (45%) de los votos en la asamblea de miembros de la subsidiaria.

Inciso D

Se requiere el voto afirmativo de tres cuartas (3/4) partes de los miembros para enmendar el Certificado de Incorporación de la subsidiaria.

Inciso E

La CPT puede unirse con otra CPT, corporación sin fines de lucro y cooperativas para formar asociaciones, federaciones o confederaciones incorporadas bajo este Capítulo, las cuales solo tendrán miembros corporativos, con un solo voto por miembro.

Inciso F

La CPT podrá adquirir una corporación con fines de lucro siempre y cuando posea inmediatamente el cincuenta y cinco por ciento (55%) de las acciones votantes, cuyo porciento deberá ser aumentado a ochenta por ciento (80%) dentro de un período máximo de tres (3) años. La corporación adquirida tiene cinco (5) años para convertirse en una CPT, término que tendrá el accionista regular para disponer de sus acciones a favor de los trabajadores. Se requiere que la corporación adquirida esté en peligro de cierre.

Artículo 16.10 - Anticipos de ganancia

Inciso A

Las compensaciones regulares y periódicas que se distribuyen a los miembros ordinarios a tiempo completo, se consideran anticipos de ganancias y no salario a los efectos de legislación laboral pues estos se consideran trabajadores por cuenta propia. El miembro ordinario a tiempo parcial no recibirá anticipos de ganancia.

A todos los miembros ordinarios les aplicarán los beneficios de la Ley de Compensaciones por Accidentes del Trabajo[360] y la Ley de Seguridad de Empleo.[361]

Inciso B

El pago de anticipos tiene las mismas restricciones que el pago de los avisos de crédito por productividad del Artículo 16.07 de la LGC.

Artículo 16.11 - Extinción de la existencia corporativa; prohibición de consolidación o fusión con otra corporación

Inciso A

La CPT dejará de existir:

1 - en la fecha dispuesta en el Certificado de Incorporación

2 - al fusionarse o consolidarse con otra CPT

3 - en caso de disolución

4 - por determinación del Secretario de Estado por incumplimiento con la LGC.

Resumen

En la operación y mantenimiento de una CPT se dan características de una corporación regular, de una cooperativa y de una corporación sin fines de lucro. Esto unido a las salvaguardas que la ley establece para que no se abuse de los beneficios contributivos concedidos a las CPT dificultan la utilización de este vehículo, que bien utilizado provee muchas ventajas para los empleados, particularmente en aquellos casos de corporaciones en peligro de cierre y en la privatización de servicios públicos, posibilidades

[360] Ley Núm. 45 de 18 de abril de 1935
[361] Ley Núm. 74 de 21 de junio de 1956

que la actual situación económica y fiscal de Puerto Rico se contemplan cada vez con mayor certeza.

Capítulo XVII. Derechos Pagaderos

Este Capítulo establece los derechos pagaderos al Departamento de Estado por la radicación de Certificado de Incorporación y otros documentos. La LGC fue enmendada a esos efectos por virtud de Ley Número 60 de 12 junio de 2010.

Entre estos documentos están; Certificado de Incorporación, enmiendas, certificado de consolidación o fusión, certificado de disolución, corporaciones foráneas, cambio de dirección, agente u oficina designada, informe anual.

La LGC faculta al Secretario de estado para modificar dichos derechos.

Durante los primeros cinco (5) años de vigencia de la LGC, el cuarenta (40%) por ciento de las cantidades recaudadas ingresan a una cuenta especial del Departamento de Estado y se utilizarán para actualizar y mejorar el registro de Corporaciones y la digitalización y mecanización de los registros y archivos del Departamento de estado. El restante sesenta por ciento (60%) ingresará al Fondo General. Transcurrido los cinco (5) años, el cien por ciento (100%) así como cualquier remanente en la cuenta especial, ingresarán al Fondo General.

Referencia a este Capítulo para determinar los derechos pagaderos correspondientes.

Capítulo XVIII. Corporaciones Profesionales

Artículo 18.01 – Intención Legislativa

Las Corporaciones Profesionales fueron creadas con el propósito legislativo de proveer a un individuo o grupo de individuos la facultad de incorporarse para ofrecer un mismo servicio profesional al público. Para ello es requerido que dichos individuos obtengan una licencia u otra autorización legal emitido por el Estado Libre Asociado de Puerto Rico para proveer dicho servicio. [362] Esto incluye a los incorporadores, accionistas, directores, oficiales, agentes, así como toda persona que ofrezca o asesore sobre el servicio profesional. Con anterioridad al establecimiento de la corporación profesional, nuestro ordenamiento jurídico no permitía que el uso del vehículo corporativo fuese autorizado con relación al ejercicio de ciertas profesiones. A esos efectos el Código Civil de Puerto Rico sólo autorizaba la creación de sociedades profesionales.[363] Así fue reiterado en varias decisiones de nuestro Tribunal Supremo.[364]

Aún cuando la LGC incorporó el vehículo de la corporación profesional, le impuso importantes restricciones al uso y ejercicio de este vehículo, según veremos más adelante. Entre ellos y principalmente está que no se altera en nada la jurisdicción reguladora de estas profesiones que conservan las juntas que autorizan su ejercicio. No es la corporación la que presta los servicios, lo prestarán los profesionales licenciados, aunque la prestación de los servicios ahora se podrá contratar con la corporación, en la prestación de los mismos los profesionales responderán personal e ilimitadamente, como prescribe su junta reguladora a los que ejercen estas profesiones.

En resumen, las características principales de la corporación profesional son:

---

[362] Ley General de Corporaciones de Puerto Rico 2009, Artículo 18.01
[363] Código Civil de Puerto Rico, Artículo 1569
[364] *Rasa Engineering Corp. v. Daubón*, 86 D.P.R. 193 (1962); *Colegio de Ingenieros y Agrimensores de Puerto Rico v. AAA*, 131 D.P.R. 735 (1992)

1. prestación de un único servicio profesional;

2. que antes no podría efectuarse por una corporación;

3. incorporadores, accionistas, directores, oficiales, agentes y toda persona que asesore tiene que poseer la licencia correspondiente expedida por el Estado Libre Asociado de Puerto Rico y serán los que prestarán el servicio profesional;

4. no se altera la responsabilidad personal o ética del profesional, continuará respondiendo en forma ilimitada por actos u omisiones realizados en el ejercicio de su profesión;

5. el profesional licenciado responderá personalmente por los actos u omisiones cometidos por aquellas personas bajo su supervisión y control directo;

6. el ejercicio de la profesión continuará siendo regulado por el ente regulador de la misma que los autoriza a rendir el servicio profesional; y

7. podrán ofrecerse servicios auxiliares o complementarios al servicio profesional para el cual se incorpora, al así hacerlo debe prestarse atención a las normas que regulan la prestación de dicha profesión.

Artículo 18.02 – Definiciones

Inciso A

La LGC define "servicio profesional" como cualquier tipo de servicio al público que por disposición de ley, reglamento o jurisprudencia:

1. no podía ser efectuado por una corporación antes de la fecha de efectividad de la LGC; y

2. para el cual se requiera la obtención de una licencia y/u otra autorización legal como condición previa para la prestación del servicio ofrecido al público.

El Artículo provee un listado no taxativo de los servicios profesionales contemplados, como son: arquitectos, contadores públicos certificados o de otro tipo, podiatras, quiroprácticos, dentistas, doctores en medicina, optómetras, osteópatas, ingenieros profesionales, veterinarios y abogados.

Dentro de estos servicios profesionales están incluidos los servicios auxiliares y complementarios que sean necesarios para llevar a cabo cada uno de los servicios profesionales antes mencionados.

Inciso B

A este tipo de corporación se le imponen tres requisitos:

1. que tengan el propósito único y exclusivo de prestar un mismo servicio profesional y los servicios auxiliares o complementarios a este servicio profesional; y

2. que todos sus accionistas estén debidamente licenciados en el Estado Libre Asociado para ofrecer el mismo servicio profesional que la corporación; y

3. que se organicen bajo este Capítulo.

En cuanto al primer requisito, lo debemos examinar a la luz del Artículo 1.02 de la LGC. Es decir, este tipo de corporación no puede establecer como propósito de la misma que el objeto o propósito sea dedicarse a cualesquiera actos o negocios lícitos para los cuales las corporaciones pueden organizarse. Solo puede organizarse con el único propósito de prestar un servicio profesional específico. En *Rasa Engineering Corp. v. Daubón,*[365] el Tribunal Supremo de Puerto Rico resuelve que una corporación no puede ejercer la profesión de arquitectura, ingeniería y agrimensura por no poder cumplir con los requisitos de examen, matricula, preparación académica, certificación y colegiación de su Junta Examinadora. Además, establece que siendo ilegal la práctica de la profesión de ingeniería por parte de la corporación, también serán ilegales los contratos otorgados por esta debido a que son contrarios a la política pública. Pero aclara que para que estos actos no sean *ultra vires* la corporación debe alegar en la demanda con precisión y detalle la relación existente entre esta y sus accionistas y si estos últimos son en realidad la verdadera parte interesada en la acción con derecho a recobrar los trabajos realizados según pactados en los contratos. En este caso se permitió enmendar la demanda para que los accionistas de la corporación no se quedaran sin cobrar sus honorarios por los servicios

[365] *Rasa Engineering Corp. v. Daubón*, Id.

prestados a través de la corporación ya que ambos estaban autorizados a ejercer la profesión legalmente en Puerto Rico.

Posteriormente, en *Colegio de Ingenieros y Agrimensores de Puerto Rico v. AAA,*[366] el Tribunal Supremo de Puerto Rico establece que las cláusulas en un contrato otorgado por una corporación no profesional que le adjudique deberes y funciones de una profesión en particular son nulas. Además, expone que el hecho de otorgar una enmienda posterior para aclarar que los deberes y funciones otorgados a la corporación profesional serán realizados por un profesional debidamente calificado y licenciado que será subcontratado por la corporación profesional no es suficiente para eliminar del texto original todas las cláusulas en las que se le designan a la corporación no profesional funciones y deberes de ingeniero sin estar autorizada para ejercer en Puerto Rico.

En cuanto al segundo requisito, la obtención de licencias y autorización legal sólo se concede a individuos, por lo que una corporación profesional no puede ser accionista de otra corporación profesional, sí puede poseer acciones de otro tipo de corporación.

El tercer requisito establece que además de cumplir con lo establecido bajo el Artículo 1.01[367] y 1.02 que le sean aplicables, deberá cumplir con lo requerido bajo este Capítulo XVIII de la LGC, según discutidos más adelante.

Artículo 18.03—Autoridad para incorporarse

La LGC establece que todas las personas naturales que componen la corporación, ya sean incorporadores, accionistas, directores u oficiales, deben estar debidamente licenciados o de otra forma autorizados legalmente a ejercer su respectiva profesión en el Estado Libre Asociado de Puerto Rico. Las corporaciones profesionales serán con fines de lucro y no pueden constituirse como Corporación Íntima.

---

[366] *Colegio de Ingenieros y Agrimensores de Puerto Rico v. AAA,* supra

[367] Ley General de Corporaciones de 2009, Artículo 1.01 – nombre; dirección postal y física de la oficina designada y agente residente; propósito de la corporación; estructura de capital; nombre, dirección y facultades del incorporador

Artículo 18.04 – Número de directores y oficiales

Este artículo establece como se llevará a cabo la determinación sobre el número de directores y oficiales de una corporación profesional. Dicha determinación se hará según lo dispuesto en los Artículos 4.01 (directores) y 4.02 (oficiales) de la LGC. Las disposiciones antes mencionadas son aplicables tanto a la Corporación Profesional como a una corporación regular.

Artículo 18.05 – Prestación de servicios profesionales a través de oficiales con licencia, empleados y agentes

Toda corporación organizada e incorporada bajo este Capítulo podrá prestar servicios profesionales a través de oficiales, empleados y agentes que estén debidamente licenciados o de otra forma autorizados legalmente dentro de esta jurisdicción para rendir los servicios profesionales establecidos en el propósito de la corporación.

Dentro del término "empleados" no se incluye personal que no ejerce discreción profesional, como serán: personal clerical, secretarias, administradores, tenedores de libros, técnicos y otros asistentes. Tampoco incluye a cualquier persona que realice todo su empleo bajo la supervisión y control directo de un oficial, empleado o agente que esté autorizado a prestar ese servicio profesional al público en nombre de la corporación profesional. Es decir, que los trabajadores antes mencionados aunque empleados de la corporación profesional están exentos del requisito de tener licencia o autorización legal pues no se consideran que ejercen dicha profesión.

Finalmente, es menester señalar que ninguna persona podrá practicar ilegalmente una profesión bajo el pretexto de ser empleado de una corporación de servicios profesionales.

Artículo 18.06 – Alcance y responsabilidad dentro de la relación profesional; responsabilidad legal; normas de conducta profesional; negligencia; embargo de bienes

En cuanto a la relación profesional y responsabilidad legal de los que proveen los servicios, las Corporaciones Profesionales no tienen el efecto de proteger a los profesionales que las componen en cuanto a su responsabilidad profesional, normas de conducta y relación respecto a sus clientes y entes reguladores. El profesional sigue siendo responsable plena y personalmente por cualquier acto negligente o de omisión, actos ilícitos, o cualquier otra conducta torticera cometida por él, o por cualquier persona bajo su supervisión y control directo, que se deriven de su desempeño profesional frente a sus clientes. En adición se crea una responsabilidad solidaria de la corporación, limitada al valor total de su propiedad, cuando su oficial, empleado, agente o accionista rinda servicios negligentemente a nombre de la misma. Los activos de la corporación profesional no estarán sujetos a embargo por causa de las deudas individuales de sus accionistas, sí por una obligación de la corporación.

Esta responsabilidad ilimitada contenida en la LGC no constituye una excepción al principio de responsabilidad limitada de los accionistas en las Corporaciones debido a que es una responsabilidad adscrita estrictamente al ámbito profesional frente al cliente y no a sus actuaciones como accionista de la corporación. En ese sentido, este Capítulo de la LGC no modifica, extiende o disminuye la jurisdicción que cubre el profesional, que tiene la agencia estatal u oficina que lo licenció o autorizó a rendir el servicio profesional.

Es decir, el hecho de ser un profesional miembro de una corporación profesional no es eximente de responsabilidad frente a su cliente en aspectos profesionales, legales, éticos o de confidencialidad.

Respecto al rol de los accionistas y las actuaciones de la Junta de Directores de una Corporación Profesional en *Santiago Aponte et al. v. Rodríguez et al.*,[368] el Tribunal Supremo de Puerto Rico resolvió que los actos de una Junta de Directores pueden convertir a un miembro de la corporación en accionista. Por lo cual, se debe tener gran precaución en cuanto a las relaciones de los accionistas con la corporación ya que en este tipo de corporación podría darse la situación que se pueda convertir a un miembro en accionista sin este ser un profesional autorizado a ejercer en el Estado Libre Asociado de Puerto Rico. Esto propiciaría una violación crasa a la LGC. En este caso, se trataba de una corporación de servicios profesionales médicos, dicha corporación intentó separar al Dr. Santiago Aponte de la corporación de su puesto como director y accionista. Argumentaba la parte demandada que el Dr. Santiago Aponte no era accionista porque nunca pagó por sus acciones. El Tribunal Supremo de Puerto Rico al examinar la prueba vertida se percató que la corporación

[368] *Santiago Aponte et al. v. Rodríguez et al.*, supra

manifestó a través de su Junta de Directores en varios documentos y reuniones que el Dr. Santiago era accionista de la misma. Entre estas actuaciones se encontraba: (1) aprobar unánimemente una resolución para emitir las acciones a cada accionista, uno de los cuales era el peticionario; (2) firmar por el presidente de la corporación un certificado en que se reconocía al peticionario como accionista; (3) el acuerdo en que se pagaría al peticionario $25,000 como dividendos. Finalmente el Tribunal concluyó: (1) que debido a que una corporación no puede contravenir sus propios actos (antes esbozados); (2) el hecho de que el accionista no haya pagado por sus acciones no significa que este no sea accionista, debido a que la LGC establece que se pueden pagar de múltiples maneras incluyendo el trabajo realizado por el accionista; y (3) que una corporación con fines de lucro no puede carecer de accionistas. Por lo cual, el Dr. Santiago Aponte era accionista de la corporación.

Debemos aclarar que este caso a pesar de haber sido resuelto bajo la Ley General de Corporaciones de 1995 le aplica el mismo análisis bajo la LGC de 2009 según estableció el Tribunal Supremo de Puerto Rico en la nota al calce 1.[369]

Posteriormente, en *Domenech v. Integration Corp.*,[370] el Tribunal Supremo de Puerto Rico resolvió que una persona que no está registrada como accionista en el registro de acciones de la corporación, puede presentar evidencia extrínseca al registro de accionistas para demostrar que es accionista y así ejercer su derecho a inspeccionar los libros y archivos de la corporación siempre y cuando su interés constituya un propósito válido según dispone el Artículo 7.10 de la LGC.

Artículo 18.07 – Prohibición de desempeñarse en otro negocio

Este Artículo complementa la definición de Corporación Profesional contenida en el Artículo 18.02(b) al establecer que ninguna corporación organizada bajo este Capítulo se podrá desempeñar en otro negocio que no sea la prestación del servicio profesional para el cual se incorporó, o los servicios auxiliares o complementarios a éste Por ello, aunque una persona

[369] "Como los hechos ocurrieron durante la vigencia de la derogada Ley Núm. 144, nos concentraremos en su análisis, y no en el de la nueva Ley General de Corporaciones, Ley Núm. 164 de 16 de diciembre de 2009. Sin embargo, en este aspecto, el análisis es igual para ambos estatutos."

[370] *Domenech v. Integration Corporate Services, PSC.*, supra

posea más de una licencia profesional, sólo podrá ejercer bajo una corporación profesional un solo servicio profesional para cuyo propósito se organizó. Esto no implica que no pueda tener interés en otra corporación profesional que su propósito sea desempeñarse en la otra profesión para la cual la persona tenía también licencia. Más debe tener sumo cuidado de mantener separación entre ambas operaciones; que aquellos que acudan a buscar los servicios profesionales no confundan con qué entidad jurídica está tratando.

Se permite que estas corporaciones inviertan sus fondos en inmuebles, hipotecas, acciones o cualquier otro tipo de inversiones, o que sea dueña de propiedad que sea necesaria y deseable para rendir los servicios profesionales esbozados en su Certificado de Incorporación. Es decir, que toda gestión realizada a nombre de la corporación tiene que ser cónsona con su propósito corporativo.

Artículo 18.08 – Emisión de acciones de capital a individuos licenciados; prohibición de acuerdos para votos en fideicomisos; retención de acciones por la sucesión de los accionistas

Cónsono con el requisito de que todos los accionistas deben ser profesionales autorizados a ejercer en el Estado Libre Asociado de Puerto Rico la profesión establecida como propósito corporativo en el Certificado de Incorporación, este Artículo especifica que un accionista interesado que no cumpla con este requisito no podrá comprar y la corporación profesional no podrá venderle acciones de capital.

Además, le impone una limitación al accionista con derecho al voto ya que el mismo no puede entrar en ningún tipo de acuerdo de voto en fideicomiso, por poder o cualquier tipo de acuerdo para transferir dicho derecho a una persona que no sea accionista de la corporación. Siempre que quiera transferirse mediante poder el derecho al voto, debe ser a otro accionista de la misma corporación. Es decir, el accionista con derecho a voto es el único que puede votar, salvo otorgue dicho derecho a otro accionista de la misma corporación profesional mediante un voto por poder.

Finalmente, en cuanto a la transferencia de acciones al fallecer un accionista, la sucesión podrá retener por seis meses a partir de la fecha del fallecimiento, las acciones de capital en aras de la administración de la sucesión. Durante este término de seis meses, la sucesión no está autorizada a participar en ninguna de las decisiones que se refieran específicamente a la prestación del servicio profesional que ofrezca la corporación.

En resumen, un accionista con derecho al voto no puede transferir mediante poder o convenio alguno su poder de voto, salvo que sea conferido a otro accionista de la corporación. En ningún momento podrá transferirse el derecho al voto a terceros no accionistas de la corporación. En caso del fallecimiento del accionista, la sucesión solo podrá administrar las acciones de capital por un término de seis meses, más no adquiere el derecho al voto, ni se permite participar en las decisiones que tome la corporación. Sólo podrá recibir los beneficios que correspondan a dichas acciones.

Artículo 18.09 – Descalificación de un oficial, accionista, agente o empleado

Debido a la definición de Corporación Profesional, en este Artículo la LGC atiende la situación cuándo uno de los accionistas, oficiales, empleados o agentes advienen legalmente inhábiles para rendir los servicios profesionales establecidos como propósito de la corporación. La LGC contempla dos circunstancias: (1) si se le elige a un cargo público; o (2) acepta un empleo que le impide prestar sus servicios profesionales. En cualquiera de las dos situaciones se separará inmediatamente de todo empleo con y de cualquier interés pecuniario que tenga en la corporación.

El incumplimiento con este Artículo acarrea como resultado la revocación del Certificado de Incorporación y la disolución de la corporación.

Artículo 18.10 – Venta o transferencia de acciones

Ningún accionista de una corporación profesional podrá vender o transferir sus acciones en la corporación, salvo a la corporación, o a otro individuo con la licencia requerida para prestar el servicio para el cual se crea la corporación.[371] Añade un requisito adicional para la venta o transferencia de la acciones de capital al establecer que la venta o

[371] Este Artículo comienza haciendo referencia al Artículo 18.14 (nombre corporativo). Entendemos es un error y el Artículo a referirse debe ser el 18.13 (transferencia de acciones en caso de muerte o descalificación)

transferencia debe ser aprobada, por lo menos por una mayoría de las acciones en circulación y con derecho al voto sobre este asunto en particular. Esta restricción mandatoria a la transferibilidad deberá aparecer en el Certificado de Incorporación o los estatutos y además en el certificado de acciones. Se pueden disponer restricciones adicionales. Además abunda en los requisitos de la reunión en la que se considerará la transferencia de acciones de capital. El accionista que vende o transfiere sus acciones de capital no podrá votar ni se podrán contar sus acciones para propósitos de la mayoría de votos requerida para la aprobación de la venta o transferencia.

En cuanto a la reunión en la que se va a considerar la venta o transferencia de acciones puede realizarse de dos maneras: (1) puede convocarse una reunión de accionistas a estos efectos o (2) se puede considerar la transferencia en la reunión anual de accionistas, pero en este último caso se tendrá que dar aviso de este propósito a los accionistas con diez días de antelación.

Además de lo contemplado anteriormente, la corporación puede regular y hacer más restrictiva la transferencia de acciones de capital. La primera será estableciendo el proceso a seguirse en el Certificado de Incorporación para exigir la redención o pago de dichas acciones por la corporación con ciertos precios y de forma específica; o podrá autorizar a la junta de directores o accionistas en el Certificado de Incorporación a promulgar un reglamento que limite o haga más estricta la venta o transferencia de acciones de capital además de disponer para la compra o redención de acciones por parte de la corporación. Las restricciones adicionales que se impongan a la compra o redención de acciones por parte de la corporación no podrán ser de tal naturaleza que tengan el efecto de disminuir el capital de la corporación, por lo cual solo podrán hacerse del sobrante.

Artículo 18.11 – Precio de las acciones

El precio de las acciones de un accionista fallecido, retirado, expulsado, o descalificado al cual la corporación o sus accionistas pueden comprarlas puede ser establecido en el Certificado de Incorporación o en los estatutos corporativos. De no existir disposición alguna en cuanto a esto, el precio será el valor en los libros, calculado al último día del mes, inmediatamente antes de la muerte, retiro, expulsión o descalificación del accionista. El valor en los libros será determinado por un contador público autorizado independiente y esta determinación será final para la corporación y sus accionistas.

Artículo 18.12 – Existencia corporativa perpetua

En cuanto a la existencia de la Corporación Profesional, ésta tendrá una existencia perpetua, o hasta el momento en que sea disuelta. Por lo tanto, no se puede limitar su existencia.

Artículo 18.13 – Transferencia de acciones en caso de muerte o descalificación

Inciso A

Este Artículo complementa lo establecido en el Artículo 18.08 en cuanto a la transferencia de acciones de capital en caso de muerte del accionista. Las acciones pasarán a sus herederos y cónyuge supérstite en su porción ganancial en caso de existir la sociedad legal de gananciales y la cuota viudal usufructuaria, por el mero hecho de la muerte del accionista. Como expuesto anteriormente, los herederos y el cónyuge supérstite tendrán un término de seis (6) meses para administrar las acciones y optar por venderlas a la corporación o a uno o varios de los accionistas.

En el caso en que la corporación sea de, un solo accionista, si la corporación no tiene empleados admitidos a la profesión de la cual se brindan servicios, la sucesión tiene un término de diez (10) días a partir del fallecimiento para reclutar un profesional licenciado que atienda los asuntos de la corporación y liquide la misma dentro de los seis meses siguiente a la muerte del accionista.

En caso de tener empleados admitidos a la profesión, los herederos y el cónyuge supérstite nombrarán a uno de éstos para que ejerza funciones de socio de industria dentro del término de diez (10) días del fallecimiento del único accionista. De no hacerlo, se designará al empleado admitido a la profesión con mayor antigüedad en la corporación para que la administre, hasta que se designe a un profesional que se encargue de la misma.

Durante la transición los herederos y cónyuge supérstite sólo tendrán poderes de administración y liquidación según dispone el Código de

Comercio de Puerto Rico respecto a los socios comanditarios en sus Artículos 101 (2), 127 y 136. [372]

Inciso B

En caso de retiro, las acciones serán adquiridas por la corporación o por uno o varios accionistas de la misma en un término de seis (6) meses a partir de la fecha efectiva del retiro.[373]

En caso de descalificación o expulsión, las acciones serán adquiridas por la corporación o sus accionistas durante el término de la descalificación. Las personas que adquieran las acciones tendrán un término razonable para realizar el pago, según sea pactado por las partes. De no llegar a un acuerdo entre las partes, el término lo fijará el tribunal.[374]

Artículo 18.14 – Nombre corporativo

En cuanto al nombre de la corporación profesional, este Artículo obliga a incluir o excluir ciertas características en el nombre de la corporación, otras las hace opcionales. La característica mandatoria es que el nombre deberá contener una de las siguientes palabras o abreviaciones: "corporación profesional", "C.S.P.", "P.S.C", "C.P." o "P.C.".

En cuanto a las características que no pueden ser incluidas en el nombre, la LGC establece que no se podrá incluir el uso de la palabra "compañía", "incorporado", o "corporación" sin que esta palabra esté seguida inmediatamente por la palabra "profesional", o de cualquier otra palabra, abreviación o prefijo que indique que es una corporación profesional.

Finalmente, como característica opcional, el nombre corporativo podrá incluir una palabra o palabras que describan el servicio profesional que rendirá la corporación.

Para inscribir un nombre para una corporación profesional que cumpla con los requisitos de la LGC se deben seguir las siguientes reglas:

---

[372] Código de Comercio de Puerto Rico 1932, Artículo 101, 127 y 136
[373] Ley General de Corporaciones de 2009, Artículo 18.13 (a)
[374] Ley General de Corporaciones de 2009, Artículo 18.13 (b)

1. Debe contener una de las siguientes palabras: "corporación profesional", "C.S.P.", "P.S.C.", "C.P." o "P.C.".

2. Si en el nombre corporativo se va a utilizar la palabra "compañía", "incorporado", o "corporación" deberá estar seguida inmediatamente por la palabra "profesional" o de cualquier otra palabra, abreviación o prefijo de los mencionados en el inciso anterior.

3. Se podrán incluir en el nombre corporativo, palabras que describan el servicio profesional que se rendirá.

4. El nombre seleccionado debe ser distinguible de alguno prescrito o reservado en el Departamento de Estado.

5. Puede solicitarse la reserva de nombre bajo el Artículo 1.02 por ciento veinte (120) días.

En *Colegio de Ingenieros y Agrimensores de Puerto Rico v. AAA*,[375] el Tribunal Supremo de Puerto Rico resolvió que una corporación no profesional, la cual tiene permiso para realizar negocios en la isla, pero no está autorizada a practicar la ingeniería en la isla incurre en conducta ilegal si utiliza en su nombre cualquier título o frase que pueda dar la impresión de que una persona no colegiada está autorizada para practicar las referidas profesiones.

Artículo 18.15 – Aplicabilidad de esta ley; consolidación o fusión de corporaciones; informe anual

Este Artículo recoge dos aspectos fundamentales de una corporación profesional, estos son: (1) consolidación y fusión de corporaciones; e (2) informes anuales. Además establece que al Artículo 15.01[376] y 17.01[377] de la LGC aplican a la corporación profesional.

En cuanto a la consolidación y fusión, además de ser aplicables algunas de las disposiciones del Capítulo X de la LGC,[378] este Artículo

---

[375] *Colegio de Ingenieros y Agrimensores de Puerto Rico v. AAA*, supra

[376] Ley General de Corporaciones de 2009, Artículo 15.01 – Corporaciones domésticas; informes anuales; libros y otros documentos en Puerto Rico

[377] Ley General de Corporaciones de 2009, Artículo 17.01 – Derechos Pagaderos

[378] Véase discusión de los mismos en el Capítulo 10 del texto.

impone restricciones a las corporaciones profesionales al momento de fusionarse o consolidarse. Una corporación organizada bajo este capítulo podrá consolidarse o fusionarse sólo con: (1) otra corporación profesional organizada bajo este capítulo; y (2) que este autorizada para rendir los mismos servicios profesionales.

Se prohíbe de forma absoluta que una corporación de servicios profesionales organizada bajo este capítulo se fusione o consolide con cualquier corporación foránea.

Las corporaciones profesionales deberán rendir su informe anual sujeto al contenido y requisitos exigidos en el Artículo 15.01 de la LGC en o antes del 15 de abril de cada año. Además en el mismo se certificará que sus accionistas, directores y oficiales están debidamente licenciados, certificados, registrados o de otra manera, autorizados legalmente en esta jurisdicción para rendir el mismo servicio profesional que la corporación presta.

Finalmente, la corporación profesional deberá cumplir con el pago de los derechos correspondientes al momento de presentar al Departamento de Estado: el Certificado de Incorporación original, Certificado de Incorporación enmendado, certificado de consolidación o fusión, entre otros, según consignado en el artículo 17.01 de la LGC.

Artículo 18.16 – Conversión a una corporación no profesional

Cónsono con la definición de corporación profesional, este Artículo establece que cuando todos los accionistas, de la corporación profesional dejen de estar debidamente licenciados y/o autorizados a ejercer la profesión para la cual se organizó la corporación, ésta será tratada desde ese momento como si se hubiera convertido en una corporación no profesional, por lo cual deberá comportarse como tal.

Artículo 18.17 – Interpretación del Capítulo

Por este Capítulo de la LGC no se revoca, modifica o restringe las disposiciones de las leyes pertinentes a la venta de valores, o como que regula las diversas profesiones mencionadas en este capítulo, salvo en la medida en que conflijan con este Capítulo.

Artículo 18.18 – Accionistas de una corporación profesional

Finalmente, este Artículo establece, que los accionistas de una corporación profesional serán considerados como socios industriales de una sociedad constituida, mediante escritura pública, para todos los propósitos de la Ley Núm. 45 de 18 de abril de 1935.

Capítulo XIX. Compañías de Responsabilidad Limitada

Introducción

Las compañías de responsabilidad limitada ("CRL" o "LLC" por sus siglas en inglés) son unas de las formas o alternativas de hacer negocios en Puerto Rico. Dichas entidades representan una opción híbrida o intermedia entre la corporación y la sociedad civil ya que comparten características de ambas. Por ejemplo, gozan de responsabilidad limitada al igual que una corporación y sus intereses son transferibles, aunque con ciertas particularidades, y pueden ostentar de una dirección centralizada de así desearlo. Sin embargo, en cuanto a la flexibilidad organizacional de la cual caracterizan se asimilan más a la figura de la sociedad. No tienen que celebrar reuniones de accionistas ni tampoco tienen que radicar informes anuales con el Departamento de Estado. Es por dichas características que las CRL se han convertido en el vehículo legal favorito de aquellas personas que buscan una personalidad jurídica separada para la consecución de un negocio comercial.

Aunque se introdujeron en Puerto Rico en el año 2004, las CRL vienen existiendo en el ordenamiento jurídico norteamericano desde la década de los 70 como resultado del ingenio de un grupo de asesores corporativos cuando orientaban a una compañía petrolera que quería tener la responsabilidad limitada de una corporación pero a la vez quería el tratamiento contributivo del cual gozaban las sociedades para propósitos federales.[379]

Sin embargo, es menester destacar que aunque gozan de atributos de ambas figuras, siguen siendo una entidad distinta a ambas las cuales no necesariamente vinieron a sustituirlas, como señaló el Tribunal de Apelaciones de Puerto Rico en *Pharmatek, Inc. v. Nevárez & Villavicencio Construction,*[380] y *Asociación de Residentes Fuentes del*

---

[379] Véase Susan Pace Hamill, *The Origins Behind The Limited Liability Company*, 59 Ohio St. L.J. 1459, 1461 (1998)

[380] *Pharmatek, Inc. v. Nevárez & Villavicencio Construction*, 2010 WL 4673979, TCA, 25 de junio de 2010 (CASO NÚM.: DAC2008–2672KLAN201000687)

Condado y del Valle, Inc. v. JM Ventura Enterprises,[381]. En ambos casos, el Tribunal señaló, a nuestro juicio erróneamente, que por virtud de la LGC del 2009, las sociedades de responsabilidad limitada fueron sustituidas por las compañías de responsabilidad limitada.

Trasfondo Histórico

La figura de la CRL fue el producto de un grupo de contadores y abogados que comprometidos con los mejores intereses de su cliente convencieron a la legislatura del estado de Wyoming a aprobar legislación para permitir su organización. [382] Se trataba de Hamilton Brothers Oil Company, una compañía petrolera que realizaba negocios a través de distintas entidades incluyendo unas sociedades de responsabilidad limitada (SRL) de Panamá que gozaban de responsabilidad limitada pero que para propósitos contributivos a nivel federal tributaban como sociedades.[383]

No obstante, la incertidumbre de cómo se respetaría la responsabilidad limitada de la SRL panameña motivó a que buscaran las mismas características de la SRL pero a través de una entidad organizada en los Estados Unidos De ahí los asesores de la compañía conceptualizaron la CRL y comenzaron a busca un estado amigable que aprobase una legislación que permitiese su creación. Trataron dos veces en Alaska (1974 y 1976) pero por presiones políticas los esfuerzos resultaron infructuosos.[384] Sin embargo, el estado de Wyoming acogió la propuesta en 1977 y en ese año se aprobó una legislación de "special interest" para dicha compañía petrolera.[385]

Inmediatamente se levantó la interrogante de sí se iba a tratar como una Sociedad o una corporación para los efectos contributivos y del Servicio De Rentas Internas Federal (IRS). En 1988, el IRS publicó el *Revenue Ruling 88-76*, en el cual clasificó la CRL de Wyoming como una sociedad para efectos de contribuciones federales. Consecuentemente, la CRL comenzó a ser una alternativa a considerarse. Naturalmente,

---

[381] *Asociación de Residentes Fuentes del Condado y del Valle, Inc. v. JM Ventura Enterprises,* 2010 WL 3282596, TCA, 24 de febrero de 2010 (CASO NÚM.: DDP1998–1283 (701) KLCE2009001698)
[382] Susan Pace Hamill, supra
[383] *Id.* 1463
[384] *Id.* 1465
[385] *Id.*

Wyoming comenzó a beneficiarse por los derechos que se pagaban para crear las nuevas CRL lo que provocó que otros estados también comenzaran a considerar aprobar un estatuto similar. Florida aprueba su propia ley de CRL y en 1992 Delaware adopta su propia ley y ya para el 1996 las CRL eran permitidas en casi todos los estados de los Estados Unidos.

Desarrollo en Puerto Rico

Inicialmente, nuestro ordenamiento jurídico no permitía la organización de una CRL ni tampoco reconocía la existencia de una CRL organizada bajo las leyes de una jurisdicción foránea. Por tanto, existía cierta incertidumbre en cuanto a la responsabilidad limitada de los miembros (o dueños) de una CRL con respecto a las obligaciones y deudas de dicha entidad.

El Departamento de Estado de Puerto Rico no aceptaba la inscripción de una CRL doméstica ni tampoco permitía el registro de una CRL de los Estados Unidos. La alternativa a la inscripción en el Departamento de Estado era el Registro Mercantil creado por el Código de Comercio de Puerto Rico. La Ley Núm. 487 del 23 de septiembre de 2004 enmendó la Ley General de Corporaciones del 1995, con el propósito de añadir los nuevos Capítulo XIX, XX, y XXI que dispondrán sobre la creación y las normas aplicables a las compañías de responsabilidad limitada. Es desde entonces que la CRL es reconocida en nuestra jurisdicción.

Cuando se deroga la Ley General de Corporaciones del 1995 y se aprueba la Ley Núm. 164 de 16 de diciembre de 2009, el esquema aprobado en el 2004 se mantuvo como parte de la nueva Ley de Corporaciones. Por tanto, aunque la CRL es una figura distinta e independiente de la corporación, se rige por las disposiciones de la Ley General de Corporaciones de Puerto Rico dado que no existe en Puerto Rico un estatuto independiente como es el caso en Delaware, de donde procede nuestra legislación corporativa.

En vista de que nuestro estatuto proviene de la Ley de CRL del Estado Delaware y que la jurisprudencia puertorriqueña sobre las CRL es prácticamente inexistente, nos vemos obligados a recurrir a la jurisprudencia persuasiva del Estado de Delaware para dilucidar cualquier controversia en cuanto a las disposiciones de nuestra ley. Tal ejercicio de extrapolación encuentra su razón de ser en la exposición de Motivos de

Ley Núm. 164 de 16 de diciembre de 2009, según enmendada, y en lo resuelto por nuestra máxima curia en *D.A.C.O. v. Alturas de Florida Development Corp.*,[386] al señalar que la jurisprudencia de Delaware y de otros estados interpretando la misma tiene gran valor ilustrativo y persuasivo en nuestra jurisdicción.

Atributos Básicos

Una CRL goza esencialmente de los mismos atributos básicos que una corporación aunque con ciertas diferencias, específicamente las siguientes:

- Personalidad jurídica separada - la CRL debidamente organizada es una entidad separada de sus dueños o miembros al igual que una corporación lo es con relación a sus accionistas.

- Responsabilidad limitada - los dueños de una CRL no serán responsables, al igual que los accionistas en una corporación, por las deudas y obligaciones de la CRL.

- Gobierno centralizado delegado – como regla general, la CRL será administrada por sus miembros o dueños como sucede en el caso de las sociedades; sin embargo, los miembros podrán delegar la administración de la CRL a un administrador, que puede ser o no miembro de la CRL, o a cualquier otro cuerpo rector siempre y cuando así se determine en el Contrato de Administración de la CRL.

- Libre transferencia de intereses – como regla general, los intereses o participaciones de un miembro en una CRL podrán transferirse libremente a cualquier tercero; sin embargo, dicho tercero no podrá convertirse en Miembro hasta tanto los miembros restantes consientan a su admisión. Hasta tanto y en cuanto sea admitido como Miembro de la CRL, éste solo tendrá derecho a recibir las distribuciones a las cuales el miembro tenía derecho pero no podrá participar en la administración de la CRL ya que esto solo le corresponde a los miembros.

- Existencia perpetua – al igual que una corporación una CRL puede existir a perpetuidad o por tiempo definido. En caso de no limitar

[386] *D.A.C.O. v. Alturas de Florida Development Corp.*, supra

su existencia en el Certificado de Organización, se presumirá que dicha CRL tendrá existencia perpetua.

Artículo 19.01 – Definiciones

Toda CRL es regulada por las disposiciones aplicables de la LGC. No obstante, una CRL no es una corporación y por ende al referirnos a dicha entidad debemos utilizar la terminología correspondiente. El Artículo 19.01 de la LGC define los términos más transcendentales de una CRL y los cuales a través de los Capítulos XIX, XX y XXI de la LGC, incluyen los siguientes:

1. Certificado de Organización- se refiere al certificado mediante el cual se crea una CRL.[387] También se conoce como Artículos de Organización o Certificado de Formación.
2. Contrato de CRL – se refiere aquel contrato escrito adoptado por los miembros de una CRL para regular los asuntos internos y disponer para la administración de la entidad. [388] Este contrato será válido aun cuando la compañía tenga un solo miembro, y el mismo podrá proveer derechos a cualquier persona, incluyendo una persona que no sea parte del contrato. [389] En términos sencillos, este contrato equivale al contrato de administración de una sociedad y a los estatutos corporativos y acuerdo entre accionistas de una corporación. También se le conoce como Contrato de Operación o Contrato de Administración. En cuanto a este contrato, distinto a como ocurre en Delaware, de donde proviene nuestro estatuto, en Puerto Rico el contrato tiene que constar por escrito. No puede ser un contrato verbal. Dicho contrato representa la formalidad principal con la cual debe cumplir una CRL en adición a su Certificado de Organización.
3. Interés en una CRL- se refiere a la participación de un miembro en las ganancias y pérdidas en la entidad y a los

[387] Ley General de Corporaciones de 2009, Artículo 19.01 (c)
[388] Ley General de Corporaciones de 2009, Artículo 19.01 (g)
[389] *Id.*

derechos de un miembro a recibir distribuciones de los activos de una CRL.[390]

4. Miembro- se refiere a la persona que ha sido admitida como miembro a la CRL, según dispuesto en el Artículo 19.18 de la LGC, o en el caso de CRL foráneas, de acuerdo con las leyes del estado, país o jurisdicción foránea bajo la cual se organizó. Es decir, el miembro de una CRL es el dueño de la misma. Es el término análogo a "accionista" para el caso de las corporaciones.[391]

5. Administrador- se refiere a aquella persona que ha sido nombrado administrador de una CRL en el contrato de la CRL, o designado como tal de acuerdo con dicho contrato u otro documento bajo el cual la CRL se organice.[392]

Artículo 19.02 – Nombre según el certificado

El nombre de una CRL deberá distinguirse de todas las entidades registradas en el Departamento de Estado irrespectivamente si se trata de una sociedad, sociedad de responsabilidad limitada, fideicomiso, o corporaciones domésticas o foráneas. Al igual que como sucede para las corporaciones, se puede reservar el nombre de una CRL a organizarse por un tiempo que no puede exceder los 120 días. Asimismo, el nombre corporativo deberá incluir uno de los siguientes términos "Compañía de responsabilidad limitada"; "Limited Liability Company"; la abreviatura "C.R.L." o "L.L.C.".

Artículo 19.03 – Reserva de nombre

Al igual que sucede para las corporaciones, se puede reservar el nombre de una CRL a organizarse por un tiempo que no puede exceder los ciento veinte (120) días, conforme a lo dispuesto en el Artículo 1.02 de la LGC. Actualmente, dicho procedimiento se realiza con el Departamento de Estado a través de su portal electrónico y la reserva de dicho nombre tendrá una duración de ciento veinte (120) días.

---

[390] Ley General de Corporaciones de 2009, Artículo 19.01 (j)
[391] Ley General de Corporaciones de 2009, Artículo 19.01 (k)
[392] Ley General de Corporaciones de 2009, Artículo 19.01 (a)

Artículo 19.04 – Oficina registrada y agente residente

Toda CRL tiene que tener una oficina registrada y agente residente en Puerto Rico para recibir emplazamientos y demás documentos legales. La información sobre dicha oficina registrada y agente residente tiene que incluirse en el Certificado de Organización al igual que sucede con el Certificado de Incorporación de una corporación regular. Similarmente, se puede cambiar la oficina registrada y/o el agente residente siguiente el procedimiento señalado para las corporaciones. Cabe destacar que contrario a lo que sucede regularmente en la práctica, las direcciones de la oficina registrada tienen que coincidir con las direcciones del agente residente. No así con las direcciones de la oficina principal de negocios o cualquier otra oficina comercial. En caso de querer cambiar las direcciones de la oficina registrada o el agente residente, tal cambio deberá ser debidamente aprobado por el organismo rector de la CRL y los Miembros. Luego de tal aprobación, tal cambio deberá ser debidamente notificado al Departamento de Estado conforme a la reglamentación que adopte dicha agencia.

Artículo 19.05 – Emplazamientos

Los emplazamientos de una CRL se harán conforme lo que se dispone para las corporaciones en el Capítulo XII de la LGC. Consecuentemente, de conformidad con el Artículo 12.01 el emplazamiento de una CRL se diligencia: (i) entregando personalmente copia a (a) cualquier oficial o director (administrador), o (b) agente inscrito; o (ii) dejando copia en (x) el domicilio o residencia habitual de cualquier oficial, director o agente inscrito (si el agente inscrito es un individuo); o (y) la oficina registrada u otra sede de negocios de la corporación en Puerto Rico.

Artículo 19.06 – Naturaleza de los negocios permitidos; poderes

Inciso A

Una CRL podrá establecerse para la realización o promoción de cualquier negocio o propósito lícito, con o sin fines de lucro, excepto los proscritos por la Constitución y las leyes del Estado Libre Asociado. Por ende, las CRL están sujetos a las mismas limitaciones legales y constitucionales que una corporación.

De conformidad con lo anterior, se deberá señalar en el Certificado de Organización si la entidad podrá dedicarse a una actividad con fines pecuniarios o no. De optar por realizar una actividad con fines no pecuniarios, la entidad no podrá distribuir parte alguna de sus ganancias a los Miembros o dueños de la entidad. En dicho caso, al igual que en las corporaciones sin fines de lucro, la CRL sin fines de lucro podrá solicitar del Departamento de Hacienda y el Servicio de Rentas Internas Federal (IRS) una exención de contribución sobre ingresos porque de lo contrario tendría que tributar sobre sus ingresos. Con la exención no solo estará exenta del pago de contribuciones sobre ingresos, sino que también aquellas personas que donen a la CRL sin fines de lucro podrán deducir las donaciones hechas a la CRL para propósitos de su responsabilidad contributiva. De esta manera se incentiva las donaciones a las CRL y aumenta los ingresos de la CRL sin fines para que ésta pueda cumplir con sus propósitos particulares, según expuestos en su Certificado de Organización.

De acuerdo este Artículo 19.06 (A), las CRL también se pueden organizar para rendir servicios profesionales, sujeto a los requisitos de licencia y alcance de la responsabilidad profesional aplicable. En esencia, nos dice la LGC que una CRL podrá rendir los servicios enumerados en los Artículos 18.01 y 18.02 de la LGC, sujeto a las limitaciones de los Artículos 18.05 y 18.06. Por tanto, por referencia le aplican las disposiciones y regulaciones incluidas en la LGC para las corporaciones profesionales.

Como principio fundamental, aquellas CRL que se organicen para prestar un servicio profesional tienen que prestar un solo servicio profesional y más ningún otro negocio. Entiéndase por servicio profesional, aquellos servicios prestados por personas que necesitan una licencia o autorización del Estado para poder realizar dicha actividad.[393] Entre éstos se encuentran los Arquitectos, Contadores Públicos Certificados, Podiatras, Quiroprácticos, Dentistas, Doctores en Medicina, Optómetras, Osteópatas, Ingenieros Profesionales, Veterinarios y Abogados.[394]

De acuerdo con el Artículo 18.05, solo profesionales debidamente licenciados podrán prestar los servicios. Por tanto, los oficiales, empleados

[393] Ley General de Corporaciones de Puerto Rico 2009, Artículo 18.01
[394] Ley General de Corporaciones de Puerto Rico 2009, Artículo 18.02

y agentes deberán tener licencia en el mismo servicio profesional. Solo se exceptúa del requisito de licencia, aquellas personas realizando funciones clericales y aquellos practicantes que están siendo supervisados por un profesional debidamente licenciado quien responderá de las actuaciones de dicho practicante.

Es menester destacar que el hecho que unos profesionales se organicen como una CRL para prestar sus servicios, en nada modifica el estado de derecho vigente en torno a la relación profesional y a la responsabilidad legal correspondiente entre la persona que provee el servicio y la persona que los recibe. Tampoco restringe en forma alguna las normas de conducta profesional aplicables a la profesión en particular. Es por eso, que al igual que en el caso de las corporaciones profesionales, se señala que la responsabilidad profesional sigue siendo plena para quien presta el servicio. La CRL debidamente organizada proveerá responsabilidad limitada a los Miembros de la CRL exclusivamente en aquellos asuntos no relacionados a la práctica profesional o sobre los cuales no hubo supervisión o participación.[395] Por tanto, en virtud de lo anterior y distinto a como fue bajo la Ley de Corporaciones anterior cuando no resultaba claro, hoy en día un individuo o grupo de individuos pueden organizarse como una CRL para rendir un mismo servicio profesional al público igual que en una corporación profesional.

Artículo 19.07 – Préstamos a un miembro o administrador

Similar a como sucede con las corporaciones, y sujeto a lo que disponga el Contrato de la CRL, cualquier miembro o administrador de una CRL podrá realizar préstamos a la entidad u obtener préstamos de la misma. Asimismo, podrá cualquier miembro o administrador actuar como fiador, garante o endosante de la CRL. También podrá garantizar o asumir una o más obligaciones de la CRL, proveer colateral para algún negocio de la entidad, y ejecutar cualquier otro negocio con cualquier compañía de responsabilidad limitada. En cualquiera de tales casos, y sujeto a otras leyes aplicables, tal miembro o administrador tendrá los mismos derechos y obligaciones en cuanto a cualquiera de dichos asuntos al igual que una persona que no es miembro o administrador.

[395] Ley General de Corporaciones de Puerto Rico 2009, Artículo 18.06

Artículo 19.08 – Indemnización

Sujeto a lo dispuesto en el Art. 4.08 de la LGC, y de acuerdo a las normas y restricciones establecidas en el contrato de administración, una CRL podrá, y tendrá la autoridad para, indemnizar y relevar de toda responsabilidad civil a cualquier miembro o administrador u otra persona, de y contra todas y cualesquiera reclamaciones y demandas de cualquier índole. La indemnización puede fijarse por el organismo rector de la CRL, por asesores legales independientes, o mediante opiniones por escrito o por los Miembros. Asimismo, podrá la CRL pagar por adelantado aquellos gastos necesarios del miembro o administrador siempre y cuando se obtenga previamente un compromiso de pago de parte del miembro o administrador en caso de este no prevalecer. En todo momento, deberá el miembro o administrador actuar de buena fe y razonablemente cónsono con los mejores intereses de la CRL.

Artículo 19.09 – Emplazamiento a administradores y administradores judiciales

De acuerdo con la LGC, para propósitos del emplazamiento a administradores y administradores judiciales de una CRL, se seguirá el procedimiento dispuesto para las corporaciones en el Capítulo XII de la LGC.

Artículo 19.10 – Asuntos disputados relacionados con los administradores; votos disputados

Inciso A

Similar a como sucede en el caso de las corporaciones, el Tribunal de Primera Instancia tendrá jurisdicción para dilucidar la validez de una admisión, elección, nombramiento, destitución o renuncia de un administrador, y el derecho de cualquier persona a convertirse en o seguir siendo un administrador de una CRL. A tales efectos, el Tribunal tendrá facultar para emitir cualquier orden que sea justa y apropiada incluyendo la producción de documentos, según sea necesario para el caso en cuestión. Asimismo, podrá el Tribunal interpretar el resultado de cualquier votación de los miembros o administradores sobre asuntos de la CRL.

En cualquier solicitud de orden bajo este Artículo, se deberá incluir toda parte indispensable incluyendo la propia entidad. De tratarse de un asunto donde se tiene que determinar la validez de una admisión, elección, nombramiento, destitución o renuncia de un administrador, el emplazamiento del agente residente de la CRL, con copia de la solicitud, se considerará como el emplazamiento a la CRL y a la persona o personas cuyo derecho a servir como administrador está en disputa y sobre la persona o personas, si algunas, que reclaman ser un administrador o reclaman el derecho a ser un administrador. El agente residente deberá remitir copia de la solicitud a tales personas. Por otro lado, de tratarse de una votación de los miembros, el emplazamiento del agente residente de la CRL con copia de la solicitud se considerará como el emplazamiento a la CRL, y no será necesario traer a otras partes para que el Tribunal pueda adjudicar el resultado de la votación. El Tribunal podrá emitir aquellas órdenes adicionales u otras notificaciones de dicha solicitud como estime apropiado ante las circunstancias.

No obstante lo anterior, en nada se afecta el derecho a emplazar de cualquier otra forma dispuesta por ley, actualmente o en el futuro. El Artículo 19.10 es una extensión de y no una limitación al derecho que de otro modo existe de emplazar legalmente a los no residentes.

Artículo 19.11 – Interpretación de y cumplimiento con el contrato

Toda acción para interpretar, aplicar o hacer cumplir las disposiciones de un contrato de CRL o los deberes, obligaciones o responsabilidades de una CRL a los miembros o administradores de la CRL podrán presentarse en el Tribunal de Primera Instancia.

Artículo 19.12 – Certificado de Organización

De acuerdo con la LGC, una o más personas autorizadas podrán otorgar y radicar un Certificado de Organización para crear una CRL. Vemos de lo anterior que igual como sucede en el caso de las corporaciones, una sola persona puede crear una CRL para la consecución de sus negocios comerciales. Contrario a las sociedades que por disposición legal, necesitan por lo menos dos o más personas para crear tal entidad.

Cuando la LGC menciona personas autorizadas, se refieren a individuos o entidades autorizadas para realizar la gestión de organizar la nueva entidad y para administrar los asuntos iniciales. Esencialmente, se tratan de las mismas funciones que realiza el incorporador para una corporación. En vista de tales funciones, es necesario incluir la información de dichas personas autorizadas en el Certificado de Organización. Actualmente, tanto el formulario que provee el Departamento de Estado para crear una CRL como el sistema en línea requieren que se incluya la información de contacto de la persona autorizada.

De acuerdo con este Artículo 19.12. de la LGC, el otorgamiento, certificación, radicación y registro del Certificado de Organización, al igual que su enmienda, cancelación, reafirmación y el restablecimiento de la personalidad jurídica de una CRL se hará conforme a los términos y requisitos establecidos en el Artículo 1.03 de la LGC.

De acuerdo con este Artículo 19.12 LGC, toda enmienda al Certificado de Organización se regirá conforme el Capítulo VIII de la LGC que establece el procedimiento a seguir cuando se desea enmendar el Certificado de Incorporación de una corporación. En virtud de ello, el certificado puede ser enmendado en cualquier momento. Es decir, cualquiera de sus cláusulas es susceptible de enmienda, excepto las que tiene que ver con datos históricos como por ejemplo sería el nombre e información de la persona autorizada a organizar la identidad.

Igual como sucede con las corporaciones, el método a seguir para enmendar el Certificado de Organización dependerá del momento en que se haga la enmienda; particularmente, si se ha recibido aportación de capital. En caso de que no se haya recibo aportación, una mayoría de los organizadores puede adoptar la enmienda si los administradores no han sido designados en el certificado. Si los administradores fueron designados o ya se eligieron, la mayoría de ellos podrán adoptar la enmienda.

Una vez es registrado por el Departamento de Estado el certificado de enmienda se considerará enmendado desde la fecha que entró en vigor el certificado original, excepto en lo que respecta a las personas a quienes la enmienda afecte sustancial y adversamente respecto a las cuales la vigencia es desde la radicación de la misma.

De conformidad con el Capítulo VIII, se puede enmendar (i) el nombre de la CRL; (ii) la naturaleza de los negocios o las facultades y propósitos (con o sin fines); (iii) la localización de la oficina registrada así como la persona que funge como agente residente; (iv) la estructura de capital (si fuese incluida ya que en el caso de las CRL la ley no lo exige); (v) las denominaciones, preferencias o derechos relativos, de participación, opcionales u otros derechos especiales de los intereses, las condiciones, limitaciones o restricciones de tales derechos; (vi) el término de vigencia; y (vii) cualquier otra información que se haya incluido originalmente en el Certificado de Organización.

Artículo 19.13 – Fusión o consolidación

La fusión o consolidación de la CRL con otra entidad comercial doméstica o foránea, se hará conforme al procedimiento dispuesto para corporaciones en el Capítulo X de la LGC. Por tanto, de conformidad con dicho Capítulo, dos o más CRL, constituidas al amparo de las leyes del Estado Libre Asociado, podrán fusionarse en una sola CRL, la cual podrá ser cualquiera de las CRL constituyentes, o podrán consolidarse en una nueva CRL, tal como se estipule en el acuerdo de fusión o consolidación. Asimismo, cualquier CRL creada bajo las leyes de Puerto Rico podrá fusionarse con (i) una CRL foránea; (ii) una corporación, doméstica o foránea; (iii) en una relación matriz y subsidiaria; (iv) una sociedad, doméstica o foránea; y (v) cualquier otra entidad, doméstica o foránea que permita dicha fusión o consolidación.

Como regla general, al igual que en el caso de las corporaciones, el proceso comenzará con la aprobación del Organismo Rector (e.g., Junta de Directores, Junta de Administradores, Administrador, etc.) de una resolución aprobando el acuerdo de fusión o consolidación y exponiendo la conveniencia del acuerdo relacionado a dicha transacción. Luego de ello, dicha resolución deber ser ratificada por parte de los Miembros. El Acuerdo o Certificado de Fusión o Consolidación, según aplicable, deberá radicarse en el Departamento de Estado de conformidad con el Artículo 1.03 de la LGC.

A partir de la radicación y registro del Certificado de Fusión o Consolidación en el Departamento de Estado de Puerto Rico, desaparecen las personalidades jurídicas de aquellas CRL que son absorbidas en una fusión o consolidación. En el caso de la consolidación, todas las constituyentes desaparecen y nace una nueva CRL, pero en el caso de una fusión, una de las entidades sobrevive absorbiendo todas las otras entidades.

En el caso de las fusiones o consolidaciones, es importante destacar lo enunciado en *Grace v. Ashbridge, CRL,*[396] En dicho caso, se determinó que el Contrato de Administración de la CRL resultante de una fusión deberá contener aquellas disposiciones en cuanto a la autorización para asumir asuntos de las compañías predecesoras. En ausencia de esta cláusula, la evaluación del contrato de administración se hará siguiendo los principios de interpretación de contratos.

Artículo 19.14 – Naturalización de entidades no-estadounidenses

Inciso A

De acuerdo con el Artículo 19.14 de la LGC toda entidad extranjera no-estadounidense podrá naturalizarse como una CRL doméstica Se entiende por *entidad no-estadounidense* una CRL foránea (que no sea una formada bajo las leyes de un Estado) o una corporación, fideicomiso comercial o asociación, un fideicomiso de inversión de bienes raíces, o algún otro negocio no incorporado, incluyendo una sociedad (ya sea general, incluyendo una sociedad de responsabilidad limitada) o limitada (incluyendo una sociedad limitada de responsabilidad limitada) formada, incorporada, creada o que de otro modo surgió a tenor con las leyes de un país extranjero u otra jurisdicción extranjera (que no sea un estado de los Estados Unidos).[397] Para ello deberá radicar ante el Secretario de Estado los siguientes documentos:[398]

1. Certificado de Naturalización; y

2. Certificado de Organización

Antes de radicarse dichos documentos, se aprobarán conforme el documento que rige los asuntos internos (e.g., contrato de sociedad, escritura o declaración de fideicomiso, estatutos corporativos, etc.). Asimismo, se deberá adoptar un contrato de CRL el cual regirá la nueva entidad naturalizada.

---

[396] *Grace v. Ashbridge, CRL,* 2013 Del. Ch. LEXIS 315 (2013), C.A. No. 8348-VCN (Del. 2013)
[397] Ley General de Corporaciones de 2009, Artículo 19.14 (A)
[398] Ley General de Corporaciones de 2009, Artículo 19.14 (B)

Inciso C

El certificado de naturalización de la CRL indicará:

1. La fecha y jurisdicción donde la entidad no-estadounidense se formó;

2. Nombre de la entidad no-estadounidense antes de la naturalización;

3. Nombre de la CRL , según su nuevo Certificado de Organización;

4. Fecha de Efectividad; y

5. La jurisdicción que constituyó la sede de la entidad no-estadounidense antes de radicar el certificado de naturalización.

Inciso D

Una vez efectiva, la entidad no-estadounidense será naturalizada como una CRL en Puerto Rico y estará sujeta a todas las disposiciones de la LGC como si se hubiese organizado originalmente en Puerto Rico. Se entenderá que la existencia de la CRL comenzó en la fecha en que la entidad no-estadounidense comenzó su existencia en su jurisdicción original y no cuando la misma fue naturalizada conforme las disposiciones de la LGC.

Incisos E, F, G, H, I y J

Efectos de Naturalización:

1. No afecta las obligaciones o responsabilidades incurridas con anterioridad a su naturalización, o la responsabilidad personal de cualquier persona relacionada.

2. Todo seguirá siendo propiedad de la CRL.

3. Título no se afectará ni se revertirá.

4. Los derechos y obligaciones no sufren cambio alguno y sólo requiere notificar a terceros.

5. Acreedores podrán hacer valer sus derechos hasta el mismo punto como si la CRL hubiese incurrido originalmente en las deudas u obligaciones.

6. No se interpreta como una transferencia de activos y pasivos para propósito legal.

7. Salvo pacto al contrario, no se considera como disolución por lo que no es necesario liquidar asuntos.

8. Los derechos o valores podrán intercambiarse.

Artículo 19.15 – Transferencia o continuación

Inciso A

Mientras que los Artículos 19.14 y 19.16 permiten que entidades foráneas se naturalicen o conviertan, respectivamente, en CRL domésticas transfiriendo así su domicilio legal a Puerto Rico, el Artículo 19.15 de la LGC permite que toda CRL doméstica pueda transferirse a o naturalizarse en cualquier jurisdicción, que no sea un estado, siempre y cuando se permita la transferencia o naturalización en dicha jurisdicción y, con relación a ello, podrá elegir continuar su existencia como una CRL en Puerto Rico. En otras palabras, mientras que la naturalización y la conversión son cambios hacia Puerto Rico, la transferencia permitida por el Artículo 19.15 es desde Puerto Rico hacia una jurisdicción foránea.

Inciso B

Similarmente a como sucede con los otros procesos de transferencia de domicilio, este cambio de jurisdicción tiene que aprobarse por todos los Miembros y Administradores de la CRL doméstica. Para poder lograr dicha transferencia, se tiene que radicar en el Departamento de Estado un Certificado de Transferencia o de Transferencia y Continuación. Dicho certificado deberá indicar lo siguiente:

1. Nombre de la CRL;

2. Fecha de radicación de su Certificado de Organización original;

3. La jurisdicción a la cual la CRL ha de transferirse o naturalizarse;

4. Fecha de Efectividad;

5. Que la transferencia o continuación ha sido aprobada conforme el Art. 19.15 de la LGC;

6. En caso de transferencia, que la existencia de la CRL en PR cesará cuando sea efectivo el certificado, y que irrevocablemente nombra al Secretario de Estado como su agente para recibir emplazamientos;

7. La dirección a la cual el Secretario de Estado le enviará una copia del emplazamiento; y

8. En caso de transferencia y continuación, que la CRL seguirá existiendo como una CRL en PR después de la efectividad del certificado.

Inciso A, C, E, F y G

Efectos de Transferencia o Continuación:

1. No afecta las obligaciones o responsabilidades incurridas con anterioridad a su transferencia o continuación, o la responsabilidad personal de cualquier persona relacionada.

2. Todo seguirá siendo propiedad de la CRL.

3. Título no se afectará ni se revertirá.

4. Los derechos y obligaciones no sufren cambio alguno y sólo requiere notificar a terceros.

5. Acreedores podrán hacer valer sus derechos hasta el mismo punto como si la CRL hubiese incurrido originalmente en las deudas u obligaciones.

6. No se interpreta como una transferencia de activos y pasivos para propósito legal.

7. Salvo pacto al contrario, no se considera como disolución por lo que no es necesario liquidar asuntos.

Inciso H

El contrato de CRL puede disponer que una CRL no podrá transferir, naturalizar o continuar según este artículo.

Artículo 19.16 – Conversión de ciertas entidades

Inciso A, B, C, D, E, F, G y H

De acuerdo con el Artículo 19.16 de la LGC cualquier otra entidad podrá convertirse en una CRL doméstica. Se entiende por *otra entidad* una corporación doméstica o foránea, fideicomiso, fideicomiso comercial o asociación, un fideicomiso de inversión en bienes raíces o cualquier otro negocio no incorporado, incluyendo una sociedad (ya sea general, incluyendo una sociedad de responsabilidad limitada) o limitada (incluyendo una sociedad limitada de responsabilidad limitada) o una compañía de responsabilidad limitada foránea. Para lograr la conversion, se deberá radicar ante el Secretario de Estado los siguientes documentos:

1. Certificado de Conversión
2. Certificado de Organización

Antes de radicarse, se aprobará conforme el documento que rige los asuntos internos (e.g., contrato de sociedad, escritura o declaración de fideicomiso, estatutos corporativos, etc.) y se adoptará un contrato de CRL. El certificado de conversión de la CRL indicará:

1. La fecha y jurisdicción donde la otra entidad se formó;
2. Nombre de la otra entidad antes de la conversión;
3. Nombre de la CRL, según su nuevo Certificado de Organización; y
4. Fecha de Efectividad.

Una vez efectiva, la otra entidad será convertida en una CRL en Puerto Rico y estará sujeta a todas las disposiciones de la LGC. Se entenderá que la existencia de la CRL comenzó en la fecha en que la otra entidad comenzó su existencia y no cuando la misma fue convertida conforme las disposiciones de la LGC.

Efectos de Conversión:

1. No afecta las obligaciones o responsabilidades incurridas con anterioridad a su conversión, o la responsabilidad personal de cualquier persona relacionada.
2. Todo seguirá siendo propiedad de la CRL.
3. Título no se afectará ni se revertirá.
4. Los derechos y obligaciones no sufren cambio alguno y sólo requiere notificar a terceros.
5. Acreedores podrán hacer valer sus derechos hasta el mismo punto como si la CRL hubiese incurrido originalmente en las deudas u obligaciones.
6. No se interpreta como una transferencia de activos y pasivos para propósito legal.
7. Salvo pacto al contrario, no se considera como disolución por lo que no es necesario liquidar asuntos.

Artículo 19.17 – Clases de miembros, administradores o intereses en la compañía de responsabilidad limitada

Inciso A

De acuerdo con el Artículo 19.17, el contrato de una CRL podrá establecer diferentes clases de Miembros, administradores o intereses con derechos, poderes o responsabilidades separados con respecto a propiedades u obligaciones en específico de la CRL. Asimismo, se podrán establecer clases o grupos con distintos derechos con respecto a ganancias o pérdidas relacionadas con propiedades u obligaciones en específico y, hasta donde lo disponga el contrato, cualquiera de dichas clases podrá tener un propósito comercial u objetivo de inversión separado.

Inciso B, C y D

El contrato de la CRL podrá disponer para que una clase o grupo de miembro tenga ciertos derechos particulares con respecto a la participación económica (e.g., distribuciones, dividendos) o la administración (e.g. derecho al voto), los cuales no necesariamente se le reconocen a los demás miembros. Es decir, a través del contrato podemos crear distintas clases y discriminar entre ellas reconociéndoles unos derechos a unas y otras no. Asimismo, se podrá disponer para que un miembro o administrador acepte obligarse personalmente por alguna o todas las deudas y obligaciones de una o más clases.

Inciso F

En cuanto a la administración de una clase o grupo separado de miembros, la misma le corresponde a los miembros de dicha clase en proporción al porcentaje en vigor de los miembros y a menos que se disponga lo contrario en el contrato regirá la decisión por mayoría. Sin embargo, en caso que la administración de la clase o grupo se le haya encomendado a un administrador, entonces será la responsabilidad de éste.

Inciso G, H, I, J, K y M

Igual que sucede en el caso de las corporaciones, las CRL protegen generalmente a los dueños de reclamaciones en contra de la entidad. Pero los activos de la entidad no están protegidos contra reclamaciones y acreedores de la CRL, por lo que tales pueden alcanzar los activos de la entidad. Consecuente, en lugar de colocar todos los activos en una misma entidad, muchos practicantes suelen recomendar a sus clientes que crean múltiples CRL y colocar así un activo en cada CRL. Sin embargo, lo anterior solo funcionaría para clientes que poseen varios inmuebles o activos de negocios ya que el establecimiento y mantenimiento de varias CRL conllevaría gastos y costos adicionales. Como respuesta a lo anterior, la LGC provee un mecanismo creativo que son las CRL en Series o "*Series CRL*" como se conoce bajo la Ley General de Corporaciones de Delaware.

De conformidad con este Artículo 19.17 de la LGC, o la sección 18-215 de la Ley de Delaware, una sola CRL puede tener activos dentro de series separados o compartimientos, y en dicho caso un activo dentro de una clase estará protegido de las reclamaciones o responsabilidades que surjan de las otras series, siempre y cuando se mantengan, entre otros requisitos, libros y registros separados. De tal forma, se protegen los activos sin la necesidad de crear entidades nuevas.

En esencia, a través de este tipo de arreglo se organiza una CRL Principal con la oportunidad de crear sub-unidades (o series) separadas sin tener que radicar un certificado de organización adicional. Las Series son esencialmente CRL separadas que operan independiente de la Principal y de las otras series. El atractivo recae en la facilidad de crearlas y operarlas para poseer inversiones diferentes sin tener que incurrir en gastos o radicaciones adicionales. Para crear una serie adicional, solo se requiere un Contrato separado para cada CRL y revisar el Contrato de la Principal para confirmar que todos los mecanismos internos están armonizados.

Una CRL en Serie se distingue porque ofrece los siguientes beneficios:

1. Costo total de organización es menor ya que se tienen que pagar los derechos de una sola CRL, sin importar la cantidad de series

2. Cada Unidad o Serie tiene sus propios dueños o Miembros y puede ser administrada separadamente de la Principal y las demás unidades o series realizar otros tipos de negocios junto a otros distintos Miembros;

3. Como cualquier otra CRL, los dueños o Miembros no son responsables económicamente de las deudas y obligaciones de la CRL;

4. Una unidad puede realizar parte del negocio de una CRL Principal o puede realizar un negocio diferente;

5. Los Miembros de cada unidad son tratados de acuerdo a las leyes de la jurisdicción donde se formó la CRL Principal como que son dueños de intereses en sólo esa unidad, y no tienen derechos como Miembros en otra unidad o en los activos o ingresos de otra unidad;

6. Cada Unidad o Serie es responsable exclusivamente por sus deudas y obligaciones;

7. Como norma general, los acreedores de una unidad o serie sólo pueden reclamar en contra de los activos de esa unidad.

8. Por su diseño representa una excelente estrategia de protección de activos ya que los activos de una serie están a salvo de las sentencias en contra de otras, aunque en un quiebra federal esta protección puede desaparecer

9. Ofrece versatilidad ya que permite la variación de propósitos comerciales dentro de la misma CRL, y esta estructura pudiese ser bien útil para proteger inmuebles e intangibles

Entre los requisitos de una CRL en Series, se encuentran los siguientes:

1. Crear en el Contrato las distintas Series;

2. Incluir en el certificado de organización y contrato de la CRL, una notificación sobre el límite de obligaciones de una serie en cuanto a las otras (en el caso de una CRL foránea que esté solicitando autorización lo deberá incluir en su solicitud de registro);

3. Mantener libros y registros separados para cada serie;

4. Cada serie tiene que poseer y contabilizar sus propios activos y pasivos.

Sub-Capítulo I. Miembros

Artículo 19.18 – Admisión de miembros

Inciso A

Cuando hablamos de los Miembros de una CRL, nos referimos a sus dueños. La LGC nos detalla cuando una persona se convierte en dueño (i.e., Miembro) de la CRL. Específicamente, cuando la admisión del Miembro es al comienzo de la vida jurídica de la CRL, tal persona es admitida como miembro al ocurrir lo último de:

1. La creación de la entidad según evidenciado por el Certificado de Registro debidamente emitido por el Departamento de Estado, o

2. La fecha dispuesta y en cumplimiento con el contrato de la CRL. Ahora bien, en el caso de que el contrato no contenga disposición alguna a tales efectos, una persona se considera

admitida como Miembro de la CRL al momento en que los records de la CRL reflejan la admisión de dicha persona.[399]

Luego de la creación de la CRL, se podrán admitir Miembros adicionales de la siguiente manera:

1. En el caso de que una persona que no es cesionario de un interés en la CRL, mediante el consentimiento de todos los miembros y cuando la admisión del miembro se refleje en los records.

2. En el caso de un cesionario de un interés, al momento en que la admisión de dicho miembro se refleje en los records.[400]

Es menester destacar que contrario a como sucede en el caso de las corporaciones, una persona puede ser admitida como Miembro y podrá recibir un interés en una CRL sin realizar aportación alguna o estar obligado a hacerlo. [401]Asimismo, una persona podrá ser Miembro de una CRL sin tener que adquirir un interés en la CRL.[402] Por último, una persona puede ser admitida como el único Miembro de la CRL sin realizar aportación o adquirir un interés o la promesa de hacer cualquiera de las anteriores. [403]

Una vez una persona es admitida como Miembro, tal persona se considera dueña de la CRL en la proporción que se haya pactado. Ahora bien, luego de la admisión de tal Miembro, la ley no le reconoce a Miembro alguno de una CRL el derecho prioritario o preferente a suscribir cualquier emisión adicional de intereses en una CRL u otro interés en la CRL.[404]

---

[399] Ley General de Corporaciones de Puerto Rico 2009, Artículo 19.18 (a)
[400] *Id.*
[401] Ley General de Corporaciones de Puerto Rico 2009, Artículo 19.18 (d)
[402] *Id.*
[403] *Id.*
[404] Ley General de Corporaciones de Puerto Rico 2009, Artículo 19.81 (e)

Artículo 19.18 (a) – Clases y votos

Inciso A y B

Un contrato de una CRL, puede disponer la creación de clases y grupos de miembros teniendo los derechos, poderes y responsabilidades que se dispongan en dicho contrato. Por tanto, se le reconoce libertad contractual a las partes de dicho contrato para establecer aquellos acuerdos que entiendan que son necesarios para el funcionamiento deseado de la entidad. En esa dirección, se podrá disponer por ejemplo que ciertos miembros o clases o grupos de miembros no tendrán derecho al voto. Asimismo, se podría concederse a todos o a un grupo específico de miembros el derecho al voto separadamente o con todos en cualquier asunto. En cuanto a los derechos de distribución o participación también se pueden establecer diferentes clases o series de miembros con sus respectivos derechos.

Similar a como sucede en los estatutos de una corporación, en el contrato de una CRL se pueden incluir disposiciones relacionados a las reuniones en las cuales votarían aquellos miembros con derecho incluyendo, sin limitación, a (i) convocatorias o renuncias a las mismas, (ii) propósito o asuntos a discutirse, (iii) fijación de fecha de registro para determinar quiénes pueden votar, (iv) requisitos de quorum, (v) voto en persona o por proxy, y (vi) cualquier otro asunto relacionado con el ejercicio de cualquier derecho al voto. Asimismo, en cualquier asunto que los miembros tengan que consentir o aprobar, los miembros podrán tomar la decisión sin necesidad de reunión alguna o convocatoria, siempre y cuando lo consientan por escrito no menos del mínimo de votos que hubiesen sido necesarios para autorizar dicha acción en una reunión donde los que tuviesen el derecho al voto hubiesen estado presente y votado. No obstante, el contrato de la CRL podrá limitar el anterior derecho a consentir por escrito, incluyendo requerir una súper mayoría o unanimidad para tomar la decisión.

Artículo 19.19 – Responsabilidad ante terceras personas

Uno de los atributos básicos de la CRL es una personalidad jurídica separada y como corolario la responsabilidad limitada en la misma entidad. Por ende, como regla general las deudas, obligaciones y responsabilidades de la CRL serán exclusivas de la CRL y ningún miembro o administrador estará obligado personalmente por tales deudas a menos que pacte lo contrario. Sin embargo, como señalábamos anteriormente, la LGC reconoce la posibilidad que a través del contrato algún miembro asuma responsabilidad personal por alguna deuda u obligación de la LGC.

Igual como sucede con las corporaciones, a una LGC se le puede descorrer el velo de la responsabilidad limitada de cumplirse ciertos requisitos. Como regla general y como atributo básico de una corporación o CRL es que dichas entidades tienen una personalidad y patrimonio distinto a la de sus accionistas o miembros. Los accionistas y miembros responden por las deudas y obligaciones de la corporación o CRL, respectivamente, de forma limitada sólo con el patrimonio que hayan aportado. Por tanto, en caso de que se trata de imponerle responsabilidad personal, el peso de la prueba recae sobre la parte que propone dicha imposición y corresponde al tribunal determinar. El mero hecho que una persona sea el único accionista o miembro no autoriza la imposición de responsabilidad individual. Para ello, hace falta una identidad de intereses entre los corporativos e individuales (alter ego) así como una injusticia.

Aunque el Tribunal Supremo de Puerto Rico, no se ha expresado en caso de las CRL, los principios enunciados por éste en cuanto a las corporaciones, entendemos que son aplicables a las CRL. Por tanto, es menester recordar lo que nuestra máxima curia señaló en *D.A.C.O. v. Alturas de Florida Development Corp.*[405] En dicho caso, se determinó que la concentración de poder en una sola persona o grupo reducido puede facilitar uso ilegítimo. Es por eso que en aras de respetar principios básico de justicia, el Tribunal no respetará la personalidad jurídica de una corporación si no existe debida separación entre los asuntos y si la utilización de la entidad es para realizar un acto ilegal, fraudulento o injusticia. Ciertamente, no vemos como tales principios no serian aplicables a las CRL. Asimismo, concluyó la corte del Estado de Wyoming, primera jurisdicción en adoptar un estatuto permitiendo la organización de una CRL, al señalar que no hay ley ni política que requiera un trato diferente a las CRL de las Corporaciones. *Kaycee Land and Livestock v. Flahive.*[406]

Por tanto, igual como sucede en una corporación, ante la presencia de ciertas circunstancias particulares y el cumplimiento de ciertos requisitos,

---

[405] *D.A.C.O. v. Alturas de Florida Development Corp.*, supra
[406] *Kaycee Land and Livestock v. Flahive,* 2002 Wy. 73 (2002)

se le puede descorrer el velo a una CRL. Por ejemplo, en el caso de las corporaciones una de las razones que puede levantar la interrogante si procede o no el desconocimiento de la separación de la personalidad jurídica de una corporación es la falta de una separación adecuada entre los asuntos corporativos y los personales. Dicha falta de separación se puede probar por el incumplimiento con ciertos formalidades corporativas (e.g., no ha emitido acciones, no tiene libro corporativo, no celebra reuniones de directores ni accionistas, no tiene cuentas bancarias corporativas, etc.)

En el caso de las CRL, como regla general la entidad es la que responde por las deudas y obligaciones de la entidad, y no los miembros. Pero similar a como sucede con las corporaciones, de incumplirse ciertas formalidades y no respetarse la separación entre los intereses comerciales de la CRL y los personales de los Miembros, éstos podrán enfrentarlo si con ello se evita una injusticia. Sin embargo, vale recordar que la organización de las CRL es más flexible ya que se le exigen menos formalidades que a las corporaciones. Para poder organizar y administrar una CRL, sólo requiere que radique un Certificado de Organización y se otorgue un Contrato de Administración entre la CRL y los Miembros para regular los asuntos internos de la CRL. Por tanto, descorrer el velo de una CRL puede ser más difícil que una corporación. Esto representa otra ventaja de la CRL frente a la corporación. Una CRL deber observar las siguientes formalidades:

1. Contrato de Administración
2. Pagar derechos anuales
3. Mantener records contables de la CRL
4. Mantener copia de todas minutas de las reuniones de la CRL, de ser aplicable, y copia de los consentimientos escritos otorgados por los Miembros
5. Contratos deberán ser otorgados en nombre de la CRL y no de sus miembros
6. Propiedades deben estar registrados a nombre de la CRL y no de sus miembros
7. No se deben mezclar los activos de la CRL y los personales

Cabe destacar que ninguna de las anteriores se tomará por sí como determinante, sino que todos los factores se considerarán en la determinación de descorrer el velo de la entidad. En *Somerville S Trust v. USV Partners, CRL,*[407] el *Chancery Court* de Delaware reconoció la figura de álter ego en cuanto al Miembro principal de la CRL. Sin embargo, la corte fue clara al señalar que si en efecto se considera al principal como un álter ego, esto de por sí, no constituye descorrer el velo corporativo. Asimismo, había concluido la corte en *Trustees of the Village of Arden v. Unity Construction Company,*[408] al determinar que ser dueño de una compañía similar no es justificación suficiente para descorrer el velo ni entender que existe la figura del álter ego. Por tanto, se necesitaría más que eso.

Artículo 19.20 – Acceso a información confidencial; récords

Inciso A

Todo Miembro tiene derecho, sujeto a normas de razonabilidad establecidas en el Contrato o por el Administrador de la CRL, a solicitar para un propósito razonablemente relacionado a sus intereses como Miembro, acceso a la siguiente información:

1. Información completa y correcta del estado de los negocios y condición financiera de la CRL;

2. Copia de Planillas;

3. Lista actualizada con información de todos los miembros y administradores;

4. Copia de cualquier Certificado de Organización y contrato de CRL otorgados al igual que sus enmiendas;

5. Información completa y correcta de cantidad de efectivo y una descripción y declaración del valor acordado de todo propiedad o servicios aportados por los Miembros;

---

[407] *Somerville Trust v. USV Partners, CRL,* No. Civ. A. 19446-NC, 2002 Del.Ch. LEXIS 103 (2002)

[408] *Trustees of the Village of Arden v. Unity Construction Company,* C.A. No. 15025 (January 26, 2000 Del. Ch.); 2000 Del. Ch. LEXIS 7 (2000)

6. Cualquier promesa de aportación futura;

7. Fecha en que cada persona se hizo Miembro; y

8. Cualquier otra información relacionada con los asuntos de la CRL que sea justa y razonable.

Inciso B y C

Se le reconoce al administrador de una CRL la facultad para mantener en confidencia cualquier información cuya divulgación podría atentar contra los mejores intereses de la CRL o sus negocios, o información que la CRL está requerida por ley o contrato con un tercero a mantener confidencial.

Inciso E y G

Reconoce la libertad contractual para limitar o restringir los derechos de un miembro o administrador a obtener información de la CRL en el contrato original o en cualquier enmienda posterior.

Ahora bien, en caso de existir alguna controversia con el derecho que reconoce este Artículo para obtener información, la causa de acción relacionada será radicada en el Tribunal de Primera Instancia. Si luego de hecha por escrito la solicitud de información la misma es ignorada dentro de los cinco (5) días de que la misma es presentada, el solicitante podrá ir al Tribunal y solicitar una orden para obligar la divulgación de la información. El Tribunal de Primera Instancia tendrá jurisdicción exclusiva y podrá emitir órdenes sumarias a divulgar la información sujeto a que el solicitante pague los costos razonables de producir la misma y bajo aquellas otras condiciones que disponga dicha corte.

Artículo 19.21 – Remedios por incumplimiento por miembro del CCRL

El contrato de la CRL podrá disponer remedios, penalidades y consecuencias a causa del incumplimiento de parte de un miembro con lo allí dispuesto. Asimismo, se podrá disponer que en caso de suceder ciertos eventos específicos, un miembro pueda estar expuesto a ciertas consecuencias o penalidades, las cuales podrán incluir, sin limitación, una (i) reducción o eliminación del interés proporcional del miembro, (ii) una subordinación de los intereses del miembro, (iii) una venta forzada de dicho interés, (iv) una confiscación del interés, y la redención o venta de su interés a un precio fijado por tasación o fórmula según establecido en el Contrato de la CRL.

Sub-Capítulo II. Administradores

Artículo 19.22 – Admisión de administradores

Una CRL puede ser administrada por sus propios miembros, por terceros denominados administradores o mediante cualquier otro mecanismo administrativo que se incluya en el contrato de la CRL. Si nada se señala, se entenderá que se administrará por sus propios miembros. Sin embargo, cualquier persona podrá ser nombrada como administradora de una CRL conforme al Artículo 19.01 de la LGC.

Artículo 19.23 – Administración de una CRL

En el Contrato de Administración de una CRL se señala cual será el organismo rector que administrará los asuntos y negocios de la CRL. Como regla general, en una CRL no hay junta de directores. De acuerdo con la LGC, una CRL puede ser administrada por sus "Miembros" o unos "Administradores". Específicamente, el Artículo 19.23 establece la Norma General ("Default") al disponer que salvo que se disponga en contrario en el contrato de la CRL, la administración recaerá sobre los Miembros en proporción al porcentaje en vigor en ese momento, y regirá la decisión de la mayoría. Ahora bien, el Contrato de la CRL puede variar dicha regla general y disponer para la administración, toda o en parte, por un administrador. De igual forma, nada impide que la libertad contractual que poseen los Miembros en cuanto al Contrato de la CRL se ejerza para señalar que la administración de los asuntos internos de la CRL recaerá en una junta de directores o cualquier otro ente administrativo según se provea en dicho documento organizacional. (e.g. junta de administradores, junta de síndicos, etc.)

Artículo 19.24 – Aportaciones por un administrador

Toda persona designada como administrador podrá hacer aportaciones a la CRL y participar en las ganancias y pérdidas y en las distribuciones, como miembro. En caso de ser miembro y administrador, estará sujeto a los derechos y obligaciones, y tendrá los derechos y facultades de todo miembro y administrador, según dispuesto en el contrato.

Artículo 19.25 – Clases y votos

Inciso A y B

Igual como sucede con los Miembros de una CRL, el contrato de una CRL podrá establecer diferentes clases y grupos de administradores con aquellos derechos y obligaciones que se establezcan en dicho contrato. Asimismo, dicho contrato puede conceder a todos o a un grupo de administradores el derecho al voto, en cualquier asunto. También el contrato podrá incluir aquellas disposiciones relativas a las reuniones (e.g., notificaciones, quorum, proxy, etc.) y podrá permitir que la mayoría de los administradores tomen cualquier decisión que entiendan prudente sin la necesidad de celebrar una reunión siempre y cuando lo consientan por escrito al menos el mínimo de votos que hubiese sido necesarios para aprobarlo en una reunión.

Artículo 19.26 – Remedios por el incumplimiento de lo dispuesto en el CCRL

En caso que un administrador designado incumpla con los términos incluidos en el Contrato de la CRL, el mismo estará sujeto a aquellas penalidades y consecuencias específicas dispuestas en dicho contrato. Asimismo, los administradores podrán estar sujetos a las penalidades o consecuencias así dispuestas en caso de cumplirse ciertas condiciones u ocurrir ciertos eventos.

Artículo 19.27 – Acciones de los miembros y administradores

Los Miembros y Administradores de una CRL deben los mismos deberes fiduciarios que los directores, oficiales y accionistas de una corporación. Son el equivalente a los directores y oficiales en una corporación. En Puerto Rico, tales deberes fiduciarios no se pueden renunciar por vía del contrato de administración como se podría hacer bajo la ley de Delaware.

En *Gatz Properties CRL v. Auriga Capital Corporation,* [409] se determinó que la regla es que los administradores tienen deberes fiduciarios ya que Delaware legisló y reconoce deberes fiduciarios en ausencia de disposición rechazándola. Asimismo, se concluyó en *Feeley v. NHAOCG, CRL,* [410] al disponer que los Miembros administradores o administradores de una CRL tendrán obligación fiduciaria sobre la compañía en ausencia de disposición al contrario. Sin embargo, ya aquí vemos como las cortes del Estado de Delaware comienzan a reconocer el derecho de contratar que no hay deberes fiduciarios con las cuales cumplir. En esa línea de libertad contractual siguió la corte en *Zimmerman v. Crothall,*[411] al concluir que la Ley de CRL de Delaware provee gran flexibilidad a los contratantes para redactar el contrato y sus disposiciones. En este caso se incorporaron en el contrato de administración conceptos de corporaciones; particularmente, el que el organismo rector fuese una junta de directores. Por tanto, se incluyeron deberes fiduciarios pero se restringieron conforme a lo permitido por el estatuto. En *Bay Center Apartments Owner, CRL v. Emery Bay PKI, CRL,*[412] se confirmó que en ausencia de una cláusula en el contrato de administración, el administrador de una CRL le debe las obligaciones tradicionales de fiducia, lealtad y cuidado a los Miembros de la compañía.

En vista de lo anterior, es importante recordar que bajo la Ley de Delaware se puede restringir o limitar deberes fiduciarios de Miembros o Administradores. No obstante, la LGC, que regula las CRL, no permite una renuncia o limitación a los deberes fiduciarios que tienen los Administradores o Miembros de la CRL.

Artículo 19.28 – Dependencia en informes e información por miembros y administradores

Los Miembros o Administradores estarán protegidos si confían de buena fe en la información, opiniones, informes o declaraciones presentadas por asesores internos y externos siempre y cuando los Miembros o Administradores los crean competentes y tales opiniones e informes versan sobre asuntos que los Miembros o Administradores creen

---

[409] *Gatz Properties CRL v. Auriga Capital Corporation,* 59 A. 3d 1206 (Del. 2012)

[410] *Feeley v. NHAOCG, CRL,* 62 A. 3d 649 (Del. Ch. 2012)

[411] *Zimmerman v. Crothall,* 62 A.3d 676 (Del. Ch. 2013)

[412] *Bay Center Apartments Owner, CRL v. Emery Bay PKI, CRL,* 2009 Del. Ch. LEXIS 54 (2009), C.A. No. 3658-VCS (Del. Ch. Mar. 28, 2013)

razonablemente que están dentro de su peritaje. Lo anterior incluye cualquier información relacionada a la cantidad de activos, pasivos, ganancias o pérdidas de la CRL, asi como el valor y cantidad de activos o reservas o contratos, acuerdos u otras actividades que serían suficientes para pagar reclamaciones y obligaciones o cualquier otro hecho pertinente a la existencia y cantidad de activos de los cuales las distribuciones pueden ser pagadas.

Artículo 19.29 – Delegación de derechos y poderes de administrar

Un Miembro o Administrador de una CRL puede delegar en una o más personas sus facultades como miembro o administrador y aquellos derechos y poderes para administrar y controlar los negocios y asuntos de la CRL incluyendo delegar en agentes, empleados o delegar mediante un acuerdo de administración con otras personas. Sin embargo, tal delegación no ocasionaría que un Miembro o Administrador cese en su capacidad de serlo, ni tampoco ocasionaría que quien recibe la delegación se convierta en Miembro o Administrador

Sub-Capítulo III. Aportaciones y Finanzas

Artículo 19.30 – Forma

Los Miembros de una CRL tienen un interés en la entidad. De acuerdo con el Artículo 19.01 de la LGC, se trata de una participación de un Miembro en las ganancias y pérdidas en una CRL y los derechos de un Miembro a recibir distribuciones de los activos de una CRL. Igual como sucede en las corporaciones con sus acciones, un Interés en una CRL puede estar representado por certificado. Asimismo, para poder tener un interés en una CRL se tiene que hacer una Aportación, la cual de conformidad con el Artículo 19.30 de la LGC puede ser en la forma de:

1. Efectivo;
2. Propiedad;
3. Servicios prestados;
4. Pagaré; u

5. Otra obligación de aportar efectivo, propiedad o prestar servicios.

Artículo 19.31 – Responsabilidad

Inciso A

Un Miembro está obligado ante la CRL, a cumplir cualquier compromiso de aportar efectivo, propiedad o prestación de servicios, aún cuando el Miembro no pueda cumplir por razón de muerte, incapacidad o cualquier otra. Si no realiza la aportación requerida de propiedad o servicios, el Miembro estará obligado a opción de la CRL a aportar efectivo en cantidad equivalente al valor agregado de la aportación que no se realizó. Es menester destacar que tal opción será además, y no en sustitución de, cualesquiera otros derechos, incluyendo el de cumplimiento específico, que la CRL pueda tener en contra de dicho Miembro bajo el contrato de CRL o ley aplicable.

Una vez adquirido un interés en una CRL, el mismo se considera propiedad personal del Miembro.[413] Ningún Miembro tiene interés en un bien específico de la CRL.

Artículo 19.32 – Adjudicación de ganancias y pérdidas

En cuanto a la repartición de ganancias y pérdidas, el Artículo 19.32 señala que las ganancias y pérdidas de la CRL serán adjudicadas entre los Miembros y entre las clases o grupo de Miembros, según dispuesto en el Contrato de Administración. Si no es establecido, serán adjudicadas a base del valor acordado en los récords de la CRL, de las aportaciones hechas por cada Miembro en la medida que hayan sido recibidas y no devueltas.

Artículo 19.33 – Adjudicación de las distribuciones

Las distribuciones en efectivo y de otros activos de la CRL se adjudicarán entre los Miembros, y entre las clases o grupos de Miembros, en la manera dispuesta en el contrato de la CRL. Si no se establece, se adjudicarán a base del valor acordado según dispuesto en los récords de

[413] Ley General de Corporaciones de Puerto Rico 2009, Artículo 19.42

las aportaciones hechas por cada Miembro en la medida que haya sido recibida pero no devuelta.

Artículo 19.34 – La defensa de usura, no estará disponible

La determinación sobre la disponibilidad de la defensa de la usura para una CRL se hará conforme lo establecido en el Artículo 12.09. Por tanto, cualquier CRL podrá tomar dinero a préstamo a cualquier tasa de interés que entienda aceptable.[414] Ninguna CRL podrá invocar la defensa de usura en una acción legal radicada con el fin de obligar al pago o cumplimiento de cualquier obligación que surja de un préstamo, esté o no la obligación representada por cualquier bono, pagaré, contrato u otro escrito firmado, asumido o garantizado por tal deudor o cualquier sucesor o cesionario del mismo.[415]

Sub-Capítulo IV. Distribuciones

Artículo 19.35 – Distribuciones interinas

Nos dice el Artículo 19.35 que todo Miembro tiene derecho a recibir distribuciones de la CRL según dispuesto en el contrato de administración, siempre y cuando el Miembro no haya renunciado y sea anterior a la disolución y liquidación de la CRL.

Artículo 19.36 – Renuncia del administrador

Toda persona designada como administrador de una CRL podrá renunciar en cualquier momento o cuando ocurran aquellos eventos según dispuesto por el contrato de la CRL. Asimismo, cualquier contrato de una CRL podrá establecer que el administrador no puede renunciar. Sin embargo, aunque se señale que no puede renunciar el administrador, éste podrá hacerlo dando notificación por escrito a todos los miembros y otros administradores. Ahora bien, si la renuncia del administrador viola el contrato, la CRL podrá recobrar del administrador cualquier daño

[414] Ley General de Corporaciones de Puerto Rico 2009, Artículo 12.09
[415] *Id.*

ocasionado por dicho incumplimiento y se podrá deducir los daños de cualquier cantidad a ser distribuida al administrador que renunció.

Artículo 19.37 – Renuncia de un miembro

Distinto al caso del administrador, un miembro solo puede renunciar a una CRL en la fecha que determine el contrato o cuando sucedan los eventos que se dispongan en el mismo. Sin embargo, a menos que el contrato disponga lo contrario, un miembro no podrá renunciar a la CRL antes de la disolución y liquidación de la CRL.

Artículo 19.38 – Distribución ante renuncia

En el caso de una renuncia, el Miembro tiene derecho a recibir cualquier distribución a la cual tenga derecho bajo el contrato, y al justo valor en el mercado de su interés en la CRL a la fecha de su renuncia.

Artículo 19.39 – Distribución en especie

Como regla general, toda distribución que se haga deberá ser en efectivo a menos que el contrato de la CRL disponga otra cosa. Por tanto, ningún miembro podrá solicitar y recibir distribución en especie de la CRL. De igual forma, excepto según disponga el contrato de la CRL, ningún miembro podrá ser obligado a aceptar una distribución en especie en la medida que el porcentaje de los bienes distribuidos excedan un porcentaje en los bienes que sea igual al porcentaje en que el miembro tiene derecho a distribuciones en la CRL. De lo contrario, podrá diluirse la participación del miembro en la entidad en la medida que se puede interpretar el exceso como una devolución de capital. No obstante lo anterior, a menos que el contrato disponga lo contrario, se podrá obligar a un miembro a aceptar una distribución en especie si los bienes distribuidos equivalen a su porcentaje en la entidad.

Artículo 19.40 – Derecho a distribuciones

De conformidad con el Artículo 19.40, cuando un Miembro tiene derecho a recibir una distribución, se convierte en acreedor de la CRL con respecto a la distribución y puede ejercer cualquier derecho disponible. El contrato de la CRL podrá establecer una fecha de registro para propósitos de adjudicaciones y distribuciones de una CRL.

Artículo 19.41 – Limitaciones a distribuciones

Inciso A

Similar a como sucede con las corporaciones con respecto a los dividendos, los miembros de una CRL no tienen derecho ilimitado a distribuciones sin con ello afectaría la solvencia del negocio. Por ende, de acuerdo con la LGC, en una CRL no se podrán hacer distribuciones si al momento de la distribución, luego de realizada la distribución, todas las obligaciones de la CRL, excedan el justo valor de los activos de la CRL. Para ello no se tomarán en cuenta obligaciones a sus Miembros en relación a su participación en la CRL, ni obligaciones sobre las cuales los acreedores están limitados a una propiedad específica de la CRL. Ahora bien, si el justo valor de dichos bienes excede la obligación que garantiza, la diferencia será incluida en los activos. Las cantidades pagadas como compensación razonable por servicios prestados o pagos razonables en el curso ordinario del negocio (e.g., plan de retiro, u otros bona fide) no serán consideradas como distribuciones.

Inciso B y C

No obstante lo anterior, en caso que un miembro reciba una distribución contraria a lo anteriormente dispuesto, la misma se considerará ilegal por ser contraria a las disposiciones de la LGC. En caso que el miembro conocía de la ilegalidad de la distribución, tal miembro será personalmente responsable ante la CRL por la cantidad de dicha distribución. Sin embargo, y a menos que el contrato disponga lo contrario, un miembro que reciba una distribución ilegal no será responsable luego de transcurridos tres (3) años de la fecha de la distribución, a menos que se comience la acción para recuperar la distribución antes de la expiración del período de tres (3) años y una adjudicación de responsabilidad sea hecha dentro de dicha acción.

Sub-Capítulo V. Cesión de Interés

Artículo 19.42 – Naturaleza del interés en una CRL

El interés de todo miembro en una CRL se considera propiedad personal de éste. Un Miembro no tiene interés en un bien específico de la CRL. El interés de un miembro en una CRL puede ser evidenciado por un certificado de interés emitido por la CRL. Un contrato de CRL puede disponer para las cesiones o transferencias de interés en una CRL representado por dicho certificado y disponer otros asuntos con respecto a dichos certificados.

Artículo 19.43 – Cesión de un interés en una CRL

Uno de los atributos básicos de una corporación y de una CRL es la libre transferibilidad de sus acciones e intereses, respectivamente. Por tanto, de conformidad con el artículo 19.43 de la LGC todo interés en una CRL es transferible, todo o en parte, excepto que otra cosa se disponga en el Contrato de Administración.[416] Sin embargo, es menester destacar que distinto a una corporación los intereses en una CRL no se transfieren como una acción. Según dispuesto anteriormente, el interés de una CRL es propiedad personal de cada Miembro de la CRL. Por tanto, cada miembro goza de la libertad de transferir su interés a un tercero. Sin embargo, de conformidad con el Artículo 19.43 sólo se transfieren derechos económicos. El Cesionario tendrá derecho a participar en las ganancias y pérdidas, a recibir aquella distribución o distribuciones, y a recibir aquellas adjudicaciones de ingreso, ganancia, pérdida, deducción o crédito o acción similar a que el cedente tenía derecho, en la medida transferida.[417] Ahora bien, el Cesionario o Adquirente del interés de una CRL no tendrá derecho a participar en la administración de los negocios y asuntos de una CRL, excepto según dispuesto en contrato y sujeto a (i) la aprobación de todos los Miembros de la CRL, excepto el Miembro transfiriendo el interés en la CRL; o (ii) el cumplimiento con cualquier

---

[416] Ley General de Corporaciones de Puerto Rico 2009, Artículo 19.43 (A)
[417] Ley General de Corporaciones de Puerto Rico 2009, Artículo 19.43 (B)

procedimiento dispuesto para dicho propósito en el contrato.[418] Hasta que el cesionario se convierta en un miembro, el cesionario no tendrá responsabilidad como miembro exclusivamente como resultado de la transferencia.[419] Una vez admitido, será un Miembro Completo y Derecho, con todos los poderes y obligaciones reconocidos bajo el Contrato y sujeto a las mismas responsabilidades y restricciones de un Miembro. En dicho caso, el Miembro cesará de ser considerado como miembro de tal CRL en caso de que ceda completamente su interés en dicha entidad.[420]

Para propósitos de lo anteriormente expuesto con respecto a la transferencia de un interés en una CRL, la pignoración de o la concesión de un gravamen mobiliario, gravamen u otra carga sobre o en contra de, parte o la totalidad de un interés en una CRL por un miembro no causará que tal miembro cese de ser miembro o de tener el poder de ejercer cualquier derecho o poder de un miembro. [421]

Por último, es menester destacar que el interés en una CRL no se considera un valor para propósitos de la Ley de Transacciones Comerciales de Puerto Rico, según enmendada, (en adelante "LTC") [422] Por ende, la transferencia de un interés en una CRL no se regula por la LTC y si por el Código Civil de Puerto Rico. Ahora bien, en los siguientes casos un interés en una CRL se considera como un valor bajo la LTC:

1. Se negocie en bolsa de valores.
2. Los términos del Contrato de la CRL así lo indiquen.
3. Sea un interés en una compañía de inversiones

En tales casos, la LTC si aplicaría y por ende regularía la venta de un interés en una CRL. Para poder aplicar voluntariamente la LTC habría que señalar en el Contrato de la CRL que los intereses de tal CRL se consideran valores para propósitos de la LTC. Esto lo que se conoce en inglés como un "Article 8 *Opt in*", ya que se está optando por la aplicabilidad de la LTC. En ausencia de tal elección, el Código Civil aplicaría. El "Opting in" es bien importante para financiamientos comerciales y transacciones garantizadas ("secured transactions") en

[418] *Id.*
[419] Ley General de Corporaciones de Puerto Rico 2009, Artículo 19.43 (D)
[420] Ley General de Corporaciones de Puerto Rico 2009, Artículo 19.43 (B) (3)
[421] *Id.*
[422] 19 LPRA §1703 (C).

virtud de la LTC ya que facilita el perfeccionamiento sobre el interés de CRL como colateral.

Artículo 19.44 – Interés de un miembro en un CRL sujeto a órdenes

Una de las principales diferencias que existe entre una corporación y una CRL son los derechos que tienen los acreedores por sentencia de los dueños de tales entidades. En el caso de las corporaciones, el Artículo 12.03 de la LGC provee para el eventual embargo o la prohibición de enajenación por razón de deuda u otros requerimientos de las acciones de cualquier corporación que sean propiedad de cualquier persona, con todos los derechos correspondientes a las mismas o la opción de cualquier persona para adquirir las mismas; o el derecho o interés respecto a las mismas, si tal persona aparece registrada en los libros de la corporación como el tenedor o dueño de dichas acciones, de la opción para adquirir las mismas, o del derecho o interés respecto a las mismas. Por orden del Tribunal y luego de notificada, se podrán vender las acciones en pública subasta al mejor postor para satisfacer la deuda u otro requerimiento, intereses y costas. Después de efectuada y confirmada la venta, el adquirente tendrá derecho a las acciones y a todo ingreso o dividendo correspondiente. En dicho caso, la venta traspasa acciones de igual manera como si el deudor o demandado le hubiese traspasado a tenor con el Certificado de Incorporación o Estatutos Corporativos. En virtud de lo anterior, podemos concluir que las Corporaciones ofrecen responsabilidad limitada solo cuando la demanda es en contra de la Corporación, pero no cuando la misma es en contra de los accionistas.

Lo anterior no es igual en el caso de las CRL. El Artículo 19.44 incorpora en nuestra jurisdicción la protección de lo que se conoce en inglés como el *charging order protection.* De conformidad con la anterior disposición, ante una solicitud de un acreedor por sentencia de un miembro o de un cesionario de un miembro, un Tribunal con jurisdicción competente puede cargar contra el interés en una CRL del miembro sujeto a la sentencia para satisfacer la misma. Una vez cargado el interés de un miembro de una CRL, el acreedor por sentencia sólo tendrá derecho a recibir aquella distribución o distribuciones a las cuales el deudor por sentencia, o de otra forma, tendría derecho a recibir con relación a dicho interés en la CRL. La orden de un Tribunal constituirá un gravamen sobre el interés en la CRL y el Tribunal podrá ordenar la ejecución del interés en la CRL sujeto a la orden de cargar. El comprador en venta por ejecución, tendrá solamente los derechos de un cesionario, el cual, bajo la LGC únicamente tiene derecho a participar en las ganancias y pérdidas, a recibir aquella distribución o distribuciones, y a recibir aquellas adjudicaciones de ingreso, ganancia, pérdida, deducción o crédito o acción similar a que el cedente tenía derecho.[423] Sin embargo, el acreedor ahora cesionario no gozará del derecho de convertirse en, o ejercer derechos y poderes de, un miembro.[424] De conformidad con las disposiciones de la LGC, esto representa el derecho o remedio exclusivo mediante el cual un acreedor, por sentencia de un Miembro o de un cesionario de un Miembro, puede satisfacer una sentencia del interés en la CRL del Miembro sujeto a la sentencia.[425]

En virtud de lo anterior, la protección que ofrece el Charging Order a los activos de la CRL frente a demandas en contras de sus Miembros representa una ventaja sobre las corporaciones. El *Charging Order* limita los derechos de un acreedor a un interés económico sin transferir el interés o control de la empresa a un acreedor ya que el acreedor solo recibiría únicamente derechos económicos (distribuciones) y no derechos de gobernanza o administración. Por tanto, los Miembros podrán continuar controlando la CRL y ejerciendo su derecho al voto no empece el derecho a las distribuciones que tienen los acreedores. Pero como los Miembros y no los Cesionarios o Acreedores controlan cuando se declaran las distribuciones de una CRL, en algunos casos, puede que los acreedores solo reciban ingreso fantasma pues tendrán que tributar al momento de la distribución *(allocation)* contable de las ganancias a pesar que no se hayan pagado las mismas. Por lo tanto, gracias al mecanismo del *charging order protection,* las CRL se han convertido en la entidad de preferencia para planificación contributiva y sucesoral así como de estrategia de protección de activos. Para propósitos de ejemplo, una estrategia típica de protección de activos que incluye tres propiedades podría suponer la creación de tres CRL y la transferencia de una propiedad a cada una de ellas. Como resultado, en caso de una demanda en contra del Miembro(s) de las CRL, los acreedores por sentencia únicamente tendrían derecho exclusivamente a una orden para cargar el interés del Miembro de la CRL lo cual les daría el derecho a recibir distribuciones cuando las mismas se pagan de conformidad con el contrato de administración. Sin embargo, no lograrían acceso a los activos de la CRL. En el caso de las corporaciones, no sería así ya que al acreedor por sentencia compra en una pública subasta las

[423] Ley General de Corporaciones de Puerto Rico 2009, Artículo 19.43
[424] *Id.*
[425] *Id.*

acciones embargadas, éste tendría todos los derechos del accionista, tanto los derechos económicos como los derechos de administración.

Artículo 19.45 – Derecho de un cesionario a convertirse en miembro

Según dispuesto anteriormente, el interés en una CRL es transferible todo o en parte.[426] Sin embargo, como regla general solo se transfieren los derechos económicos, no así los derechos de administración los cuales sólo le corresponden a los Miembros de la CRL. De acuerdo con el Artículo 19.45, un cesionario de un interés de una CRL se convertirá en miembro de conformidad con lo dispuesto en el contrato de la CRL, y al (1) recibir la aprobación de todos los miembros excepto el transferente, o (2) cumplir con el procedimiento establecido para tal propósito en el contrato de la CRL. [427] Una vez admitido, el cesionario se habría convertido en un miembro con todos los poderes y obligaciones reconocidos por el Contrato pero igual sujeto a las mismas responsabilidades y restricciones aplicables a un Miembro. [428] Sin embargo, el cesionario convertido en miembro no será responsable por las deudas del miembro transferente, incluyendo aquellas obligaciones de hacer aportaciones, que no eran conocidas por el cesionario a la fecha que se convirtió en Miembro y las cuales no podían identificarse en el contrato de la CRL.[429]

Artículo 19.46 – Poderes de la sucesión de un miembro muerto o incapacitado

Si un Miembro que es un individuo muere o es declarado incapaz por un tribunal competente, su representante personal podrá ejercer todos los derechos del Miembro para liquidar el patrimonio del Miembro o administrar la propiedad del Miembro, incluyendo ejercer cualquier poder bajo un Contrato de CRL para un cesionario convertirse en Miembro. Si el Miembro es una corporación, fideicomiso u otra entidad, y es disuelta o terminada, los poderes de dicho Miembro podrán ser ejercidos por su representante personal.

---

[426] Ley General de Corporaciones de Puerto Rico 2009, Artículo 19.43
[427] Ley General de Corporaciones de Puerto Rico 2009, Artículo 19.45 (A)
[428] Ley General de Corporaciones de Puerto Rico 2009, Artículo 19.45 (B)
[429] *Id.*

Sub-Capítulo VI.
Disolución

Artículo 19.47 – Disolución

La disolución de una CRL se dará en lo primero que ocurra de lo siguiente:

1. una fecha cierta incluida en el contrato de la CRL;
2. los eventos dispuestos en el contrato de la CRL;
3. el voto afirmativo o consentimiento escrito de los miembros;
4. cuando no hayan Miembros en la CRL; u
5. orden de disolución del Tribunal bajo el Artículo 19.48.

No obstante lo anterior, de conformidad con el Artículo 19.17, la terminación y liquidación de una clase no causará la disolución de la CRL.

Artículo 19.48 – Disolución judicial

Un Tribunal con jurisdicción competente podrá ordenar la disolución de un CRL según fuese solicitada por Administrador o Miembro cuando no sea posible poder continuar con los asuntos del negocio. Ahora bien, a menos que se provea lo contrario en el Contrato de la CRL (i) la muerte, (ii) el retiro, (iii) la renuncia, (iv) la expulsión, (v) la quiebra, (vi) la disolución de cualquier Miembro, o (vii) la ocurrencia de cualquier otro evento que termine la membresía continua de cualquier Miembro, no causará que la CRL sea disuelta o que sus negocios sean concluidos, y al momento de la ocurrencia de cualesquiera de dichos eventos, la CRL continuará su existencia sin ser disuelta.

Artículo 19.49 – Terminación

Los Miembros que posean más del 50% en las ganancias de la CRL o por los Miembros de cada clase o grupo de Miembros, según disponga el Contrato, podrán concluir los asuntos de la CRL. No obstante, el Tribunal de Primera Instancia, luego de mostrada causa, podrá concluir los asuntos de la CRL ante petición de cualquier Miembro o administrador y podrá designar un síndico de liquidación.

Desde la disolución hasta la radicación del certificado de cancelación, conforme al Artículo 1.03 de la LGC, las personas que estén concluyendo los asuntos de la CRL podrán, a nombre de, y a beneficio de, la CRL:[430]

1. entablar y defender acciones judiciales, ya sean civiles, criminales o administrativas,

2. liquidar gradualmente y cerrar los negocios de la CRL,

3. disponer y ceder las propiedades de la CRL, cumplir o hacer arreglos razonables para las obligaciones de la CRL, y

4. distribuir a los Miembros cualquier activo restante de la CRL, todo sin afectar las obligaciones de los Miembros y administradores y sin imponer responsabilidad sobre un síndico de liquidación.

Durante los procesos de terminación y liquidación, los Administradores podrán ejercer los mismos poderes que podían ejercer durante el curso ordinario de los negocios; sin embargo, durante la terminación únicamente podrán ejercer tales poderes para la conclusión de los negocios de la CRL. Por tanto, no podrán ejercer los poderes corporativos para la consecución de los propósitos para los cuales la CRL se organizó originalmente y que fueron incluidos en su Certificado de Organización.

Artículo 19.50 – Distribución de los Activos

Inciso A

Al momento de la conclusión de los asuntos de la CRL, los activos de dicha entidad deberán ser distribuidos como sigue:

1. Acreedores (incluyendo Miembros Acreedores)

---

[430] Ley General de Corporaciones de 2009, Artículo 19.49(B)

2. Miembros y Antiguos Miembros para satisfacer distribuciones; y

3. Miembros primero para recobrar aportaciones y segundo para recobrar intereses en las proporciones en que se comparten las distribuciones.

Inciso B

Asimismo, una CRL que se disuelva deberá pagar o hacer los arreglos razonables para pagar todas las reclamaciones y obligaciones conocidas por la entidad así como hacer aquellos arreglos suficientes para proveer compensación por cualquier reclamación en contra de la CRL. Lo anterior también incluye hacer aquellos arreglos que con razonable probabilidad serán suficientes para proveer compensación por reclamaciones que no le han sido presentadas o que no han surgido pero que, basado en los hechos conocidos, tiene probabilidad de surgir o ser presentados a la CRL, dentro de los 10 años después de la fecha de disolución. En caso de haber fondos suficientes, todas las reclamaciones y obligaciones deberán ser pagadas en su totalidad y dichos arreglos para pago deberán ser hechos en su totalidad. Si los fondos no fueran suficientes, las reclamaciones y obligaciones deberán ser pagadas o los arreglos hechos de acuerdo a su prioridad y, entre las reclamaciones de igual prioridad, a prorrata hasta donde haya fondos disponibles. En caso de sobrante, será distribuido de la forma dispuesta en la ley.

Inciso C

Similar a como sucede en el caso de las corporaciones, todo miembro que reciba una distribución en violación de lo anteriormente dispuesto, y el cual sabía de la violación al momento de la distribución será responsable a la CRL por el monto de la distribución. Por otro lado, en caso de que el miembro no conocía de la violación, éste no será responsable por el monto de la distribución. Para propósitos de una posible violación, el término "distribución" no incluirá las cantidades que constituyan una compensación razonable por servicios presentes o pasados hechos en el curso ordinario de los negocios, de acuerdo a un plan de retiro bona fide u otros programas de beneficios.

Inciso D

Por último, cabe destacar que de acuerdo con la LGC, un miembro que reciba una distribución en violación a la ley, no tendrá ninguna responsabilidad por la cantidad de la distribución después de expirados 3 años desde la fecha de la distribución, a menos que una acción para recobrar la distribución se comience antes de expirar dicho período de 3 años y una adjudicación de responsabilidad en contra de dicho miembro se haga en dicha acción.

Artículo 19.51 – Síndicos o administradores judiciales de compañías disueltas; designación; facultades; deberes

De conformidad con la LGC, cuando se cancele el Certificado de Organización de una CRL, cualquier acreedor, miembro o administrador de la CRL o a petición de cualquiera que muestre justa causa para ello podrá, en cualquier momento, solicitar al Tribunal que nombre un síndico, o designar un administrador judicial para que en representación y a beneficio de la entidad se haga la liquidación de la entidad. La liquidación incluirá que el designado judicialmente se hará cargo del patrimonio de la CRL y cobrará los créditos y recobrará los bienes de la CRL. Tal persona también tendrá el poder de demandar y defender, a nombre de la CRL, de entablar todos los litigios que sean necesarios, nombrar agente o agentes bajo sus órdenes y ejecutar todos los actos que la CRL realizaría si existiera y que sean necesarios para la liquidación final de los asuntos pendientes.

Artículo 19.52 – Revocación de la disolución

Antes de la radicación del certificado de cancelación, la disolución podrá ser revocada si todos los Miembros restantes votan a favor de la continuación de la CRL. No obstante, si la disolución fue ordenada por voto o consentimiento escrito, sólo se podrá revocar con el voto o consentimiento escrito de todos los Miembros que votaron a favor de la disolución.

Sub-Capítulo VII. Acciones Derivativas

Artículo 19.53 – Derecho a presentar acción derivativa

Igual como sucede con las corporaciones, se pueden radicar acciones derivativas en contra de los administradores de una CRL. En el caso de las CRL, es el Artículo 19.53 LGC que reconoce el derecho a presentar acción derivativa. Dicho Artículo dispone que todo Miembro o Cesionario puede presentar acciones en el Tribunal de Primera Instancia a nombre de la CRL si los administradores o Miembros se han negado o si la gestión de solicitar sería fútil.

Artículo 19.54 – Demandante

Uno de los requisitos para poder radicar y continuar con una acción derivativa es la titularidad continua (*Continuous Ownership Rule).* En virtud de ello, para que una persona tenga legitimación activa para radicar una acción derivativa:

1. Tiene que ser Miembro o Cesionario al presentar la acción y al momento en que ocurrió la transacción; o

2. El carácter de Miembro o Cesionario se da por operación de ley o conforme al Contrato.

Asimismo, el Demandante tiene que detallar gestiones que hizo para requerir acción por parte de la gerencia de la CRL. Esto se reconoce como el requisito de demanda (*demand requirement).* Alternativamente, en la eventualidad de que no se pueda requerir la acción por parte de la gerencia, se deberán detallar las razones para no hacerlo (e.g., presencia de conflicto de interés).

Por último, cabe señalar que en *CML V, CRL v. Bax,*[431] el tribunal determinó que un acreedor no tiene legitimación activa para instar causa de acción en forma derivativa a los Miembros de una CRL. Por

[431] *CML V, CRL v. Bax,* 6 A.3d 238 (Del. Ch. 2010)

disposición de ley, esto sólo les es permitido a los Miembros de la misma CRL.

Artículo 19.55 – Demanda

Distinto al caso de las corporaciones donde la LGC no lo contiene pero sí la jurisprudencia, en una acción derivativa en contra de la CRL, el demandante tiene que detallar aquellas gestiones que hizo para requerir acción por parte de gerencia o razones para no hacerlo. Lo anterior responde al hecho que la decisión de radicar o continuar con una demanda le corresponde en primer término a la gerencia de la CRL y no a sus dueños.

Artículo 19.56 – Gastos

Si el demandante que radica la demanda derivativa, prevalece de cualquier manera, el Tribunal podrá conceder una compensación por gastos razonables, incluyendo honorarios de abogado.

Capítulo XX. Compañías de Responsabilidad Limitada Foranea

Artículo 20.01 – Ley aplicable

De acuerdo con el Artículo 20.01 de la LGC los asuntos internos de una CRL foránea se rigen por las leyes del estado, territorio, posesión, o de cualquier otra jurisdicción o país bajo las cuales se haya organizado dicha entidad. Ahora bien, una vez registrada dicha CRL foránea, ésta podrá realizar los mismos negocios permitidos a una CRL doméstica y estará sujeta a las mismas limitaciones.

Artículo 20.02 – Autorización para hacer negocios; solicitud

Igual que sucede con las corporaciones foráneas, una compañía de responsabilidad limitada foránea no podrá hacer negocios en Puerto Rico hasta tanto reciba autorización para hacerlo a tenor con los procedimientos dispuestos en el Capítulo XIII de la LGC para las corporaciones foráneas. Consecuentemente, toda CRL foránea que desee hacer negocios en Puerto Rico deberá radicar una solicitud de autorización con el Departamento de Estado donde se crea un registro mandatorio bajo su jurisdicción.

Artículo 20.03 – Nombre; oficina registrada; agente residente

Una CRL foránea podrá autorizarse para hacer negocios en Puerto Rico bajo cualquier nombre que incluya las palabras "Compañía de responsabilidad limitada" o "Limited Liability Company", o la abreviatura "C.R.L." o "L.L.C.", o la designación de "CRL" y que se pudiera utilizar por una CRL doméstica. Tal nombre deberá distinguirse de todos aquellos en los récords del Departamento de Estado. Igual que como sucede en el caso de las corporaciones foráneas, toda CRL foránea admitida a hacer negocios en el Estado Libre Asociado mantendrá de manera continua una oficina designada y un agente residente en el Estado Libre Asociado cumpliendo con lo dispuesto en el Artículo 13.10 de la LGC, en relación a las corporaciones foráneas.

Artículo 20.04 – Cancelación de la autorización para hacer negocios

Una CRL foránea podrá cancelar su autorización para hacer negocios solicitándolo así ante el Departamento de Estado. Sin embargo, dicha cancelación no terminará la autorización del Secretario de Estado para recibir emplazamientos a la CRL foránea con relación a causas de acción que surjan por las actividades de la compañía en Puerto Rico.

Artículo 20.05 – Hacer negocios sin autorización

Una CRL foránea que esté haciendo negocios en Puerto Rico sin autorización, no podrá iniciar acciones legales en los tribunales de Puerto Rico.[432]Pero la falta de autorización no afectará la validez de cualquier contrato o acto, el derecho de cualquier parte que contrató con la entidad, ni la capacidad de la CRL para defenderse de cualquier acción en su contra ante los tribunales o agencias administrativas en Puerto Rico.[433] Tampoco serán responsables los miembros o administradores de las obligaciones de la CRL por la falta de autorización. [434]

Artículo 20.06 – Hacer negocios sin autorización-Interdicto

El Tribunal de Primera Instancia tendrá jurisdicción para atender cualquier reclamo por la falta de autoridad de una CRL foránea. Ante la solicitud de cualquier persona con legitimación activa o motu propio, el Secretario de Justicia podrá solicitar un interdicto para prohibirle a la CRL foránea hacer negocios en Puerto Rico antes que se autorice para ello.

Artículo 20.07 – Emplazamientos a compañías de responsabilidad limitada foráneas

El emplazamiento de una CRL foránea será realizado conforme a lo dispuesto en el Artículo 13.11 para las corporaciones foráneas. Por tanto, se emplazará a través del Agente Residente, y si no, cualquier oficial, director o agente de la corporación que se encuentre en Puerto Rico será considerado el agente de la corporación para fines de cualquier emplazamiento a la corporación foránea. De no estar disponible ninguno

[432] Ley General de Corporaciones de Puerto Rico 2009, Artículo 20.05 (A)
[433] Ley General de Corporaciones de Puerto Rico 2009, Artículo 20.05 (B)
[434] Ley General de Corporaciones de Puerto Rico 2009, Artículo 20.05 (C)

de los anteriores mecanismos, se podrá emplazar por vía del Secretario de Estado.

Artículo 20.08 – Emplazamientos-CRLF que no se ha autorizado a hacer negocios

El emplazamiento de una CRL foránea que haga negocios en Puerto Rico sin obtener autorización, será conforme a lo dispuesto para las corporaciones foráneas

Artículo 20.09 – Actividades que no constituyen hacer negocios

Las actividades que no constituyen hacer negocios en Puerto Rico se definirán, según lo dispuesto para las corporaciones foráneas en el Capítulo XIII de la LGC.

Capítulo XXI.
Derechos Pagaderos y Responsabilidad Contributiva para Compañías de Responsabilidad Limitada

Artículo 21.01 – Derechos

Ningún documento o certificado que se tenga o pueda radicarse bajo las disposiciones de la LGC, será efectivo hasta que se paguen los derechos dispuestos por ley. El Artículo 21.01 detalla los derechos que se deben pagar por una serie de transacciones ante el Departamento de Estado así como aquellos derechos para proveer un servicio expedito para las CRL; sin embargo, el Secretario de Estado podrá modificar los derechos pagaderos mediante carta circular u orden administrativa.

A partir de dos (2) años de la aprobación de la LGC, todos los documentos radicados con posterioridad de la vigencia de la LGC estarán disponibles por Internet y no se cobrará derecho alguno por el acceso al mismo, o por el auto reproducción de imágenes accedidas por Internet. Sin embargo, los derechos pagaderos aplicarán a toda transacción que se haga por cualquier medio.

Artículo 21.02 – Cancelación del certificado por no cumplir con el pago de derechos anuales

El Certificado de Organización de una CRL se entenderá cancelado en caso de que incumpla su obligación de pagar los derechos dispuestos en la LGC, por un período de tres (3) años consecutivos, contados desde la fecha que el primero de dichos pagos venció.

Artículo 21.03 – Responsabilidad contributiva

De acuerdo con la LGC, una CRL será tratada como una corporación para propósitos tributarios. [435] Por tanto, como regla general estarán sujetas a una doble tributación igual que sucede con las corporaciones, tributa la entidad sobre sus ingresos y a la vez tributan sus dueños al recibir sus distribuciones. No obstante lo anterior, las CRL pueden elegir tributar como una corporación de individuo sujeto al cumplimiento con los requisitos estipulados en el Código de Rentas Internas de Puerto Rico, o cualquier ley sucesora.[436]

Una de las ventajas que tienen las CRL sobre las corporaciones es que las mismas conllevan menos formalidades corporativas. Un ejemplo de ello es el hecho que las CRL no tienen que radicar un informe anual con el Departamento de Estado ni incluir un estado de situación cuando paguen sus derechos anuales en abril 15 de cada año. Actualmente, los derechos anuales son $150. De no pagarse a tiempo, tales derechos acumularán intereses a razón de uno y medio por ciento mensual hasta que sean pagados los mismos. [437] En caso de que la CRL se niegue a pagar o no pague los derechos anuales, tal entidad deberá pagar una penalidad de $100 en adición a los derechos vencidos, la cual también estará sujeta a los intereses anteriormente dispuestos.[438]

En caso de no cumplir con lo anterior, el Secretario podrá exigir judicialmente el cumplimiento. Asimismo, la entidad que incumpla, dejará de estar en cumplimiento ("good standing") y en caso de ser una foránea, la misma dejará de estar autorizada para hacer negocios en Puerto Rico.[439] No obstante lo anterior, igual que como sucede con las corporaciones, tal entidad podrá restablecer su fiel cumplimiento mediante el pago de los derechos anuales y todas penalidades e intereses aplicables por cada año o porción del mismo en que había incumplido su obligación de pagar los derechos anuales.[440]

En caso que los derechos anuales de una CRL, no se paguen por tres (3) años consecutivos, el Secretario de Justicia podrá solicitar un interdicto

---

[435] Orden Administrativa 2011-04, Costos para Transacciones Corporativas
[436] *Id.*
[437] Ley General de Corporaciones de Puerto Rico 2009, Artículo 21.03 (C)
[438] Ley General de Corporaciones de Puerto Rico 2009, Artículo 21.03 (D)
[439] Ley General de Corporaciones de Puerto Rico 2009, Artículo 21.03 (G)
[440] Ley General de Corporaciones de Puerto Rico 2009, Artículo 21.03 (H)

judicial para impedir que dicha CRL realice un acto o transacción hasta tanto y en cuanto la misma pague los derechos, multas y penalidades acumuladas y los gastos de presentar la acción, los cuales serán fijados por el Tribunal.[441] Una vez expedido el interdicto, la CRL no podrá realizar negocio o transacción alguna.[442] En adición a lo anterior, y mientras subsiste el incumplimiento con los derechos anuales, el Departamento de Estado no aceptará la radicación de ningún certificado (excepto un certificado de renuncia de un agente residente cuando no se ha nombrado un agente residente sucesor), ni expedirá certificado de cumplimiento alguno hasta que dicha CRL se ponga al día.[443] Tampoco la CRL podrá llevar ninguna acción, demanda o procedimiento en ningún Tribunal de Puerto Rico hasta que se haya restablecido.[444] Sin embargo, el incumplimiento en nada afectará la validez de los contratos o actos de dicha CRL o evitará que se defienda en un procedimiento en su contra.[445] Asimismo, un miembro o administrador de una CRL que no esté en cumplimiento con sus obligaciones no será responsable por las deudas y obligaciones de la CRL por el mero hecho de que la entidad no esté en cumplimiento o porque el miembro o administrador se niegue o incumpla con el pago de los derechos.[446]

Artículo 21.04 – Violaciones y penalidades; revocación

Inciso A y B

El Secretario de Estado podrá imponer a cualquier CRL que viole las disposiciones de la LGC, una multa no menor de doscientos dólares ($200) ni mayor de quinientos dólares ($500) por cada violación. Asimismo, el Secretario de Estado podrá incoar un procedimiento con arreglo al Artículo 21.03 de la LGC para revocar el certificado de autorización de una CRL foránea admitida a hacer negocios en Puerto Rico, si: esta carece de agente residente u oficina designada en Puerto Rico por un término de sesenta (60) días o más; o según dispuesto en cualquier otra disposición de la LGC.

---

[441] Ley General de Corporaciones de Puerto Rico 2009, Artículo 21.03 (I)
[442] *Id.*
[443] Ley General de Corporaciones de Puerto Rico 2009, Artículo 21.03 (J)
[444] Ley General de Corporaciones de Puerto Rico 2009, Artículo 21.03 (K)
[445] Ley General de Corporaciones de Puerto Rico 2009, Artículo 21.03 (L)
[446] Ley General de Corporaciones de Puerto Rico 2009, Artículo 21.03 (M)

Capítulo XXII.
Fecha de Vigencia, Reglamentación, Derogación y Reglas Transitorias

Artículo 22.01 - Derechos adquiridos - Leyes anteriores

Las disposiciones de esta ley regirán a todas las corporaciones, sin menoscabar o afectar derechos, privilegios, pleitos, deberes o acciones requeridas por leyes anteriores.

Artículo 22.02 - Irretroactividad de enmiendas

Esta ley podrá ser enmendada por la Asamblea Legislativa mas no podrá menoscabarse remedio alguno contra cualquier corporación o contra sus oficiales, por cualquier obligación incurrida.

Esta Ley y sus enmiendas serán parte del certificado de incorporación de toda corporación, excepto que sean inaplicables a su propósito.

Artículo 22.03 - Leyes escpeciales

Esta ley no deroga leyes o reglamentos aplicables a bancos, compañías de seguros, empresas de servicio público o corporaciones especiales.

Artículo 22.04 - Conversiones

Inciso A

Una corporación profesional podrá convertirse en una sociedad civil por acuerdo unánime de sus accionistas. Para ello se requiere la disolución de la corporación profesional y la constitución de la sociedad. Se otorgará un Acta de Constitución efectivo al momento de su registro ante el Departamento de Estado. A los sesenta (60) días siguientes a la disolución, la sociedad será la sucesora legal de la corporación y su personalidad jurídica continuará ininterrumpidamente.

Inciso C

Igualmente los socios de una sociedad civil dedicada a la prestación de servicios profesionales podrán convertir la misma en una corporación profesional fusionando las mismas conforme a los requisitos de esta Ley. En este caso subsistirá la corporación profesional y se entenderá disuelta la sociedad mas no procederá la partición del haber social.

Artículo 22.05 - Derogación específica, disposición sobre la transición

Se deroga la Ley número 144 de 10 de agosto de 1995 manteniéndose la validez de las transacciones acordadas bajo ella.

Artículo 22.06 - Fecha de vigencia

Esta Ley entrará en vigor a partir de su aprobación. Su efectividad sobre los informes anuales será para el año terminado el 31 de diciembre de 2009, cuya fecha de radicación sea a partir del 1 de enero de 2010.

Artículo 22.07 - Reglamento

El Secretario de Estado podrá establecer mediante reglamento cualquier norma necesaria para el cumplimiento bajo esta Ley.

Artículo 22.08 - Informes Anuales Atrasados

Se autoriza al Secretario de Estado a establecer una ventana que no excederá de cinco (5) meses para que toda corporación sin fines de lucro que adeude informes corporativos los radique, mediante el pago del doble del derecho anual debido, sin penalidades. En el caso de las corporaciones con fines de lucro, estas pagarán el triple de lo debido.

Artículo 22.09 - Cláusula de salvedad

Establece la cláusula de salvedad de aquellas que no se declarasen inválidas.

Artículo 22.10 - Derogación

Deroga toda disposición de ley que esté en conflicto con esta.

Artículo 22.11 - Vigencia

Esta Ley comenzará a regir después de su aprobación.

Tabla Comparativa

CAPÍTULO I. ORGANIZACIÓN DE LA CORPORACIÓN

Ley General de Corporaciones de Puerto Rico	Ley General de Corporaciones de Delaware
Art. 1.01. Propósitos; Incorporadores	§101. Incorporators; how corporation formed; purposes
Art. 1.02. Certificado de Incorporación	§102. Contents of Certificate of Incorporation
Art. 1.02. Inciso D	§104. Certificate of Incorporation; definition
Art. 1.03. Otorgamiento, certificación, radicación y registro del Certificado de Incorporación original; fecha de vigencia; excepciones	§103. Execution, acknowledgment, filing, recording and effective date of original certificate of incorporation and other instruments; exceptions
Art. 1.04. Certificado de Incorporación; prueba	§105. Certificate of Incorporation and other certificates; evidence
Art. 1.05. Comienzo de la personalidad jurídica y responsabilidad por transacciones efectuadas con anterioridad a la incorporación	§106. Commencement of corporate existence
Art. 1.06. Facultades de los Incorporadores	§107. Powers of Incorporators
Art. 1.07. Primera reunión de los incorporadores o directores nombrados en el Certificado de Incorporación	§108. Organization meeting of incorporators or directors named in certificate of incorporation

Art. 1.08. Estatutos	§109. Bylaws
	§111. Jurisdiction to interpret, apply, enforce or determine the validity of corporate instruments and provisions of this title
	§112. Access to proxy solicitation materials
	§113. Proxy expense reimbursement
	§114. Application of chapter to nonstick corporations

CAPÍTULO II. PODERES

Ley General de Corporaciones de Puerto Rico	**Ley General de Corporaciones de Delaware**
Art. 2.01. Poderes Generales	§121. General Powers
Art. 2.02. Poderes Específicos	§122. Specific powers
	§123. Powers respecting securities of other corporations or entities
Art. 2.03. Ejercicio de la gerencia en beneficio de la corporación	La Ley de Delaware no cubre las disposiciones contenidas en este artículo
Art. 2.04. Poderes bancarios; definición	§126. Banking power denied
	§127. Private foundation; powers and duties
Art. 2.05. Ausencia de poderes corporativos	§124. Effect of lack of corporate capacity or power; ultra vires
	§125. Conferring academic or honorary degrees

CAPÍTULO III. OFICINA DESIGNADA Y AGENTE RESIDENTE

Ley General de Corporaciones de Puerto Rico	**Ley General de Corporaciones de Delaware**
Art. 3.01. Oficina Designada	§131. Registered office in State; principal office or place of business in State
Art. 3.02. Agente residente	§132. Registered agent in State; resident agent
Art. 3.03. Traslado de la oficina designada y cambio de agente residente	§133. Change of location of registered office; change of registered agent
Art. 3.04. Cambio de dirección del agente residente	§134. Change of address or name of registered agent
Art. 3.05. Renuncia del agente residente y nombramiento de su sucesor	§135. Resignation of registered agent coupled with appointment of successor
Art. 3.06. Renuncia del agente residente sin designación de sucesor	§136. Resignation of registered agent not coupled with appointment of successor

CAPÍTULO IV. DIRECTORES Y OFICIALES

Ley General de Corporaciones de Puerto Rico	Ley General de Corporaciones de Delaware
Art. 4.01. Junta de directores; poderes; número; requisitos; términos y quórum; comités; clases de directores; corporaciones sin fines de lucro; actuaciones en que se confíe en los libros, etc.	§141. Board of directors; powers; number, qualifications, terms and quorum; committees; classes of directors; nonstick corporations; reliance upon books; action without meeting; removal
Art. 4.02. Oficiales, selección, término y deberes, omisión de la elección; vacantes, organizaciones sin fines de lucro	§142. Officers; titles, duties, selection, term; failure to elect; vacancies
Art. 4.03. Obligación de directores y oficiales en el desempeño de sus funciones	La Ley de Delaware no cubre las disposiciones contenidas en este artículo
Art. 4.04. Deber de lealtad de directores, oficiales y accionistas mayoritarios	La Ley de Delaware no cubre las disposiciones de lealtad contenidas en este artículo
Art. 4.05. Directores interesados; quórum	§144. Interested directors; quorum
Art. 4.06. Préstamos a oficiales o directores; préstamos garantizados por acciones de la corporación	§143. Loans to employees and officers; guaranty of obligations of employees and officers
Art. 4.07. Declaraciones falsas respecto a la situación o el negocio; responsabilidad de directores y oficiales	La Ley de Delaware no cubre las disposiciones contenidas en este artículo
Art. 4.08. Indemnización de oficiales, directores, empleados y agentes; seguros	§145. Indemnification of officers, directors, employees and agents; insurance

CAPÍTULO V ACCIONES DE CAPITAL CORPORATIVO Y DIVIDENDOS

Ley General de Corporaciones de Puerto Rico	**Ley General de Corporaciones de Delaware**
Art. 5.01. Clases y series de acciones de capital corporativo; derechos	Subchapter V. Stock and Dividends §151. Classes and series of stock; redemption; rights
Art. 5.02. Emisión de acciones de capital corporativo; pagos; acciones pagadas en su totalidad	§152. Issuance of stock; lawful consideration; fully paid stock
Art. 5.03. Precio de las acciones de capital corporativo	§153. Consideration for stock
Art. 5.04. Determinación de la cuantía del capital; definición de capital; sobrante y activos netos	§154. Determination of amount of capital, surplus and net assets defined
Art. 5.05. Fracciones de acciones	§155. Fractions of shares
Art. 5.06. Derechos y opciones respecto a las acciones de capital	§157. Rights and options respecting stock
Art. 5.07. Acciones parcialmente pagadas	§156. Partly paid shares
Art. 5.08. Responsabilidad del accionista o suscriptor de las acciones parcialmente pagadas	§162. Liability of stockholder or subscriber for stock not paid in full
Art. 5.09. Pago por acciones parcialmente pagadas	§163. Payment for stock not paid in full
Art. 5.10. Mora en el pago de las acciones; remedios	§164. Failure to pay for stock; remedies
Art. 5.11. Certificado de acciones; acciones sin certificado	§158. Stock certificates; uncertificated shares
Art. 5.12. Acciones de capital corporativo; bien mueble,	§159. Shares of stock; personal

transferencia	property, transfer and taxation
Art. 5.13. Pérdida, apropiación ilegal, robo o destrucción de certificados de acciones; emisión de nuevos certificados o de acciones sin certificados	§167. Lost, stolen or destroyed stock certificates; issuance of new certificate or uncertificated shares
Art. 5.14. Poderes de la corporación con respecto al dominio, etc., sobre sus propias acciones	§160. Corporation's powers respecting ownership, voting, etc., of its own stock; rights of stock called for redemption
Art. 5.15. Emisión de acciones adicionales	§161. Issuance of additional stock; when and by whom
Art. 5.16. Revocabilidad de las suscripciones	§165. Revocability of preincorporation subscriptions
Art. 5.17. Requisitos de las suscripciones	§166. Formalities required of stock subscriptions
Art. 5.18. Dividendos; pago de dividendos; corporaciones de recursos agotables	§170. Dividends; payment; wasting asset corporations
Art. 5.19. Reservas para propósitos especiales	§171. Special purpose reserves
Art. 5.20. Responsabilidad de los directores respecto a los dividendos y redención de acciones	§172. Liability of directors and committee members as to dividends or stock redemption
Art. 5.21. Declaración y pago de dividendos	§173. Declaration and payment of dividends
Art. 5.22. Responsabilidad de los directores por pagos ilícitos de dividendos o compra y redención de acciones; descargo de responsabilidad; contribución entre directores; subrogación	§174. Liability of directors for unlawful payment of dividend or unlawful stock purchase or redemption; exoneration from liability; contribution among directors; subrogation

CAPÍTULO VI . REUNIONES, ELECCIONES, VOTACIÓN Y CONVOCATORIA

Ley General de Corporaciones de Puerto Rico	**Ley General de Corporaciones de Delaware**
Art. 6.01. Traspaso de Acciones, Certificados de Acciones y Acciones sin Certificados	§201. Transfer of stock, stock certificates and uncertificated stock
Art. 6.02. Restricciones en el Traspaso de Acciones	§202. Restrictions on transfer and ownership of securities

CAPÍTULO VII . TRASPASO DE ACCIONES DE CAPITAL CORPORATIVO

Ley General de Corporaciones de Puerto Rico	Ley General de Corporaciones de Delaware
Art. 7.01. Reuniones de accionistas	§211. Meetings of stockholders
Art. 7.02. Derecho al voto de los accionistas; voto por poder, restricciones	§212. Voting rights of stockholders; proxies; limitations
Art. 7.03. Fecha para determinar los accionistas inscritos	§213. Fixing date for determination of stockholders of record.
Art. 7.04. Voto acumulativo	§214. Cumulative voting
Art. 7.05. Derecho al voto de miembros de corporaciones sin acciones de capital; quórum; poderes	§215. Voting rights of members of nonstick corporations; quorum; proxies
Art. 7.06. Quórum y voto requerido para corporaciones de acciones de capital	§216. Quorum and required vote for stock corporations
Art. 7.07. Derecho al voto de fiduciarios y prendadores	§217. Voting rights of fiduciaries, pledgers and joint owners of stock
Art. 7.08. Fideicomiso de votos y otros acuerdos sobre votos	§218. Voting trusts and other voting agreements
Art. 7.09. Listado/Relación de Accionistas	§ 219. List of Stockholders Entitles to Vote; Penalty for Refusal to Produce; Stock Ledger.
Art. 7.10. Examen de los Libros Corporativos	§ 220. Inspection of Books and Records
Art. 7.11. Voto; examen de libros; otros derechos de los tenedores de bonos; y otras obligaciones	§ 221. Voting Inspections and Other Rights of Bondholders and Debenture Holders

Art. 7.12. Convocatoria de Reunión y de Recesos	§ 222. Notice of Meetings and Adjourned Meetings.
Art. 7.13. Junta de directores; Vacantes y Cargos de Nueva Creación	§ 223. Vacancies and Newly Created Directorships.
Art. 7.14. Formas de Mantener los Expedientes de la Corporación	§ 224. Form of Records
Art. 7.15. Impugnación de Elecciones de Directores; Procedimientos para Determinar su Validez	§ 225. Contested Election of Directors: Proceedings to Determine Validity.
Art. 7.16. Nombramiento de Administrador Judicial o Sindico en caso de Empate o por otra Causa	§226. Appointment of Custodian or Receiver of Corporation on Deadlock or for other cause.
Art. 7.17. Consentimiento de los Accionistas o Miembros en Lugar de la Celebración de la Reunión	§ 228. Consent of Stockholders or Members in Lieu of Meeting.
Art. 7.18. Renuncia a Notificación	§ 229. Waiver of Notice.
Art. 7.19. Excepciones al Requisito de Notificación.	§ 230. Exception to Requirements of Notice.
Art. 7.20. Poderes del Tribunal en Elecciones de Directores	§ 227. Powers of Court in Elections of Directors.
Art. 7.21. Notificación Por Transmisión Electrónica	§ 232. Notice by electronic Transmission.
Art. 7.22- Notificaciones a Accionistas que comparte una Dirección	§ 233. Notice to Stockholders sharing an address.

CAPITULO VIII. ENMIENDAS AL CERTIFICADO DE INCORPORACION; CAMBIOS AL CAPITAL CORPORATIVO

Ley General de Corporaciones de Puerto Rico	**Ley General de Corporaciones de Delaware**
Art. 8.01. Enmiendas Antes de Recibirse Pagos con Cargo a Capital	§ 241. Amendment of Certificate of Incorporation Before Receipt of Payment for Stock.
Art. 8.02. Enmiendas al Certificado de Incorporación Después de Recibirse Pagos por sus Acciones o en el Caso de una Corporación sin Acciones de Capital	§ 242. Amendment of Certificate of Incorporation after Receipt of Payment for Stock; Nonstock Corporations.
Art. 8.03. Retiro de Acciones	§ 243. Retirement of Stock
Art. 8.04. Reducción de Capital	§ 244. Reduction of Capital
Art. 8.05. Actualización del Certificado de Incorporación	§ 245. Restated Certificate of Incorporation

CAPITULO IX: VENTA DE ACTIVOS; DISOLUCIÓN

Ley General de Corporaciones de Puerto Rico	**Ley General de Corporaciones de Delaware**
Art. 9.01. Venta, Arrendamiento o Permuta de Activos; Causa; Procedimiento.	§ 271. Sale, Lease or Exchange of Assets; Consideration; Procedure.
Art. 9.02. Hipoteca o Prenda de Activos	§ 272. Mortgage or Pledge of Assets
Art. 9.03. Disolución de una Corporación de Empresa Común de Dos Accionistas	§ 273. Dissolution of Joint Venture Corporation Having 2 Stockholders.
Art. 9.04. Disolución Previa la Emisión de Acciones o al Comienzo de la Gestión Corporativa	§ Dissolution Before Issuance of Shares or Beginning of Business Procedure.
Art. 9.05. Procedimiento de Disolución	§ 275. Dissolution Generally; Procedure.
Art. 9.06. Disolución de una Corporación sin Acciones; Procedimiento	§ 276. Dissolution of Nonstock Corporation; Procedure.
Art. 9.07. Pago de Impuestos Antes de la Disolución	§ 277. Payment of Franchise Taxes Before Dissolution or Merger.
Art. 9.08. Continuación Limitada de la Personalidad Jurídica Corporativa Después de la Disolución	§ 278. Continuation of Corporation After Dissolution for Purposes of Suit and Winding up Affairs.
Art. 9.09. Síndicos o Administradores Judiciales de Corporaciones Disueltas; Designación; Facultades; Deberes	§ 279. Trustees or Receivers for Dissolved Corporations; Appointment; Powers; Duties.
Art. 9.10. Deberes de los Sindicas o los Administradores Judiciales; Pago y Distribución a los Acreedores y Accionistas	§ 281. Payment and Distribution to Claimants and Stockholders.
Art. 9.11. Efectos Sobre Pleitos	§ 280. Notice to Claimants; filing

Pendientes	of claims.
Art. 9.12. Responsabilidad de los Accionistas de Corporaciones Disueltas	§ 282. Liability of Stockholders of Dissolved Corporations.
Art. 9.13. Revocación o Cancelación del Certificado de Incorporación; Procedimiento	§ 284. Revocation or Forfeiture of Charter; Proceedings
Art. 9.14. Salarios: Créditos Preferentes	§ No existe equivalente en el subcapítulo X de la DGCL para este artículo.
Art. 9.15. Disolución o Perdida de Personalidad Jurídica Corporativa por Decreto Judicial; Radicación.	§ 285. Dissolution or Forfeiture of Charter by Decree of Court; Filing.
Art. 10.01- Fusión o Consolidación de Corporaciones Domésticas	§ 251. Merger or Consolidation of Domestic Corporations
Art. 10.02. Fusión o Consolidación de Corporaciones Domesticas y Foráneas; Emplazamiento de la Corporación que Subsista o se Origine.	§ 252. Merger or Consolidation of Domestic and Foreign Corporations; Service of Process upon surviving or resulting corporation.
Art. 10.03. Fusión de Corporación Matriz y Subsidiaria o Subsidiarias	§253. Merger of Parent Corporation and Subsidiary or Subsidiaries.

Indice de Casos

Listado de Casos	**Pagina(s)**
Courtland Manor, Inc. v. Leeds, 347 A. 2d 144 (Del. Ch. 1975)	282
Cranson v. International Business Machines Corp., 234 Md. 477 (1964)	65
D.A.C.O. v. Alturas de Florida Development Corp., 132 DPR 905 (1993)	5, 11, 252, 283, 292, 376, 397,
Desimone v. Barows, 924 A.2d. 908 (Del. Ch. 2007)	17
Dodge v. Ford, 204 Mich. 459, (1919)	18, 140
Dolese Bros. Co. v. Brown, 39 Del. Ch. 1 (1960)	169
Domenech v. Integration Corporate Services, P.S.C., 187 D.P.R. 595 (2013)	68, 186, 188, 363
Donahue v. Rodd Electrotype Co., 367 Mass. 578 (1975)	312, 320
Duffy v. Loft Inc., 17 Del. Ch. 140 (1930)	170
E.L.A. v. Coca Cola Bottle Co., 115 D.P.R. 197 (1984)	13
Eliane Exportadora Ltd. V. Maderas Alfa, Inc., 156 D.P.R. 532 (2002)	23
Epstein v. F & F Mortgage, Corp., 106 D.P.R. 211 (1977)	222, 223
Farahpour v. DCX, Inc., 635 A 2d. 894 (Del. 1994)	207
Farris v. Glen Alden Corp., 393 Pa. 427 (1958)	255
Federal Communications Commission, et al. v. AT&T, Inc., et al., 562 U.S. 397 (2011)	14
Feeley v. NHAOCG, LLC, 62 A. 3d 649 (Del. Ch. 2012)	403
First National Bank of Boston v. Belloti, 435 U.S. 765 (1978)	14
First National City Bank v. Registrador, 89 D.P.R. 766 (1964)	112
Fleming v. Toa Alta Development Corp., 96 D.P.R. 240 (1968)	8, 48
Fogel v. U.S. Energy Systems Inc., No. 3271-CC, 2008 WL 151857 (Del. Ch. Dec. 13, 2007)	94

Listado de Casos	**Pagina(s)**
Phillips Petroleum Corp. v. Rock Creek Mining Co., 449 F. 2nd 664 (1971)	88
Planned Credit of P.R. Inc. v Page, 103 D.P.R. 245 (1975)	76, 223
Pou v. American Motors Corp., 127 D.P.R. 810 (1991)	297,305
Progreso Financiero, Inc. v. Gómez, 55 D.P.R. 850 (1940)	124
Pueblo v. South Puerto Rico Sugar Co., 58 D.P.R. 797 (1941)	74
Quaker Hill, Inc. v. Parr, 148 Colo. 45 (1961)	32
Quiñones Román v. Compañía ABC h/n/c Supermercados Pueblo, 152 D.P.R. 367 (2000)	83, 305
Raible v. Puerto Rico Industrial Development Co., 392 F. 2d 424 (1968)	178
Rainbow Nav. Inc. v. Pan Ocean Nav. Inc., 535 A.2d 1357 (Del. 1987)	187
Rales v. Blasband, 634 A. 2d 927 (Del. 1993)	278
Rasa Engineering Corp. v. Daubón, *86 D.P.R. 193 (1962)*	357, 359
RDT Construction Corp. v. Colón Carlo, 141 D.P.R. 424 (1996)	13
Reece Corp. v Ariela Inc., 122 D.P.R. 270 (1988)	83, 112
Riego Zúñiga v. LACSA, 139 D.P.R. 509 (1995)	297, 305
Ringling Bros.-Barnum v. Ringling, 29 Del. Ch. 610 (1947)	168
Rivera Maldonado v. E.L.A., 119 D.P.R. 74 (1987)	8, 11
RKO-Stanley Warner Theatres, Inc. v. Graziano, 467 Pa. 220 (1976)	33
Robertson v. Levy, 197 A.2d.443 (D.C.1964)	64
Rosales, et al. v. Cartagena, 39 D.P.R. 876 (1929)	223
Sabalier v. Iglesias, 34 D.P.R. 352 (1925)	111
Saito v. McKesson HBOC, Inc., 806 A.2d 113 (Del.2002)	185

Listado de Casos	**Pagina(s)**
San Miguel Fértil. Corp. v. P.R. Drydock, 94 D.P.R. 424 (1967)	290
Santiago Aponte et al. v. Rodríguez et al., 181 D.P.R. 204 (2011)	7,11, 68, 117, 139, 140, 362
Schnell v. Chris-Craft Industries, Inc., 285 A. 2d 437 (Del. 1971)	164
Schreiber v. Carney, 447 A.2d 17 (Del. Ch. 1982)	171
Sealand Services, Inc. v. Pepper Source, 993 F. 2d 1309 (7th Cir. 1993)	290
Seinfield v. Verizon Communications, Inc., 909 A.2d 117 (Del. 2006)	188, 189
Shaw v. Agri-Marck Inc., 663 A.2d 464 (Del. 1995)	187
Sherwood & Roberts-Oregon, Inc. v. Alexander, 269 Ore. 389 (1974)	33
Shlensky v. Wrigley, 95 Ill. App. 2d 173 (1968)	99
Siegman v. Tri-star Pictures, Inc., 15 Del. J. Corp. Law 218 (1989)	76
Sinclair Oil Corporation v. Levien, 280 A. 2d. 717 (1971)	102
Skouras v. Admiralty Enterprises, Inc., 386 A. 2d. 674 (Del. Ch. 1978)	185
Somerville Trust v. USV Partners LLC, No. Civ. A. 19446-NC, 2002 Del. Ch. LEXIS 103 (2002)	399
Stahl v. Apple Bancorp, 579 A. 2d 1115 (Del. Ch. 1990)	164
Stone v. Ritter, 911 A.2d 362 (2006)	16, 162
Timberline Equipment Co. v. Davenport, 514 P. 2d 1109 (Or. 1973)	65
Torres v. Speiser, 701 N.Y.S.2d. 360 (2000)	127
Trustees of Dartmouth College, 17 U.S. 518 (1819)	4, 207
Trustees of the Village of Arden v. Unity Constr. Co., 2000 WL 130627 (Del. Ch. Jan. 26,2000)	309